나라에 사람이 있구나
—월탄 한효순 이야기

한영우

KB208114

지식산업사

차례

10

나라에 사람이 있구나
—월탄 한효순 이야기

나라에 사람이 있구나 월탄 한효순 이야기

초판 제1쇄 발행 2016. 11. 15.
초판 제2쇄 발행 2024. 10. 18.

지은이   한영우
펴낸이   김경희
펴낸곳   (주)지식산업사
         본사 ● 413-832, 경기도 파주시 광인사길 53(문발동 520-12)
              전화 (031)955-4226~7 팩스 (031)955-4228
         서울사무소 ● 110-040, 서울시 종로구 자하문로6길 18-7(통의동 35-18)
              전화 (02)734-1978 팩스 (02)720-7900
         한글문패 지식산업사
         영문문패 www.jisik.co.kr
         전자우편 jsp@jisik.co.kr
         등록번호 1-363
         등록날짜 1969. 5. 8.

책값은 뒤표지에 있습니다

ISBN 978-89-423-1121-7 03910

이 책에 대한 문의는
지식산업사 전자우편으로 해 주시길 바랍니다.

▲한효순 묘소 전경
(성남시 분당구 서현동)

◀묘비

▼집터(유허지)

▲유허지 전경
(서산시 해미읍 기지리 489번지)

▲재실齋室(모헌재慕獻齋)

▲옥관자

▲옥으로 만든 갓끈

▲선무원종
공신녹권

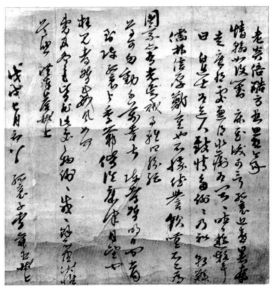

▲한효순이 이순신으로부터 받은 편지
(해군사관학교 소장)

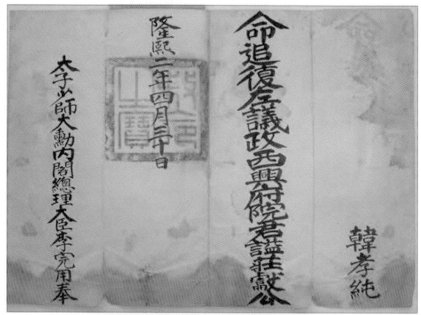

命追復議政西興府院君諡莊獻

隆熙二年四月二十日

太子少師大勳內閣總理大臣李完用奉

韓孝純

▲신원복권 교지

▲신원신도비

◀신기비결 표지
(서울대 규장각 소장)

진설 표지▶
(서울대 규장각 소장)

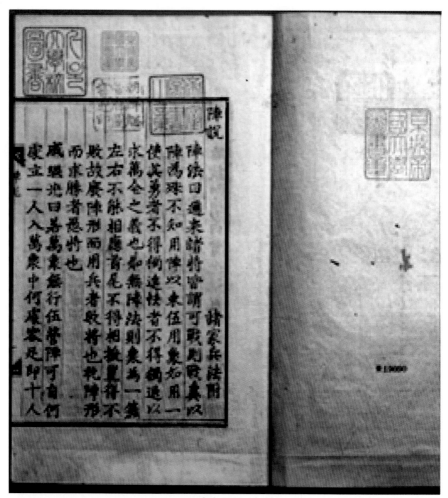

▲진설 본문 첫 장

들어가면서

조선시대 당쟁(黨爭)은 두 얼굴을 가진 야누스를 닮았다. 당파 사이의 치열한 경쟁과 견제가 권력의 부정과 부패를 축소시키고 정치의 활성화를 가져온 것은 긍정적인 측면이다. 하지만, 내 당 사람은 모두 옳고 다른 당 사람은 모두 나쁘다는 독선적 행태는 승리자가 선을 독점하고 패배자는 악을 뒤집어쓰는 악폐를 가져왔다. 이를 당동벌이(黨同伐異)라고 했다. 그 결과 패배자 가운데에는 억울하게 누명을 쓰고 본인은 말할 것도 없고 후손들까지 역적의 후손이라는 오명을 쓰고, 정치 사회적으로 고립되어 한을 품고 살아온 부류가 적지 않았다. 대체로 소론(少論), 남인(南人), 북인(北人)이 여기에 해당했다. 조선 후기 몰락 양반으로 불리는 부류가 대부분 이런 패배자 족단(族團)에서 생겨났다.

당쟁 패배자들에게 죄를 벗겨주고, 밝은 하늘에서 살게 된 때는 어이없게도 대한제국 말기 통감부 시절이었다. 한국 사회의 약점을 교묘하게 파고들어 마치 큰 은혜나 베푸는 듯이 금고(禁錮)[1]된 사람들을 무더기로 풀어주었는데, 이미 나라가 거의 망하다시피 한 그 시절에 풀어진 금고가 무슨 소용이 있겠는가?

---

1) 조선 시대에 죄과 혹은 허물이 있는 사람을 벼슬에 쓰지 않던 일.

하기야, 그 이전에 그런 시도를 한 일이 없었던 것은 아니다. 고종 즉위 초에 실권자인 대원군이 수렴청정하고 있던 조대비(趙大妃)를 움직여 역적으로 몰렸던 소론과 남인, 북인 등을 대거 신원시킨 일이 있었으나, 최익현(崔益鉉)을 비롯한 보수 유생층의 호된 반발로 취소되고 말았다. 모처럼 당쟁으로 말미암은 사회 분열을 봉합하려던 노력이 물거품으로 돌아간 것이다.

역적들에 대한 금고는 그 나름의 명분이 없었던 것은 아니다. 국가와 왕권이 유지되려면 도덕규범을 엄격히 세우고 이를 어긴 자를 역적으로 보아 용서해서는 안 된다는 명분이 필요했다. 하지만 악 가운데에도 선이 있을 수 있고 선 가운데에도 악이 있을 수 있다는 신중한 마음과 당파가 다른 것을 선과 악으로 양분하지 않는, 열린 마음도 있어야 사회 통합이 강화되고 나라를 건강하게 만드는 힘도 나오는 법인데, 경직된 일부 명분주의자들은 이런 탄력성을 잃고 말았다.

고종 즉위 초와 1908년의 대사면(大赦免)에서 가장 첫 머리에 거론된 인물은 한결같이 한효순(韓孝純: 1543~1621)이었다. 억울한 사람 가운데 가장 으뜸이 되는 사람으로 한효순이 지목된 것이다.

호가 월탄(月灘)이요, 좌의정을 지냈다가 광해군 13년(1621)에 79세로 세상을 떠나 장헌(莊獻)의 시호를 받았던 그는 임진왜란 초기에 영해부사(寧海府使)와 경상도 관찰사 및 순찰사로서 1만 명의 근왕병(勤王兵)을 모집하여 관군을 재건하고 왜적과 싸워, 폐허 속에 교통이 끊긴 경상도 일대의 큰 길을 뚫어주고 평양으로 파천한 선조에게 이 소식을 전했다. 오랜만에 반가운 남방소식을 들은 임금은 크게 기뻐하고, 행재소(行在所)에 있던 신하들은 입을 모아 "나라에 사람이 있구나."하고 감탄했다.

전쟁 후반기에는 삼남 도체찰부사(三南都體察副使)로서 명나라 군대의 군량을 지원하고, 이순신(李舜臣)에게 수백 척의 병선(兵船)과 수군(水軍) 및 군량(軍糧) 등을 보급하여 빛나는 승첩을 이룰 수 있도록 배후에서 도와준 인물이 바로 그였다. 한효순과 이순신의 긴밀한 협조가 없었다면 이순신의 승리도 보장하기 어려웠을 것이다.

왜란 당시와 그 뒤에 선조가 가장 믿고 의지한 최고의 국방 및 군사 전문가는 한효순이었다. 임금은 그를 문인으로서 무(武)를 겸비하고 장상(將相)을 겸비한 유일한 인물로 간주했다. 그래서 왜란이 끝난 뒤에는 선무공신(宣武功臣)으로 책봉하고, 함경도 관찰사 겸 도순찰사로 보내 누르하치의 침략에 대비하게 했다. 《신기비결(神器秘訣)》(1603)과 《진설(陣說)》(1603)은 그가 이때 지은 군사훈련 교재로 훈련도감에서 금속활자로 찍어 장수들에게 배포했으며, 그 자신도 이 책을 가지고 북방 군대를 정예군으로 훈련시켰다.

왜란 중, 선조는 명나라 척계광(戚繼光)이 지은 《기효신서(紀效新書)》(1560)의 영향을 받아 속오군(束伍軍)을 만들고 삼수병(三手兵; 포수, 사수, 살수)을 키웠다. 그러나 이 책에는 화기(火器)에 대한 설명이 비교적 자세하지만, 당시 조총(鳥銃)을 만들고 발사하는 기술은 명나라 또한 뒤떨어져 자세히 다루지 않았다. 한효순이 왜란 때 전투를 직접 경험하면서 얻은 지식을 바탕으로 조총을 만들고 다루는 법과 진법(陣法)을 상세하게 보완한 책이 바로 《신기비결》과 《진설》이다. 이 책을 토대로 광해군 때 화기도감(火器都監)이 설치되어 조총이 대량 생산되고 군사의 정예화가 이루어졌다.

뒷날, 《신기비결》과 《진설》은 정조 시대 규장각에서 보관하고 있다가 지금은 서울대학교 규장각에서 관리한다. 또 정조 대 소론 출신 역사가로서 뒷날 단재 신채호(丹齋 申采浩)의 민족주의 역사학에 가장 큰 영향을 미친 수산 이종휘(修山 李種徽; 1731~1797)는 자신의 저서에서 《신기비결》을 소개하면서 "국가에 비익(裨益)되는 바가 많은 책"이라고 하면서, "우리의 선배가 〔국방에〕 게으르지 않은 것이 이와 같다."고 격찬했다.

한효순은 또 왜란 후 함경도 관찰사 겸 도순찰사를 하면서 여진족에 대한 정책을 바꿀 것을 선조에게 건의했다. 여진족의 침입에 대한 방어는 강화해야 하지만, 명나라 황제의 가짜 자문(咨文)을 가지고 가서 그들을 위협하는 것은 역효과라고 주장했다. 누르하치는 조선과 자신들이 서로의 이익에 따라 교류하기를 원했는데, 한효순은 "그 말이 맞다"고 하면서 여진 정책에 명나라를 지나치게 개입시키지 말 것을 건의했다. 바로 그가 제안한 이런 정책이 광해군 때 중국과 후금 사이에서 중립 외교를 펴는 토대가 되었다.

이렇게나 많은 업적을 쌓은 그를 역적으로 만들어 인조반정 뒤에 관작을 삭탈하고, 죄가 없는 그의 세 아들까지 유배 보내, 그 후손들이 300년 동안 한을 품고 살게 된 이유는 바로 당쟁 때문이다. 그는 동인(東人)에서 출발했지만 뒤에는 남인(南人)이 되어 근경 남인(近京南人)의 비조(鼻祖)가 되었다. 인조반정을 일으킨 일부 경직된 서인(西人)들이 광해군 때 일어난 폐모론의 책임을 물어 한효순의 모든 업적을 뒤엎어버리고 역적으로 매도했던 것이다.

한효순은 인목왕후의 폐모론(廢母論)에서 대비를 평민으로 만들어 죽이려던 대북파(大北派)인 이이첨 일파의 책동을 막고, 그대로 서궁에 살면서 후궁의 대우를 받도록 하여 대비를 살려낸 주역이었다. 이이첨 일파는 그를 남인의 괴수(魁首)이자 역적으로 지목하여 목을 베라고 수도 없이 유생을 동원하여 겁박했다.

한효순에게는 아끼는 조카 둘이 있었는데, 큰 조카가 《동국지리지 (東國地理志)》의 저자로서 실학의 선구자로 알려진 구암 한백겸(久庵韓百謙; 1552~1615)이고, 작은 조카가 유천 한준겸(柳川韓浚謙; 1557~1627)이었다. 한준겸은 바로 인조의 장인이고, 선조 말년에는 영창대군의 보호를 부탁받은 이른바 '유교칠신'(遺敎七臣)의 한 사람이었다. 이들은 모두 근경남인에 속했다.

선조가 죽음에 임박하여 인목왕후가 낳은 세 살짜리 왕자 영창대군 (永昌大君)을 잘 보호해달라는 유언을 남기고, 이것을 왕후가 내시를 시켜 글로 만들어 일곱 대신에게 전해주었는데, 그 대신들을 '유교칠신'으로 불렀다. 한준겸은 이 때문에 광해군 때 영창대군 파로 지목되어 오랫동안 미움을 받아 유배생활을 보내야만 했다. 또 한효순의 매부 신경희(申景禧)는 신립(申砬) 장군의 조카로서 광해군 때 모역사건으로 체포되어 죽음을 당했다.

이와 같이 한효순의 친가 인맥으로 보면 폐모론의 주모자는 절대로 될 수 없는 처지였고, 오히려 인목황후와 깊은 관계였던 조카 때문에 역적으로 몰릴 가능성이 더 컸다. 그래서 그는 우의정과 좌의정으로 있으면서 폐모론을 주도할 책임을 지고 있었지만 수십 차례 사직서를 내고 집에 칩거하기도 하고, 갖은 방법으로 폐모론을 위한 백관회의인 정청(庭請)을 의도적으로 미루기도 하면서 협조하지 않았다. 그래서 폐모론의 주창자인 이이첨 일파로부터 역적으로 지목받고 탄압받았다. 모자지간(母子之間)의 의리도 중요하지만, 왕권을 위협하고 있는 인목대비를 제거하여 임금을 지키는 군신의리(君臣義理)도 《춘추》에 보이는 신하의 도리라는 것이 그들이 내건 명분이었다.

실제로 폐모논의가 일어난 것은 광해군의 책임이 아니었다. 광해군은 이미 임진왜란 초기에 세자로 책봉되어 명나라의 승인도 받고, 왜란 때는 분조(分朝; 세자의 조정)를 이끌면서 전란을 최일선에서 지휘하여 왕조를 중흥시킨 공적이 컸다. 신하들도 영창대군이 태어나기 전에는 그가 세자로 책봉되기를 바랐고, 선조의 뒤를 이어 임금으로 즉위하게 되는 것을 당연한 일로 여기고 있었다.

불행의 씨앗은 선조가 세상을 떠나기 2년 전에 인목왕후가 왕자 영창(永昌)을 낳으면서 싹트기 시작했다. 영창이 왕비 소생의 유일한 왕자였기에 후궁 공빈 김씨(恭嬪金氏)의 아들로 태어난 광해군은 갑자기 서자로 취급되었다. 하지만 세 살짜리 왕자가 임금이 될 수 없었으므로 이미 세자로 책봉되었던 34세의 광해군이 왕위에 오르게 된 것이다.

광해군이 임금이 되자 인목왕후는 대비(大妃)로 승격되어 권력을 임금과 나누어 가지는 처지가 되었다. 이른바 분사(分司)라 하여 인목왕후는 수하에 상당수의 관료와 경비 군사들을 거느리고 있었으며, 모든 신하들은 아침마다 문안을 드리는 조알(朝謁)의 의무가 있었다. 하지만, 대비와 광해군은 서로 상대가 자기를 죽일 것이라는 피해 의식에 사로잡혀 있었고, 신하들도 두 파로 갈라졌다. 대비가 영창을 보호해 달라는 선조의 유언을 작문하여 영문도 모르던 일곱 신하에게 주어 책임을 지운 것부터가 피해 의식에서 비롯된 것이지만, 광해군의 처지에서는 이 일을 자신에 대한 도전으로 받아들일 수밖에 없었다.

결국 영창과 광해군 가운데에서 반드시 한 사람이 죽게 되어 있는 운명이었다. 서로 임금이 되느냐 아니면 죽느냐 두 길 밖에는 없었다. 영창과 광해군이 평화롭게 공존한다는 것은 권력의 속성상 불가능했다. 그리하여 서로가 자신을 지키는 피나는 투쟁이 벌어지고, 이쪽의 방어는 저쪽의 반역이 될 수밖에 없었다. 그리고 양측은 모두가 자신을 지키는 것을 유교의 '춘추대의'(春秋大義)로 정당화했다. 왜냐하면 '모자의리'(母子義理)와 '군신의리'(君臣義理)는 모두 춘추 정신에 맞기 때문이다.

사정이 이렇게 변해가자, 광해군과 그를 따르는 대북파는 위기의식을 느끼고, '군신의리'를 내세워 영창과 대비를 화(禍)의 근원으로 보고, 이들을 차례로 제거하는 권력투쟁에 나섰다. 첫 단계는 영창을 따르는 소북파(小北派)를 제거하여 날개를 자르고, 두 번째 단계는 영창이 8세가 되던 광해군 5년(1613)에는 영창의 외조부 김제남(金悌男)을 역모로 몰아 제거하고, 세 번째로는 영창을 강화도로 유배 보냈다가 이듬해 죽였다. 이를 계축옥사(癸丑獄事)라고 한다. 이때 대비는 창덕궁에서 쫓겨나 경운궁(慶運宮; 지금의 덕수궁)으로 유폐되었다. 그래도 위에서 말한 대비의 권한은 그대로 지니고 있었다.

하지만 아들과 아비를 잃은 대비의 마음은 복수심으로 불탔고, 대비를 따르는 신하들은 다른 후궁 왕자들을 옹립하여 임금으로 삼고 대비의 섭정을 통해 새로운 권력을 세우고자 했다. 이를 눈치챈 광해군과 이이첨 일파는 이제 마지막 남은 화의 근원을 대비로 지목하고, 광해군 9년(1617) 무렵부터 폐모론(廢母論)을 여론화하기 시작했다.

폐모론에서 가장 첨예했던 논의는 '대비의 위상을 어느 수준으로 깎아내리느냐'였다. 폐모론은 여기서 두 가지로 길이 갈라졌다. '대비를 평민으로 만들어 궁에서 내보내 사가(私家)에서 살게 하다가 적당한 시기에 제거하자는 주장'과, '대비를 후궁(後宮) 수준으로 내려 정치적 권한을 축소시키면서 경운궁에서 그대로 살게 하여 보호하면 대비도 목숨을 보전하고 임금도 산다는 주장'이 서로 대립했다. 대북파는 전자의 길을 택했고, 온건한 근왕파 신하들은 후자의 길을 택했다. 한효순은 바로 후자였다.

한편, '군신의리'보다 '모자의리'를 중요시하는 서인(西人)은 대부분 폐모론 자체를 반대했다. 결국, 이 싸움은 효(孝)가 우선이냐 충(忠)이 우선이냐를 묻는 문제와도 관련되어 있었는데, 대북파와 서인은 양자택일을 하자는 것이고, 온건·타협파의 생각은 이 양자를 조화시키려는 것이었다. 하지만 양자택일을 선호하는 측에서 보면 온건파의 주장은 역적으로 보여 곧 양측의 협공을 받게 되었다.

세 갈래 논의는 모두가 저마다의 명분을 확보하고 있어서 합의를 이끌어내는 것이 쉽지 않았다. 그래서 치열한 여론 전쟁과 온갖 권모술수가 동원되었다. 하지만 폐모 문제는 워낙 사안이 중대하여 여론의 지지를 확보하는 것이 중요했다. 그래서 이이첨 일파는 대비의 죄를 다방면으로 수집하여 10개의 죄목을 만들고, 이를 토대로 백관회의를 소집하여 가부를 물어 압도적인 지지를 확인하고, 마지막으로 백관회의를 다시 열어 폐모를 결의하여 임금에게 건의하는 정청(庭請)의 절차를 밟아갔다.

백관회의와 정청은 수상(首相)만이 소집할 권한이 있었는데, 영의정 기자헌(奇自獻)은 폐모론 자체를 반대하다가 귀양 가고, 폐모론을 주장한 좌의정 정인홍(鄭仁弘)은 연로하여 합천에 내려가서 서울에 있지도 않았다. 그래서 우의정 한효순이 수상이 될 수밖에 없었다. 나이 여든을 바라보는 늙고 병든 그는 수십 차례에 걸쳐 간절한 사직소를 올렸으나 임금의 허락을 얻지 못하고, 이이첨은 갖은 방법으로 유생들을 동원하여 백관회의와 정청을 미루는 그의 목을 베라는 상소를 올리면서 겁박했다. 만약 폐모론에 응하지 않으면 대비는 물론, 그의 조카 한준겸, 폐모를 반대하는 수많은 사류(士類)들이 떼죽음을 당할 것이라고 협박했다. 한효순은 임금과 이이첨 일파의 겁박이 거짓이 아니라고 믿고, 드디어 대비와 조카, 사류들을 모두 살리는 길은 자신이 정청에 나가서 대비의 지위를 평민으로 떨어뜨리는 것을 막는 수준에서 조정하는 길밖에 없다고 믿었다. 그리하여 광해군 10년(1618)에 이이첨 일파가 한효순의 이름을 빌어 소집한 정청에 나가서 격렬한 논쟁을 벌이면서 '폐서인'(廢庶人)을 반대했다. 오후 3시경에 열린 정청은 새벽 3시경에 끝났으나 '폐서인'은 결의하지 못했다. 이때 한효순이 옷자락을 휘저으면서 격렬하게 반대하여 묘당의 먼지를 모두 쓸어냈다고 한다.

그러나 이이첨 일파는 곧바로 대비에 대한 '폄손절목'(貶損節目)2)을 만드는 회의를 한효순의 이름을 또 빌어 소집했다. 이 회의에서는 대비를 후궁(後宮)으로 대우하고, 호칭은 서궁(西宮)으로 부르며, 여전히 서궁에 살도록 하는 '절목'이 만들어졌다. 따라서 임금과 이이첨 일파가 본래 의도했던 목표에서는 크게 후퇴하고 한효순이 주장한 수준으로 결정되었다. 대비가 서궁에서 끝까지 살아남아 광해군이 폐위된 후 지위를 회복하게 된 것은 사실은 한효순의 힘이었다.

결과로 놓고 보면, 한효순은 살신성인한 셈이었다. 자신의 명예를 희생하여, 대비와 조카, 사류들을 살려낸 것이다. 하지만 인조반정이 일어나기 2년 전에 세상을 떠난 그는 반정 세력에 의해 폐모론의 주모자로 지목되어 관작이 삭탈당하는 수모를 겪게 되었을 뿐 아니라, 아무 죄도 없는 일곱 아들 가운데 이미 세상을 떠난 네 아들의 관직도

---

2) 인목왕후의 위상을 낮추는 조항.

삭탈당하고, 살아 있는 세 아들의 관직마저 삭탈당하고 유배 보내졌다. 인조반정의 명분이 폐모 살제(廢母殺弟; 어머니를 폐위하고 아우를 죽임)와 천조배신(天朝背信; 명나라에 대한 배신)이었던 까닭에 폐모의 책임을 그에게 전가한 것이다. 이이첨 일파에게 역적으로 지목받아 탄압받았던 그가 또 다시 폐모론을 주도한 역적으로 매도당하는 이중의 수모를 당하게 된 것이다.

중도부처(中途付處; 자기가 원하는 곳에서 살되 그곳을 떠나지 못하게 하는 처벌)의 유배를 당한 한효순의 세 아들 가운데 두 형제는 아버지가 살던 집이 있고, 어머니의 고향이기도 한 충청도 서산(瑞山)을 선택하여 낙향했고, 이미 세상을 떠난 네 아들 가운데 삼남은 이미 서산으로 내려가서 살았기 때문에 서산은 가장 많은 후손들이 모여 사는 집성 지역이 되었다. 그들은 1908년에 대사면될 때까지 울분을 품고 300년 동안 그곳에서 집성촌을 이루며 살아왔다.

후손 가운데 많은 문과급제자가 나와서 영조~정조대에는 탕평책의 혜택을 입고, 또 한효순의 죄가 그렇게 크지 않다는 것이 인정되어 대관(臺官; 사헌부와 사간원)을 비롯한 청요직(淸要職;청환과 요직)에 나간 사람도 있었지만, 한효순의 관작을 회복해 달라는 후손들의 집요한 신원운동은 받아들여지지 않았다. 그래서 수천 명에 달하는 그의 후손들은 거의 농민과 다름없는 몰락 양반의 생활을 꾸리면서 한을 품고 살았다.

나는 바로 서산으로 중도부처된 여섯째 아들 정랑(正郎) 한극겸(韓克謙)의 11대 후손이다. 바로 한효순이 농사(農舍)를 지어 놓고 자주 들렀던 해미 양림리〔현 기지리〕의 농촌에서 태어났다. 할아버지의 집과는 겨우 몇 십 미터 떨어진 곳이다. 한효순은 원래 50세까지만 벼슬하고 그 뒤에는 아름다운 산수를 즐기면서 낚시로 여생을 보내겠다고 마음먹고, 선조 22년(1589) 정여립사건으로 벼슬이 삭탈되자 바로 경치 좋고 처가가 가까운 양림리로 내려왔었다.

어린 시절에 월탄 할아버지 이야기를 귀가 아프게 들으면서 자랐다. 양림리의 한씨 집성촌 사람들은 모이기만 하면 할아버지를 추모하는 말로 시간을 보냈고, 이곳으로 할아버지와 그 아들들이 들어올 때 눈물을 흘리면서 왔다는 말도 자주 들었다. 우리 집은 ㅁ자 형태의 초가집으로서 머슴 하나를 두고 자영하면서, 일부 농토를 소작인에게 짓게 했던 중농 정도의 생활수준이었지만 대단한 양반의 후손이라는 자부심을 가지고 자랐고, 그 자부심이 나를 키우는 정신적 힘이 되었다. 하지만 어릴 땐 우리 선조들이 울면서 이 고장을 찾을 정도로 그렇게 파란만장한 역사가 담겨 있을 줄은 알 턱이 없었다.

월탄 할아버지가 세상을 떠난 것이 79세요, 나도 지금 79세이니 이것도 어쩌면 인연인 듯 싶다. 이 글을 마치면서 생각하니, 이 책은 할아버지 이야기이지만, 내 자서전의 일부이기도 하다. 내가 언젠가 자서전을 쓴다면 어린 가슴 속에 깊이 박혔던 할아버지 이야기를 꼭 담으려고 마음먹었는데, 그 소망을 조금이나마 이룬 것 같기도 하다. 월탄이 죽음에 임박하여 자손들을 모아 놓고 폐모론 때문에 눈을 감을 수 없다고 한탄했는데, 이 책을 읽고 혹시 눈을 감을 수 있다면 얼마나 좋은 일이겠는가?

하지만, 이 책은 단순히 그분을 추모하기 위해서 쓴 것이 결코 아니다. 후손의 처지에서가 아니라 객관적 진실을 밝히는 것을 생명으로 여기는 역사학자로서 이 책을 썼다. 선조~광해군의 격동기를 살았던 그분의 발자취는 그 시대 역사의 중요한 사건의 중심에 서 있다. 이

시대를 공부하는 사람은 누구라도 한효순은 반드시 짚고 넘어가야 할 큰 언덕이다. 한효순의 인생을 오해 없이 제대로 살펴보는 것은 그 시대의 진상을 밝히는 데 도움이 될 것이다.

나는 이 책을 쓰면서 광해군 때 편찬한 《선조실록(宣祖實錄)》뿐 아니라 인조반정 뒤에 서인이 다시 쓴 《선조수정실록》도 샅샅이 뒤졌다. 전자에는 긍정적인 기록이 많고 후자에는 헐뜯는 기록이 많아 대조를 이룬다. 이것은 당파에 따른 시각 차이를 보여주는 것이다. 《광해군일기》도 정초본(正草本)과 중초본(中草本)을 모두 참고하고, 그 밖에 각종 문집류와 《당초기(當初記)》, 《연보》, 《표해록(漂海錄)》, 《호산록(湖山錄)》, 《연려실기술》, 그리고 이순신의 《충무공전서》, 한효순의 《신기비결》과 《진설》 등도 정독했다.

자료 가운데 《당초기》는 폐모론과 관련된 자료들을 모아 일제강점기에 서산에 살던 후손들이 편찬한 것으로, 이 자료는 《실록》과 일일이 대조하여 확인했다. 《표해록》은 한효순이 정유재란(丁酉再亂) 겨울, 3천여 명과 군선 300척에 달하는 명나라 장수 이여송(李如松)의 수군 부대를 태안(泰安) 앞 바다에서 맞이하여 군량문제를 협의하다가 명나라 장수가 강제로 배에 태우고 항해하던 가운데 태풍을 만나 2일 동안 표류 끝에 구사일생으로 보령 앞바다에서 살아난 기록이다. 한효순과 같은 배에 동승했던 셋째 아들 한치겸(韓致謙)의 이야기를 듣고 다섯째 아들 한윤겸(韓允謙)이 통곡하면서 기록했다. 《충무공전서》에는 이순신과 한효순의 업무 협의 내용을 기록하고 있는데, 대부분 《선조실록》의 기록과 비슷하지만 내용이 더 자세하다. 《호산록》은 한효순과 비슷한 시대 서산 사람인 도사(都事) 한여현(韓汝賢)이 지은 서산읍지(瑞山邑誌)로서 한효순에 관한 생생한 이야기가 많이 수록되어 있다.

이 책을 쓰면서 문득 머리를 스치는 생각은 한효순과 실학(實學)의 관계이다. 지금 학계에서는 실학의 선구자가 근경남인(近京南人)이라 하며, 그 가운데 《동국지리지》의 저자 한백겸과 《지봉유설(芝峯類說)》의 저자 이수광(李睟光)을 실학의 선구자로 드는데 이의가 없다. 이수광에 대해서는 이미 필자가 평전(評傳)을 써서 그의 학풍이 소옹(邵雍; 康節)과 서경덕(徐敬德)의 상수역학(象數易學)의 영향을 크게 받았음을 말했다. 그런데 한효순과 그의 두 조카인 한백겸과 한준겸은 당대 최고의 역학자(易學者)로 평가되어 사서삼경(四書三經)을 교정하는 작업에 참여하기도 했다.

상수역학은 우주자연의 이치를 형태가 있는 상(象)과 수(數)로 바라보는 자연과학적 우주관을 지닌 사상이다. 국가와 민생의 실체를 토지, 영토, 산물, 인구, 제도 등 물질적 측면에서 바라보고 국리민복(國利民福)의 증진을 추구하는 실용성을 지닌 학문이라는 점에서 실학(實學)이라는 평가를 받게 된 것이다. 이들도 도덕을 중요시하고, 수기치인(修己治人)을 추구하는 성리학(性理學)을 모든 학문 가운데 정학(正學)으로 인정하고 있다.

실학의 개념은 시대에 따라 다르다. 조선 초기에는 불교를 허학(虛學), 성리학을 실학으로 불렀는데, 정도전(鄭道傳)이 대표적인 실학자이다. 16세기에는 과거시험에 몰입된 사장학(詞章學)을 허학(虛學), 수기치인에 실질적으로 기여하는 경세적(經世的) 성리학을 실학으로 보았는데, 그 대표적인 학자가 율곡 이이(栗谷 李珥)다. 그러다가 왜란이라는 미증유의 재난을 겪으면서 도덕 편중의 성리학에 한계를 느끼고, 허약한 국력을 키울 수 있는 물질적인 상수로써 성리학을 보완한 새로운 실학이었다.

한백겸의 《동국지리지》는 바로 영토와 국방의 중요성을 역사적으로 검증하기 위해 지은 것이고, 이수광의 《지봉유설》은 국가 운영에 필요한 모든 문화능력과 상수(象數)를 수집하여 외국과 비교하면서 백과사전으로 정리한 것이다.

한효순의 《신기비결》과 《진설》은 왜란을 겪으면서 현장에서 느끼고 배운 지식을 토대로 수많은 선배들의 병법서(兵法書)를 집대성하여 새로운 시대에 맞는 국방과 전쟁의 지침서를 처음으로 정리한 노작이다. 그렇다면 그의 상수역학에 대한 관심과 더불어 이 책을 국방에 관한 실학의 범주에 넣어도 무방하다는 것이 나의 생각이다.

이 책을 마무리하면서 나에게 도움을 준 분들에게 고마움을 전하지 않을 수 없다. 장헌공파〔월탄공파〕 종친회 회장 한기선(韓基宣)님, 부회장 한길우(韓吉愚)님, 총무 한기선(韓基銑)님을 비롯하여 많은 분들이 물심양면의 격려를 아끼지 않았고, 종손 한범구(韓範九)씨는 월탄 관련 자료를 널리 수집하여 제공해 주었다. 이 책을 계기로 후손들이 그동안 품어온 한이 다소나마 풀리고, 나아가 월탄에 대한 학계의 관심이 증폭되어 더 좋은 연구업적이 나오기를 기대하는 바이다.

끝으로, 이 원고를 끝까지 읽어주시고 기꺼이 출판을 맡아주신 김경희 사장은 변함없는 60년 학우의 우정을 이번에도 보여주셨다. 또 정성껏 글을 다듬어주신 전영조 님께도 아울러 감사를 드린다.

2016년 10월, 관악산 호산재에서 한영우 쓰다

제1장
한효순의 가계(家系)

1. 청주 한씨의 뿌리

한효순은 조선 초기 이른바 삼한갑족(三韓甲族)의 하나로 불렸던 청주 한씨(淸州韓氏)의 후손이다. 청주 한씨가 삼한갑족으로 불리는 이유는 크게 두 가지다. 하나는 씨족의 뿌리가 깊다는 것이고, 또 하나는 조선시대에 들어와 가장 많은 왕비를 배출하고, 명신석보(名臣碩輔)가 많다는 이유 때문이다.

청주 한씨의 공식 시조는 고려 초기 사람 한란(韓蘭)이다. 그는 후삼국시대 말기 청주(淸州) 방정리(方井里)에 큰 농장을 경영하여 수만 섬의 곡식을 거두는 호족(豪族)인데, 고려 태조 왕건(王建)이 후백제를 정벌하기 위해 이곳에 들렀을 때 칼을 들고 나와 마중하면서 하루 먹을 군량(軍糧)을 대주고 종군(從軍)하여 삼한 통일에 큰 공을 세웠다고 한다. 그래서 뒤에 삼중대광 삼한벽상공신 태위(三重大匡三韓壁上功臣太尉)가 되었다고 한다. 태위(太尉)라는 벼슬은 실직(實職)이 아니고, 지방 호족들을 포섭하기 위해 내려준 최고의 명예직인 삼공(三公), 곧 태위, 사도(司徒), 사마(司馬) 가운데 하나이고, 품계로 따지면 정1품에 해당한다.

그러니까 한란은 후삼국시대 청주 지방에서 농업을 통해 부를 쌓았던 대표적인 대지주(大地主) 호족 세력이었는데, 왕건의 후삼국 통일을 경제적으로 지원한 것에 힘입어 그 후손들이 개경에 들어가서 출세하는 계기가 마련되었던 것이다.

한란은 자신의 방정리 농장에 크고 네모난 우물을 만들고, 무농정(務農亭)이라는 집을 지었는데, 농사에 힘쓰겠다는 중농(重農) 정신이 담겨 있었다. 이곳에서 후학을 가르치기도 했다. 지금 청주시에서는 이를 정자로 복원하여 근처의 공원에 세워 놓았다. 방정리는 지금 청주시 교외의 공군사관학교 부근에 있는데, 비옥한 땅이 넓게 펼쳐져 있어 큰 농장을 경영할 만한 입지조건을 갖추고 있다.

한란이 받았다고 전해지는 벼슬은 실직(實職)이 아닌 명예직이지만, 그 후손들이 중앙무대로 출세하는 바탕이 되었다는 점에서 의미가 큰 것이었다.

청주의 방정리는 속칭 '대머리'로 불리고 있었는데, 이를 한자로 쓸 때에는 '상당(上黨)'이라고 했기 때문에 한씨의 본관인 청주를 간혹 '상당 한씨' 또는 '대머리 한씨'라고도 부른다. 삼국시대 청주에 쌓은 산성(山城)을 '상당산성(上黨山城)'으로 불렀는데, 지금도 이 산성이 웅장한 모습으로 남아 있다.

여기서 '대머리'는 '우두머리'라는 뜻이고, '한씨(韓氏)'도 '우두머리'의 뜻을 지닌 것으로 보인다. 다시 말해 '한'은 'khan'과 같은 뜻이다. 우리말에 '크다'는 것을 가리킬 때에는 대부분 '한'이라고 한다. 예를 들면 '한강'은 '큰 강'이고, '한산(漢山)'은 '큰 산'이고, '한밭(大田)'은 '큰 밭'을 가리킨다.

그런데 《청주한씨족보》를 보면 청주 한씨의 뿌리는 훨씬 먼 시대로 거슬러 올라가고 있다. 가장 먼 뿌리가 바로 기자(箕子)이다. 기자가 우리나라로 망명해온 것이 역사적 진실인지 아닌지의 문제는 지금 논란이 있지만, 대체로 기자를 시조로 떠받들던 후손들이 한반도로 이

주해 온 것은 사실로 받아들여진다. 그래서 고구려에서도 기자신(箕子神)을 숭배했고, 평양에는 옛부터 기자신을 모신 숭인전(崇仁殿)이 있었으며, 근대 이전의 모든 역사책에서는 한결같이 기자조선(箕子朝鮮)을 사실로 기록해 왔다.

기자를 시조로 받들던 후손들이 한반도로 이주해온 것이 사실이라면,《청주한씨족보》에 기자를 먼 시조로 받드는 것도 이상한 일은 아닐 것이다. 역사적으로 보면, 기자조선이 위만(衛滿)에게 망한 뒤에 기준(箕準)을 비롯한 왕족들이 지금의 전라도 지역으로 내려와 마한(馬韓)을 세웠다고 한다. 그래서 마한의 역대 임금은 모두 기자의 후손들이다. 다만, 마한 왕의 세 아들 가운데 백제에 들어간 족속은 기씨(奇氏)를 칭하고, 고구려 땅으로 들어간 족속은 선우씨(鮮于氏)를 칭했으며, 신라로 들어간 족속이 한씨(韓氏)가 되었다 한다. 이런 사실은 행주 기씨(幸州奇氏)의 족보에도 보인다.

그런데 17세기초 한효순의 조카 한준겸(韓浚謙; 1557~1627; 한백겸의 아우)의 《유천집(柳川集)》에 실린 〈연보(年譜)〉를 보면, 청주 한씨의 뿌리를 마한의 원왕(元王)으로부터 시작된 것으로 보면서, 원왕의 세 아들 가운데 3남 우량(友諒)이 신라로 들어가서 탈해왕(脫解王)으로부터 사도(司徒)의 직책을 받고 상당(上黨)을 본관으로 하는 한씨(韓氏)로 정했다고 한다. 그래서 우량이 상당 한씨의 1세조(一世祖)가 되고, 그 뒤로 신라시대를 통하여 31대가 대를 이어갔다고 하면서, 32대손이 바로 한란(韓蘭)이라고 한다.3)

---

3)《유천집》의 '연보'에 실린 마한 왕 후손의 계보와 벼슬은 다음과 같다. 우량(友諒; 司徒; 1세), 치은(致殷; 侍中; 2세), 정(禎; 司空; 3세), 기헌(箕憲; 司徒; 4세), 채규(采圭; 僕射; 5세), 정걸(廷杰; 司徒; 6세), 수량(邃良; 복야; 7세), 이웅(以雄; 복야, 8세), 문척(文倜; 복야; 9세), 수동(綏東; 복야, 10세),

이렇게 기록에 따라 청주 한씨의 시조를 기원전 12세기 기자로 보기도 하고, 기원 후 1세기의 마한 왕 우량(友諒)으로 보기도 하고, 또 고려 초기의 한란으로 보기도 하여 혼란스럽지만, 기록이 가장 확실한 것은 한란 이후이기 때문에 그를 공식적인 시조로 인정하고 있다. 다만, 기자에서 한란으로 이어지는 선대의 족속을 모두 동일한 혈통으로 받아들이면서 이들을 한씨의 뿌리로 이해하고 있는 것이다.

조선시대의 혼인 풍속을 보면, 청주 한씨, 행주 기씨, 태원 선우씨4)는 동성(同姓)으로 인정하여 서로 결혼하지 않는 것이 오랜 관습이었다. 그런데 재미있는 것은 '한', '기', '선우'라는 명칭이 공통적으로 '크다', '우두머리', '족장'이라는 뜻을 지니고 있다. 흉노족(匈奴族)의 우두머리를 '선우'라고 불렀다는 것은 여러 기록이 증명한다.

위 세 족속 가운데 가장 인구가 많고, 높은 벼슬아치가 많은 족속은 신라에 들어간 한씨이다. 하기야 모든 한씨의 본관이 처음부터 청주로 일원화된 것은 아니었다. 조선 전기만 하더라도 청주 한씨 말고도 지역에 따라 안변 한씨(安邊韓氏), 장단 한씨(長湍韓氏), 평산 한씨

치안(治安; 복야, 11세), 재환(再煥; 司徒; 12세), 수업(守業; 司徒; 13세), 수만(壽萬; 司徒; 14세), 급(岌; 司徒; 15세), 충경(忠卿; 司徒; 16세), 의신(義臣; 司空, 17세), 준무(俊武; 司徒, 18세), 공열(恭烈; 司徒; 19세), 인겸(仁謙; 사도; 20세), 숙(淑; 侍中; 21세), 헌조(憲祖; 孝友로 이름을 날리다; 22세), 학령(鶴翎; 학행으로 이름을 날리다; 23세), 봉윤(鳳允; 華盖山에 들어가서 종신; 24세), 인서(麟瑞; 司徒; 25세), 용채(龍彩; 府使; 26세), 덕채(德彩; 牧使; 27세), 예찬(禮燦; 위강왕 때 좌복야; 28세), 방형(邦亨; 贈 侍郎; 29세), 광종(光宗; 증 시랑; 30세), 지원(智原; 증 시랑; 31세), 한란(韓蘭; 32세)

4) 태원 선우씨의 본관인 태원(太原)은 중국의 산서성(山西省) 지역으로 황하가 수직으로 흐르는 물줄기의 동쪽에 해당한다. 이 지역은 예부터 한족(韓族)이 살았던 지역이기도 하며, 은(殷; 商)나라의 강역과도 일치한다. 우리 민족을 옛부터 한족(韓族)으로 부른 것도 따지고 보면 산서성 지역의 한족이 일찍부터 한반도로 이주하여 붙여진 이름으로 보인다. 따라서 태원 선우씨도 본질적으로는 한족에 속한다.

(平山韓氏), 한양 한씨(漢陽韓氏), 곡산 한씨(谷山韓氏), 양주 한씨(楊州韓氏) 등 10여 개의 본관이 있었는데, 조선 후기에 이르러 모든 한씨의 본관이 가장 큰 세력을 형성했던 청주 한씨로 일원화된 것이다. 현재 청주 한씨는 인구 비율로 볼 때 대한민국 성씨 가운데 10위에 속하고, 조선시대 문과 급제자는 291명으로 모든 성씨 가운데 6위를 차지하고 있을 만큼 비중이 컸다.

2. 고려시대의 가계

청주 한씨 시조 한란은 한효순의 18대 조이다. 조상 가운데 11대손 한수(韓脩)까지는 고려시대 인물이고, 12대손 한상경(韓尙敬)부터는 조선 왕조에서 활동한 인물들이다. 그런데 위에 언급한 한준겸의 《유천집(柳川集)》에 실린 '연보'를 보면 2대손 한영(韓潁)은 용호영(龍虎營)의 교위(校尉)가 되고, 3대손 한상휴(韓尙休)는 별장동정(別將同正) 또는 진무사(鎭撫使), 4대손 혁(奕)은 상의 직장(尙衣直長)으로 죽은 뒤에 금자광록대부(金紫光祿大夫)를 추증받았으며, 상서성 좌복야(尙書省 左僕射)로 특진되었다고 한다. 그러나 이들은 모두 《고려사》에 등재되어 있는 인물은 아니다. 이는 그들의 지위가 정사(正史)에 오를 만한 위치에 있지는 않았다는 것을 말해준다. 여기서 용호영 교위는 국왕을 호위하는 용호영의 중간급 무장을 가리키는 것으로, 대체로 문음(門蔭) 자제나 지방의 고급 향리(鄕

吏)에게 주는 직책이고, 별장동정은 정7품의 무관직으로 문음 자제 또는 고급향리 자제에게 준 임시직이다. 4대손 한혁이 받은 상의 직장은 임금의 옷을 만드는 상의원(尙衣院)의 직장(종7품)을 가리키는데, 높은 벼슬은 아니다. 그러나 추증 받은 금자광록대부는 종2품의 문산계(文散階)이고, 좌복야는 정2품에 해당한다. 이 벼슬은 아들 한희유가 높은 벼슬을 하면서 추증된 것으로 보인다.

한란의 5대손 한희유(韓希愈)의 벼슬은 검교 신호위 상장군(檢校神虎衛上將軍)으로 의장부 별장(儀仗府 別將)을 행직(行職)으로 가졌다고 되어 있으며, 또 다른 기록을 보면 도원수(都元帥)로 되어 있다. 신호위는 6위(六衛)의 하나로서 서울을 지키는 경군(京軍)의 주력 핵심부대로서 상장군은 정3품의 무관직이다. 다만 검교(檢校)로 받은 직이므로 실직은 아니며 명예직일 뿐이고, 실제로는 임금의 행차를 호위하는 의장부의 별장(別將; 정7품)에 지나지 않았다. 그런데 똑같은 이름을 가진 향리 출신의 한희유(韓希愈; ?~1306)가 13세기 말의 충렬왕 때 대장군(大將軍)으로 맹활약을 하다가 충렬왕 32년(1306)에 세상을 떠난 사실이 있어 자칫 헷갈릴 수도 있지만, 이는 동명이인(同名異人)이다.

한란의 6대손 한광윤(韓光胤)은 무신집권기인 강종(康宗; 재위 1211~1212) 때 과거에 급제하여 벼슬이 예빈경(禮賓卿; 정3품)에 이르렀다. 청주 한씨가 문과를 거쳐 중앙의 고급 벼슬아치로 등장한 것은 한광윤이 처음이다.

그 다음 7대손 한강(韓康; ?~1303)은《고려사》,〈열전〉에 오를 만큼 이름을 떨친 명신(名臣)이다.《고려사》를 보면, 그는 첫 이름이 경(璟)이고, 불교를 깊이 믿었으며, 고종(高宗) 때 문과에 급제하여 실력으로 벼슬아치가 되었다. 금주(金州; 지금의 김해) 수령을 지내면서 둔전(屯田)을 잘 관리하여 수천 석의 곡식을 더 많이 수확하여 민생을 안정시켜 최고급의 고과(考課)를 받고 중앙관리로 발탁되어 언관직인 간의대부(諫議大夫; 정4품), 국자감 대사성(大司成; 정3품), 한림학사(翰林學士)로 올라갔다. 그 뒤 충렬왕 대에는 비서직인 밀직사(密直司)의 지사(知事; 종2품)를 거쳐 국가재정을 관리하는 삼사(三司)의 판사(判事; 종1품)를 지내고, 이어 수상직에 해당하는 중찬(中贊; 종1품)과 태학사(太學士)에 이르렀다. 그는 임금이 어떻게 정치를 해야 하느냐고 묻자, 종묘의 제사를 잘 지내고, 사냥과 사치를 억제하고 민생을 위한 정치를 강조하여 칭송을 받았고, 죽은 뒤에는 문혜(文惠)라는 시호(諡號)를 받았다.

한광윤과 한강이 연이어 과거를 거쳐 중앙의 고급 벼슬아치로 등장한 것은 무신집권 말기에서 원나라 간섭기에 해당하는데, 이 기간은 사회 전반적으로 중앙의 세습적인 문벌귀족이 몰락하고 지방 세력이 급속도로 성장한 시기로서 고려 사회의 중대한 변혁기에 해당한다. 청주 한씨는 바로 그런 시대의 흐름을 타고 있었다.

한강의 아들은 한사기(韓謝奇)다. 한란의 8대손인 동시에 한효순의 11대 조이다. 그도 과거에 급제하여 언관직인 간의대부(諫議大夫; 정4품)와 보문각 제학(提學; 정3품)에 이르렀는데, 충렬왕 때 원나라의 인질인 뚤루게(禿魯花)가 되어 가족과 함께 원나라로 가서 살았다. 원나라는 고려의 왕자를 친원 세력으로 길들이기 위해 임금이 되기 전에 수도인 연경(燕京; 북경)으로 데려와서 살게 하다가 고려의 임금이 죽으면 돌아와서 대를 이어가도록 했는데, 이를 숙위(宿衛)라 불렀다. 이때 왕자 뿐 아니라 왕족과 고관 자제도 함께 볼모로 데려와서 왕자를 보필하면서 살게 했는데 이들을 '뚤루게'라고 불렀던 것이다.

고려 왕은 자연히 왕자 때부터 친밀하게 지낸 뚤루게 출신의 관료와 가까이 지내면서 정치를 이끌어가는 것이 관례가 되었다. 한사기는 아버지가 최고위 관료였기 때문에 뚤루게로 원나라로 가게 된 것인데, 그곳에서 충렬왕을 호종하다가 돌아와서 죽은 뒤에 한림 직학사(翰林直學士)와 고양현후(高陽縣侯)라는 벼슬을 원나라로부터 추증받았다. 한사기도 《고려사》, 〈열전〉에 이름과 행적이 올라 있다.

청주 한씨가 한광윤, 한강, 한사기의 출세를 기반으로 하여 한 단계 도약하는 계기를 만든 이는 한사기의 아들 한악(韓渥; 1274~1342)이다. 그도 역시 《고려사》, 〈열전〉에 오른 인물이다. 그는 충선왕 때 비서직인 밀직사의 우대언(右代言; 정3품)에 오르고, 충숙왕 때에는 밀직사 지사(知事; 종2품)에 올랐다. 원에서 충숙왕의 입조를 명하자 그도 왕을 따라 원나라에 호종했다가 돌아왔는데, 당시 충숙왕의 왕권을 빼앗으려고 음모를 꾸미고 있던 심양왕 고(瀋陽王暠)로부터 충숙왕을 지켜내어 그 공으로 좌리공신을 받고, 찬성사(贊成事; 정2품)에 오르고, 상당부원군(上黨府院君; 정1품)에 책봉되었다. 충혜왕이 복위한 뒤에는 중찬(中贊; 종1품)에 이르렀다가 세상을 떠났는데, 사숙(思肅)이라는 시호를 받았고, 충혜왕의 묘정(廟庭)에 배향되어 국가의 제사를 받았다. 《고려사》를 보면, 한악은 지략이 뛰어나고 기량이 넓은 인물로 알려지고 있었다. 일을 만나면 반드시 세 번 생각하고 나서 행동했으며, 몽골어와 중국어를 잘했다고 한다.

《고려사》, 〈열전〉을 보면, 한악은 네 아들을 두었는데, 장남이 한

대순(韓大淳),5) 차남이 한공의(韓公義; 1307~1365), 3남이 한
중례(韓仲禮),6) 4남이 한방신(韓方信; ?~1376)이다. 그 가운데
한효순과 직결되는 인물은 차남 한공의다.

한공의는 아버지가 고관이었기 때문에 음보(蔭補)의 혜택을 받아
상급 서리(胥吏)인 녹사(錄事)가 되었다가 충혜왕 때에는 왕의 신임
을 받아 재정을 맡은 삼사(三司)의 우윤(右尹; 종3품)에 이르렀고,
충목왕 때에는 여러 관청의 판사(判事)를 거쳐 호부와 형부의 상서
(尙書; 정3품)에 올랐다. 공민왕 때에는 밀직부사(密直副使; 정3
품)로서 원나라에 정조사(正朝使)로 다녀온 뒤에 청성군(淸城君; 종
1품)에 봉해졌다. 죽은 뒤에 평간(平簡)이라는 시호를 받았다.

한악의 4남 한방신은《고려사》, 〈열전〉에 자세한 행적이 기록되어
있다. 그는 장수의 지략(智略)을 가진 인물로서 과거에 급제한 뒤에
공민왕 대에 추밀원 직학사(樞密院直學士)를 거쳐 동북면 병마사(東
北面兵馬使)로서 홍건적이 침입했을 때 안우(安祐) 등과 더불어 경
성(京城; 개경)을 수복하여 큰 공을 세우고, 정당문학(政堂文學; 종
2품)이 되었으며, 그 뒤 원나라가 덕흥군을 왕으로 세우고 침입해오
자 첨의평리(僉議評理; 종2품)로서 동북면 도지휘사가 되어 함경도
지역을 방어했다. 또 태조 이성계의 고모가 여진족 김방괘(金方卦)
에게 시집가서 낳은 아들인 삼선(三善), 삼개(三介) 형제가 함경도
지역으로 쳐들어오자 이를 막아냈으며, 그 공으로 서원군(西原君)에

---

5) 《고려사》, 〈열전〉을 보면 한대순은 벼슬이 도첨의사사(都僉議使司)의 지사
(知事)에 이르렀는데 충정왕 때 좌천되어 기장감무(機張監務; 종6품)로 강등되
었다.
6) 《고려사》, 〈열전〉을 보면, 한중례는 벼슬이 정당문학(政堂文學)에 이르고,
계성군(繼城君)에 봉해졌다.

봉해졌다. 그 뒤 찬성사에 임명되었으나 아들 한안(韓安)이 공민왕을 시해하는 사건에 연루된 죄로 유배당했다가 우왕이 보낸 자객에게 피살당했다.

한악의 네 아들 가운데 한공의(韓公義)와 한방신(韓方信)의 후손은 조선 왕조에 들어와서 각각 평간공파(平簡公派)와 서원군파(西原君派)로 불리면서 5명의 왕비를 배출하여 청주 한씨 가운데서 가장 현달한 계파가 되었다. 평간공파 후손 가운데 5대손 한명회(韓明澮)의 두 딸이 각각 예종(睿宗)과 성종(成宗)의 왕비가 되었고, 9대손 한준겸(韓浚謙)의 딸은 인조(仁祖)의 왕비가 되었다.

한편, 서원군파 후손 가운데 4대손 한확(韓確)7)의 딸은 예종의

---

7) 한확은 음보로 벼슬길에 나갔다. 15세 되던 태종 17년(1417)에 누이가 공녀(貢女)로 명나라 성조(成祖)의 후궁으로 선발되어 갈 때 진헌부사(進獻副使)로 따라갔는데 누이가 여비(麗妃)로 책봉되자 한확도 명나라의 광록시 소경(光祿寺 少卿; 종4품)의 벼슬을 받았다. 그 뒤 여러 차례 명나라에 사신으로 가서 공물면제를 받는 등 외교적인 수완을 발휘했다. 세종 6년(1424)에 성조와 여비가 함께 죽자 선종(宣宗)이 즉위했는데, 또 다시 한확의 누이를 후궁으로 간선하자 명나라와 더욱 가까운 인물이 되었다. 그 뒤 벼슬이 점차 올라가서 관찰사와 이조판서, 병조판서 등을 역임하다가 세조의 즉위를 도와 공신이 되고, 서원부원군과 좌의정이 되었다.
한편 세조는 맏아들 덕종(德宗)의 비로 한확의 딸을 맞이하여 소혜왕후(昭惠王后; 1437~1504)가 되었는데, 아들 성종이 임금이 되자 왕대비가 되어 인수대비(仁粹大妃)의 존호를 받았다. 여성으로서 특이하게 학식이 높아 여러 경전에서 자료를 뽑아 《내훈》(內訓, 또는 女訓)이라는 여성교육 지침서를 편찬했으며, 불교를 혹신(惑信)하여 유자(儒者)들과 충돌하기도 했다. 연산군이 즉위한 뒤에 폐모 윤씨 사건에 인수대비가 관여한 것이 알려지자 할머니인 대비를 머리로 들이받아 절명하게 만들었다. 향년 68세였다.
한확은 두 누이가 중국 황제의 후궁이 되고, 딸이 왕비가 되어 더할 수 없는 명예를 얻었고, 지위도 높아졌으나 성품이 온순하고 도량이 넓어 많은 사람의 존경을 받았으며, 세종~세조대의 외교와 내치에 큰 공적을 세웠다. 그러나 세조 2년에 명나라에 주청사로 가서 세조의 등극을 찬탈이 아닌 양위라고 설득하고 귀국하는 도중에 향년 54세로 세상을 떠났다. 시호는 양절(襄節)이다. 그의 후손들이 크게 현달하여 이른바 양절공파(襄節公派)가 청주 한씨의 큰 계파의 하나를 이루었다.

형인 덕종(德宗)의 왕비가 되었으며, 5대손 한백륜(韓伯倫; 1427~
1474)[8]의 딸은 예종의 계비(繼妃) 되었다. 그러니까 모두 합치면
5명의 왕비가 한악의 후손 가운데서 배출된 셈이다. 이렇게 많은 왕
비를 배출한 조선 전기가 청주 한씨의 전성시대라고 해도 좋을 것인
데, 그 중심이 되는 계파가 바로 한악〔思肅公〕의 후손들이었다.

한효순은 한악의 아들 가운데 차남인 한공의〔평간공〕의 후손이다.
한공의는 세 아들을 두었는데, 장남이 한수(韓脩; 1333~1384), 차
남이 한리(韓理; ?~1417),[9] 3남이 한제(韓齊)이다. 그 가운데 장
남 한수는 시조 한란의 11대손인 동시에 한효순의 8대 조이다.

《고려사》, 〈열전〉을 보면, 한수는 15세에 문과에 급제하여 세상을
깜짝 놀라게 한 수재로서, 공민왕 때 비서직인 좌대언(左代言; 정3
품)으로 있으면서 신돈(辛旽)의 횡포를 보고 임금에게 그를 멀리할

---

8) 한백륜은 한방신(韓方信)~한휴(韓休)~한계복(韓季復)~한창(韓昌)~한백륜
으로 이어지는 가계에 속한다. 그 가운데 한휴와 한계복은 벼슬을 알 수 없으
며, 아버지 한창은 벼슬이 세종 때 판선공감사(정3품 당하관), 세조 때 첨지중
추원사(정3품 당상관)를 거쳐 관찰사(종2품)에 이르렀다. 한백륜은 음보로 출사
했는데, 세조 8년(1462)에 그의 딸이 세자궁〔예종〕의 소훈(昭訓)으로 간택되었
다가 뒤에 예종이 임금으로 즉위한 뒤에 안순왕후(安順王后)가 되어 한명회의
딸인 장순왕후(章順王后)에 이어 계비가 되었다. 이에 따라 한백륜의 벼슬도 높
아져서 청천군(淸川君)에 봉해지고, 성종이 즉위한 뒤에는 우의정이 되고 청천
부원군(淸川府院君)으로 제수되었다가 성종 5년에 48세로 세상을 떠났다. 시호
는 양혜(襄惠)이다. 《성종실록》의 '졸기'를 보면, 그는 성품이 순근(淳謹)하고,
정승이 되어서도 외척으로서 번영한 것을 두렵게 여겨 수차례 사직하고 물러갔
으며, 사는 집이 좁아 친구가 고쳐 지으라고 권하자, "이 집은 선인(先人)에게서
받았으며, 비바람을 막을 만한데, 어찌 고칠 수가 있겠는가?"했다. 병이 위독해
지자 아들에게 《주문공가례(朱文公家禮)》에 따라 장사를 지내라고 부탁했다. 그
러나 맏아들 한환(韓懽)은 광패(狂悖)했다고 한다.

9) 한리는 공민왕 때 문과에 급제하여 벼슬이 예의판서(禮儀判書)에 이르렀는
데, 조선 왕조가 개국한 뒤에는 태조의 명을 따라 고려 왕실의 제사를 주관했으
며, 태종 때에는 노비변정사업을 주관하다가 태종의 장인 민제(閔霽) 등이 양인
을 천인으로 만들어 부린 사실이 알려지자 이 일로 유배를 당하기도 했다.

것을 건의했다가 미움을 받아 파직되기도 했다. 그러나 신돈이 죽자 다시 기용되어 인사권을 담당하는 이부상서(吏部尙書; 정3품)와 학술을 관장하면서 왕의 고문 노릇을 하는 수문전(修文殿) 학사와 비서 직인 승선(承宣; 정3품)이 되었다. 우왕 때에는 공신에 봉해지고, 상당군(上黨君; 종1품)의 작호를 받기도 했다. 학문이 높고 여말의 큰 유학자인 이색(李穡)과 친교를 맺었으며, 글씨를 잘해 명필로 이름을 떨쳤다. 시문집인《유항집(柳巷集)》을 남겼다. 시호는 문경(文敬)이다.

3. 조선시대의 가계

앞에서 시조 한란에서부터 11대손 한수(韓脩)에 이르는 한효순의 가계를 살펴보았는데, 이들은 모두가 고려시대 활동한 인물이다. 그러나 한수의 아들들은 고려 말에 태어나서 벼슬길에 올랐지만, 조선왕조 개국 후에 더욱 왕성한 정치활동을 전개했다. 이제 이들의 행적을 알아보기로 한다.

한수에게는 네 아들이 있었다. 장남이 한상환(韓尙桓; ?~1433),10) 차남이 한상질(韓尙質; ?~1400), 3남이 한상경(韓尙敬; 1360~1423), 4남이 한상덕(韓尙德; ?~1434)11)이다. 그 가운

---

10) 한상환은 조선 세종 때 한성부윤(漢城府尹; 종2품)을 지냈다.
11) 한상덕은 우왕 11년에 문과에 급제하여 조선 태종조에 벼슬이 호조참판에 이르고, 왕명으로 중국의 농서인《농상집요(農桑輯要)》에서 양잠에 관한 내용을 뽑아내어《양잠경험촬요(養蠶經驗撮要)》를 편찬했다.

데 현달한 사람은 한상질과 한상경이고, 한효순의 직계 조상은 한상경이다.

차남 한상질은 우왕 때 문과에 급제한 뒤에 형조판서, 예문관 제학(종2품)을 거치면서 천추사(千秋使)로 명나라에 가서 윤이(尹彛), 이초(李初)의 무고 사건을 변명하고 돌아왔는데, 이 사건은 이성계의 역성혁명을 두려워한 이색(李穡) 등 보수파들이 윤이와 이초를 명나라에 보내 이성계가 명나라를 칠 것이라고 거짓으로 알린 사건으로서, 한상질은 그들의 말이 거짓임을 해명하여 명나라의 오해를 풀어주고, 이성계 일파를 위기에서 구해주었다.

조선 왕조가 개국한 직후에는 예문관 학사로서 자청하여 명나라에 가서 '조선'이라는 국호를 승인받고 돌아왔다. 이성계의 고향인 '화령(和寧)'과 옛 고조선의 국호인 '조선(朝鮮)'을 후보로 정하여 명나라 황제에게 어느 것이 좋은가를 묻자, 명나라 황제는 '조선'은 중국에서 간 기자(箕子)가 세운 나라이므로 그 유래가 깊고 아름답다고 하면서 '조선'을 선택해 주었다. 이 일은 얼핏 보면 주체성이 부족한 일로 여겨질 수도 있지만, 내막을 살펴보면 그렇지 않다. 우선, 국호를 명나라와 상의해서 정한 것은, 명나라가 윤이, 이초의 사건으로 이성계에 대한 의심을 아직도 풀지 못하고 있는 상태에서 새 나라의 임금이 되었음을 의식하여 그들의 오해를 다시 한번 풀어주겠다는 뜻이 있었다. 그 뿐 아니라 어차피 명나라가 '화령'보다는 '조선'이라는 이름에 호의적일 것이라는 것을 미리 예상하고 간 것이었다.

여기서 '조선'이라는 국호가 갖는 의미는 명나라와 조선이 서로 달랐다. 명나라는 '조선'이 기자가 세운 나라로서 주(周)나라의 제후가 되었다는 사실을 아름답게 여긴 것이지만, 조선왕조를 건설한 개국

세력이 생각하는 '조선'은 그런 뜻만은 아니었다. 즉 '조선'에는 세 나라가 있었는데, 가장 먼저 조선을 세운 것은 기자가 아닌 단군(檀君)으로서 천손(天孫)의 후예가 중국의 요(堯) 임금과 같은 시기에 독자적인 나라를 세웠다는 것을 자랑스럽게 여겼다. 그 다음에 기자가 중국에서 와서 조선의 임금이 되어 팔조교(八條敎)를 펴서 윤리를 밝히고, 정전제(井田制)를 실시하여 이상적인 토지제도를 만들었으며, 시서예악(詩書禮樂) 등을 가르쳐서 주(周)나라와 비슷한 문명국가를 만들었다는 것을 자랑스럽게 여겼다. 그래서 천손이 세운 단군 조선과 문명국가를 만든 기자 조선의 전통을 함께 계승하겠다는 자부심과 주체성이 깃들어 있었던 것이다.12)

새 왕조는 국호를 정하기 이전에 이미 단군을 우리나라 최초의 임금으로 인정하여 단군조선의 수도로 알려진 평양부로 하여금 단군에 대한 제사를 지내는 조처를 취하기도 하고, 또 그 뒤에는 명나라에서 사신이 올 때에는 반드시 평양에 들러 단군을 모신 숭령전(崇靈殿)에 먼저 참배하도록 조처하기도 했던 것이다. 이렇게 한상질은 조선 왕조의 건국을 전후하여 명나라와 껄끄러운 관계에 있던 한중관계를 매우 지혜롭게 해결하면서 새 왕조의 국시(國是)를 만드는데 크게 공헌했던 인물이었다.

한상질은 그 뒤 양광도[경기도와 강원도]와 경상도의 관찰출척사(종2품)를 지내고, 예문춘추관 태학사로 있다가 정종 2년(1400) 1월 10일에 세상을 떠났다. 시호는 문열(文烈)이다.《정종실록》에 실린 그의 졸기(卒記)13)를 보면, 그는 성품이 총명하고 민첩하며, 중

---

12) 한영우,《왕조의 설계자 정도전》(지식산업사, 1999) 참고.
13) '卒記'는 당상관 이상의 고관이 죽은 뒤에 그의 경력을 적어《실록》에 올린

앙과 지방의 여러 벼슬을 두루 지냈는데 모두 성적이 좋았다고 한다.

한상질의 아들은 한기(韓起; 1393~1429)[14]이고, 한기의 큰 아들이 바로 두 명의 왕비를 배출한 충성공(忠成公) 한명회(韓明澮; 1415~1487)[15]이다. 지금 서울 강남의 한강변 올림픽 도로에 보이는 압구정(鴨鷗亭)은 바로 한명회의 별장이었다.

한상질의 아우 한상경(韓尙敬; 1360~1423)도 조선 왕조 건국에 큰 공로를 세운 인물이다. 그는 우왕 때 문과에 급제한 뒤에 여러 직책을 거쳐 공양왕 4년(1392)에 비서직인 밀직사(密直司)의 우부대언(右副代言; 정3품)에 이르렀는데, 그해 역성혁명을 꿈꾸는 동지들과 함께 이성계를 왕으로 추대하여 개국공신 3등에 책록되었다. 그 뒤 도승지, 충청도 관찰사(종2품)에 이르고 서원군(西原君; 종1품)에 봉해졌다. 태종 때에는 의정부 참찬, 이조판서를 거쳐 영의정(領議政)에까지 올랐으며 서원부원군(정1품)에 봉해졌다. 세종 5년

글을 말한다. 그러므로 고관이거나, 그에 준하는 명성을 지닌 인물이 아니면 《실록》에 '졸기'가 실리지 않는다.

14) 한기는 세종 때 벼슬이 사헌부 감찰(監察; 정6품)에 이르렀다.

15) 한명회는 일찍이 어버이가 세상을 떠나 고아가 되자 후사가 없던 큰 할아버지 한상환에 의해 양육되었는데 여러 번 과거에 응시했으나 낙방하자 37세에 친할아버지 한상질의 음보로 이성계의 사저였던 개성의 경덕궁(敬德宮)을 지키는 궁직(宮直)이 되었다. 그러다가 수양대군을 만나 지기가 통하자 권남과 더불어 단종을 폐위시키고 김종서 등을 처단하여 세조를 왕위에 올려놓았다. 그 공으로 여러 차례 공신으로 책봉되고 지위가 점점 높아져서 여러 판서직을 거쳐 영의정에 오르고, 장녀를 세조의 둘째 아들인 예종의 비(妃)로 들여 부원군이 되었으며, 원상(院相)으로 임금을 보필했다. 그 뒤 차녀를 다시 성종(成宗)의 비로 들여보내 권세가 더욱 높아졌으나 정승직을 사양하고 병조판서만을 맡으면서 학술정치를 펼 것을 임금에게 진언하고 사재를 털어 성균관의 서적을 확충하는데 기여했다. 성종 18년에 향년 73세로 세상을 떠나고, 죽은 뒤에 충성(忠成)이라는 시호를 받았다. 여러 차례 공신에 책록되면서 국가로부터 토지와 노비를 많이 받아 부귀를 한몸에 모았지만, 특별히 부정을 저지르지는 않았다. 다만 연산군 때 폐모윤씨 사건에 그가 관여된 것으로 알려져 부관참시당하는 수모를 겪었으나 뒤에 사실이 아님이 밝혀져 신원되었다. 한 시대의 풍운아이다.

(1423) 3월 7일 향년 64세로 세상을 떠났는데, 시호는 문간(文簡)이다. 학문을 부지런히 하고 덕이 순수하다는 뜻이다. 그의 무덤은 지금 남양주시 진접읍 금곡(金谷)에 있다. 그의 후손들을 문간공파(文簡公派)로 부르는데, 청주 한씨 가운데 가장 세력이 큰 여섯 계파 가운데 하나이다.

《세종실록》에는 한상경의 졸기(卒記)가 매우 자세히 기록되어 있다. 그 가운데 태종이 임금이 된 직후에 나눈 담화가 눈길을 끈다. 태종이 한상경에게 말하기를, "내가 큰 왕업을 계승했는데, 세상을 다스릴 줄을 알지 못하여 마음속으로 매우 어렵게 여긴다."고 하자 한상경은 대답하기를, "옛 사람의 말에, '임금이 임금 노릇하기를 어렵게 여긴다'는 말이 있는데, 지금 전하께서는 그 어려움을 능히 아시니, 실로 우리 동방의 복이옵니다. 그러나 이를 아는 것이 어려운 것이 아니라, 이를 실행하는 것이 어렵습니다."라고 했다. 태종은 항상 이 말을 잊지 않고 머릿속에 깊이 새겨두고 지냈다고 뒷날 한상경에게 말했다. 또 어느날 한상경은 태종에게, "시작은 있으나 종말이 있기는 적습니다."라고 말했는데 임금은 이 말도 옳게 여겼다. 이 말은 시작도 좋아야 하지만, 끝맺음이 더 중요하다는 뜻이다.

또 《졸기》를 보면, 한상경은 어려서부터 놀기를 좋아하지 않고, 아는 것이 정밀하고 민첩했으며, 행실이 단정하고 공손했다. 벼슬에 나아가서는 깨끗하게 몸을 지키고, 오랫동안 인사권을 맡았는데, 천거한 사람마다 공정했다. 집에 있을 때는 검소하여 의복과 음식이 깨끗한 것만 취할 뿐이었다. 어머니를 섬길 때 조석으로 안부를 살피고, 몸소 음식 맛을 먼저 보았다. 호는 신재(信齋)이다. 한상경은 이렇게 높은 관직에 있으면서도 깨끗하게 처신하여 선비의 모범을 보였다.

한상경의 아들은 한혜(韓惠; 1403~1431)로서, 한효순의 6대
조이다. 그는 태종 때 15세로 문과에 급제하여 벼슬이 세종 때 병조
참의와 예조참판(종2품)에 이르고, 세종 11년(1429)에 절일사(節
日使; 聖節使)로 명나라에 다녀온 뒤 전라도 관찰사(종2품). 함흥부
윤을 지냈는데, 세종 13년(1431) 3월 3일 함길도 관찰사로 있다가
향년 29세로 요절했다. 15세에 문과에 급제하고 20대에 관찰사가
된다는 것은 놀라운 일이 아닐 수 없다. 그러나 재주가 너무 뛰어나서
일찍 요절했는지도 모른다.

한혜는 비록 29세의 짧은 생애를 마쳤지만, 슬하에 다섯 아들을 두
었다. 장남이 한계윤(韓繼胤),ㆍ차남이 한계미(韓繼美; 1421~
1471), 3남이 한계희(韓繼禧; 1423~1482), 4남이 한계선(韓繼
善), 5남이 한계순(韓繼純; 1431~1486)이다.《청주한씨족보》를
보면 장남 한계윤은 천녕현감(川寧縣監; 종5품)을 지냈으나, 생몰년
을 알 수 없다. 4남 한계선은 성종 21년(1490)에 직첩을 돌려주었
다는 기록만《실록》에 보일 뿐 무슨 벼슬인지는 알 수 없고, 생몰년도
모른다. 나머지 차남, 3남, 5남은 높은 벼슬을 했다.

한혜의 차남 한계미는 세종 20년(1438) 18세에 문음으로 벼슬길
에 나아가 판관(判官; 종5품)과 좌랑(佐郎; 정6품)을 하다가 문종
2년(1452)에 수양대군을 따라 북경에 다녀온 뒤 세조가 즉위하자 좌
익공신(佐翼功臣)에 책봉되고, 승지(承旨; 정3품)를 역임하다가 참
판(參判; 종2품)을 거쳐 세조 9년(1463)에 이조판서(정2품), 4년
뒤에 평안도 병마절도사가 되어 이시애란(李施愛亂)을 진압한 뒤 적
개공신(敵愾功臣)으로 책봉되고, 의정부 찬성(贊成; 종1품) 겸 이
조판서(정2품)에 이르렀다. 그 뒤 성종이 즉위하자 서원부원군(西原

府院君)으로 좌리공신(佐理功臣)에 책록되었다가 영중추부사(領中樞府事; 정1품)에 이르러 성종 2년(1471) 12월 23일에 향년 51세로 세상을 떠났다. 죽은 뒤에 문양(文襄)이라는 시호를 받았다.

《성종실록》의 〈한계미졸기〉를 보면, 한계미의 처 윤씨는 바로 세조비 정희왕후(貞熹王后)의 언니였으므로 더욱 임금의 신임을 받았다고 한다. 그가 문과를 거치지도 않았는데 고위직에 오른 것은 그의 능력도 있었지만 왕비의 후원도 있었던 것으로 보인다. 또 그는 용모와 태도가 아름다웠으며, 성품이 너그럽고 말이 적어서 사람들의 미움을 받지 않았다고 한다.

한혜의 3남 한계희는 세종 29년(1447)에 25세로 문과에 급제하여 학술기관인 집현전(集賢殿)에 들어가 정자(正字; 정9품), 수찬(修撰; 정6품)을 지내고, 세조가 즉위하자 그의 뛰어난 학문을 존중하여 세자[덕종]를 가르치는 필선(弼善; 정4품)으로 삼고, 사헌부 집의(執義; 종3품)를 제수했다가 세조 3년(1457)에 예문관 직제학(정3품 당하관)으로 세자 보덕(輔德; 종3품)을 겸하게 했다. 그러나 세자 덕종이 일찍 세상을 떠나고 아우 예종(睿宗)이 세자가 되자, 세조는 다시 그에게 세자 교육을 맡기고, 병조참의(정3품 당상관)를 제수했다가 세조 11년(1465)에는 이조판서(정2품)에 임명했다.

세조는 세상을 떠나기 직전에 한계희를 침실로 불러 어보(御寶; 옥새)와 곤룡포와 면류관을 가져다가 세자 예종에게 넘겨주게 하고, 다음날 세상을 떠났다. 그러니까 예종은 세조의 내선(內禪)을 받아 임금이 된 것인데, 그 내선을 실행한 실무관료가 바로 한계희였다. 그에게 세조의 신임이 얼마나 두터웠던가를 알 수 있다.

예종이 즉위한 직후 남이(南怡)의 역모사건이 일어나 진압된 뒤 임금은 정난익대공신(靖難翊戴功臣)에 책록했는데, 이보다 앞서 한계희는 남이를 위험한 인물로 보고 병권(兵權)을 그에게 주지 말라고 임금에게 말하여 선견지명이 있다는 말을 들었다.

성종이 왕위에 오르자 다시 좌리공신(佐理功臣)에 책록되고, 성종 9년(1478)에 의정부 좌찬성(左贊成; 종1품)에 오르고 서평군(西平君; 종1품)의 작호를 받았다. 성종 13년(1482) 윤8월 19일에 그는 향년 60세로 세상을 떠났는데, 죽은 뒤에 문정(文靖)이라는 시호를 받고, 영의정이 추증되었다. 무덤은 광주(廣州) 돌마면 영장산(靈長山) 아래에 있는데, 지금은 성남시 분당구 율동 산2-1에 있다. 임금은 이 지역을 사패지(賜牌地)로 하사하여 후손들의 세거지(世居地) 가운데 하나가 되었다. 그는 당대의 최고학자였던 서거정(徐居正)과도 교분이 두터워 한계희의 '신도비명'(神道碑銘)을 써주었다.

《성종실록》에 실린 한계희의 '졸기'에는 그의 인품이 이렇게 적혀 있다.

　한계희는 천품이 깨끗하고 순수하며, 겉으로는 온화하고 속으로는 꿋꿋했다. 비록 처자를 대할 때에도 게으른 용모를 보이지 않았고, 일을 당하여 황급한 경우라도 말을 빨리 하고 당황하는 기색이 없었으며, 여러 왕대를 거치면서 임금의 큰 신임을 받았어도 삼가고 조심하여 과실(過失)이 없었고, 매양 임금이 물을 때마다 경서(經書)를 인용하고 고사(故事)에 의거하여, 구차하게 임금의 뜻에 맞게 하는 것을 바라지 않았다. 그가 집현전에 있을 때 동료들이 서로 말하기를, "성인(聖人)을 우리가 아직 보지 못했으나, 한공(韓公)과 같은 이가 거의 〔聖人에〕 가깝지 않겠는가?" 했다. 세조가 일찍이 여러 신하들을 평하면서 말하기를, "한계희가 정미(精微; 학문에 밝고 정확)함이 제일이다."라고 말하고, 그를 대우하는 것이 매우 친하고 가까우면서도 항상 벼슬을 부르고 이름을 부르지 않았다. 그가 천거한 자가 서로 이어서 삼공(三公; 삼정승)에 이르기까지 했는데, 반드시 말하기를, "서평군(西平君)이 있는데, 우리가 자리를 차지했으니, 어찌 부끄럽지 않은가?" 하였다.

한계회는 성격이 또한 청렴하고 검소하여 산업(産業; 재산을 모으는 일)을 일삼지 않았으며, 일찍이 아내를 여의고 혼자 살았는데, 자녀가 여러 명이 있었는데도 결혼 비용을 준비하지 못하여, 세조가 세상을 떠나기 직전에 왕비 정희왕후 윤씨에게 부탁해서 자부(子婦; 형부의 조카와 조카며느리)의 장구(粧具; 예단)를 갖추어 내려주었다.

'졸기' 뒤에 사신(史臣; 실록 편찬자)은 이렇게 논평했다. "한계회는 천품이 검소하고 간결하며, 분잡하고 화려한 것을 좋아하지 아니하여 온 집안이 초라했으며, 좌우에는 도서(圖書) 뿐이었다. 젊어서 집현전에 뽑혀 들어갔을 때에도 동료들이 매우 존경하고 두려워하여, 온 좌중이 우스갯소리를 하고 떠들다가도 공(公)이 들어오는 것을 보면 곧 조용히 하고 아무 소리도 없었다. 세조가 등용하여 이조판서를 삼았는데, 인물을 선발하는 것이 한결같이 지극히 공정하여 사람들이 뒷말을 하지 않았으며, 평생에 병이 많아서 휴가를 내려준 것이 반을 차지하여 정승의 자리에 오르지 못하여 사람들이 애석하게 여겼다. 그러나 노사신(盧思愼), 강희맹(姜希孟) 등과 더불어 불교의 찌꺼기를 가지고 임금에게 좋게 말하여 〔숭불정책을〕 말리지 못한 것은 대신답지 못하다."고 했다.

위 기록을 보면 한계회는 학문도 뛰어나고 인품도 뛰어나서 동료로부터 성인(聖人)이라는 소리를 들을 정도로 모범적인 선비 관료였음을 알 수 있다. 다만, 세조의 숭불 정책을 막지 못한 것을 단점으로 여기고 있는데, 세종 같은 성군(聖君)도 궁 안에 내불당(內佛堂)을 지은 것을 보면 숭불 그 자체를 무조건 나쁘다고 말하기도 어렵다.

다음에 한혜의 다섯째 아들인 한계순(韓繼純; 1431~1486)은 어떤 인물인가? 그는 둘째 형 한계미와 마찬가지로 문음으로 벼슬길에 올라 여러 벼슬을 거친 뒤에 세조 14년(1468)에 38세로 우부승지(정3품 당상관)에 오르고, 예종 원년에는 남이(南怡)의 역모사건이 일어나자 왕명으로 남이를 체포한 공으로 정난익대공신(靖難翊戴功臣)으로 책록되었으며, 성종대에는 좌리공신(佐理功臣)에 책록되고, 충청도 관찰사를 거쳐 성종 4년(1473)에 이조판서(정2품)에 오르고, 이듬해 서평군(西平君; 종1품)에 봉해졌다. 성종 10년(1479)에는 한직(閒職)인 지중추부사(知中樞府事; 정2품)를 거쳐 성종 15년(1484)에 숭록대부(종1품)의 품계를 받은 후 성종 17년(1486) 2월 13일에 향년 56세로 세상을 떠났다.

《성종실록》의 〈졸기〉에는 "한계순이 재주와 학식은 없었지만, 그 형인 한계미와 한계희가 세조의 총애를 받자, 그도 발탁되어 승지가 되었으며, 점점 높은 반열에 올랐다."고 썼다. 그러니까 그는 그 자신의 능력보다는 두 형의 후광으로 출세한 것을 알 수 있다.

여기서 세조와 청주 한씨 한악 후손과의 관계를 다시 한번 정리해 보자. 우선 세조를 임금으로 만든 일등공신은 잘 알려진 바와 같이 한명회(韓明澮)였는데, 그는 한악(韓渥)~한공의(韓公義)~한수(韓脩)~한상질(韓尙質)~한기(韓起)~한명회로 이어져 온 가계에 속했다. 다음에 세조의 맏아들인 덕종(德宗)의 비(妃) 소혜왕후(昭惠

王后; 1437~1504; 뒤의 仁粹大妃)는 한확(韓確)의 딸인데, 한확의 가계는 한악~한방신(韓方信)~한녕(韓寧)~한영정(韓永矴)~한확으로 이어져 왔다.

세조의 맏아들 덕종이 임금이 되기 전에 세상을 떠나자, 둘째 아들 예종(睿宗)이 세자가 되었다가 임금이 되었는데, 예종의 첫째 왕비 장순왕후(章順王后; 1445~1462)는 바로 한명회 딸이었다. 그런데 미모가 뛰어나고 정숙했던 장순왕후는 16세에 시집와서 인성대군(仁城大君)을 낳은 뒤 아깝게도 18세에 세상을 떠났다. 둘째 왕비로 맞이한 안순왕후(安順王后; 1445?~1498)는 한백륜(韓伯倫)의 딸이었는데, 그의 가계는 한악~한방신~한휴(韓休)~한창(韓昌)~한백륜으로 이어졌다.

세조의 첫째 며느리였던 덕종비(德宗妃) 소혜왕후는 아들인 성종(成宗)이 임금이 되자 인수대비(仁粹大妃)로 책봉되어 왕실의 큰 어른이 되었는데, 총명하고 학식이 높아 《내훈(內訓)》이라는 책을 내어 여성이 지켜야 할 규범을 만든 것으로 유명하다. 그런데 인수대비는 성종의 왕비를 다시 한명회의 둘째 딸로 간택했는데, 이가 공혜왕후(恭惠王后; 1456~1474)이다. 그러나 12세에 시집온 왕후는 아깝게도 19세에 또 세상을 떠났다. 언니인 장순왕후처럼 똑같이 10대에 요절했다. 그래서 두 번째 맞이한 성종의 계비가 윤씨인데, 투기를 보이다가 성종의 얼굴에 상처를 낸 것이 문제가 되어 폐비된 뒤 사약을 받고 죽었다. 그런데 폐비 윤씨의 아들이 연산군이 되자 어머니에 대한 보복에 나섰는데, 할머니 인수대비가 이를 꾸짖자 연산군은 머리로 할머니를 들이받아 세상을 떠나게 만들었다. 향년 68세였다.

청주 한씨 한공의와 한방신의 후손 가운데 덕종, 예종, 성종의 3대에 걸쳐 왕비가 배출되고, 또 이들 세 임금을 임금으로 만드는데 공이 많은 것이 바로 이들 한씨 왕비족이었던 까닭에 이 시기의 정치세력의 중심에 이들이 자리 잡게 된 것은 자연스런 일이었다. 그래서 세조에서 성종에 이르는 기간의 정치사는 한씨 정권이라 해도 좋을 만큼 비중이 컸다. 이런 모습은 19세기의 안동김씨 세도정치 시대를 연상케 하는 것이 사실이다. 하지만, 안동 김씨와 전혀 다른 것은 정치가 부패하지 않았고, 왕조의 기틀을 건강하게 다지는데 공헌했다는 것이다.

4. 한효순의 직계 4대조

앞에서 한혜(韓惠)의 다섯 아들에 대한 행적을 이야기했는데, 그 가운데 가장 학식과 덕망이 뛰어나서 동료들이 성인(聖人)처럼 생각했다는 3남 한계희(韓繼禧)는 바로 한효순의 직계 5대 조에 해당한다. 다음은 증조(曾祖)에서 아버지에 이르는 3대의 행적이다.

한계희는 여섯 아들을 두었다. 장남이 한사문(韓斯文; 1446~1507),[16] 차남이 한사무(韓士武; 1452~1482), 3남이 한사신(韓士信),[17] 4남이 한사개(韓士介),[18] 5남이 한사수(韓士粹),[19]

---

16) 한사문은 음보로 벼슬길에 들어가 문소전(文昭殿)을 지키는 전직(殿直)에서 출발하여 성종대에 제용감정, 통례원 통례, 승지(정3품)에 이르고, 연산군 때 명나라에 두 번이나 사신으로 다녀오고, 공조판서(정2품), 대사헌(종2품) 등을 역임했다가 중종반정에 가담하여 정국공신(靖國功臣) 4등으로 책봉되고 함경도 관찰사(종2품)를 지냈다. 시호는 공간(恭簡)이다.
17) 한사신은 벼슬을 알 수 없다.

6남이 한사준(韓士俊)20)이다. 그 가운데 차남인 한사무가 한효순의 증조(曾祖)이다.

한사무는 세조 때 16세에 아버지의 음보(蔭補)로 문소전(文昭殿)21) 참봉(종9품)이 되었다가 사헌부 감찰(정6품), 성종 때 한성부 판관(判官; 종5품) 등을 지내다가 31세로 짧은 생애를 마쳤다. 묘소는 지금 성남시 분당구 분당동 산64-1번지 불곡산 선지봉 아래에 있다.

한사무는 여섯 아들22)을 두었는데, 그 가운데 장남이 한승원(韓承元; 1465~1514)으로 한효순의 조부이다. 한승원은 중종 때 할아버지의 음보로 호조정랑(정5품)을 거쳐 정선군수(종4품)에 이르렀는데, 향년 50세로 세상을 떠났다. 묘소는 지금 성남시 분당구 서현동 산63-1에 있다.

한승원은 3형제를 두었다. 장남은 한여번(韓汝蕃; 1489~1511), 차남은 한여창(韓汝昌), 3남은 한여필(韓汝弼; 1505~1571)이다. 장남 한여번은 벼슬이 병절교위(秉節校尉; 종6품)에 이르렀으나 후사가 없는 가운데 23세로 세상을 떠났다. 제사를 지낼 사람이 없는 것을 걱정한 부인 한산이씨가 조카 한효순(韓孝純)을 양자로 삼아 제사를 잇게 했다. 한효순이 세상을 떠나기 직전에 스스로

---

18) 한사개는 벼슬이 중종 때 원주목사(정3품)에 이르렀다.
19) 한사수는 벼슬을 알 수 없다.
20) 한사준은 벼슬을 알 수 없다.
21) 문소전은 태조와 신의왕후의 영정과 태종과 왕비의 위패를 함께 모신 사당이다.
22) 한사무의 여섯 아들은 한승원(韓承元), 한승형(韓承亨), 한승리(韓承利), 한승정(韓承貞), 한승인(韓承仁), 한승의(韓承義)이다. 이름을 유교적 개념인 원형이정인의(元亨利貞仁義)에서 따와 지은 것이 주목된다. 그 가운데 한승형은 중종 때 음보로 내섬시정(정3품 당하관)을 지냈고, 한승정은 중종 때 참의(정3품)를 지냈다.

'석음기(石陰記)'를 썼는데, 석음기란 묘비석의 뒷면에 쓰는 음기(陰記)를 말한다. 여기서 그는 "양부(養父) 한여번은 병절(秉節)을 했는데 요절했다."고 썼다.23) 묘소는 지금 성남시 분당구 서현동 산63~1의 선영 아래에 있다.

차남 한여창은 요절하고, 3남 한여필만이 음보로 벼슬길에 나아가서 여러 군현의 수령을 역임하다가 선조 4년(1571)에 문천군수(郡守; 종4품)를 끝으로 향년 67세로 세상을 떠났다.24)

한여필이 세상을 떠나자 이산해(李山海)가 묘갈(墓碣)을 쓰고, 허성(許筬)이 묘지(墓誌)를 썼는데,25) 허성이 쓴 묘지를 보면, 한여필은 "성품이 자상(慈詳)하면서도 과단성 있게 일을 처리했으며, 성실함과 부지런함으로 사물을 대했으나 가난하면서도 높은 벼슬을 탐하지 않았다."고 썼다. 아마도 이 묘갈과 묘지명은 한여필의 후손들이 부탁하여 받은 것으로 보이는데, 이산해는 뒷날 동인의 영수(領袖)가 된 인물이고 허성은 선조가 죽을 때 영창대군의 보필을 부탁받은 유교칠신(遺敎七臣) 가운데 한 사람이다.

한여필은 네 아들을 두었다. 장남은 한효윤(韓孝胤; 1536~1580), 4남은 한효순(韓孝純; 1543~1621)이다. 중간의 두 형제들은 요절하여 대가 끊어졌다.

지금까지 한효순의 증조 한사무, 할아버지 한승원, 아버지 한여필의 행적을 살펴보았는데, 증조의 벼슬이 판관(종5품), 할아버지의 벼

---

23) "양부 한여번이 병절을 했는데, 요절했다."는 기록은 《월탄집》의 '석음기'에는 들어 있지만 실제로 숙종 때 세운 묘비석의 음기에는 빠져 있다.
24) 한준겸의 《유천집》〈연보〉에는 한여필이 중추부 경력(經歷; 종4품)의 벼슬을 받았다고 되어 있는데, 실록이나 다른 기록에서는 확인되지 않는다.
25) 한준겸, 《유천집》〈연보〉

슬이 군수(종4품), 아버지의 벼슬이 군수(종4품)로 되어 있다. 문과를 거치지 않고 모두 음보로 나간 벼슬이기 때문에 수령 이하의 낮은 벼슬에 머문 것을 알 수 있다. 그 앞의 선조들이 대대로 정승에 오른 업적에 견준다면 상대적으로 저조한 것을 알 수 있다. 이를 다른 말로 하면, 태조에서부터 성종대까지 약 100년간 전성기를 누렸던 한계희의 문정공파(文靖公派)가 연산군 이후로 약 100년 동안 하락세를 보이는 가운데 한효윤과 한효순 형제가 등장한 것이다. 문정공파가 하락한 이유는 문과시험을 거치지 않고도 조상의 음덕으로 쉽게 벼슬길로 나갈 수가 있었기 때문에 일어난 현상이다.

그런데 한효윤과 한효순 형제는 3대로 끝나는 음보의 혜택이 없어졌기에 문과에 급제하지 못하면 출세할 길이 없었다. 그래서 두 형제는 열심히 공부하여 문과에 급제함으로써 오히려 청요직으로 나갈 수 있는 길이 열리게 된 것이다. 이것은 바로 전화위복이라고 해도 좋을 것이다.

제2장
한효순의 시대 환경과
주변인맥

1. 한효순의 가풍과 그가 타고난 시대

앞에서는 한효순의 직계(直系)와 가까운 방계(傍系)의 가계(家系)를 넓게 열어보면서 그가 어떤 뿌리에서 배출된 인물인가를 알아보았다. 이제 한효순의 가계를 직계만을 추려서 그 계보도를 다시 소개하면 다음과 같다.

1) 한란(韓蘭)—삼한통일 공신, 삼중대광 삼한벽상공신 태위(三重大匡三韓壁上功臣太尉)

2) 한영(韓穎)—용호영 교위(校尉)

3) 한상휴(韓尙休)—별장동정(別將同正)

4) 한혁(韓奕)—상의 직장(尙衣直長)

5) 한희유(韓希愈)—의장부 별장(儀仗府別將), 검교 신호위 상장군(檢校神虎衛上將軍)

6) 한광윤(韓光胤)—예빈경(禮賓卿)

★7) 한강(韓康)—문과 급제, 지밀직사사(知密直司事), 판삼사사(判三司事), 중찬(中贊), 문혜공(文惠公), 《고려사》, 〈열전〉 등재

8) 한사기(韓謝奇)—뚤루게, 간의대부(諫議大夫)

9) 한악(韓渥)—뚤루게, 원나라 한림학사, 공신, 중찬(中贊), 사숙공(思肅公)

10) 한공의(韓公義)—공신, 청성군(淸城君), 호부상서(戶部尙

書), 평간공(平簡公)

★11) 한수(韓脩)──문과 급제, 신돈 비판, 공신, 청성군(淸城君),
문경공(文敬公), '柳巷集', 명필

────────────────────────────────────

★12) 한상경(韓尙敬)──문과 급제, 개국공신, 영의정, 부원군, 문
간공(文簡公)

★13) 한혜(韓惠)──문과 급제, 관찰사, 청산군(淸山君)

★14) 한계희(韓繼禧)──문과 급제, 집현전 학사, 공신, 좌찬성, 문
정공(文靖公) 검약하다. 성인(聖人)같다.

  15) 한사무(韓士武)──음보, 판관(判官)

  16) 한승원(韓承元)──생원, 음보, 군수

  17) 한여필(韓汝弼)──음보, 군수

★18) 한효순(韓孝純)──문과 급제, 좌의정, 장헌공(莊獻公), 호
월탄(月灘)

위 계보를 보면 시조로부터 한효순에 이르기까지 18대가 모두 벼
슬을 했지만 그 가운데 정승 벼슬에 올랐으면서도 선정을 베풀어 아
름다운 명성을 떨친 조상은 고려 말 무신집권 시대부터 조선 초기 성
종조에 이르는 기간에 활동한 한강(韓康; 文惠公), 한악(韓渥; 思肅
公), 한수(韓脩; 文敬公), 한상경(韓尙敬; 文簡公), 한계희(韓繼
禧; 文靖公) 등 5명으로서, 이들이 가장 뛰어난 모범적인 선비 관료
라고 할 수 있다.

한효순 직계의 또 하나의 특징은 왕비를 배출한 계파가 아니라는
것이다. 조선 전기에 5명의 왕비가 한씨 가문에서 배출되었고, 태조
비 신의왕후 한씨(神懿王后韓氏; 안변한씨)까지 합하면 6명의 왕비

가 한씨 족단에서 배출되었지만, 한효순 직계에서는 한 명도 배출되지 않았다. 그러니까 왕비 계파의 방계에 속하는 셈이다. 이런 사실은 왕실의 비호에서 누리는 특권을 그만큼 덜 받았다는 뜻이 있다.

한효순의 가계를 나무에 비유한다면, 삼한 갑족의 자랑스럽고 풍요로운 자양분을 섭취할 수 있는 비옥한 땅에서 싹이 텄다고 해도 좋을 것이다. 여기서 풍요롭다는 뜻은 단순히 권력을 많이 가졌다는 뜻만이 아니다. 권력을 크게 가졌으면서도 그것을 남용하여 수많은 사람들의 지탄을 받아온 그런 가풍이 아니라, 조용하고 겸손하면서 국가와 왕실 그리고 백성을 위해 힘껏 헌신하는 깨끗한 선비의 정신적 가풍의 영향을 받았다는 뜻이다. 한효순의 핏속에는 아마도 이런 정신적 유전 인자가 잠재되어 있었을 것으로 보인다.

하지만 한 인간의 품성과 행동거지는 조상으로부터 받는 유전 인자만이 영향을 주는 것은 아니다. 자신이 처한 시대적 상황에서 받는 영향도 매우 크다. 이를테면 종적인 영향도 있지만 횡적인 영향도 못지않게 크다는 뜻이다. 그런 점에서 한효순이 태어나서 성장하면서 어떤 시대 환경을 만났고, 또 어떤 인물과 사귀면서 그 영향을 받았는가를 알아볼 필요가 있다.

먼저, 한효순이 본래 꿈꾸었던 자신의 삶과 그가 실제로 살아온 삶의 자취가 어떻게 다른가를 보겠다.

그는 79세의 생애를 마감하기 직전에 묘비석의 음기(陰記)를 스스로 써서 자식에게 주면서 이것을 무덤 옆에 세우라고 당부했다. 그 음기에서는 먼저 자신의 시조에서부터 자신에 이르는 가계를 간략하게 소개하고 나서 자신이 꿈꿨던 평생의 계획을 이렇게 털어놓았다.

"나는 50세까지는 벼슬을 하고, 그 뒤에는 관직에서 물러나 산수 (山水)를 소요하면서 낚시를 즐기면서 살고 싶다."

실제로 그는 48세 되던 선조 24년(1590)에 벼슬을 그만두고 산수를 소요하기 위해 처가(妻家)와 가까운 지금의 충청남도 서산군 (瑞山郡) 해미면(海美面) 양림리(良林里; 기지리)라는 곳에 내려가 14칸짜리 농사(農舍)를 짓고 은퇴할 준비를 했다. 이런 결심을 하게 된 계기는 바로 전 해에 정여립(鄭汝立)의 모역 사건이 터졌기 때문이었다. 선조 23년(1589) 11월에 그는 성균관 사성(司成; 종3품)으로 있으면서 사은사(謝恩使)의 서장관(書狀官)으로 발탁되어 북경으로 갔는데, 그해 정여립 사건이 발생하여 수많은 동인계(東人系) 인사들이 떼죽음을 당하거나 귀양을 갔다.

그런데 이듬해 6월에 사행(使行)에서 돌아오는 도중에 황해도 봉산에서 자신이 파직되었다는 소식을 들었다. 이유는 그가 정여립과 가까운 사이이므로 그를 파직시켜야 한다는 대간(臺諫)의 탄핵을 받았기 때문이었다. 그가 어느 정도로 정여립과 가까웠는지는 알 수 없으나, 그의 큰 조카 한백겸(韓百謙)은 정여립이 자살하자 그 시신을 정성스레 염해주고, 또 정여립의 생질인 이진길(李震吉)과 친교가 있다는 이유로 벼슬을 잃고 유배당했다. 또 작은 조카 한준겸도 이진길의 벼슬자리를 천거한 죄로 정여립 사건이 일어나자 한 때 투옥되기도 했다. 두 조카가 비록 역모에는 가담하지 않았지만, 평소 정여립과 절친했던 상황을 고려하면, 한효순도 정여립과 전혀 무관한 사이는 아닌 듯하다.

정여립 사건은 한효순이 평소 품었던 낙향의 꿈을 이루는 계기가 왔다고 판단하고 먼 시골에다 거처를 만들어 놓았던 것인데, 결과적으로 그때에는 꿈을 이루지 못했다. 선조가 그의 죄를 용서하고 예빈시정(禮賓寺正; 정3품 당하관)을 주려고 했으나. 이조의 낭관이 반대하여 할 수 없이 멀고 먼 경상도의 바닷가에 있는 영해(寧海; 지금의 盈德) 부사(府使; 종3품)로 좌천되어 내려갔던 것이다. 한효순으로서는 죄망에 걸려 유배를 가는 것보다는 그래도 지방의 부사로 내려가는 것이 낫다고 판단했을 것이다.

그런데 영해부사로 간 지 1년이 지나자 뜻밖에도 임진왜란이 터져버렸다. 전란을 맞이하여 벼슬을 버리고 낙향한다는 것은 나라를 저버리는 일이기에 한효순은 적극적으로 왜적과 싸우는 일에 혼신의 힘을 쏟았다. 그러다보니 임금이 계속 중요한 일을 맡기게 되면서 벼슬길에서 헤어나지 못하게 되었다. 전란이 끝나고 한효순은 다시금 낙향의 길을 가려고 했으나, 북방 여진족의 침략으로 북방을 방어하는 임무를 맡게 되었고, 광해군이 즉위한 뒤에도 여진족 문제가 더욱 심각해지면서 전쟁 경험이 많은 그가 끌려나와 중책을 맡게 된 것이다.

그 뒤에도 그는 틈을 내어 서산 지역으로 낙향했지만, 그가 꿈꾸던 낚시 즐기는 생애를 평생 제대로 갖지 못하고 말았다. 만년에 그를 더욱 곤경에 몰아넣은 것은 광해군 9년부터 일어난 인목대비의 폐모론이었다. 그는 폐모론에 찬동하지 않고 사직을 갈구했지만, 광해군과 이이첨 일파가 그를 놓아주지 않고 끝까지 협박하고 이용하여 폐모론 주동자의 누명을 덮어씌웠다. 산수를 즐기면서 살려던 그의 꿈은 이렇게 물거품이 되고 말았다. 또한 폐모론 주동자라는 낙인이 원인이 되어 인조반정으로 죽은 후까지 삭탈관직의 수모를 당하게 되었다.

이처럼 그의 생애의 큰 흐름을 읽다보면 사람의 일생이 반드시 자신이 의도한대로만 되는 것이 아니고, 시대를 잘못 타고나면 전혀 다른 길을 갈 수도 있다는 것을 알게 된다. 그가 타고난 시대는 선조들이 만났던 태평성대가 아니라 국가가 누란의 위기에서 가까스로 명맥을 유지하기에 바빴던 난세였던 것이니, 나라를 사랑하는 가풍을 이어가려는 그의 마음속에 어찌 나라를 저버릴 수가 있었겠는가?

2. 한효순 형제의 가학; 화담학파

한효순은 중종 38년(1543) 7월 11일 한여필(韓汝弼; 1505~1571)의 네 아들 가운데 막내로 태어났다. 큰 형이 한효윤(韓孝胤; 1536~1580)인데 중간의 형들은 요절하여 대가 끊어졌다. 어머니는 사도시정(司䆃寺正; 정3품 당하관) 유엄(柳掩)의 딸 문화 유씨(1508~1584)다. 아버지보다 3살 연하다.

그러면 한효순의 성장 과정에 직접 영향을 준 당시대의 사람들은 누구일까? 앞에서 조상의 가계를 통해서 선조로부터 받은 가풍의 전통을 살펴보았는데, 이제는 한효순을 직접 가르치고 연관을 맺었던 주변 인물들에 대하여 알아볼 필요가 있다. 여기서 반드시 살펴야 할 대상은 가형 한효윤과 두 조카인 한백겸과 한준겸이다. 이들은 서로 단순한 혈육관계를 넘어서는 동지적 결합이 매우 깊숙하게 형성되어 있었기 때문이다.

한효순보다 7세 연상인 큰 형 한효윤은 젊어서 서경덕(徐敬德;

1489~1546) 문인(門人)인 박민헌(朴民獻; 1516~1586)에게서 《주역》을 배워 역학에 밝았다. 서경덕의 성리학은 우리나라 도수 역학(度數易學) 또는 상수 역학(象數易學)의 비조(鼻祖)라고 할 만큼 수학적 지식을 가지고 우주자연의 이치를 연구한 인물이었다. 그가 추구한 격물치지(格物致知)는 이러한 자연과학적 탐구를 바탕으로 시작되었으며, 그런 점에서 중국 송나라 소옹(邵雍; 康節)의 학풍과도 비슷했다. 그래서 같은 성리학이지만 우주자연의 이치를 도덕적인 이(理)를 중심으로 접근한 주자학(朱子學)과는 달리 가시적인 형이하(形而下)의 기(氣)를 중심으로 해석한 것이고, 《주역》에 대한 이해도 상수 역학으로 흐르게 된 것이다.

상수 역학으로 정치를 바라보면 국가운영에 도덕적 규범도 중요하지만 그에 못지않게 형상(形象)과 숫자로 파악되는 경제현실과 국방이 매우 중요시된다. 그래서 영토, 토지, 재화생산, 재정, 군사, 인구 등과 같은 실용적 요소가 부각될 수밖에 없다.

그런데 서경덕의 상수 역학을 이어받고, 최초의 양명학자(陽明學者)가 된 인물이 남언경(南彦經)이었고, 남언경의 매부로서 서울의 명유(名儒)로 활동한 인물이 한윤명(韓胤明; 1537~1567)이었다. 한윤명은 성리학자로 알려져 있지만, 처남인 남언경의 학문이나, 그 뿌리인 서경덕의 학풍에도 영향을 받았을 것으로 보인다. 그는 서울과 그 인근 지역의 후학들을 가르친 교육자이기도 했는데, 율곡 이이(栗谷李珥)와도 교유가 깊었다.

율곡이 한윤명과 교유한 배경에는 율곡의 성리학이 서경덕의 영향을 크게 받았다는 사실이 숨어 있다. 율곡이 이기설(理氣說)에서 주리설(主理說)을 비판하고, 기발이승(氣發理乘)을 내세워 이(理)와

기(氣)가 둘이면서도 하나로 통합되어 있다고 주장했는데, 이것은 주자(朱子)의 설을 충실히 따르는 퇴계 이황(退溪李滉)의 이기설과 다르다는 것은 널리 알려진 사실이다. 율곡의 새로운 이기설은 실은 서경덕의 주기설(主氣說)과 상수 역학의 영향을 크게 받은 것이다. 율곡이 경제사(經濟司)라는 개혁 기구를 설치하여 민생 문제와 직결된 공납(貢納)의 개혁이나 국방과 관련되는 경장(更張)을 강력하게 주장하게 된 것은 상수(象數)에 대한 관심이 그만큼 컸다는 것을 말해준다.26) 그래서 서경덕의 문인들이 이이와 친교가 두터운 것은 자연스런 일이었다.

서경덕의 학풍이 근경 학인(近京學人)들에게 미친 영향이 한효순의 형 한효윤에게까지 파급되었기 때문에 한효윤은 자연히 서경덕 문인들과도 교유가 깊었다. 그래서 앞에서 소개한 양명학자 남언경 및 그의 매부인 한윤명과도 절친한 사이였다고 한다. 지금 한효윤의《문집》이 남아 있지 않아서 자세한 사정은 알 수 없지만, 그의 친교 관계로 볼 때 그가 박민헌에게서 배운《주역》은 상수 역학으로 볼 수 있을 것이다.

그런데 더욱 중요한 것은, 한윤명을 아우 한효순에게 소개하여 글을 배우도록 주선한 것이 바로 한효윤이었다. 한효순이 뒷날《역학》의 대가로 불리면서 선조 때 임금과《주역》을 토론하고, 또 사서삼경(四書三經)을 교정하는데 조카 한백겸과 함께 참여하게 된 것은 우연한 일이 아니다. 여기서 한백겸이 배운《주역》도 당연히 서경덕의 상수 역학이었을 것이며, 그 영향을 아버지 한효윤으로부터 받았을 것이다.

---

26) 한영우,《율곡 평전》, (민음사, 2013) 참고.

이렇게 본다면, 상수 역학은 한효순 형제 집안의 가학(家學)처럼 뿌리를 내리고, 그 바탕에서 정치적인 행보를 걸어갔다고 볼 수 있다. 가장 특징적인 행보는 정여립과의 친교관계이다. 선조 22년(1589)에 일어난 정여립(鄭汝立; 1546~1589) 모역사건 때 한효윤은 이미 세상을 떠나 화를 면했지만, 한효순과 두 조카 한백겸, 한준겸이 똑같이 관직이 삭탈당했다. 한효순은 그래도 관직이 삭탈당하는데 그쳤지만, 한백겸은 유배까지 떠났으며, 한준겸은 한 때 투옥되기도 했다. 한백겸은 정여립이 자살한 뒤에 그 시신을 정성껏 염(殮)해 주었을 뿐 아니라, 정여립의 생질인 이진길과 가까운 사이라는 것이 문제되어 유배를 당한 것이고, 한준겸은 이진길을 벼슬자리에 추천한 사실이 문제되어 투옥된 것이다.

그래도 세 사람이 죽지 않은 것은 역모사건에 직접 가담하지 않았기 때문이었다. 하지만 이렇듯 정여립과 친교가 두터웠다는 것은 그들이 모두 동인(東人)에 속했을 뿐 아니라, 사상적으로 그와 공유하는 바가 있었다는 것을 의미한다. 정여립은 본래 율곡을 성인(聖人)처럼 떠받들던 서인(西人)이었다가 율곡이 세상을 떠난 뒤에 동인(東人)으로 옮겨간 인물로서 지조가 없다는 평가를 받고 있지만, 사상적으로는 유교의 대동사상(大同思想)에 가까운 이상주의자로서 그와 친교를 맺은 학자들이 적지 않았다. 한백겸 형제도 그런 부류의 하나였던 것으로 보인다.

정여립 사건으로 동인들은 대거 숙청당하여 그 세력이 많이 약화되었지만, 임진왜란을 거치면서 재기한 뒤에는 퇴계 이황의 학풍을 따르는 유성룡(柳成龍) 계열의 영남 남인, 남명 조식(南冥 曺植)의 학풍을 따르는 정인홍(鄭仁弘) 계열의 대북파, 그리고 서경덕 학풍을 따르는 근경 남인 등으로 분화되었다. 그 가운데 한효순 가문은 바로 근경 남인을 형성하는 주도세력이 되었다.

그러면, 한효윤, 한백겸, 한준겸의 정치적 행보는 어떠했는가? 이를 간단히 살펴보기로 한다.

한효윤은 35세 되던 선조 3년(1570)에 문과에 급제하여 청요직에 속하는 승문원(承文院)의 부정자(副正字; 종9품)를 거쳐 예문관 봉교(정7품)와 공조좌랑(정6품)에 오르고, 성절사(聖節使)로 연경에 다녀온 뒤 성균관 전적(정6품)과 함경도 경성판관(鏡城判官; 종5품)에까지 올랐으나 차사원(差使員)으로 서울에 온 뒤 임지로 돌아가지 않아 파직되었는데, 뒤에 종부시 주부(主簿; 정6품)로 좌천되었다가 선조 13년(1580)에 향년 45세로 세상을 떠났다. 그러나 막내 아들 한준겸(韓浚謙)이 고관에 오르자 영의정이 추증되었다.

한효윤은 이렇게 문과 출신이었지만 늦은 나이에 급제한 데다 생애가 짧아 낮은 벼슬로 끝났지만, 두 아들을 훌륭한 인재로 키웠다. 장남 한백겸(韓百謙; 1552~1615)은 생원을 거쳐 학행(學行)으로 천거되어 참봉(參奉)을 지내다가 정여립사건 때 장형(杖刑)을 받고 북방으로 귀양을 갔다. 왜란 때 사면되어 청주목사(淸州牧使; 정3품)를 거쳐 선조 말년에 호조참의(정3품)에까지 이르렀으나, 광해군이 즉위한 뒤 벼슬을 버리고 서호(西湖; 서울 西江)로 돌아가서 학문에 전심하여《동국지리지(東國地理志)》(1615)를 찬술하는 등 실학자(實學者)로 이름을 떨쳤다. 특히《동국지리지》는 고조선, 부여, 옥저, 동예, 삼한, 그리고 삼국시대 국도(國都)의 위치, 영토의 범위, 지리적 형세, 산성이나 요새지 등 관방(關防) 등의 상황을 고증했는데, 한강을 경계로 하여 이북은 고조선, 이남은 삼한이 있었다는 것을 최초로 밝혀냄으로써 조선 후기 유행한 역사 지리학의 선구자가 되었다.

또 그가 지은 〈기전고(箕田攷)〉는 기자(箕子)가 평양에서 실시했다는 정전(井田)의 유지(遺址)를 구체적으로 실측하여 주(周) 나라의 정전제와 다른 은(殷) 나라의 정전제를 실시했다고 주장했다. 그의 역사 지리학은 상수 역학(象數易學)의 시각에서 역사와 국토를 바라보았기 때문에 가능한 일이었으며, 그 속에는 왜란을 경험하면서 뼈저리게 느낀 국방에 대한 비상한 관심이 담겨 있었다. 그런 점에서 한효순이 상수 역학의 전문가이자 국방전문가로서 우리 현실에 맞는 병법을 발전시켜 선조 36년(1608)에 《신기비결》과 《진설》을 지은 것과 정신적으로 맥이 닿아 있다고 할 수 있다.

한편, 한백겸의 아우 한준겸(韓浚謙; 1557~1627)은 30세 때 문과에 급제한 뒤 정여립 사건으로 한때 투옥당하기도 했으나 다시 기용되어 여러 청요직을 두루 거치고, 왜란 때에는 도체찰사 유성룡(柳成龍)의 종사관으로 활약하고, 이어 경기관찰사, 병조참판, 4도 도체찰부사, 4도 도원수, 대사성, 홍문관 부제학, 전라도 관찰사 등을 지내면서 국방과 학술의 두 방면에서 눈부신 활약을 보였다.

광해군 때에는 '유교칠신'의 하나라는 이유로 오랫동안 귀양살이를 했지만 광해군 만년에는 여진족에 대한 국방책임자로 다시 기용되어 5도 도원수(五道都元帥)의 중책을 맡아 북방경비에 크게 기여했다. 인조반정 뒤에는 인조의 장인으로서 부원군(府院君)으로 책봉되고 영돈녕부사를 지내다가 인조 5년(1627)에 71세를 일기로 세상을 떠났다.

한준겸은 일생 동안 숙부 한효순을 존경하면서 숙부와 비슷한 벼슬살이를 했는데, 인조반정 뒤에 숙부의 관직이 삭탈당하는 것을 본 뒤에도, 그에 대한 존경심을 버리지 않았다. 더욱이 숙부의 관직이 삭탈당한 이유가 인목대비 폐모론과 관련되어 있고, 그가 폐모론에 관여한 이유 가운데 하나가 바로 자신을 포함한 조카들을 살리기 위함이라는 사실을 잘 알고 있던 한준겸으로서는 얼마나 가슴이 아팠을지 짐작이 간다. 하지만, 이를 막지 못한 것은 인조반정을 주도한 서인세력의 기세를 그로서도 막을 수 있는 힘이 없었기 때문이었다.

한준겸은《유천집(柳川集)》이라는 문집을 남겼는데, 이덕형(李德馨), 이항복(李恒福). 홍적(洪迪), 정작(鄭碏), 이안눌(李安訥) 등 당대의 명사들과 주고 받은 시문(詩文)이 매우 많아 그의 친교 범위가 동인과 서인에 널리 걸쳐 있었음을 알 수 있다. 하지만, 그는 뒤에 근경 남인으로 자리 잡았으며, 그 후손들도 근경 남인에 속해 있었다.

한준겸의 후손 가운데 이름을 떨친 남인 학자는 19세기 초 명저《해동역사(海東繹史)》[27]를 집필한 한치윤(韓致奫; 1765~1814)과 그 조카 한진서(韓鎭書)로서, 각각 한준겸의 7대손과 8대손이다. 한준겸의 친형 한백겸이《동국지리지》를 편찬하여 역사지리학의 토대를 놓은데 이어 한준겸의 후손이 이를 발전시켜《해동역사》를 편찬한 것이 우연이 아니라는 것을 알 수 있다.

한효윤과 한효순 형제 집안의 관계가 서로 얽혀 일어난 정치적 사건이 또 있다. 한효윤은 네 딸을 두었는데, 그 가운데 넷째 딸의 사위가 서용갑(徐龍甲)이었다. 그런데 서용갑의 서출(庶出) 이복동생인 서양갑(徐羊甲)이 박응서(朴應瑞) 등 서자들과 함께 광해군 4년에 조령(鳥嶺)에서 은상(銀商)을 공격하여 은을 강탈하다가 체포되는

---

27) 한치윤의 《해동역사》에 관해서는 한영우. 〈19세기초 《해동역사》의 역사서술〉,《조선후기 사학사연구》, (일지사, 1989) 참고.

사건이 일어났다. 이 사건에 7명의 서자들이 참여했다고 하여 '칠서지옥(七庶之獄)'으로 부른다.

이들이 모역을 꾀한 참된 이유는 알 수 없으나, 이이첨 일파는 이들이 인목대비의 아버지 김제남(金悌男)과 손잡고 대비의 아들 영창대군(永昌大君)을 옹립하려 했다고 자백하게 하여 이듬해 영창대군을 내쫓는 계축옥사가 일어났다. 이 사건으로 서양갑도 붙잡혀 공초를 받았으나 모역을 자백하지는 않았다. 하지만 이 사건은 선조의 유교 칠신(遺敎七臣)의 한 사람이었던 한준겸이나 한준겸의 숙부인 한효순의 처지를 더욱 곤란하게 만들었다. 서용갑은 한준겸의 매부이고, 서양갑은 바로 서용갑의 동생이기 때문이다.

3. 한효순의 유학 공부

이제 한효순이 출생하여 문과에 급제하여 벼슬길에 나갈 때까지의 성장과정을 알아보기로 하자. 한효순은 성인(成人)이 되자 자(字)를 면숙(勉叔)으로 정하고, 호를 월탄(月灘)이라고 했다. 월탄은 달빛이 비치는 여울을 말하는 것이니, 그가 산수(山水)를 좋아하는 마음을 여기서도 읽을 수 있다.

태어난 곳이 어디인지는 확실히 알 수 없으나, 아버지 한여필이 9년 전에 음보로 別提(별제; 6품)를 받았는데, 그 벼슬이 계속 이어졌다면 서울에서 태어났을 것이고, 만약 벼슬이 이미 끊어졌다면 사패

지가 있던 광주(廣州)거나, 훗날 낙향한 지역인 원주(原州)일지도
모른다.

그런데 한효순이 태어난 지 두 달 뒤에 한여필이 평안도 용감 현령
(龍岡縣令; 종5품)으로 나가자 온 가족이 함께 부임지로 떠났다. 이
곳에서 5년 동안의 임무를 마친 한여필이 명종 3년(1548)에 서울로
돌아오자 6세 된 한효순도 아버지를 따라 서울로 왔다. 그러니까 한
효순은 유년기를 평안도에서 보낸 것이다.

이듬해인 명종 4년(1549)에 한여필은 전라도 김제군 군수(郡守;
종4품)로 내려갔는데, 이번에도 한효순이 따라갔다. 2년 뒤인 명종
6년에 임기를 마치고 다시 아들과 함께 서울로 돌아왔다.

명종 9년(1554)에 아버지는 다시 경기도 양근군(楊根郡) 군수로
부임하자 가족들이 또 수행했다가 2년 뒤인 명종 11년에 귀경했다.
이때 한효순은 이미 14세가 되었으므로 본격적인 교육을 받기 시작
했다. 아버지가 여러 지방의 수령을 지내는 상황에서 제대로 교육을
받을 기회가 없었던 것이다.

15세가 되던 명종 12년(1557)에 한효순은 서울 남소문동(南小門
洞)에 살던 동몽훈도(童蒙訓導) 이응창(李應昌)을 찾아가 글을 배
우고, 이듬해 7월에는 주자동(鑄字洞)에 살고 있던 성균관 전적(典
籍; 정6품) 안정(安珽; 1494~1548)[28]의 딸 안씨(1540~1585)
를 아내로 맞이했다. 신랑은 16세, 신부는 3살 연상이었다. 이 첫째

---

28) 안정(安珽)은 공조판서 안침(安琛)의 손자이자 병조좌랑 안처선(安處善)의
아들이다. 중종 때 현량과에 급제하여 벼슬길에 올랐으나 안처겸(安處謙) 집안
의 얼자인 송사련(宋祀連; 송익필의 아버지)이 안처겸이 대신들을 죽이려 한다
고 무고한 사건에 연루되어 유배를 당하기도 했다. 뒤에 벼슬을 그만두고 은퇴
하여 거문고와 글과 그림을 즐기면서 여생을 보냈다. 특히 매화와 대나무 그림
에 능했다고 한다.

부인으로부터 4남 2녀를 얻었는데, 아깝게도 46세에 세상을 떠났다.

한효순의 첫째부인 안씨 소생은 한유겸(韓有謙; 1567~1619),29) 한수겸(韓守謙; 1570~1622),30) 한치겸(韓致謙; 1574~1608),31) 한이겸(韓履謙; 1581~?)32)이다. 자식들의 이름에 겸(謙)를 돌림자로 붙인 것은 겸손함을 잃지 말라는 아버지 한효순의 마음이 담겨 있었다. 한효순 형제의 이름에 효자(孝字)를 돌림자로 붙인 것은 효를 강조한 한여필의 마음이 들어 있었을 것이다. 두 딸의 사위는 정상의(鄭象義; 현감)와 안복선(安復善; 목사)이다.

한편, 한효순의 여동생은 신립(申砬) 장군의 조카인 군수 신경희(申景禧; ?~1615)에게 시집갔는데, 그는 광해군 7년(1615)에 능창군 전(佺; 仁祖의 아우)을 임금으로 추대하는 모역을 일으켰다는 죄로 곤장을 맞고 죽었다. 이는 사실이 아닌 무고라는 설도 있지만, 어쨌든 이 사건은 한효순에게는 또 하나의 큰 부담으로 작용했다. 뒷날 인조가 반정을 일으키게 된 배경에는 아우 능창군에 대한 복수심도 크게 작용했다.

15세부터 본격적으로 서울에서 공부를 시작한 한효순은 17세 되던 명종 14년(1559) 9월에 아버지가 함경도 문천군수(文川郡守)로 떠나게 되자 또 아버지를 따라 형과 함께 함경도로 갔다. 그런데 이곳

---

29) 한유겸은 음보로 벼슬이 인천현감(종6품)에 이르렀다. 그 후손들을 인천공파로 부른다.
30) 한수겸은 벼슬이 음보로 광흥창수(廣興倉守; 정4품)로 나갔다가 왜란 때 세자 광해군을 호종한 공으로 서릉군(西陵君; 종1품)에 봉해지고 이조판서(정2품)에도 올랐다. 그 후손들을 서릉군파로 부른다.
31) 한치겸은 왜란 때 특별무과로 벼슬이 태천현감(종6품)과 단천군수(종4품)에 이르렀다. 그 후손들을 단천공파로 부른다.
32) 한이겸은 문과를 거쳐 벼슬이 승지(承旨; 정3품)에 이르렀다가 인조반정 후 벼슬이 삭탈되었다가 복원되었다. 그 후손들을 승지공파로 부른다.

에서 멀지 않은 고원군의 군수 윤홍중(尹弘中; 校理 尹儦의 아들)이 당나라의 문인 한유(韓愈)의 창려문(昌黎文)에 밝다는 소문을 듣고 이듬해 4월에 찾아가서 문장공부를 했다.

그런데 18세 되던 명종 15년(1560) 11월에 아버지가 문천군수에서 파직되어 서울로 돌아왔다. 그러니 한효순이 윤홍중에게 글을 배운 것은 7개월에 지나지 않았다. 다른 직책을 얻지 못한 아버지는 낙향을 결심하고 서울을 떠나 원주(原州) 노수촌(魯藪村)으로 들어가 11년간 은거하다가 그곳에서 선조 4년(1571) 4월에 향년 67세로 세상을 떠났다. 죽은 뒤에 한효순이 정승이 되면서 영의정을 추증받았다.

가족들은 모두 아버지를 따라 원주로 갔으나, 한효순은 공부를 더 할 마음으로 19세 되던 명종 16년(1561) 9월에 여주(驪州)에 살고 있는 김여부(金汝孚)를 찾아가서 《자치통감》을 배웠다. 김여부는 유명한 학자 김안국(金安國)의 아들로서 성균관 전적(典籍)을 하다가 파직되어 여주에 와서 살고 있었던 것이다.

김여부로부터 《자치통감》을 배운 한효순은 더 고명한 학자로부터 배우기 위해 20세 되던 명종 17년(1562) 7월에 고양군(高陽郡)에서 부모 무덤을 지키고 있던 한윤명(韓胤明; 1537~1567)을 찾아갔다. 그런데 바로 한윤명은 형 한효윤의 친구이기도 했으므로, 아마도 형의 권유로 그를 만나게 된 것으로 보인다. 한효윤은 이미 앞에서 설명한대로 서경덕(徐敬德)의 문인 박민헌(朴民獻)에게서 《주역》을 배우고, 또 서경덕의 문인으로 최초의 양명학자가 된 남언경(南彦經)과 절친한 친구였으며, 나아가 남언경의 매부인 한윤명과도 친구였으니, 아우 한효순을 한윤명에게 보낸 것은 자연스런 일이다.

한윤명은 정주학(程朱學)에 밝아 서울에서는 1인자로 꼽히고 있던 유학자였는데, 그로부터 《소학(小學)》과 《근사록(近思錄)》을 배웠다고 한다. 하지만, 그를 통해 서경덕의 상수 역학에 대한 지식도 얻었을 것으로 짐작된다. 또 형으로부터 직접 상수 역학을 배웠을 가능성도 크다.

그동안 여러 선생으로부터 공부한 유학은 직접 과거 시험을 위한 것은 아니었다. 《자치통감》, 《소학》, 《근사록》 등의 경전은 과거시험에 직접 도움이 되는 과목은 아니었다. 그래서 한효순은 이제 과거에 도전할 마음을 품고 21세부터 몇 차례 진사시(進士試) 또는 생원시(生員試)에 도전했으나 뜻을 이루지 못했다. 시험공부가 부족하다고 판단한 그는 다시 공부를 더할 마음을 품고 서얼 출신 대학자인 척암(惕菴) 김근공(金謹恭; 1526~1568)을 찾아가서 《대학》을 배웠다. 그는 같은 서얼 출신 학자인 이중호(李仲虎)와 산림 처사로 이름을 떨치고 있던 청송당(聽松堂) 성수침(成守琛; 성혼의 아버지) 문하에서 학문을 배우고, 뒤에 어린이들을 가르치는 동몽훈도(童蒙訓導)가 되었는데, 그 문하에서 이발(李潑), 한효순 등 많은 제자들이 배출되었다.

한효순이 몇 차례의 도전 끝에 생원시에 급제한 것은 26세 되던 선조 원년(1568) 여름이었는데, 이듬해 성균관에 입학하여 관학 유생(館學儒生)이 되었다. 그 사이 가형 한효윤은 한효순보다 1년 앞선 명종 22년(1567)에 생원시에 급제하고, 이어 선조 3년(1570)에 문과에 급제했다.

그런데 선조 4년(1571)에 아버지가 세상을 떠나자 두 아들은 함께 원주(原州) 가마도(佳麻島; 오늘날 여주시 강천면 부평리 가마도로 바뀜)에 있는 선영(先塋)에 가서 3년 동안 시묘살이를 하고 선조 6년(1573) 6월에 상(喪)을 마치고 서울로 돌아왔다. 이때 한효순의 나이는 31세에 이르렀다.

한효순은 이미 생원이 되고 성균관에도 입학했으므로 이제는 문과에 도전하는 일만 남았지만 3년간에 걸친 아버지 시묘살이 때문에 응시할 기회가 더 늦어졌다. 아버지 벼슬이 끊긴데다 세상을 떠났고, 증손자까지만 혜택이 돌아가던 4대조 한계희의 문음도 끊어졌으므로 이제는 스스로 독립하여 가족을 부양할 책임을 감당하지 않으면 안되었기에 문과 급제는 생계를 위해서도 필요한 관문이었다.

서울에 돌아온 이듬해인 선조 7년(1574) 4월에 그는 서책과 식량 등을 마차(馬車)에 싣고 양평의 용문산(龍門山)으로 들어가 백련대(白蓮臺)에서 독서에 빠졌다. 요즘 말로 하면 고시(考試)에 합격하기 위해 책을 싸들고 조용한 절간을 찾아 공부하는 것과 비슷한 모습이다.

용문산의 공부가 효과가 있었는지 그는 선조 9년(1576) 3월에 드디어 식년(式年) 문과에 병과(丙科)로 급제했다.[33] 이때 34세였는데, 기이하게도 형이 급제했을 때의 나이도 34세였다. 이 나이는 너무 빠르지도 않고 너무 늦은 것도 아닌 중간 정도의 나이라고 할 수 있다. 아마도 아버지를 따라 수십 년 동안 지방을 따라다니느라 차분하게 입시에 몰두할 기회를 얻지 못한 것이 원인일 수도 있지만, 한효순이 본래 일을 서두르는 성격이 아닐 뿐 아니라 고명한 학자들로부터 내실 있는 공부를 하고나서 벼슬아치가 되는 것이 낫다고 생각한 이유도 있을 듯하다.

---

33)《문과방목》을 보면 한효순은 병과 24인 가운데 19위를 차지했다.

4. 정여립 사건 이전의 관직 생활

선조 9년(1576)에 34세로 문과에 급제한 한효순은 승문원(承文院) 권지부정자(權知副正字; 종9품)의 벼슬을 첫 번째로 받았다. 여기에 권지(權知)는 임시직이라는 뜻이 있는데, 줄 사람은 많고 자리가 부족할 때 받는 벼슬이었다. 하지만 외교문서를 담당하는 승문원에 분관(分館)되는 것은 매우 영광스런 일이었다. 신분이 낮은 사람들이 문과에 급제하면 성균관이나 교서관(校書館)에 들어가고, 집안이 좋은 사람은 승문원에 들어가는 것이 당시 관행이었다.

36세 되던 선조 11년(1578) 6월에 그는 권지에서 정식으로 승문원 부정자(종9품)에 임명되었다. 그리고 이듬해 봄에 정자(正字; 정9품)로 승진하고, 여름에는 저작(著作; 정8품), 그리고 겨울에는 박사(博士; 정7품)로 승진했다.

38세 되던 선조 13년(1580) 6월에는 성균관에서 책을 관리하는 전적(典籍; 정6품)으로 승진하고, 바로 공조 좌랑(정6품)으로 옮겨 처음으로 6조의 낭관(郎官)이 되었다. 그해 7월에는 청요직(淸要職)의 하나인 사간원의 정언(正言, 정6품)이 되고, 이어 9월 18일에는 청요직의 노른자위에 해당하는 홍문관(弘文館)으로 들어갈 수 있는 후보자 명단인 '홍문록(弘文錄)'에 이름을 올렸다.34) 이 자리는 엘리트들만이 들어갈 수 있는 요직으로서 이곳을 거쳐야만 정승으로 올라갈 수 있는 길이 열리게 되어 있었다.

　홍문관을 청요직이라고 부르는 이유는 비록 정치적 실권은 없지만, 도서들을 관리하면서 임금의 교육제도인 경연(經筵)에 직접 참석하여 임금의 정치를 자문하는 일을 하기 때문이었다. 또 사헌부 및 사간원과 더불어 정치를 비판하는 언관(言官)의 기능도 함께 지니고 있어서 이들 세 기관을 언론 삼사(言論三司)라고도 불렀다.

　한효순이 '홍문록'에 들어간 것은, 그가 고명한 학자들로부터 《주역》,《자치통감》,《소학》,《대학》,《근사록》 등 정주학의 기본 교양서를 직접 교육받았기에 단순히 향교나 성균관을 거쳐 문과에 급제한 일반 관료와는 격이 다른 학자로 인식되었기 때문이었다.

　선조 14년(1581) 2월 한효순은 드디어 39세의 나이로 홍문관 부수찬(副修撰; 종6품)으로 나갔는데 당시 홍문관 상급 관원은 응교(應敎; 정4품)에 노식(盧植), 교리(校理; 정5품)에 김우옹(金宇顒)과 정윤복(丁胤福), 수찬(修撰; 정6품)에 강서(姜緖)와 백유양(白惟讓)이었다. 이들은 대부분 당대에 명성을 떨치던 명사들이었는데, 뒤에 동인과 서인으로 당이 갈리자 동인에 속한 인사들이 많았다.

　그 뒤 홍문관 수찬(修撰; 정6품)으로 진급한 한효순은 그해 5월 24일 경연에 참석하여 인사문제를 임금과 논의했는데, 서인에 속하는 영의정 박순(朴淳)과 이조판서 이이(李珥)는 동인에 속하는 김효원(金孝元)이 쓸 만한 재주가 있으므로 그를 버리지 말라고 임금에게 청했는데, 부제학 유성룡과 수찬 한효순도 김효원이 쓸 만한 인재라

---

34) 이때 '홍문록'에 오른 사람은 17명인데, 그 명단은 다음과 같다. 한효순, 하진보, 이립, 홍인서, 박숭원, 홍여순, 유영립, 허감, 이항복, 이정암, 임국로, 권수, 김시회, 기령, 김륵, 이유중, 홍인상이다.(선조실록, 선조 13년 9월 18일조)

고 역설했다. 당시만 해도 동인과 서인의 갈등이 심하지 않았음을 알
수 있다.

5월 말에는 문관의 인사권을 가진 이조 좌랑(정6품)으로 옮겼다.
이 무렵 이조판서는 이산해(李山海), 김귀영(金貴榮), 이이(李珥)
등이 차례로 맡았는데, 한효순은 동인계에 속하고 있었지만, 서인 이
이가 이조판서일 때도 전랑직(銓郎職)을 계속 맡고 있었다.[35] 그런
데 이조의 낭관(郎官; 좌랑과 정랑)은 그 자리를 놓고 동인과 서인이
갈릴 정도로 태풍의 눈과 같은 자리였으므로 한효순도 이 자리에 오
래 머물지 못하고 물러났다.[36]

3년 뒤인 선조 17년(1584) 1월에 42세의 한효순은 어머니 윤씨
의 상을 당했다. 향년 77세. 원주의 아버지 선영(先塋)에 합장하
고, 또 3년 동안 관직을 그만두고 시묘살이를 했다.

그런데 선조 17년 11월 1일, 임금은 세 정승에게 어진 이를 추천
하라고 명했다. 이에 영의정 박순(朴淳)은 신응시, 이산보, 서익을
추천하고, 좌의정 노수신(盧守愼)은 이발, 김우옹, 한준, 백유양, 윤
선각, 김홍민, 김수를 추천했는데, 우의정 정유길(鄭惟吉)은 윤선각,
권징, 김수, 한효순, 홍인상, 이대회를 추천했다. 세 정승들은 당파를

---

35) 선조 20년 3월 1일에 진사 조광현과 이귀 등은 상소하여 이이(李珥)가 이
조판서로 있을 때 서인만을 등용하지 않은 예로써 동인에 속하던 김우옹, 한효
순, 김홍민 등을 등용한 것을 예로 들었다.

36) 인조대 권력을 잡은 서인세력은 광해군대 북인이 편찬한 《선조실록》이 마음
에 들지 않아 다시 개찬하여 《수정선조실록》을 편찬했는데, 이 책에서는 동인들
이 한 일을 일일이 나쁘게 평해 놓았다. 이 책에서는 한효순에 대해서도 악의적
으로 평한 글들이 많은데, 그가 이조낭관을 그만둔 사실에 대하여 이렇게 평했
다. "한효순은 용렬하고 노둔하여 재주가 없는데, 이발(李潑)의 주선으로 전랑
(銓郎)이 되었으나 잘못을 저질러 파직시키도록 했다. 그 뒤 척리와의 인연으로
다시 발탁되었으니 사사로이 진출하는 길이 한효순으로부터 비롯되었다."고 썼
다. 그러나 이발은 당시 그럴 만한 힘도 없었고, 또 척리와의 인연으로 발탁되
었다는 말도 전혀 근거가 없다.

초월하여 우수한 인재를 천거했는데, 그 가운데 한효순이 들어 있었던 것이다. 그러나 상중인 한효순은 관직에 나가지 않았다.

어머니 유씨 상(喪)을 당한 그 이듬해 10월에 한효순은 또 부인 안씨를 잃었다. 향년 46세로 비교적 짧은 인생을 살았으나 슬하에 4남 2녀를 두었음은 앞에서 이미 설명했다. 안씨가 세상을 떠났을 때 장남은 18세, 차남은 15세, 3남은 11세, 4남은 겨우 4살이었다. 4남 2녀의 자녀들은 할아버지와 할머니도 잃고, 어머니마저 잃어 기댈 어른은 아버지 한효순뿐이었다. 한효순이 아내의 삼년상을 치르고 나서 45세에 둘째 부인 강씨(姜氏)를 서산(瑞山)에서 맞아들인 것은 이러한 딱한 가정 사정도 고려된 듯하다.

44세 되던 선조 19년(1586) 3월에 그는 어머니 삼년상을 마치고 원주에서 서울로 돌아왔다. 이때 선조 임금은 유교의 기본 경전인 사서삼경(四書三經)을 우리말로 풀이하고, 잘못된 것을 교정하기 위해 교정청(校正廳)을 설치했는데, 정승들이 그 일을 감독하고, 실무진으로 이성중(李誠中), 정창연(鄭昌衍), 김홍민, 김홍징, 이정립, 윤돈, 허성, 이호민이 참여했으며, 한효순도 예조정랑(禮曹正郞; 정5품)의 직책을 띠고 참여했다. 또 큰 조카 한백겸(韓百謙; 1552~1615)도 교정 낭청으로 참여했다. 그만큼 한효순 숙질의 유학에 대한 학문적 소양을 인정한 것인데, 특히 3경 가운데 《주역》(周易)에 밝은 것이 높이 평가받았다. 작은 조카 한준겸(韓浚謙; 1557~1627)이 30세로 문과에 급제하여 숙질이 함께 청요직에서 활동하는 시대가 열렸는데, 가까운 친족이 같은 관청에 근무할 수 없는 상피제(相避制) 때문에 한준겸이 청요직에서 배제되는 불이익을 당하는 경우도 있었다. 하지만 조카를 사랑하는 숙부의 마음과 숙부를 존경하고 따르는 조카의 마음은 죽을 때까지 한결같이 이어졌다.

선조 20년(1587) 4월, 45세의 한효순은 전처의 삼년상을 마쳤으므로 충청도 서산(瑞山) 토박이의 한 여인을 두 번째 아내로 맞이했는데, 진주 강씨 강효윤(姜孝胤)의 딸이다. 당시 강효윤은 선달(先達)이었다가 뒤에는 경상도 영산현감(靈山縣監)을 지냈는데, 왜란 때 영산지역에서 의병투쟁을 하다가 순국한 뒤 예조 참판에 추증된 인물이다.37)

결혼 당시 한효순은 45세요, 강씨 부인은 25세의 연하로서 20세의 꽃 같은 나이였는데, 슬하에 3남 2녀를 두었다. 그 3남이 한윤겸(韓允謙; 1588~1637),38) 한극겸(韓克謙; 1589~?),39) 한호겸(韓好謙; 1596~1672)40)이다. 2녀의 사위는 각각 이석망(李碩望; 부사)과 여이량(呂爾良; 학생)이다. 둘째 부인 강씨는 6남매의 전처 소생과 자신이 낳은 5남매를 합하여 11남매를 키워야 하는 처지에 있었으니, 그 고생이 어떠했을지 짐작하고도 남음이 있다.

《실록》을 보면 한효순은 강씨 부인에게 쥐어 살았다고 하면서 곱지 않은 시선이 보이고 있지만, 한효순의 처지에서 보면 딸처럼 어린 부인이 얼마나 고맙고 미안했겠는가? 그러니 남 보기에 줏대 없는 공처가로 보일지 모르지만, 사실은 남존여비 사회에 어울리지 않는 애처가였다고 보는 것이 오히려 진실에 가깝지 않겠는가? 또 열한 명의

---

37) 한여현, 《호산록》
38) 한윤겸은 문과를 거쳐 벼슬이 도사(都事; 종5품)에 이르렀다가 인조반정 뒤 관직이 삭탈되었다가 복직되었다. 그 후손을 도사공파로 부른다.
39) 한극겸은 문과를 거쳐 벼슬이 정랑(正郞; 정5품)에 이르렀다가 인조반정 뒤 관직이 삭탈되었다가 복직되었다. 그 후손을 정랑공파로 부른다.
40) 한호겸은 음보로 벼슬이 세자익위사 세마(洗馬; 정9품)에 이르렀다가 인조반정 뒤 관직이 삭탈되었다가 복직되었다. 그 후손을 세마공파로 부른다.

자녀를 거두어야 하는 강씨 부인의 처지에서 본다면 그 책임감이 얼마나 무거웠겠는가? 또 그는 오라비 강수(姜燧; 1570~?)가 문과를 거쳐 광해군대에 사헌부 장령(掌令; 정4품)으로 있었는데, 이이첨과 가까이 지내는 처지였다.[41] 그래서 늙은 남편이 혹시라도 시세에 잘못 보여 가정이 파탄되지나 않을까 충고를 한 것이 주변 사람들, 특히 서인(西人)의 눈에는 곱지 않게 보였는지도 모른다.

선조 20년(1587) 5월에 마침내 '사서삼경'을 교정하는 교정청의 일이 끝났다. 임금은 수고한 신하들을 불러 태평관에서 잔치를 베풀어 위로했다. 그해 7월에는 의정부 검상(檢詳; 정5품)으로 임명되었다가 곧 사인(舍人; 정4품)으로 승진했다. 사인은 의정부 세 정승들의 의견을 모아 임금에게 전달하는 실무적인 일을 맡은 관직이다. 사인으로 있을 때 그는 서산(瑞山)으로 이사 와서 살았다고 하는데 아마도 현직에 있을 때는 아닐 것이고, 사인의 벼슬이 끝난 뒤에 잠시 이곳으로 내려온 듯하다. 서산은 바로 강씨의 처가(妻家)가 있는 곳이었으므로 이곳에 낙향할 생각을 가지고 내려갔을 것이다. 그는 본래 50세까지만 벼슬하고 그 뒤에는 낙향하여 산수를 즐기면서 살고 싶다는 꿈을 가지고 있었으므로 낙향할 지역을 처가 지역으로 정한 것으로 보인다.

그 이듬해 선조 21년(1588) 2월 46세의 한효순은 일본에서 온

---

[41] 한효순의 처남 강수는 문과에 급제하여 벼슬이 광해군 때 사헌부 장령(掌令; 정4품)에 이르렀는데, 인목대비 폐모론을 적극 주장하면서 이를 반대하는 이항복(李恒福)과 기자헌(奇自獻) 등을 탄핵하고, 나아가 매부인 한효순에게도 여동생과 더불어 압박을 가하여 한효순을 난처하게 만들었다. 인조반정 후 위리안치(圍籬安置; 연금)되었는데, 뒤에 석방 명령이 내려졌으나 언관들의 반대로 취소되었다. 그 뒤의 행적은 알 수 없다. 뒷날 서인들은 인목대비의 폐모론에 한효순이 적극 가담하지는 않았지만, 이를 의논하는 정청(庭請)에 나간 것은 처(妻)와 처남의 압력이 크게 작용했다고 썼다.

사신을 접대하는 선위사(宣慰使)로 임명되었는데, 사신들이 문경(聞慶)의 대교(大橋)를 지나다가 뜻밖에 다리가 무너져 사신은 물에 떨어졌으나 겨우 죽음을 모면하고, 수행원 가운데 역자(驛子)는 목숨을 잃는 사고가 발생했다. 그해 4월 10일 한효순은 현지에 가서 이런 사실을 임금에게 글로 보고하자, 임금은 문경 현감 조종도(趙宗道)와 차사원 상주(尙州) 판관 조희철을 파직시키라고 명했다. 물에 빠졌다가 구제된 일본 사신은 성주(星州)로 데려갔는데, 그곳에서의 접대가 형편없었다. 심지어 심부름하는 자도 없이 겨우 차사원(差使員) 밖에 없었다. 그곳 아전들을 붙잡아 죄를 주려고 했으나 모두 도망갔으므로 한효순은 차사원의 이야기를 듣고 관찰사에 문서를 보내 성주의 관리들을 죄주도록 했다.

선조 임금은 한효순의 보고를 듣고, "이웃나라의 사신을 접대하는 책임은 가볍지 않으므로 마땅히 성실하게 힘쓰고 엄격하게 단속하여 털끝만큼도 부족함이 없이 나라의 유원정책(柔遠政策;이웃나라를 회유함)에 부응해야 하는데, 성주 관리의 범죄는 매우 해괴하다. 책임을 지고 있는 아전들을 잡아다가 추고하라"고 명했다. 5월에 한효순은 선위사의 일을 마치고 서울로 돌아왔는데, 임금이 일본의 정황을 물었다. 그는 글을 올리기를, "사신이 도중에 비밀스럽게 말하기를, '우리나라[일본] 가운데 66도(道)가 있으며, 도감사(都監司)라는 자가 있는데, 지략이 뛰어나서 전국이 떨고 있으며, 지금 자신들이 온 것도 통신사(通信使)를 청하기 위함이다'라고 했습니다."하니 임금이 "알았다."고 답했다. 여기서 도감사는 바로 평수길(平秀吉) 곧 풍신수길(豊臣秀吉; 도요토미 히데요시)을 가리키는 것이었다. 그때 조선은 풍실수길이 천황을 죽이고 권력을 찬탈한 사실을 알고 무례하다고 하여 통신사를 보내지 않고 있었는데, 풍신수길은 조선이 자신을 얕잡아 본다고 화를 내면서 계속하여 통신사 파견을 요청하는 사신을 보내왔던 것이다.

선위사 일을 마치고 돌아오자 임금은 그해 6월, 그에게 홍문관 부응교(副應敎; 종4품)를 제수하니, 다음달 윤6월 8일 경연(經筵)에 참석했다. 이때 주자의 《자치통감강목》을 강(講)했는데, 한효순은 제갈량(諸葛亮)에 관한 내용을 임금에게 설명했다. 8월 5일 함경도 지방의 농사 사정을 시찰하는 임무를 띤 재상어사(災傷御史)로 임명되어 함경도로 떠났는데, 옛날 아버지가 군수를 지내고, 자신도 소년기를 보냈던 문천군(文川郡)에도 들렀다. 이곳에서 군수와 상의하여 그 지방의 품관(品官; 鄕族), 아전, 관속들을 불러 모아 주악(酒樂)을 열고 옛정을 풀기도 했다고 한다.

5. 정여립 사건 뒤 서산(瑞山)으로 낙향하다

한효순이 47세가 되던 선조 22년(1589) 10월에는 이른바 '기축옥사'(己丑獄事)로 불리는 큰 모역사건이 발생했다. 정여립(鄭汝立; 1546~1589) 일당이 반역을 꾀했다는 고변(告變)이 들어오면서, 그와 관련된 동인계 인사들이 붙잡혀 죽거나 유배당한 사건이 일어난 것인데, 3년에 걸쳐 약 1천여 명이 화를 입은 엄청난 사건이었다. 이 사건의 본질은 동서분당의 갈등에서 빚어진 것으로, 율곡이 선조 17년(1584)에 세상을 떠난 뒤 서인 세력이 약화된 것을 틈타 일부 동인 급진 세력이 무력으로 권력을 잡으려다가 실패한 사건으로 볼 수 있다.

정여립은 전주(全州) 출신의 가난한 재사로서 원래는 파주의 율곡 이이(李珥)와 우계 성혼(成渾)의 문하를 드나들면서 율곡을 미래의 성인(聖人)으로 존경하고 있었다. 그러다가 서인의 기둥이던 율곡이 세상을 떠나자 서인에 등을 돌리고 동인에 붙어 율곡과 우계를 비판하기 시작했는데, 임금이 이렇게 돌변한 그의 태도를 보고 못마땅하게 여기자 홍문관 수찬(修撰)의 벼슬을 버리고 고향으로 내려가 군사들을 키우기 시작했다. 무뢰배와 공사 노비들을 불러 모아 대동계(大同契)라는 조직을 만들어 군사훈련을 시키고 당시 유행하던 《정감록》 등의 예언서를 퍼뜨리면서 정씨 성(鄭氏姓)을 가진 사람이 나타나 평등한 세상을 열 것이라고 하면서 민중들을 현혹시켰다. 당시 농촌사회가 매우 피폐하여 가난한 사람들이 많이 모여들었는데, 그 세력이 전라도 일대는 물론 황해도에까지 널리 퍼졌다.

이 사건은 황해도에서 처음 발각되어 그 배후가 밝혀지면서 정여립과 가깝게 지낸 인사들이 잇달아 체포되면서 사건이 확대되어 갔는데, 정여립 자신은 아들과 더불어 전라도 진안(鎭安)으로 들어가서 숨었다가 자결했다. 이 사건으로 죽거나 유배를 당한 주요 동인계 인사들은 이발(李潑)과 이길(李洁) 형제, 백유양(白惟讓), 정언신(鄭彦信), 홍종록(洪宗祿), 정창연(鄭昌衍), 정인홍(鄭仁弘), 정개청(鄭介淸), 최영경(崔永慶), 김응남(金應南), 유몽정(柳夢井), 우성전(禹性傳), 남언경(南彦經) 등이었다. 그리고 이들을 잡아들여 문초하고 다스린 책임자[委官]는 서인 정철(鄭澈)이었다. 그래서 정철은 동인들이 가장 증오하는 대상이 되었다.

그런데 이 사건이 터지기 전에 한효순은 2월에 사헌부 집의(執義; 종3품)로 승진하고, 10월에는 성균관의 부책임자인 사성(司成; 종3

품)으로 있다가 11월에는 사은사(謝恩使)의 서장관(書狀官)이 되어 명나라로 가서 국내에 없었다. 그런데 그가 떠난 다음 달부터 호남 지방 유생들이 잇달아 상소를 올려 정여립과 연관된 신하들을 죄를 주어야 한다고 청하면서, 한효순, 이정직(李廷直), 이정립(李廷立), 정개청, 이산해, 유성룡, 정언신, 남언경, 이홍로(李弘老) 등을 그 당우(黨友)로 거론했다. 임금은 유생들이 어진 신하들을 모조리 내쫓아 나라를 텅비게 만들려고 한다면서 유생들을 처벌했다. 그러나 동인계 인사들에 대한 공격이 사그라들지 않자 일부 서인과 극도로 사이가 나쁜 신하들은 죽이거나 내쫓았다.

이렇게 한효순에 대한 공격이 일어나던 12월 그믐에 그는 중국을 떠나 귀국길에 올라 이듬해 6월에 황해도 봉산(鳳山)에 이르렀을 때 자신이 파직되었다는 소식을 들었다. 그는 정여립과 상종하지 않았다고 변명했지만 반대자들은 믿지 않았다. 사실, 동인계 인사들과 가깝게 지낸 것은 한효순보다도 형인 한효윤(韓孝胤)과 그 아들 한백겸 및 한준겸이 그렇다고 볼 수 있지만, 한효윤은 이미 세상을 떠났던 것이다. 이 점에 대해서는 앞에서 이미 설명한 바 있다. 그런데도 반대자들은 한효순을 정여립의 일당으로 몰아갔던 것이다.

한효순은 본래 사람들과 잘 어울리는 성품이 아니었기에 비록 동인계 인사들이나 정여립과 안면이 있다 하더라도 앞장서서 서인과 다투는 행동을 한 일이 없었다. 더구나 정여립 같은 과격한 인물과 손을 잡고 모역한다는 것은 있을 수 없는 일이었다. 그런데도 그의 당여(黨與)로 몰고 가는 세태가 야속했던 것이다. 그래서 시끄러운 당파 싸움에서 벗어나 초연하게 야인 생활을 하고 싶었던 차에 벼슬까지 잃은 48세의 한효순은 그때야말로 시골로 낙향할 때가 왔다고 본 것이다.

그리하여 선조 23년(1590) 8월에 말 한 필에 몸을 싣고 처가가 있는 서산(瑞山)으로 내려갔다. 이미 3년 전에도 서산 출신의 강씨와 결혼한 직후에 서산으로 내려갔다가 돌아온 일이 있었음은 앞에서 이미 설명했는데, 이번에는 항구적으로 은거할 터전을 확실하게 만들고자 처가 동네인 남면(南面) 덕천(德川; 속칭 덕지내) 마을42)에서 약간 떨어져 있는 해미(海美) 양림(良林)에다 14칸짜리 농사(農舍)를 지었다.43) 이곳은 동쪽으로 가야산이 우뚝하게 솟아 있고, 서쪽에는 천수만의 바다가 호수처럼 지척에 펼쳐져 있어 산수를 즐기려는 한효순의 마음에 꼭 드는 곳이었다. 마을 주변에는 나지막한 소나무 동산이 곳곳에 펼쳐져 있으면서 땅이 비옥하여 농사에도 아주 적합하고, 굴이나 꽃게, 꼬막 등 해산물도 풍부한 지역이었다.

그런데 그의 귀농(歸農)의 꿈은 또 접어야 했다. 임금이 멀리 만리(萬里)를 사신으로 다녀온 그에게 마땅히 벼슬을 주어야 한다며, 사신으로 다녀온 정탁(鄭琢), 권극지(權克智), 한효순을 모두 서용(敍用)하라는 교지를 내렸다. 그러나 서인계 언관들이 또 들고 일어나, "한효순은 이조 낭관일 때 이발(李潑; 1544~1589), 이길(李洁), 백유양(白惟讓) 등과 결합하여 심복이 되었다."는 이유를 들어 반대하고 나섰다. 임금은 언관의 반대를 무릅쓰고 예빈시정(禮賓寺正;

---

42) 서산군 남면 덕천리[속칭 덕지내]는 지금 서산시 덕지천동(德之川洞)으로 양림리와는 불과 2~3킬로미터 정도 거리에 있다.
43) 한효순의 농사(農舍)가 있는 곳은 현재 서산시 해미읍 기지리 489번지로서 후손 한만호가 살고 있다. 원래의 집터에서 10미터 정도 아래에 새로 지었다. 농사의 크기가 14칸이 되는 것은 다소 크다고 할 수 있는데, 아마도 가족이 많은 것을 고려한 듯하다. 내가 출생한 집은 기지리 467번지로서 불과 수십 미터밖에 되지 않는다.

정3품 당하관)에 의망했으나, 이조 낭관이 반대하여 하는 수 없이 12월에 경상도 바닷가의 영해부(寧海府) 부사(府使; 종3품)로 내려 보냈다. 말하자면 좌천되어 추방된 셈이다.

하지만 한효순이 이발 등의 심복이라는 말은 전혀 근거 없는 이야기다. 이발, 이길 등은 율곡 이이와 우계 성혼 등 현인들을 기를 쓰고 탄핵하면서 공격한 과격한 인물들이지만 한효순은 두 현인을 한번도 공격한 일이 없는 온건한 인물이었다. 그저 친교가 있다는 단순한 사실을 가지고 심복 운운하는 것은 지나친 말이다. 더욱이 이발은 한효순보다도 한 살 아래였다.

그런데 한효순이 이렇게 정여립 일파로 몰려 곤경에 처했을 때 두 조카인 한백겸과 한준겸도 똑같이 곤경에 빠졌다. 한백겸은 정여립이 자살한 뒤 그의 시신을 정성스럽게 거두어 염(殮)했다가 뒤에 그 사실이 발각되고, 또 정여립의 생질인 이진길과 가깝다는 이유로 연좌되어 선조 23년(1590) 봄에 관직을 삭탈당하고 곤장을 맞고 북쪽 땅으로 귀양 갔다. 이때 한백겸의 아우 한준겸도 이진길을 벼슬자리에 추천한 것이 문제가 되어 성균관 전적(典籍; 정6품)으로 있다가 승정원 주서(注書; 정7품)로 좌천되었다가 그나마 파직되고 투옥까지 당했다. 곧 풀려나, 늙은 어머니를 모시고 광진(廣津)에 있는 집으로 가서 우거했는데 먹을 것이 없어 극도로 생활이 곤궁한 처지에 빠져 있었다.

하지만 한준겸이 정여립 일당이라고 보는 것은 사실과 달랐다. 한준겸은 뒷날 서인으로 알려진 오성(鰲城) 이항복(李恒福)과도 절친하고, 또 동인에 속했지만 이항복과도 절친했던 한음(寒陰) 이덕형(李德馨)과도 막역한 친교를 맺고 있던 터였으므로, 어느 당파에 외

골수로 편입되어 있던 인물이 아니었다.

이렇게 한백겸 형제가 극도로 어려운 처지에 있을 때 숙부마저 영해부사로 좌천되어 간 것은 한준겸으로서는 더욱 슬픈 일이었다. 이제는 믿고 의지할 집안 어른이 없었기 때문이다. 그래서 한효순이 떠날 때 평구역(平邱驛; 지금의 남양주)까지 마중나와 숙부에게 바치는 시(詩) 한 편을 지었는데, 몇 년 뒤 한준겸이 영해부에 가서 감회에 젖어 그 시에 대한 서(序)를 썼다.44) 먼저 그 시는 이렇다.

非才曾荷聖恩洪 재주 없는 이 몸이 성은(聖恩)을 넓게 입어
通籍西淸父子同 한씨 성에 이름을 올려 부자가 함께 했네
甄拔敢進諸事業 인재로 뽑혀 감히 여러 사업에 나아갔는데
訐恭惟慕二疏風 공손하면서 오직 두 번 말하는 풍도를 사모했는데
升沈滾滾浮名裏 오르고 내려감이 이름 속에 오래 이어지고
離合悠悠一夢中 헤어지고 만남이 아득히 한번 꿈이었네
嶺海凄凉行色杳 영남의 바다가 처량하고 행색이 묘연한데
更攀歸袂泣途窮 돌아가는 옷깃을 잡고 길 끝에서 울고 있네

한준겸은 6년 뒤에 영해부에 갔다 오면서 또 이런 칠언 율시를 지었다.

家難驚心白髮新 집 난리에 마음이 놀라 흰 머리가 느는데
別離今日更沾巾 오늘 이별하면서 또다시 수건을 적시네
音容六載應知濶 목소리와 얼굴을 본 지 6년임을 알겠는데
消息千山敢望頻 산들이 막아 소식을 자주 바랄 수 있을까
先廟蘋蘩悲攝主 슬프다, 변변치 못한 제물로 내가 대신 제사하고

---

44) 한준겸 《유천집》 칠언율시(七言律詩)

佳麻香火悵無人 아, 가마의 선영에 향불 피우는 사람 없네
平生不盡征南戒 평생토록 마원(馬援)의 훈계를 다하지 못하여
極目茫茫鳥道春 크게 눈뜨고 보아도 높은 고개의 봄은 아득하네

다음에 시에 붙인 서(序)는 이렇다.

경인년(선조 23) 겨울에 지금 호남 순찰사를 하고 계시는 우리 숙
부께서 사헌부 집의(執義)로서 나라[서울]를 떠나 이 고을에 오셨었
다. 나도 또한 태사(太史; 注書)로서 그때의 일 때문에 집에서 먹는
것을 버리고 광진(廣津; 광나루)에 우거하다가 평구역에서 뒤따라가
서 숙부를 보내면서 한 편의 시를 지었다. 이때 형님 백겸(百謙)이
뜻밖의 일[정여립과 친교]로 북쪽으로 귀양 가서 한 집 사람이 거의
다 흩어져 있어서 조상에 대한 제사도 내가 주관하게 되니, 탄식하
는 감정이 글로 나타났다. 나는 숙부와 어깨를 나란히 하여 조정에
서 함께 임금을 시종했는데, 하루아침에 일에 연좌되어 혹 벼슬을
잃고, 혹 딴 데로 옮겨져서 마음의 골짜기에 느끼는 바가 많아 정남
마공(征南馬公)이 그 조카를 경계한 말로써 끝맺음 말로 삼고자 하
는데, 그럴 만한 뜻이 있다.

이렇게 서두를 쓰고 나서 한준겸은 이어 임란 중에 숙부와 자신이
함께 왜적과 싸우면서 일한 내용을 길게 소개하고 있는데, 그 내용은
나중에 소개하기로 한다. 다만, 위에 소개한 글에서 '정남마공(征南
馬公)의 훈계'라고 한 것은《소학》에 들어 있는 고사로서 그 내용은
이렇다.

후한(後漢) 때 마원(馬援) 장군에게는 두 명의 조카가 있었는데,
남을 비판하고 논평하기를 좋아하면서 경박한 건달들과 사귀고 있었

다. 그때 마원이 베트남에 가서 전쟁을 하고 있었는데, 두 조카에게 다음과 같이 훈계하는 편지를 보냈다.

"나는 너희들이 남의 허물을 듣게 되거든 마치 부모의 이름을 들은 것처럼 여겨서, 귀로는 들을지언정 입으로는 남에게 말하지 않기를 바란다. 남의 장단점을 논평하기 좋아하고, 정치와 법을 함부로 시비하는 것은 내가 가장 싫어하는 행동이다. 차라리 내가 죽을지언정 내 자손이 이런 행실을 한다는 이야기를 듣는 것은 정녕코 원치 않는다."

한준겸이 이 고사를 인용하면서 마원의 훈계를 지키지 못했다고 자책하고 있는 것은 바로 숙부 한효순의 훈계를 두 조카인 한백겸과 한준겸 형제가 지키지 못했음을 스스로 자백하면서 후회하고 있는 것이다. 이 글을 보면 한효순은 평소 두 조카에게 정여립을 비롯한 경박한 무리들과 가까이 지내지 말 것을 늘 경계해온 것으로 보인다. 그렇지 않다면 왜 한준겸이 굳이 이 말을 숙부에게 바치는 시(詩)와 서(序) 속에 담았겠는가? 숙부에 대한 조카의 죄송한 마음과 존경심이 묻어난다.

한효순이 영해부사로 내려간 것은 49세가 되던 선조 24년(1591) 2월 2일이었다. 떠나기 전에 원주(原州)에 있는 아버지 묘소에 가서 깨끗이 청소했다.

6. 세자 책봉 사건과 동인의 부상

선조 22년(1589) 정여립 사건으로 크게 세력이 위축되었던 동인들이 다시금 재기할 수 있는 사건이 선조 24년(1591)에 발생했다. 이른바 건저의(建儲議) 사건이다. 당시 서인의 영수인 정철(鄭澈)이 앞장서서 왕자들 가운데 이미 나이가 15세에 이르고 가장 영특한 광해군(光海君; 1575~1641)을 세자로 앉힐 것을 임금에게 건의했다가 임금의 분노를 자아내고 귀양을 떠나게 된 사건이다.

이 사건이 일어나게 된 원인은 선조의 왕비인 의인왕후(懿仁王后) 박씨가 후사를 얻지 못하여 첫 번째 후궁인 공빈 김씨(恭嬪金氏)로부터 임해군과 광해군을 얻고, 두 번째 후궁인 인빈 김씨(仁嬪金氏)로부터 네 아들을 낳았는데, 그 가운데 둘째 아들인 11세의 신성군 이후(信城君李珝; 1578~1592)를 사랑하여 장차 세자로 삼으려는 기미를 보였기 때문이다. 광해군의 생모인 공빈 김씨가 두 아들을 낳고 바로 25세의 나이로 세상을 떠났기 때문에 광해군으로서는 어머니의 지원을 받을 수 없는 불리한 상황에 있었다.

그런데 인빈 김씨의 오라비인 김공량(金公諒)은 누이가 임금의 총애를 받고 있는 것을 믿고 내수사 별좌(別坐; 5~6품)로 있으면서 온갖 특권과 횡포를 부리고 있었기 때문에 모든 신하가 그를 미워하고 있었고, 만약 신성군이 임금이 된다면 김공량의 횡포가 더욱 커질 것을 우려하여 신성군의 세자 책봉을 걱정하고 있었던 것이다.

그런데 선조는 인빈 김씨와 신성군을 매우 총애하여 광해군의 세자 책봉을 달가워하지 않았으며, 인빈 김씨와 김공량도 백방으로 광해군의 세자 책봉을 막으려고 애썼다.

당시 세 정승인 영의정 이산해(李山海), 좌의정 정철(鄭澈), 우의정 유성룡(柳成龍)은 처음에 는 다 함께 임금에게 광해군 책봉을 진언하기로 합의했고, 일반 신하들도 이를 찬성하는 분위기였다. 그런데 그해 6월에 세 정승이 임금 앞에 나아가서는 갑자기 유성룡과 이산해 등 동인계 두 정승이 약속을 어기고 입을 다물고 말을 하지 않아 성질이 급한 정철 혼자서 임금에게 건의했다가 미움을 독차지하게 된 것이다. 이산해와 유성룡은 김공량의 부탁과 협박을 받고 마음을 바꾼 것이다. 그리하여 결과적으로 광해군 책봉에 앞장섰던 정철이 평안도 강계로 귀양 가고, 정철을 지지했던 윤두수(尹斗壽)와 윤근수(尹根壽) 형제 등 서인계 대신들이 무더기로 귀양을 갔으며, 유성룡과 이산해 등 동인정권이 세워지게 된 것이다.

이때 한효순은 이미 영해부사로 내려가 있었으므로 이 사건에는 관여하지 않았으나, 결과적으로 동인 정권이 세워진 상황에서 이듬해 임진왜란이 일어났으니, 한효순에게는 불리한 정세는 아니었다.

제3장
임란 때의 눈부신 활약

1. 영해부사와 경상좌도 관찰사 시절;
"나라에 사람이 있구나"

한효순이 영해부사로 부임한 것은 49세 되던 선조 24년(1591) 2
월이었다. 그러니까 임진왜란이 일어나기 1년 2개월 전이다. 영해부
는 현재 포항 바로 북쪽에 위치한 영덕군(盈德郡)에 흡수되어 있지만
조선시대에는 영덕현과 영해부는 분리되어 있었다. 바닷가에 자리잡
고 있기에 해산물이 풍부한 곳이다. 그런데 군사상으로는 왜구를 막
아내는 요충지어서 군(郡)보다 격이 높은 도호부(都護府)였다.

선조 25년(1592) 4월에 드디어 임진왜란이 터지고, 왜군의 주력
부대가 부산에 상륙한 뒤 동래를 거쳐 지금의 중부 고속도로에 해당
하는 길을 따라 조령(鳥嶺)을 넘어 서울을 향해 북상하고, 또 한 갈래
는 경주 쪽으로 북상하고, 또 한 갈래는 지금의 경부 고속도로에 해당
하는 길을 따라 죽령(竹嶺)을 넘어 북상했는데, 겨우 20일도 안되어
서울을 점령하고, 바로 평안도와 함경도 방면으로 나누어 북상을 계
속했다.

그런데 왜적은 경상도 지역을 계속 점령하고자 경주(慶州), 영천
(永川), 청도(淸道), 인동(仁同), 당교(唐橋) 등지에 소규모 부대를
남겨 놓고 큰 길 지역을 장악하여 교통망을 끊어 놓았다. 그러나 대부
분 지역의 관군(官軍)은 흩어져 도망하기에 바쁘고 제대로 나와서 싸

우는 곳이 적었다. 그런데 영해부는 달랐다. 부사 한효순은 4월에 왜란의 소식을 듣고, 5월에 영해부 주변에 있는 영덕현령 안진(安璡), 청하현감 정응성(鄭應聖), 평해군수 김덕관(金德寬), 축산포 만호(萬戶) 등을 급히 불러 모아놓고 이렇게 말했다.

지금 왜구들이 치열하게 덤벼들고 있는데, 경상도의 감사(監司), 좌우 병사(左右兵使), 좌우 수사(左右水使)가 모두 어디 있는지 알 수 없어 병무(兵務)에 대한 호령을 받지 못하고 있다. 우리들은 하나같이 적로(賊虜)들과 충돌하는 걱정에 대비하는 것이 어떤가?

하니 모두들 "좋다."고 말했다. 이에 좌상(左床)과 우상(右床)의 두 부대를 편성했는데, 좌상에는 울진, 평해, 영해, 영덕, 청하, 흥해, 연일, 장기(長鬐)가 속하게 하고, 우상에는 풍기, 영천(榮川), 안동, 봉화, 예안, 진보, 청송, 의성, 의흥, 비안(比安), 인동을 소속시켰다. 그러니까 경상도의 바닷가 연안 지역은 좌상으로 편제하고, 내륙 지역은 우상으로 편제한 것이다. 여기서 좌우는 서울에서 바라보고 정한 이름이다. 이렇게 두 구역을 편제한 다음, 각기 군현이 가지고 있던 병사, 무기, 군량을 여기에 소속시켰다.

한효순은 또 말하기를, "병사(兵士)가 많아도 통제가 없으면 어지럽다. 그러니 좌상과 우상의 대장(大將)을 정하여 통제하자"고 하니 모두들 좋다고 말했다. 그리하여 우상은 안동부사(安東府使)가 맡고, 좌상은 영해부사 한효순이 맡기로 했다. 그리고 이런 약속이 모두 끝나자 약속한 글을 좌우 양로(兩路)에 통보하고, 평양에 있는 임금의 행재소(行在所)에도 장계(狀啓)를 올렸다.

이때 평양의 행재소에 있던 임금은 이미 전쟁이 일어난 지 50여 일이 지났으나 영남의 소식이 끊어져 모두 몰락한 것으로 알고 있다가 이 장계를 보고서 비로소 병사를 모아 적을 막고 있다는 사실을 알게 되었다. 임금이 크게 기뻐하고, 호종하던 신하들도 기쁨을 감추지 못하면서 "나라에 사람이 있구나"라고 칭송했다.

임금은 영해부사 한효순이 경상도 일대에서 관군을 재건하여 대응하는 사실에 감동을 받고, 그해 7월에 그에게 교지를 내려 격려했다. "국세(國勢)가 위급하여 아침과 저녁을 보전하기가 어려운 때에 그대 영해부사가 초토사(招討使)를 겸하니 마땅히 근방의 수령과 군병들을 거느리고 병사(兵使) 박진(朴晉)과 더불어 협력하여 왜적을 토벌하라"고 당부했다.

8월 선조 임금은 다시 한효순의 공로를 크게 인정하고, 경상도를 좌우로 나누어 경상좌도 감사에 한효순을 임명하고, 경상우도 감사에 김성일(金誠一: 1538~1593)을 임명했다. 한효순은 종3품의 부사에서 일약 종2품의 감사에 오른 것이다. 그러나 한효순은 이미 몇 년 전에 정3품의 예빈시정에 의망된 바도 있고, 또 왜란 초기에 감사도 하지 못한 일을 부사가 해냈으므로 감사에 오른 것은 이상한 일이 아니었다.

그런데도 인조반정 이후 새로 편찬한 《수정선조실록》에는 한효순이 감사로 승진한 일에 대하여 이렇게 악평했다.

한효순이 영해부사로 있으면서 사람을 행재소에 보내 토산물과 옷감을 진공(進供)했으므로 임금이 그의 충성을 칭찬하고, 조정에서도 가상하게 여겼다. 그 뒤에 감사가 된 뒤에는 정공(正供) 외에 으레 사진(私進)했는데, 다른 방백(方伯: 관찰사)들도 이를 본받아 마침내 폐습이 되었다.

임금이 평안도로 파천하여 음식도 제대로 공급받기 어려운 처지에 있을 때 한효순이 토산물과 옷감을 공물로 바치고 때때로 개인적으로도 물품을 공급한 것을 가지고 폐단이 되었다고 하는 논평은 다소 지나친 감이 있다. 하지만 당시 임금이나 호종하던 신하들은 하루에 두 끼의 밥도 제대로 먹지 못하고, 옷이 없어 남의 옷을 빌려 입던 상태에서 한효순이 물자를 공급해준 것은 국가를 위해서 잘한 일이었지 이를 굳이 폐단으로 지탄할 일은 아니었다고 본다.

9월 경상좌도 관찰사 한효순은 여러 군현의 군사를 합쳐 함창(咸昌)과 상주(尙州)의 왜적을 공격하기도 했다.

이듬해인 선조 26년(1593) 1월 11일, 그동안 초모(招募)하여 다시 재건한 관군(官軍)의 수는 전국을 합하여 약 17만 명이었는데, 경상좌도 안동부에 주둔하고 있던 한효순의 군사는 1만 명이었고, 울산에 주둔하고 있던 경상좌도 절도사 박진(朴晉)의 군사는 2만 5천 명, 그리고 진주에 주둔하고 있던 경상우도 순찰사 김시민(金時敏)의 군사는 1만 5천 명으로 이를 합하면 경상도에서만 5만 명의 관군을 확보한 것으로, 각 도별로 비교해 보면 가장 많은 군사를 확보하고 있었다.

2월 18일, 한효순은 최근의 경상도 지역 왜적의 동향을 임금에게 이렇게 보고했다.

왜적이 전에 가지고 있던 소와 말을 전부 팔아버리더니, 이달[1월] 22일부터는 진주(晋州)를 공격하려고 밤낮 없이 군사들을 조련시키고, 전일에 팔아버린 소와 말을 다시 사들입니다. 부산, 동래, 서평

(西平), 다대포 등지에는 지역을 구획하여 성(城)을 쌓으려고 성터를 설계하고 있는데, 주위가 대략 50여 리가 됩니다. 동래창(東萊倉)에 있던 곡식을 부산포로 옮기고, 일본 군량은 부산 앞바다의 아차도(阿次島)에 운반해 놓았다고 합니다.

왜적들이 경상도 해안가 지역에 성(城)을 쌓기 시작하고, 진주(晉州)를 공격하기 위해 준비하고 있다는 것이 한효순의 보고 내용인데, 이 무렵 북방 지역의 전세는 호전되어 갔다. 지난해 12월 이여송(李如松)이 대군을 이끌고 들어와 선조 26년 1월 평양을 수복하고, 이어 5월에는 서울까지 수복했으나, 고양 벽제관 전투에서 패하여 다시 평안도로 후퇴했다. 하지만 그 뒤로 유정(劉綎)이 낙상지(駱尙志) 등 여러 장수를 거느리고 다시 남하하여 경주와 대구 등지까지 내려와서 주둔했다.

그러나 명나라 군사들은 그 이상 공격하지 않았고, 일본과 휴전조약인 강화(講和)를 추진하고 있었다. 일본도 강화에 응하면서 장기전을 내다보고 해안가에 성을 쌓고 병력을 계속 증강하고 있었다. 이런 상황에서 한효순은 경상도 지역 왜적의 동향을 살펴서 수시로 중앙 정부에 보고하고 있었던 것이다.

4월 17일, 명나라 장수들을 접대하는 접반사(接伴使)를 하고 있던 이덕형(李德馨)이 경상좌도 감사 한효순의 보고를 받고 임금에게 급히 보고하기를, "한효순의 보고에 따르면, 왜적들이 부산과 동래 사이에 많은 숫자의 적선(賊船)을 정박시키고 있어 군대를 증가하는 형세가 현저하다고 합니다."라고 말했다.

임금은 이덕형의 보고를 듣고는, "적병은 계속하여 많은 증원군을 보내고 있는 듯하다. 호남과 호서 지역도 매우 외로운 형편이고, 강원도의 요해처도 방비를 해야 한다. 비변사가 의논하여 조처하고, 명나라 경략(經略)에게도 급함을 알려주라"고 명했다. 비변사는 아뢰기를, "강원도와 경기도의 모든 관군과 의병들이 특히 협력해서 적을 요격하도록 하고, 경상도와 전라도의 수사(水使)에게 명하여 수군(水軍)을 정돈하여 오는 적선(賊船)을 쳐부숨으로써 적들이 마음대로 상륙할 수 없게 하소서"라고 진언했다.

4월 18일, 임금은, 경상도의 군량이 매우 염려되니, 공명고신첩(空名告身帖)을 김성일과 한효순이 있는 곳으로 내려 보내라고 명했다. 여기서 공명고신첩은, 받는 사람의 성명을 공백으로 만든 벼슬 임명장을 말하는데, 국가에 곡식을 바치는 자가 나타나면, 공명첩에 이름을 넣어주고 임명장을 주도록 한 것이다. 하기야 그 벼슬은 실직(實職)이 아니고 명예직일 뿐이었지만, 그래도 이것을 받으려고 곡식을 바치는 자가 적지 아니 나타나서 군량미 공급에 도움을 주었다.

4월 20일에는 도체찰사 유성룡(柳成龍)과 도원수 김명원(金命元)도 한효순의 보고에 의거하여 경상도 지역에 대한 대비책을 임금에게 이렇게 건의했다.

지금 막 관찰사 한효순의 첩보가 도착했는데, '요즘 부산, 동래 사이의 적세(賊勢)는 전에 견주어 크게 달라졌다. 전에는 왕래하는 선박이 많아도 30~40척에 지나지 않았는데, 지금은 그 수를 알 수 없을 정도이고, (…) 부산, 동래, 기장 등의 지역은 적의 무리가 더욱 많아서 변장(邊將)의 보고가 며칠마다 거듭거듭 도착하고 있다. (…) 도내의 민심은 지난 해 4월처럼 의혹과 공포로 당황하고 있는 자가 많다. (…) 중국 장수들이 용병할 때에는 이런 일을 알아야 하겠기에 은밀히 아뢴다'고 했습니다. (…) 중국 장수들은 시기를 놓치지 말고 서둘러 공격하여 저들의 사기를 빼앗아야 할 터인데 결단성이 없이 싸울 것인가 강화할 것인가의 계책을 뒤섞어 내어서 여러 번 기회를 잃었습니다.

한효순은 그해 5월 22일에도 보고서를 올려 명나라 군사들이 문경과 충주 등지에까지 이르렀는데, 왜적은 상주(尙州) 일대에서 분탕질하고 있다고 알리고, 경주판관 박의장(朴毅長)과 울산군수 김태허(金太虛) 등이 울산에 있는 적과 싸워 50여 명의 머리를 베는 전과를 올렸다고 보고했다.

6월 6일에는 비변사에서 우리나라 군사가 거둔 승첩(勝捷)의 결과를 중국군 경략(經略)에게 보고 했는데, 그 가운데 경상도 순찰사 한효순이 비장(裨將) 김광조(金光祖) 등을 동래부 지역으로 보내 복병하고 있다가 왜적의 머리 68과를 베어 얻었다고 밝히고, 전국적으로 보면 왜적의 목을 자른 것이 483과, 귀를 자른 것은 1,989타에 이른다고 했다.

6월 7일, 한효순은 군량과 마초(馬草)가 부족하니 이를 공급해 달라고 중앙 정부에 요청하고, 이어 6월 12일에도 급히 장계를 올려, 많은 왜선(倭船)들이 울산 서생포에서 군사들을 싣고 일본으로 돌아갔다고 알렸다. 다만 왜적에게 포로로 잡혔던 조선인들이 그대로 남아 갈 곳을 찾지 못하고 있다고도 했다.

한효순은 6월 15일에도 장계를 급히 올렸는데, 문경 당교(唐橋)에 있던 왜적은 4월 28일에 철수하고, 상주(尙州)의 왜적은 5월 10~11일에, 선산(善山)의 적은 5월 12일에, 인동(仁同)의 적은 5월

13일에, 대구(大邱)와 청도(淸道)의 적은 5월 15일에, 밀양(密陽)의 적은 5월 20~21일에, 그리고 양산(梁山) 아래의 적들도 거의 다 바다를 건너갔다고 아뢰었다.

7월 15일에는 왜적에게 포로로 잡혀간 왕자 순화군(順和君; 순빈 김씨의 아들)에 대한 보고서를 올렸다. 순화군은 함경도에서 왜적에게 잡혀 부산 다대포 앞바다의 배에 구금되어 장차 일본으로 데려가려고 했는데, 명나라 외교관 심유경(沈惟敬)과 소서행장(小西行長; 고니시 유키나가) 사이에 화의가 성립되어 선조 26년 8월에 풀려났다. 왕자를 호종했던 황정욱(黃廷彧)도 함께 포로로 잡혔다가 풀려났다. 풀려나기 직전인 7월 황정욱은 그간의 사정을 적은 단자(單子)를 한효순에게 보냈는데, 한효순은 이를 받아 다시 정부에 보고했다.

한편, 지난 6월에는 왜적이 진주성(晋州城)을 공격하여 큰 싸움이 벌어져서 의병장 김천일(金千鎰)을 비롯한 약 6만 명이 성안에서 죽었는데, 한효순은 이보다 앞서 진주성이 위급함을 알고 심유경(沈惟敬)에게 힘을 다해 구원해 달라고 요청했다. 심유경은 이 부탁을 듣고 가등청정(加藤淸正; 가토 기요마사)에게 진주성 공격을 중지하라고 권유했으나 그는 말을 듣지 않았다.

한편, 경주(慶州)에는 태조의 어진을 모신 집경전(集慶殿)이 있었는데, 전쟁이 일어나자 어진을 예안(禮安)의 청량산(淸涼山)으로 급히 옮겨 놓았다. 그러나 한효순은 이곳도 안전하지 못하다고 정부에 보고하자, 7월 21일 임금은 한효순에게 관원 2명을 청량산으로 보내 어진을 잘 지키라고 명했다.

7월 27일과 29일에는 진주성 전투 이후의 상황을 잇따라 보고했다. 이 보고에서, 진주에서 돌아오던 왜적 40여 명이 모두 화살을 맞아 부상당했고, 진주성 전투에서 일본인은 절반이 죽었다는 것, 그리고 진주성 전투 뒤에 왜적의 한 갈래는 부산으로 향하고, 또 한 갈래는 웅천(熊川)으로 내려와 배를 타고 초계(草溪)로 향했는데, "그들은 모두 본토로 돌아갈 예정이라고 말했다."고 전했다.

그러나 비변사는 8월 10일, 해상에 머물고 있는 왜적이 성을 쌓고 오래 머무를 계책을 하고 있어 쉽게 돌아가지 않을 것이며, 적들이 경주를 점령할 우려가 있으므로, 한효순으로 하여금 고령(高靈)에 머물고 있는 유(劉) 총독을 찾아가서 경주를 함께 지키도록 간청하자고 임금에게 청하여 허락을 받았다.

한효순은 또 도체찰사 유성룡에게도 긴급한 보고를 보냈다. 적에게 포로로 잡혔다가 돌아온 사람들의 말을 들으니, 왜적이 울산과 경주를 침범하려 한다고 하는데, 그 말의 허실은 알 수 없지만 유 총독에게 시급히 알려 경주 근방에 주둔하여 성원해 달라고 요청했다는 것이다. 그리고 나서 또 급히 보고를 올려, 적의 형세가 매우 성하여 울산, 언양, 양산 등지에 왜적이 산야(山野)에 가득하여 그 수를 알 수 없고, 곳곳에 진을 치고 있는 것이 가득하다고 했다. 또 긴급히 보고하기를, 경상우도와 전라도에 주둔하고 있는 우리 군사와 도원수, 순변사 이하 여러 장수들을 시급히 오게 하여 대비하게 해달라고 말했다.

8월 13일, 유성룡은 한효순의 보고를 받고 임금에게 아뢰기를, "신으로 하여금 잠시 머물면서 여러 장수들을 지휘하게 하려는 한효순의 정성이야말로 절박한 근심에서 나왔다 하겠습니다. 신은 곧바로 도원수에게 알리고, 또 유(劉) 총관에게도 제때에 맞춰 구원해주기를 요청했습니다. 그러나 신은 지금 군위(軍威)에 있어서 전라도까지는 너무 멀고, 적병이 이미 경주 수십 리 근방에까지 와 있으니, (…) 시기에 맞춰 달려갈 수 없을 것입니다."

이렇게 경상도 일대 적병의 동향을 수시로 전하면서 조명연합군이 대응할 방침을 건의해 오던 한효순은 8월 23일에도 부산, 울산, 양산 등지의 적병의 동태를 보고하고, 11월 초에는 적군이 경주 부근의 안강부(安康府)를 분탕질한 사실을 보고했다. 정부에서는 한효순의 보고 상황을 명군 장수에게 알리고, 나아가 부족한 군량미를 명나라 측에서 도와주기를 그 장수에게 부탁했다. 그러나 명은 중과부적(衆寡不敵)을 이유로 성문을 닫고 지키고만 있을 뿐 전투에 나서지는 않아 조선 조정을 답답하고 초조하게 만든 가운데 해가 넘어갔다. 10월에 한효순은 왜장 가등청정의 선봉장으로 왔다가 오히려 왜적을 죽이고 귀화를 알려온 22살의 사야가(沙也加)를 병사(兵使) 박진(朴晉)과 함께 급히 행재소에 보고한 일도 있었다. 그는 뒤에 김충선(金忠善)이라는 이름을 하사받고 본관을 김해(金海)로 정했으며, 높은 벼슬을 받고 큰 공을 세웠다.

그런데 경상좌도 관찰사 겸 순찰사 시절의 한효순의 용맹스러움을 전해주는 중요한 기록이 김성일(金誠一)의 《학봉일고(鶴峰逸稿)》에 실린 '경상순영록'(慶尙巡營錄)에 보이는데 이를 옮기면 다음과 같다.

이때 여러 사신(使臣: 정부 관리)들이 모두 샛길을 통해 다녀서 큰 길에는 오가는 사람이 없었는데, 한효순이 순찰사로 임명된 뒤에 항상 자포(紫袍; 자주색 도포)를 입고 나각(螺角)을 울리면서 감사의 위의(威儀)를 성대히 차리고 다녔다. 그러자 각 고을에 주둔해 있던 왜적들이 성 위에 올라가 손으로 가리키면서 바라보았는데도 한효순은 조금도 두려워하는 기색이 없었다. 이로부터 도로가 비로소 개통되었으며, 사람들이 그의 행차를 바라보고는 다시금 조정 관원(官員)의 위의(威儀)를 보게 되었다고 말했다.

이 기록을 보면 한효순은 왜적을 조금도 두려워하지 않는 기백을 지니고 당당하게 관복을 입고 풍악을 울리면서 큰 길을 통해 순시하고 있었기 때문에 이 모습을 본 왜적들이 두려워서 감히 큰 길에 나오지 않았기 때문에 큰 길이 비로소 뚫리게 되었으며, 이를 바라보는 백성들이 그 위엄스런 모습에 감동을 받았다는 이야기다. 당시 수령들이나 감사들은 도망가기에 바빠서 백성들이 실망하고 전의를 잃고 있었는데, 한효순의 군계일학(群鷄一鶴)과 같은 당당한 모습은 백성들의 사기를 높여주는데 적지 아니 기여했던 것이다.

그런데, 김성일의 기록과 비슷한 기록이 《연려실기술》에도 보인다.

한효순이 경상좌도 감사가 된 후로는 항상 자주색 도포를 입고 나각(螺角)을 울리며 감사의 위의(威儀)를 성대하게 베풀어서, 각 고을에 주둔한 왜적이 성(城)에 올라 가리키며 바라보아도 한효순은 태연히 겁내는 기색이 없었다. 이에 사람들이 그 모습을 바라보고 말하기를, "한 나라 관리의 위의(威儀)를 다시 보겠구나."하였으며, 이 때문에 도로가 비로소 통하였다.

2. 경상도 관찰사 겸 도순찰사 시절; 군량미 공급과 왜적의 정보 수집

 선조 25년(1592)부터 경상좌도 관찰사로서 혁혁한 공적을 쌓은 한효순은 경상우도 관찰사 김성일(金誠一; 1538~1593)이 선조 26년(1593) 4월 1일에 병으로 세상을 떠나자 경상좌도와 경상우도 전체를 관할하는 경상도 관찰사로 격상되었다. 그의 뛰어난 능력을 임금이 높이 평가한 것이다. 그리하여 경상도 일대의 왜적의 동향을 빠짐없이 사찰하여 중앙에 보고했다.

 이듬해 1월에는 거제(巨濟) 등 해안가의 적들이 배를 만들기 위해 나무를 벌채하는 소리가 하늘을 진동시키고 있다고 하면서 장차 바다와 육지 양면으로 공격해올 것이 틀림없다고 보고했다.

 그런데 2월 25일자 《선조실록》기사를 보면, 한효순에 대한 사관(史官)의 논평이 실려 있는데, "한효순은 성실하고 도량이 있었다. 영남의 관찰사가 되어서는 국사(國事)에 마음을 다했다."고 격찬하는 말을 실었다. 당시의 여론은 한효순만큼 나라를 위하여 자신의 직책을 충실하게 수행한 사람이 없다는 것이 공론(公論)이었음을 다시 한번 알 수 있다.

 3월에는 비변사에서 경상도 지역의 방어를 강화하기 위해 일반 양인(良人) 뿐만 아니라 공노비와 사노비, 승속(僧俗), 품관(品官),

서얼, 잡류들을 모두 포함하여 그들의 잡역(雜役)이나 천역(賤役)을 면제해주고, 궁궐을 지키는 금군(禁軍)에도 넣어주는 등 여러 가지 특혜를 주어 응모하게 할 것과 아울러 화약, 조총(鳥銃), 삼안총(三眼銃) 등을 많이 만들고, 충분히 훈련시키라고 경상감사 한효순에게 지시하는 것이 어떠냐고 임금에게 상소하여 허락을 받았다.

6월에는 경상도 지역 왜적 가운데 도망해온 자와 배반한 자들을 받아들여 거꾸로 이용하는 방안을 한효순과 협의하여 진행시켰다. 이들 귀순한 왜인들은 풍기, 영천, 안동, 의성 등지에 분산되어 있었는데, 이들을 한꺼번에 서울로 데려오면 소요가 일어날 가능성이 있다고 보아 고을마다 한 단위로 묶어서 바닷길을 이용하여 서울로 압송하기로 했는데, 서울에 오면 편히 살도록 할 것이며, 음식도 많이 주며 후대할 것이라고 말해주어 그들을 위로해 주었다. 8월 27일, 한효순은 방어사 김응서(金應瑞)로부터 일본의 대마도 태수 평의지(平義智; 宗義智)와 평조신(平調信)이 보낸 서신을 받아 임금에게 보고했다. 그 내용은 조선에 화친(和親)을 청하는 것으로 수신인은 경상도 관찰사 한효순으로 되어 있었다. 그 서신의 요지는, 선조 22년부터 일본이 조선과의 화친을 원해 통신사(通信使)를 보내주기를 여러 번 청했고, 선조 23년에는 황윤길과 김성일이 다녀갔고, 선조 24년에는 중 현소(玄蘇)와 평조신을 보내 화친하지 않으면 화란(禍亂)이 일어날 것이라고 여러 차례 경고했음에도 조선이 이를 믿지 않아 끝내 전쟁이 터지고 말았는데, 이제라도 강화(講和)에 응해 달라는 것이었다. 그리고 포로가 된 임해군과 순화군도 죽이지 않고 돌려보냈다는 내용도 들어 있었다.

사실, 조선이 독자적인 힘으로 왜적과 싸우지 못하고, 명나라 군대에 전적으로 의존하고 있던 상황에서 명나라도 힘이 부치고 일본도 피로에 지쳐 화의는 불가피한 일이었다. 조정의 많은 대신들도 그런 생각을 가지고 있었으나, 선조와 일부 대신들이 강경론을 내세워 강화를 반대하고, 명나라가 더 많은 군대와 식량을 가지고 들어와서 왜적을 물리쳐주기를 바라고 있었다. 평의지가 보낸 서신은 바로 강경론자인 선조를 설득시켜 달라는 간곡한 부탁이기도 했다. 그러나 선조는 끝까지 강화를 반대하는 입장을 버리지 않았다.

9월 한효순은 경상도 지역 가운데 김면(金沔), 곽재우(郭再祐), 정인홍(鄭仁弘) 등 의병운동도 활발하고, 관군도 열심히 싸웠던 상주, 대구, 경주, 울산 등 네 읍의 선비들과 백성들의 사기를 북돋우고자 그들에게 포장(襃獎)해 주기를 임금에게 청했다. 그러나 임금이 온당치 않다고 반대하자, 비변사가 나서서 영남 인민들이 맥이 풀렸을 것이라고 걱정하면서 한효순의 의견에 찬동하고 나섰다.

경상도 관찰사 겸 순찰사 시절의 한효순은 명나라와 조선 군사들의 식량 조달에도 탁월한 능력을 보여주었다. 당시 임금의 선전관(宣傳官)으로 활약했던 오극성(吳克成; 1559~1616)의 《문월당집(問月堂集)》을 보면, 한효순은 이함(李涵)이라는 부자로부터 식량을 공급받아 가난한 자들을 구제하고, 나아가 이함과 함께 동해안 지역에서 소금을 구워 군량으로 지급했다고 한다. 뒷날 유성룡도 한효순이 순찰사로 있을 때에는 군량이 부족하지 않았다고 임금에게 말했다.

3. 병조참판 시절; 주사대장(舟師大將)을 겸하고, 임금에게 《주역》을 강하다

　선조 27년(1594)은 왜란이 발생한 지 3년차가 되는 해이고, 한효순의 나이 52세에 이르렀다. 이 해에는 중국과 일본이 강화교섭을 추진하면서 적극적인 전투를 벌이지 않아 비교적 소강상태에 빠졌지만, 왜적은 남해안 일대의 수십 곳에 성을 쌓고, 또 병선(兵船)을 만들면서 장기전에 대비하고 있었다.

　선조 27년 9월 19일, 경상감사 한효순은 병조참판(종2품)으로 임명되었다. 오랜만에 서울로 돌아온 것이다. 당시 병조판서는 오성 이항복(鰲城李恒福; 1556~1618)이었다. 감사나 참판이나 품계는 같지만 병조참판은 병조판서를 보좌하면서 중앙의 군정(軍政)을 총괄하는 위치에 있었기에 활동이 더욱 커졌다. 그는 서울로 돌아오는 도중에 선영이 있는 원주(原州)에 들러 참배했는데, 당시 원주목사는 바로 조카 한준겸(韓浚謙)이었다. 숙질이 오래간만에 재회했다.

　서울로 돌아온 한효순은 장의동(壯義洞)에 우거하면서 병조참판으로서 군공청 당상(軍功廳 堂上)과 비변사 당상을 겸임했다.

　선조는 전쟁 중이지만 고위층 신하들과 더불어 경연(經筵)을 자주 열고 《주역(周易)》을 자주 강론했다. 나라의 운세를 역학(易學)을 통해서 알아보고 싶은 마음이었을 것이다. 선조는 양명학에도 호의적인 관심을 보였으므로, 임금이 바라던 역학도 틀림없이 상수역학(象數易學)이었을 것으로 보인다. 당시의 학자들도 역학에 대한 관심이 많았는데, 한효순, 한백겸, 한준겸도 당대에 역학에 조예가 깊은 것으로 소문이 나 있었다. 그리하여 11월 12일, 경연 석상에서 명유(名儒)인 정경세(鄭經世)와 김수(金晬), 정탁(鄭琢), 김응남(金應南) 등 대신들은 이구동성으로 위에 언급한 세 한씨들이 역학에 밝다 하면서 임금에게 추천했다.

이듬해 선조 28년(1595) 1월 8일 53세의 한효순은 특진관(特進官)의 자격으로 경연에 참석했다. 이 날은《주역》가운데 건괘(乾卦)를 가지고 강론했는데, 임금이 한효순에게 묻기를, "참판은《주역》에 정통하다고 하는데, 왜 한 마디 말이 없는가?"하니 한효순이 대답하기를, "지금 세상 사람들은 단지 조박(糟粕; 찌꺼기)만 이해하지 변화무궁한 묘리(妙理)는 아는 자가 없습니다. 오효(五爻)는 중정(中正)한데, 곁의 효(爻)로 논한다면 동일하지 않고, 상효(上爻)에 이르러서는 단지 항극(亢極)의 뜻만 밝혔을 뿐입니다."하니 임금이 "말한 바가 다 좋다."고 칭찬했다. 한효순의《주역》에 대한 지식이 심오하여 임금이 탄복한 것이다. 한효순이, 요즘 학자들은《주역》의 찌꺼기만 알고 있다고 비판한 것은 아마도 상수역학에 대한 무지를 지적한 것으로 보인다.

임금은 화제를 돌려 말하기를, "왜적의 목을 벤 것으로 말하면 풍신수길의 군사가 거의 다 없어졌어야 하는데, 적병이 가득한 것은 무엇 때문인가?"하니, 한효순이 답하기를, "인정(人情)에 구애되어 사실이 아닌 것이 많으니, 이는 매우 부당합니다. 분명하게 장계(狀啓) 속에 적혀 있는 자만 논상(論賞)하는 것이 옳습니다."했다. 한효순은 또 말하기를, "군공(軍功)에 대한 기록을 이미 작성하여 책으로 만들었으니, 앞으로는 임금에게 아뢴 뒤에 '계자'(啓字)를 찍어서 병조에 내려서 간직하여 후일에 참고할 수 있도록 하는 것이 좋겠습니다." 하니 임금이 "온당하다."고 받아들였다. 1월 22일의 경연에서도 《주역》을 강론했는데, 이때 영의정 유성룡이 말하기를, "장수들이 거느린 군사도 없이 산속에 막(幕)을 치고 단지 아병(牙兵; 장수를 수행하는 비서 격의 군인)만 데리고서 보따리를 묶어 놓고 변을 기다리니, 적이 들이닥치면 형편상 도망치기 일쑤입니다. 조정에서는 장수가 있다고 믿지만, 실상은 이와 같으니, 극히 한심합니다. 전일 한효순이 있을 때에는 비록 문란한 듯했지만, 그래도 군량(軍糧)은 계속 조달되었는데, 홍이상(洪履祥)이 내려간 뒤에는 10개월 한도로 나누어주기 때문에 그 수량이 많지 않다고 합니다. 그래서 포로로 잡혔다가 석방되어 나온 사람들이 먹을 것이 없어서 도로 적진으로 들어갔습니다."라고 말했다. 이 말은 한효순이 경상 감사로 있을 때에는 군량이 제대로 조달되었는데, 홍이상이 경삼 감사가 된 뒤로는 군사의 인원수대로 식량을 주기 때문에 식량이 부족하여 곤란을 겪고 있다는 것을 임금에게 알려준 것이다. 2월 하순에 도체찰사로 임명된 좌의정 김응남(金應南)은 남쪽 사정을 전혀 몰라 민망하다고 하면서, 삼남 지방에 밝은 한효순을 부체찰사로 데려가고 싶다고 말했다. 그러나 임금은 박홍로(朴弘老)를 데려가라고 명하고, 3월 16일 한효순을 호조 참판(戶曹參判)에 임명했다. 군량미 문제를 해결하는데 한효순이 적합하다고 본 것이다. 그러나 4월 19일 한효순은 다시 병조 참판으로 돌아왔다. 임금은 역시 군정이 시급하다고 판단한 것이다.

8월 19일, 한효순은 사헌부 대사헌(大司憲; 종2품)에 임명되었다. 대사헌은 백관의 기강을 바로잡는 일을 담당하는 중책이다. 그에게 다양한 직책을 제수한 것은 장차 의정부 정승으로 올려 쓰겠다는 임금의 마음이 담겨 있었다고 보인다. 그러나 얼마 안 있어 다시 병조참판을 제수했으며, 주사대장(舟師大將)과 경성 순검사(京城巡檢使)를 겸하도록 했다. 그러니까 육군은 물론 수군(水軍)의 최고 책임을 지우고, 나아가 서울을 지키는 치안 책임까지도 맡게 된 것이다. 그에 대한 임금의 신뢰가 얼마나 컸던가를 알 수 있다.

9월 28일 임금은 경연(經筵)을 열어 《주역》을 강론하고 나서 신하들과 시사(時事)를 논의했는데, 병조참판 한효순은 병조의 일을 이렇게 걱정했다. "병조는 총괄하는 일이 매우 번거로운데, 낭관[5~6품]이 아침에 들어왔다가 저녁에 물러가서 모두 그 직무에 오래 있지 않기 때문에 아전들이 틈을 타서 간사한 짓을 하므로 일이 제대로 되지 않습니다."하니 임금이, "그 말이 매우 옳다. 인사를 맡은 낭관은 매양 사람이 없다고 계청(啓請)할 뿐이다." 하고 낭관의 직무 태만을 함께 걱정했다.

10월 26일에는 병조판서 이덕형(李德馨)과 참판 한효순이 함께 임금에게 군사를 키우는 방도에 대해 아뢰었다. "요즘 활쏘기를 권장하는 규정이 해이하여 인심이 자못 흥기되지 않고 있습니다. 지금 농한기이므로 각 도의 감사(監司)와 병사(兵使)가 진관 대읍(鎭管大邑)을 순행하면서 그 속읍(屬邑)의 무사 및 공노비, 사노비들을 모아 활쏘기를 시험 보여 상을 줌으로써 권장하는 일을 삼도록 하면 위급할 때 군사를 뽑는데 도움이 될 것입니다. '사목(事目)'을 만들어 반포하는 것이 어떻겠습니까?" 하니 임금이 허락했다. 실제로 왜란 중에는 노비 출신 군사들의 활약이 매우 컸다.

11월 23일에는 판서 이덕형과 참판 한효순이, 조선인을 삼수(三手)로 키우는 군사 훈련을 시키기 위해 들여보낸 명나라 외방 교사(外方教師)들이 말도 통하지 않고, 접대도 힘들 뿐 아니라 자주 충돌을 일으키고 있는 점을 고려하여 이들을 철수시켜야 한다고 임금에게 청하여 허락을 얻었다. 그 대신 조선인을 교사로 훈련시켜 그들로 하여금 지방에 가서 군사훈련을 지도하도록 했다.

이듬해 선조 29년(1596)에도 한효순은 여전히 병조참판의 일을 계속 맡았다. 5월에 한효순은 여러 대신들과 함께 중국 장수로서 조선에 새로 들어온 왕동지(王同志)를 찾아가서 위로하고, 군량미 문제와 작전 문제를 논의했다. 왕동지는 말하기를, 대군이 들어오면 군량을 준비해야 한다고 말하자, 대신들은 경상도 세곡(稅穀)은 그곳 군사들에게 먹이고, 전라도 세곡의 절반은 한산도의 수군에 먹이고, 남는 것을 가지고 국가 경비에 대고 있다고 하면서 거절했다. 다만 가을에 곡식이 수확되면 군량을 고려할 수 있다고 말했다. 그러자 왕동지는 중국도 조선과 가까운 요동, 산동 지방의 곡식은 그 지방에서 군량미와 진곡(賑穀)으로 쓰고 있으며, 먼 내지의 식량은 운반하기 어렵다고 말했다. 대신들은 식량이 어려우면 대신 은(銀)을 보내달라고 요구하자, 왕동지는 이미 조선을 위하여 180만 냥의 은을 썼다고 대답했다.

왜적과 싸우는 방법에 대해서는 대신들이 한산도 수군과 명나라 육군이 합세하여 수륙 양면으로 공격하는 것이 좋겠다고 말하자 왕동지는 이에 동의를 표했다.

당시 군정의 최고 책임자는 병조판서 이덕형이었지만, 실제로는 한효순이 가장 적극적으로 군무를 처리하고 있었다. 그래서 6월 3일자

《선조실록》을 보면, "한효순은 사람됨이 부지런하고, 재주가 있어서 나라 일에 마음을 다했다."는 사관(史官)의 논평을 실었다.

6월 25일, 임금은 승지 이광정(李光庭)에게 분부하기를, "평안감사에 맞을 만한 사람이 없다. 한효순이 그럴 듯하나 현재 본병(本兵; 병조)에 있고 주사대장(舟師大將)이 되었으니, 여기에도 직무를 살필 것이 있다."면서 한효순만한 사람이 없음을 개탄했다.

8월에 들어와서 자연재상(自然災傷;재해로 농작물이 입는 피해)이 나타나자 임금은 구언(求言)의 교지를 내렸다. 이에 응하여 8월 13일 영남 유생 하응익(河應益)이 상소를 올렸다. 그는 일곱 가지를 임금에게 요청했는데, 그 가운데 유공자에게 상을 주는 문제를 거론하면서, 한효순에 관해 이렇게 언급했다.

임진년의 변은 소문만 듣고도 기왓장 부서지듯 했습니다. 영남의 경우, 감사(監司)가 경상우도에 있다가 패해서 달아나 간 곳을 모르므로 한 도(道)에 통솔자가 없었고, 모든 도 사람들이 왜적을 섬멸하는데 뜻이 없었습니다. 그런데 단지 영해부사 한효순만이 군사를 모아 한 도의 영수(領袖)가 되고서 감히 곧바로 임금에게 계문(啓聞)하여 인심을 수습했고, 진보현감 김희설(金希俔)이 군사를 일으켜 한효순이 있는 곳에 오가면서 방어할 기구를 수리하여 변(變)에 대비했습니다. (…) 한효순이 감사가 되어서는 그가 쓸 만함을 알고서 따로 복병장(伏兵將)으로 삼았는데, 참수한 수급(首級)이 10개나 되었습니다. 이는 온 도의 사람들이 모두 아는 일인데 포상한 지얼마 안되어 갑자기 억울하게 도로 빼앗겼습니다 (…) "

하응익은 한효순이 임란 초기에 영해부사로서, 그리고 경상도 감사로서 영남의 영수가 되어 인심을 수습한 공로를 높이 평가하고 있는 것이다. 그는 영남 사람이기에 누구보다도 이 사실을 정확하게 알고 있었던 것이다.

4. 삼남 도부체찰사 시절; 이순신을 적극 지원하다

선조 29년(1596) 8월 20일에 54세의 한효순은 삼남 도부체찰사(三南都副體察使)로 임명되었다. 도체찰사는 우의정 이원익(李元翼; 1547~1634)이 맡았다. 삼남 도체찰사는 경상, 전라, 충청 등 삼남 지방의 군정(軍政)과 민정(民政)을 총괄하는 임시 책임자를 가리키는 것으로 한 도만을 관할하는 관찰사보다 한층 강력한 권한을 가진 자리였기에 정승급이 하는 일이었다. 한효순이 바로 그 부책임자에 임명된 것은 한효순에 대한 임금의 큰 신뢰를 말해준다. 임금은 그가 하직 인사를 드릴 때 그에게 궁전(弓箭; 활과 화살), 궁대(弓袋; 활을 넣는 주머니), 통개(筒介; 화살통), 그리고 숙마(熟馬; 성숙한 말) 1필을 하사했다.

체찰부사 한효순은 우선 군사들을 정예군으로 키우기 위해 명나라 척계광(戚繼光)이 쓴 《기효신서》(紀效新書)라는 새로운 병서(兵書)를 가지고 군사들을 훈련시킬 것을 정하고 훈련도감에서 1부를 가지고 내려갔다.

윤달 8월 3일에 이원익과 한효순은 진주(晋州)에 도착하여 조용히 서로 계책을 의논했다. 이원익이 먼저 입을 열었다. "나는 호남의 변경 지역에 대한 형편을 직접 본 일이 없습니다."하자 한효순이 말했다. "만약 급변(急變)이 생기면 어떻게 책응합니까? 그러니 먼저 호남을 급히 순찰하여 뒷날 지휘하는 곳으로 만드는 것이 좋지 않겠습니까?"하니 이원익이, "영공(令公)의 말이 옳습니다."하고 동의했다. 그리하여 그날로 즉시 의논을 결정하고, 먼저 호남 도원수 권율(權慄), 찬획사 이시발(李時發), 그리고 통제사 이순신(李舜臣)에게 각각 글을 보냈다. 한효순은 호남을 지휘 본부로 만들어 왜적과 싸워야 한다고 주장했는데, 이는 이순신에 대한 신뢰와 역할을 기대하고 한 말이었다.

의병장 조경남(趙慶男)이 쓴《난중잡록(亂中雜錄)》을 보면, 한효순은 윤달 8월 16일, 이원익과 함께 한산도에 도착하여 무과(武科) 초시를 거행하여 수군을 선발하고, 9월 10일에는 한산도에서 나와 남원(南原)으로 갔는데, 이곳에서 이원익과 더불어 중국군에게 바칠 건어물(乾魚物)과 소금 등을 연해 지역에서 바치도록 바꾸고, 각사 노비들의 신공(身貢)을 면제하고, 선조 28년 이전의 미납 세금을 면제해주어 주민들이 기뻐서 어찌할 줄을 몰랐다고 썼다.45)

한편, 이순신의《난중일기(亂中日記)》를 보면, 윤달 8월 20일, 이원익과 한효순은 이순신과 함께 배를 타고 앉아 하루 종일 군사 일을 논의하고, 저녁에 백사정(白沙汀)에 이르러 점심을 먹은 뒤에 그 길로 장흥부(長興府)에 이르렀다.46) 또, 윤달 8월 24일, 한효순은 이

---

45) 이때의 기록은《선조실록》에는 보이지 않고, 의병장 조경남(趙慶男)의《난중잡록(亂中雜錄)》에만 보인다.

순신과 더불어 가리포(加里浦; 완도군 군내리)로 가서 남쪽 망대(望臺)에 올라가니, 좌우로 왜적들이 다니는 길과 여러 섬들을 역력히 헤아릴 수 있었다. 참으로 한 도의 요충지임을 알았다. 그러나 형세가 외롭고 위태롭기 때문에 하는 수 없이 이진(梨津; 해남군 북평면 이진리)으로 옮겨 합치기로 했다.47)

9월에도 한효순이 체찰사와 함께 이순신 진영을 찾은 것이 《난중일기》에 날짜별로 자세히 기록되어 있는데, 9월 17일에는 장성(長城)의 입암산성(笠巖山城)에 갔다고 한다.

9월에 임금은 상사(上使)와 부사(副使)에게 각각 담비 털 귀 가리개 1개, 가는 실 무명 1필을 또 하사했다.

그런데 상사인 이원익은 우의정을 겸하고 있기 때문에 지방에만 내려가 있을 수는 없었다. 그래서 이원익은 10월 21일 서울에 올라와 경연에 참석했다. 경연에서는 역시 《주역》을 강론했는데, 강론이 끝난 뒤에 이원익은 기인(其人)의 폐단과 방납(防納)의 폐단, 그리고 장수의 기용 등에 관하여 임금에게 건의했다. 그리고 나서 우의정과 체찰사를 겸직하기 어려우므로 우의정을 면하게 해달라고 청했다.

이원익이 서울에 올라가 있을 때 한효순은 경상도 성주(星州)에 가서 체찰사 본영(本營)을 체찰했다. 이때 임금이 교지를 내려 정2품의 자헌대부(資憲大夫)의 품계를 내렸다. 이것은 그가 지금까지 받은 종2품의 가선대부(嘉善大夫)보다 한 단계 높은 것으로 판서와 동급이었다. 이때 사헌부에서는 정2품의 벼슬이 너무 높다고 반대하고 나섰으나 임금은 이를 물리쳤다.

---

46) 이순신, 《난중일기》 병신년 윤8월 20일.
47) 이순신, 《난중일기》 병신년 윤8월 24일.

11월에 이르러 한효순은 성주의 본영을 떠나 한산도(閑山島) 해영(海營)으로 갔다. 통제사 이순신(李舜臣)이 판옥선에 군관과 수졸(水卒)을 싣고 나와 소비포(所非浦; 고성군 하일면 소재)에서 맞이했다. 이는 굉장한 환영행사였다. 이곳에서 한효순은 6~7일간 머물다가 성주(星州)로 돌아갔는데, 그는 이순신의 청에 따라 무과(武科)를 설행하여 군사를 선발하고, 병선(兵船)의 노를 젓는 격졸(格卒)을 모집하는 문제, 군량미 확보, 그리고 병선을 건조하는 일 등을 협의했다.48)

  11월 20일에 이원익이 서울에서 성주(星州)로 내려오자 한효순은 그와 더불어 많은 이야기를 나누었다. 이원익은 말하기를, "내가 올 때 임금이 인견하시고 하유하시기를, '오늘의 일은 주사(舟師; 水軍)를 버리고는 손댈 곳이 없다. 경이 돌아가거든 오로지 한산도의 주사(舟師)에 힘써 극력 요리하여 큰 세력의 적을 막으라'고 하시기에, 내가 '마땅히 힘을 다하고 마음을 다하겠습니다.'라고 대답하고 왔습니다. 임금의 지시가 이와 같으니 어떻게 하면 좋겠습니까?"하고 물었다.

  한효순은 대답했다. "내가 한산도에 갔을 때 뜻이 오로지 이 주사(舟師)의 일에 있었습니다. 노를 젓는 격졸(格卒)이 우선 가장 시급하고, 군량이 중요하고, 기계[무기와 배]가 필요합니다. 한산도에 있을 때 이미 통제사[이순신]와 상의를 하고 요리하고 왔습니다."하니,

---

48) 조경남의 《난중잡록》에는 통제사 이순신이 12월 28일에 정부에 요청하기를, "신이 힘을 다하여 가등청정가 오는 길을 막을 것이니, 각 도의 수령들로 하여금 수병(水兵) 등을 힘껏 보내주시기 바랍니다."하니, 조정에서는 부체찰사 한효순에게 주사(舟師)의 일을 전적으로 맡겨 삼도(三道)의 수병(水兵), 격군(格軍), 격량(格糧)을 주야로 조발(調發)하여 보냈으며, 병선(兵船)과 기계(器械) 등을 급히 명하여 수보(修補)함으로써 이순신이 적을 막는 형세를 도왔다"고 되어 있다. 여기서 날짜가 12월로 되어 있는 것이 《실록》과 차이가 나는데, 내용은 비슷하다.

이원익이 크게 기뻐하면서 말하기를, "내가 이곳에 와서 의논하려던 것을 이제 들으니 주사의 일을 이미 영공(令公)께서 다 요리했다고 하니, 내가 할 일은 끝났습니다. 이제부터는 주사에 관한 일을 모두 영공께 맡깁니다. 충청, 전라 및 경상우도의 주사 일은 영공이 혼자서 맡으십시오. 그리고 곧바로 임금께 장계를 올려야 합니다."라고 했다.

한효순은 말하기를, "일이 급합니다. 어찌 사양하겠습니까? 하지만, 충청, 전라는 마땅히 영대로 하겠습니다만, 경상우도는 대감께서 바야흐로 이 지역을 맡고 계시니, 부사(副使)가 그 사이에서 호령하는 것은 사체(事體)가 옳지 못합니다. 또 거리도 매우 멀어서 호령이 때에 미치기도 어렵습니다. 내 생각으로는, 경상우도는 대감께서 맡으시고, 부사는 호서와 호남만 관리하는 것이 어떻겠습니까?"하니 이원익이 "그대의 말이 옳습니다. 이 일은 매우 급한데, 영공께서는 호남과 호서에 언제 가실 겁니까?"

한효순이 "내일 떠나겠습니다."하니 이원익이 기뻐하면서 "좋습니다."라고 말했다.

한효순이 성주(星州)를 떠나 말을 타고 남원(南原)에 도착하여 군관(軍官)을 나누어 호남과 호서에 보내고, 각관(各官)과 각포(各浦)의 주사의 일을 약속했다. 충청도 감사 유근(柳根)이 공주(公州)에 있었는데, 말을 달려가서 만나고, 해변을 따라 내려와서 순천부(順天府)에 도착했다. 이로부터 하루도 호서와 호남의 해변을 왕래하지 않는 날이 없었는데, 가는 곳마다 일이 다스려졌다.

11월 27일, 한효순은 중요한 첩보를 서울에 급히 알렸다. "군관(軍官) 송충인(宋忠仁)이 정탐하는 일로 부산에 들어가서 요시라와 이야기할 때 들으니, '가등청정이 조선이 치사(致謝)하지 않았기 때문에 화해(和解)하는 일이 이루어지지 않았다 하여 다시 움직일 생각을 하는데, 일은 내년 1월이나 2월 사이에 있을 것이고, 가등청정은 먼저 와서 미리 조치할 것이다'라고 했다고 합니다." 정부는 이 보고를 비변사에 계하(啓下)했다. 이 보고는 바로 이듬해 일어난 정유재란에 대한 첩보라고 할 수 있다.

5. 정유재란[1597] 때의 활동; 이순신을 또 도와주다

선조 30년(1597)은 바로 정유재란이 일어난 해이다. 그런데 조선은 이미 한효순의 첩보활동에 의해 그 기미를 알고 있었다. 그리고 이번에는 전라도의 주사(舟師; 水軍)를 작전의 핵심본부로 삼고 대비해야 한다는 방침도 한효순에 의해 이미 세워졌다.

그래서 조정에서는 1월 27일 누구를 주사 책임자로 삼을 것인가를 논의했는데, 임금은 먼저 원균(元均)이 어떠냐고 대신들에게 물었다. 신하들은 그 아래에 참장(參將)을 두어 독전(督戰)하게 해야 한다고 말했다. 더욱이 영의정 유성룡(柳成龍)은 한효순을 독전대장(督戰大將)으로 삼아야 한다고 주장했다. 그러나 그날 독전대장이 결정되지는 않았다. 2월 25일에도 임금은 대신들과 주사 문제로 의논했다. 이때 부체찰사 한효순은 체찰사 이원익과 함께 군사들의 군사훈련 장소인 수원(水原)에 모였다가 공주(公州)로 내려가 있었는데, 장차 서울로 올라와 임금을 만나려고 했다. 그 이유는 전라도 해변의 전세(田稅)를 충청도에서 어염(魚鹽)을 가지고 사들인 쌀과 바꾸어서 수군의 식량으로 충당하는 일을 상의하기 위해서였다.

동지사(同知事) 노직(盧稷)도 이 일에 합세했다가 서울로 돌아가서 임금을 만났다. 노직은 그동안 경과를 보고하면서 수원에서 한효순을 만나 들은 이야기를 임금에게 전달했다. 한효순에게 들은 말은 이렇다.

바다로 내보내는 병선(兵船) 100척을 먼저 보냈다. 식량을 실은 배와 협선(夾船)은 여기에 포함되지 않는데, 대략 200여 척이 된다. 배 한 척에 사수(射手)와 격군(格軍; 노 젓는 군인)이 236인이니, 100척이면 1만 명을 실을 수 있는데, 지금부터 8월까지의 식량이 거의 3만여 석이나 되어 갑자기 마련하기가 쉽지 않을까 염려된다.

그동안 한효순은 수백 척의 병선(兵船)과 협선(夾船)을 건조하여 이미 바닷가로 내려보낸 것을 알 수 있다. 한효순의 '연보'를 보면, "그는 그해 봄에 전라 좌수영에서 통제사 이순신(李舜臣)을 만나 주사(舟師)의 일을 의논하고, 전선(戰船) 23척을 여러 섬에서 특별히 건조했는데, 군관(軍官)을 파견하여 기한에 맞춰 수개월 안에 일을 끝내고 한산도로 수송했다"고 한다. 이런 기록들을 보면, 이순신이 사용한 전선들은 대부분 한효순이 건조하여 내려보낸 것을 알 수 있다.

그런데 《난중일기》를 보면, 그해 5월에 한효순이 이순신과 계속 연락을 취하고 있으며, 전라도 우수영이 가까운 순천(順天) 지방을 자주 왕래하고 있는 것이 드러나 《연보》의 기록이 틀린 것이 아님을 알 수 있다.

또 《연보》를 보면, 한효순은 선조 29년(1596) 뒤부터 주사(舟師)의 일을 오로지 맡아서 여러 곳을 다녀왔는데, 팔음도(八畜島; 창원 앞바다)에 한 번, 고금도(古今島; 완도 앞바다)에 한 번, 경도(鯨島; 여수 앞바다)에 한 번, 한산도(閑山島; 통영 앞바다)에 네 번을 다녀왔으며, 모두가 양향(糧餉; 군량), 기계(器械; 배와 무기), 포살(砲殺; 포수와 살수), 격군(格軍; 노 젓는 수군)에 관한 일들이었다고 한다.

노직은, 한산도의 이순신이 지금 병선 40여 척을 건조하고 있는데, 아직 완성하지 못했다고 임금에게 보고했다. 그런데 아마도 이순신이 건조하고 있다는 전선도 실제로는 한효순이 건조한 것으로 보인다.

임금은 한효순이 공주(公州)에서 상경하려고 하는 일을 그만두고 급히 전라도 해안가로 가서 머물면서 여러 가지 일을 단속해야 한다고 명하여 왕명에 따라 다시 전라도 해안가로 내려갔다.

그런데 3월에 경상도 수군통제사 원균(元均)은 나무하러 육지로 올라온 왜적의 수급을 베어 바쳤는데, 3월 25일 임금은 그의 공로를 치하하면서 한효순이 그곳에 가서 원균의 군사들에게 음식을 먹이도록 하라고 명했다.

5월 12일, 도원수 권율(權慄)은 임금에게 장계를 올려 그동안 주사의 상황을 보고했는데, 그 내용은 이렇다.

지금 한산도에 도착한 배는 134척이고, 이미 출발했으나 도착하지 않은 배는 5~6척이며, 따로 건조 중인 것으로 20일 사이에 건조가 끝나는 배는 48척이라 합니다. 모두 계산하여 180여 척에 이르는데, 이들은 판옥대선(板屋大船)입니다. (…) 이제 주사(舟師)와 선척(船隻), 그리고 격군(格軍)이 대강 모아졌으니, 통제사 원균을 시켜 다시 형세를 보아 거제도 옥포(玉浦) 등지에 주둔시키고, 부산과 대마도의 바닷길을 살피게 해서 중로(中路)를 막도록 하소서.

여기서 이미 건조했다는 180여 척의 판옥대선(板屋大船)도 필시 한효순이 주관하여 만들었을 것으로 보인다.

5월 13일, 한효순은 직접 긴급한 보고서를 올렸다. 그 내용은 삼도 (三道)의 전선(戰船) 가운데 현재 진중(陣中)에 있는 배가 134척이 고, 격군이 1만 3,200명이라는 것이었다. 이 내용은 바로 하루 전인 5월 12일에 권율이 임금에게 보고한 내용과 매우 비슷하다.

6월에 이르러 중국 장수들은 우리나라 군대의 군사 숫자, 선박의 숫자, 군량의 숫자, 무기의 숫자 등을 자세히 알려 달라고 물어왔다. 조·명 합동 작전에 필요한 조선 측의 전투 역량을 알기 위함이었다. 정부는 이에 대응하여 통제사 및 부체찰사 한효순에게 자세히 숫자를 파악하여 보고하라고 명했다.

그동안 주사의 전투력을 높인 조선 측은 6월 18일에 이르러 선제 공격에 나섰다. 총지휘관은 통제사 원균(元均)이 맡아 한산도(閑山 島)에서 배를 출발시켜 저녁에 장문포에 들어가서 잠을 자고 이튿날 일찍 종사관 남이공(南以恭)이 원균과 함께 배를 타고 부대를 나누어 학익진(鶴翼陣; 학 날개 모양으로 진을 침)을 이루고서 안골포(安骨 浦)에 있는 적병의 소굴로 직진하여 전투를 벌인 끝에 적들이 배를 버리고 섬으로 숨어들었다. 조선군은 다시 부산 앞바다의 가덕도를 습격했는데, 적들이 또 섬으로 숨어들었다.

그리하여 이번 전투는 일단 조선군이 승리를 거두었다. 그런데 뜻 밖에 7월 15일 밤에 왜적의 배 5~6척이 한산도를 기습하여 불을 질러 배 4척이 타버렸다. 7월 16일 새벽에는 더욱 많은 왜선들이 몰려와 한산도를 겹겹으로 포위하고 공격하여 거의 모든 배들이 모두 불에 타서 침몰하고, 장수와 군졸들도 모두 불에 타거나 물에 빠져 죽었다. 통제사 원균은 간신히 육지로 몸을 피하여 목숨을 건졌다.

한산도 전투에서 승리한 왜적은 더욱 많은 군대를 투입하여 전라도 지역으로 치고 들어와서 8월에는 전라도의 요지인 남원성(南原城)을 함락시키고, 이어 진주성을 함락시켰으며, 계속 북상하여 충청도 직산(稷山)까지 이르렀다. 전라도가 왜적에게 침공당한 것은 왜란 후 처음이었다. 그동안 이순신 장군이 전라도 해안을 지키면서 연전연승으로 왜적을 물리쳐 전라도를 보호해 왔는데, 당쟁과 왜적의 이간책으로 이순신이 쫓겨나자 원균이 통제사로 임명되어 참패를 불러온 것이다.

7월 22일, 이순신은 다시 삼도 수군통제사(三道水軍統制使)로 임명되어 만신창이가 된 수군을 재건하는 임무를 맡았다. 그런데 무너진 수군의 재건은 이순신이 할 수 있는 일이 아니었다. 이순신은 모든 것이 파괴되어 폐허에서 다시 시작해야 했다. 11월 현재 이순신이 가지고 있는 것은 전선(戰船) 13척, 초탐선(哨探船) 32척 뿐으로 이것을 가지고 힘겨운 싸움을 벌이기 시작했다.

원균 부대가 참패한 뒤 그동안 한효순이 사력을 다하여 건조한 배들이 모두 없어지자 임금은 한효순에게 급히 전선 30척을 건조하여 주사를 도우라고 명했다. 크게 실망한 한효순은 낮과 밤을 가리지 않고 울면서 경영하여 배를 건조했다. 그러나 이미 전라도와 충청도까지 점령당한 상황에서 전선을 만든다는 것은 거의 불가능에 가까웠다. 그리하여 왜적을 피하여 서해안 지역을 따라 올라와서 고창지역

변산(邊山)의 배를 입수하고, 임피(臨陂)에서 충청도 한산(韓山)을 거쳐 서산(瑞山)으로 올라 왔다.

그런데 왜적이 이미 서산, 해미, 당진, 면천, 덕산, 홍주 등 내포 지역에까지 들어와서 분탕질을 하자 백성들이 모두 남쪽으로 피난을 떠나 텅 비어 있었다. 한효순은 그래도 지역 형편을 수시로 임금에게 긴급히 보고하는 한편 피난민들이 강을 건널 수 있도록 뱃삯을 올리는 자들을 엄벌로 다스려 피난을 도와주었다. 이 덕분에 목숨을 건지는 백성이 많았다.

6. 바다에 표류하다 구사일생하다

선조 30년(1597) 11월 중순, 한효순이 배를 구하고 식량을 조달하는 문제로 충청도 내포지역에 있을 때, 이여송(李如松)의 수군 300여 척이 강화를 떠나 충청도 태안 쪽으로 내려가면서 부체찰사 한효순에게 군량 조달을 부탁하려고 만나자는 연락이 와서 배에서 만났다가 풍랑을 만나 바다를 표류하다 구사일생으로 이틀만에 살아난 사건이 발생했다. 이 사건은 《실록》에는 보이지 않으나, 한효순과 함께 배를 탔다가 살아난 셋째 아들 한치겸(韓致謙)49)과 사위 강수(姜

---

49) 한치겸은 단천군수(端川郡守)를 하다가 그만두고 정유재란 무렵에는 아버지 한효순의 보좌관처럼 따라다니면서 일을 도왔는데, 이순신과 한효순 사이를 여러 차례 오가면서 문안을 드리고 연락을 취하기도 했다. 배를 함께 탄 것도 아버지를 돕기 위한 것이었다.

懩)의 이야기를 듣고 뒷날 다섯째 아들 한윤겸(韓允謙)이 〈표해록 (漂海錄)〉이란 이름으로 기록을 남겨 놓아 자세한 전말을 알 수 있게 되었다. 이제 〈표해록〉에 의거하여 사건의 전말을 알아보기로 한다.

11월 15일, 한효순은 충청도 홍주(洪州)의 결성(結成)에 있었는데, 이때 임금의 교지가 내려왔다. 중국의 양경리(楊經理; 楊鎬)가 중국 군사의 양향(糧餉) 문제로 부체찰사 한효순을 만나자고 하니 급히 서울로 올라오라는 것이었다. 명을 받자마자 한효순은 말을 타고 홍주(洪州)를 거쳐 예산(禮山)에 이르렀는데 밤이 깊었다. 잠시 뒤에 다시 말을 타고 아산(牙山)에 이르러 바다를 건너 수원의 설창(雪倉)에 도착했는데 3경이었다. 그런데 닭이 울기도 전에 군관(軍官)이 들어와서 고하기를, "서울에서 선전관(宣傳官)이 임금의 교지를 가지고 내려왔는데, 즉시 돌아가라"는 내용이었다. 이유인 즉, 양경리가 다시 임금을 만나 말하기를, "이유격(李遊擊; 李如松)이 수군 3천 명을 데리고 이미 강화(江華)에서 바다로 내려갔으므로, 지금 만약 부체찰사를 만나려면 반드시 여러 날이 걸릴 것인데, 부체찰사는 즉시 돌아가서 양향(糧餉)을 준비해야 합니다."라고 말했기 때문이었다.

왕명을 받은 한효순은 즉시 수원의 설창을 떠나 아산 공세진(貢稅津)을 돌아 건너가서 당진 면천(沔川)과 서산(瑞山)을 거쳐 태안 소근포(所斤浦)에 도착했다. 여기서 3일을 기다리자 수군이 비로소 도착했는데 배가 대략 300여 척이었다. 한효순은 즉시 작은 중국 배를 타고 가서 이유격을 만났는데, 그가 말하기를, "공(公)의 책임은 양향(糧餉)을 공급하는 것인데, 가능합니까?"하자 한효순이 "가능합니다."라고 대답했다. 이유격이 다시, "지금 당장 가능합니까?" 하니 한효순이 대답하기를 "나는 빈손으로 혼자 왔으니, 지금 당장은 안 됩니다."라고 했다. 이에 이유격은 발끈하여 말하기를, "그러면 이 많은 군졸들의 식량은 어떻게 할 것입니까? 책임은 그쪽에 있습니다."하자 한효순은 "어찌 감히 마음을 다하지 않겠습니까?"했다. 이유격은, "감군(監軍) 김문치(金文豸)를 양경리가 보냈는데, 공이 가서 만나보고 화를 내지 않도록 하시오"하자 한효순이 "그렇게 하겠다."고 대답했다.

한효순은 즉시 김문치의 배로 가니, 그는 병을 핑계대고 만나지 않으면서 "양향은 어떻게 합니까?"하고 물었다. 한효순은 "나는 이미 이유격의 지휘를 들었으니 마음을 다해서 할 것입니다."하자 김문치가 "공은 마땅히 나와 함께 가야 합니다. 떠나면 안 됩니다."라고 말했다. 한효순은, "내가 만약 배를 타고 가면 양향은 어떻게 합니까?" 하니, 김문치가 "지금 만약 공을 놓치면 우리는 장차 어찌 합니까?" 라고 했다. 한효순은 "지금 국왕이 위에 계신데 내가 어찌 도피하겠습니까?"했으나 김문치가 듣지 않았다.

그래서 한효순은 중국인 육경(陸卿)의 배에 올라 함께 떠났다. 그 때 처남 강수(姜悆)와 셋째 아들 한치겸(韓致謙), 군관 정탁(鄭倬) 이 함께 탔다. 여러 배들이 돛을 올리고 동시에 바다로 나갔는데, 순풍이 불어와서 나는 듯이 배가 달렸다. 태안 안흥량(安興梁)에 도착하자, 그 지역 사람에게 "이곳의 저축한 곡식이 얼마나 되느냐?"고 물었더니, "200여 석이 된다."고 하자 한효순이 듣고서 매우 기뻐했다. 즉시 김문치에게 알리면서 "이곳의 곡식이 수백 석이 있으니 먼저 배에 싣자"고 하자, 그는 "우리는 갈 길이 급하다."고 하면서 반대했다. 한효순이 몇 번이나 거듭 곡식을 싣자고 청했으나 듣지 않고 배를 띄웠다. 드디어 안면도(安眠島)를 돌아서 대포(大浦)에 이르러 정박했다. 그때 음식을 실은 지대선(支待船)이 뒤에 떨어져 있어서 모두들 배가 고팠는데, 육경이 밥을 지어 한효순에게 바치고 종자

(從子)들에게도 밥을 주었다. 밤에 잠을 잘 때에는 자기 이불과 베개를 한효순에게 주고 자신은 딴 곳에 가서 잤다.

그런데 밤 2시경이 되자 갑자기 큰 동북풍이 불더니 크고 작은 돛대들이 바람에 따라 누웠다가 일어났다가 하여 배에 탄 사람들이 어찌할 바를 모르고, 사위와 아들도 멀미를 하여 토하고 인사불성이 되었는데, 한효순은 태연자약하고 마음이 흔들리지 않았다. 군관 정탁(鄭倬)이 와서 말하기를, "뱃사람들이 지금 시끄러우니 가서 보겠습니다."하고 가서 보고 돌아와서 말하기를, "선원 30여 명이 서로 바라보고 울고 있습니다."라고 고했다. 또 말하기를, "배에 4개의 닻이 있는데, 3개가 이미 부서졌습니다."라고 말했다. 이에 배가 바다에 표류하기 시작했는데, 한치겸은 멀미를 하는 가운데에도 군관 정탁의 옷을 벗어 아버님을 보호하면 좋겠다고 말했다.

새벽이 오자 정탁은, "동방이 밝아지면 한번 나가서 보겠습니다."하자 한효순이 말렸다. 정탁이 또 말하기를, "서풍이 반대로 불고 있는데, 작은 섬이 점점 가까워지고 있습니다."라고 하자, 뱃사람들이 모두 기뻐 날뛰면서 한번 나가서 보기를 원했고, 한효순도 허락했다. 드디어 작은 섬이 가까워지자 배와 해안 절벽의 거리가 5~6장(丈) 정도 되었으나, 배가 튀어나갈 뿐, 섬을 만나면 부딪치지 않고 동쪽으로 피해갔다.

해는 벌써 정오가 되었다. 배는 불안하게 옆으로 기울어졌는데, 두 개의 돛 때문이었다. 드디어 작은 톱을 발견하여 반나절 동안 반을 잘라내니 바람이 배를 겪어 엎어질 듯하다가 그쳤다. 정탁이 말하기를, "동쪽에 산 모습이 보이는데, 우리나라 땅인 것 같습니다."라고 했다. 조금 뒤에 해안에 이르러 배가 정박했다. 너무 기뻐서 당장 헤엄쳐서 가려고 하자, 육경이 글을 써서 말하기를, "조수가 물러가면 땅이 나올 것입니다."라고 하여 그 말을 따랐다. 뱃사람들은 모두 박수를 치면서 "한 노인은 복과 덕이 있는 분이다. 우리가 살아난 것은 부체찰사의 덕입니다."라고 하면서 거듭거듭 칭송해마지 않았다.

먼저 정탁을 보내 우리나라 땅인가를 탐지하게 하고, 자제와 함께 물가로 가서 작은 배를 타고 상륙했다. 이틀 동안이나 굶어 배고픔과 피곤이 겹쳐 자제들이 흰 쌀을 얻어다가 밥을 지어 먹었다. 정탁이 탐문하고 돌아와서 말하기를, "여기는 남포(藍浦; 충남 보령)의 해안입니다. 촌민들이 듣고서 가마를 준비했는데 곧 도착할 것입니다."라고 했다. 그러니까 태안에서 남쪽으로 표류하여 보령 앞 바다에 불시착한 것이다.

얼마 안 있어 가마가 와서 타고 갔는데 그곳 수령 박동선(朴東善)이 찾아와서 만났다. 이날이 바로 11월 23일이었다. 그러니까 꼬박 이틀을 표류한 셈이다. 표류하는 도중 독한 감기에 걸렸는데 수령이 이부자리를 제공하여 땀을 내라고 했다. 한효순의 심부름꾼이 이여송에게 가서 "부체찰사께서 안부를 전하라고 해서 왔습니다."하니, 이여송이 놀라고 기뻐하면서 "한 부체찰사가 살아계신가? 곧 만나보고 싶다."고 말했다. 한효순이 사양하면서 "지금은 몸이 아파서 만날 수 없으니 병이 조금 차도가 있을 때를 기다려 태안에 가서 만나겠다."고 말했다. 며칠 뒤에 한효순이 이여송을 만났더니 이유격이 넘어질 듯이 뛰어나와 맞이했다. 이여송은 표류할 때의 상황만 묻고 양향(糧餉)에 대해서는 말하지 않았다. 한효순이 술을 대접하면서 위로하자 이여송도 술을 건네면서 감사의 뜻을 표했다.

이번 태풍으로 중국 선박 30척과 장수 20명, 그리고 수병(手兵) 300명이 물에 빠져 죽었는데, 모든 군사들이 감군 김문치를 꾸짖었다. 김문치는 창피하여 얼굴을 보이지 않았다.

그런데 이에 앞서 그해 봄에 한효순이 호남 지방을 순찰하다가 문인(文人) 정경달(丁景達)의 집에 갔었는데, 정경달이 술상을 준비하고 대접하면서 말하기를, "제가 영감님의 팔자(八字; 사주팔자)를 보니 극히 귀하게 될 운명입니다." 하고, 귀에다 대고 말하기를, "반드시 정승이 되실 운명입니다. 금년의 액운은 극히 무거우니 조심하십시오."라고 했다. 몇 년이 지난 뒤에 정경달이 또 찾아와서 말하기를, "영감께서 이처럼 무탈하신 것을 알고 있으니 제가 무슨 걱정이 있겠습니까?"라고 했다. 한효순이 그가 바다를 표류하면서 죽을 고비를 넘긴 이야기를 자세히 말해주니, 정경달이 놀라서, "그러니 점쟁이의 말이 맞지 않습니까?"라고 했다.

이상의 서술은 한효순의 다섯째 아들 한윤겸이 아버지와 셋째 형 한치겸의 말을 듣고서 통곡하면서 쓴 아버지의 기록이다. 그런데 인조연간 무렵 서산 출신 도사(都事; 종5품) 한여현(韓汝賢; 1571~?)50)이 서산군 읍지(邑誌) 《호산록(湖山錄)》을 편찬했는데, 그 가운데 한효순에 관한 일화를 많이 소개했다. 더욱이 표해사건(漂海事件)에 관해 매우 상세하게 소개했다. 이 기록은 그가 직접 체험한 일을 적은 것은 아니지만, 뒷날 한효순이 말한 경험담과 서산지역에서 실제 일어났던 여러 일들을 직접 보고 기록한 것이다. 그 가운데 표류사건에 관한 기록을 먼저 소개하면 다음과 같다.

지난 정유년(1597) 겨울에 부체찰사가 되었을 때 중국 장수 이유격[이여송]의 접대사(接待使)가 되었다. 중국 장수를 따라서 넓은 바다 가운데로 들어갔다가 큰 풍랑을 만났는데, 중국 장수의 배는

---

50) 한여현은 광해군 8년(1616)에 문과에 급제하여 벼슬이 승정원 가주서(假注書)를 거쳐 좌랑(정6품)과 도사(종5품)에 이르렀다. 《호산록》은 도사 시절에 쓴 것으로 정확한 연대는 알 수 없으나, 36세 때 문과에 급제하여 벼슬길에 나섰다면, 《호산록》을 쓴 것은 인조 연간 쯤으로 보인다. 그러나 왜란을 직접 경험한 인물이기 때문에 그의 기록은 매우 생생하다.

즉시 전복되었고, 부체찰사도 바다에 표류했다.

사람들이 모두 말하기를, "그 지경을 보면 배가 전복되어 빠져 죽었을 것이다."하기에 우리 부자(父子)와 정랑(正郎) 곽열(郭說; 한효순의 종사관)이 함께 눈물을 흘리며 서로 약속하고 바다를 헤매어 시체를 찾고, 겸하여 제문(祭文)을 지어 초혼제(招魂祭)를 지내려 할 때 살아서 남포지방 해안으로 표류하다가 나왔다는 소식을 듣고 제사를 중지하고 말았다.

그 뒤에 부체찰사를 보고 여쭈어 보았더니, 말씀하기를, "처음에 풍랑을 만나서 바다에 표류할 때 닻줄이 끊기고, 난간까지 부서지며, 돛대가 꺾이고, 노를 잃게 되자 탔던 배가 굴레 벗은 말처럼 능히 통제할 수가 없었고, 태풍에 몰리어 제멋대로 올라가다가 내려가기도 하는데, 혹시라도 바위에 한번 부딪쳐서 배가 파손되었다면 살아남지 못했을 것이다. 그런데 섬 절벽의 험준한 곳을 만나면 배가 자연으로 피해 가면서 그 가운데로 들어가지 않아, 귀신이 와서 암암리에 도와주는 듯하여 마침내 살아 돌아왔다"고 했다.

아, 그런 일이 하늘의 도움이 아니겠는가? 공(公)은 평생에 착한 일과 어진 마음을 쌓고 행동하여 일찍이 남을 해친 일이 없고, 비록 곤충 같은 미물이라도 한 번도 손으로 잡아 죽이지 않더니, 전쟁의 시대를 만나서 비록 뛰어난 기이한 재주는 없었으나 어려운 일을 사양하지 않고 7년 동안을 찬바람과 눈보라에도 앞장서서 국가의 일을 판단하고, 한 번도 물러나 휴양한다는 상소는 올리지 않았으니, 이것은 하늘이 공에게 보답해주었기 때문에 공이 바다에서 죽지 않은 것이다.

《호산록》에는 또 한효순의 사람됨을 이렇게 소개하기도 했다.

평생에 몸을 조심하고, 도(道)를 지켰으며, 경서(經書)와 사기(史記) 읽기를 좋아했다. 하루종일 기상이 화창하고, 천성이 정직했으며, 남과 교제하는데 오랠수록 더욱 공경했다. 말년에는 산수유람을 좋아했는데, 결성(結城; 洪州)의 바닷가에서 아늑한 절경을 얻어 정결하게 집 삼칸을 짓고 그곳에서 늙어 마칠 계획이 있었다.

이런 글들을 종합해 보면 한효순이 풍랑에서 살아남은 것은 거의 기적에 가깝다고 할 수 있는데, 주위 사람들은 모두 그의 품성이 착해서 하늘이 도왔다고 생각했던 것을 알 수 있다.

7. 검찰사 겸 양호 염철 양향 총관사 시절

선조 31년(1598) 봄에 56세의 한효순은 부체찰사에서 해임되고 검찰사(檢察使)와 아울러 양호 염철 양향 총관사(兩湖鹽鐵糧餉摠管使)의 새로운 직책을 맡았다. 이것은 전쟁 상황을 총체적으로 검찰하면서 동시에 호서[충청도]와 호남[전라도] 두 지역의 소금과 무기제조용 철광, 그리고 군량미를 조달하여 조선 군대와 명나라 군대에 보급하는 총책을 맡은 자리였다. 그러니까 군사들이 먹을 식량과 소금, 그리고 무기 제조에 필요한 철광석 채취까지 아울러 떠맡은 것이다. 정유재란 이후 왜적이 전라도와 충청도까지 분탕질하고 있는 상황에서 이런 보급품을 조달한다는 것은 평시라도 쉽지 않은 일인데 하물며 전쟁 상황에서는 그야말로 무기를 들고 싸우는 것보다도 훨씬 더 어렵고, 또 죽음을 무릅써야 하는 일이었다. 그러나 한효순은 이 일을 사양하지 않았다. 국가를 위한 일이었기 때문이었다.

2월 23일에 한효순은 지난해 9월 22일 무안 지방에서 왜적에게 포로가 되었다가 풀려나온 군자첨정(軍資僉正) 정기수(鄭麒壽)로부터 왜적의 정황을 자세히 들은 것을 임금에게 보고했다. 정기수가 보고한 내용은 이렇다.

지난 해 9월 22일 무안 지방을 분탕하던 왜적에게 사로잡혀 결박되어 배에 실렸습니다. 10월 25일 경상도 남해도에 도착하여 정박했는데, 거기서 임진년에 사로잡힌 사람들을 만나 10여 일 동안 함께 있었기 때문에 (…) 온갖 왜적의 실정을 말하지 않는 것이 없었습니다. 하루는, 지난 6월 수전(水戰)이 있을 때 왜적이 풍신수길에게 보고하기를, "조선의 주사(舟師)가 매우 왕성하여 거사하기가 쉽지 않다"고 하자, 풍신수길이 장왜(將倭) 7인을 파견하여 독전했다. 그런데 장왜들이 한산도의 주사가 3식 정(三息程)이나 연달아 뻗쳐 있는 것을 보고는 크게 놀라 "과연 성대하다. 대항할 수가 없겠다"고 하고 철군해 돌아가려 하던 차에 소서행장(小西行長) 진중의 졸왜(卒倭) 한 사람이, "조선 군사들이 모두 좁은 지역 속에 있어서 배를 제어할 수 없는 것을 보고 불의에 습격하기 위해 군사를 잠복시켰다가 밤을 타서 쳐들어갔기 때문에 주사의 장졸(將卒)이 모두 창황히 질서를 잃었고, 적병이 크게 몰려온 줄 알고 모두 육지로 내려갔다가 결국 낭패를 당했다" 했고, 또 풍신수길이 금년 봄에 몸소 관동병(關東兵)을 거느리고 곧바로 경성을 침범하고, 점차 중원으로 향하기 위해 전마(戰馬)와 무기를 이미 명호국(明號國; 나고야)에 도착시켜 놓고 독전하고 있다. 그런데 왜장의 처남이라고 하는 자가 풍신수길에게, "조선의 탕패(蕩敗)가 이미 극도에 달했지만 이제 대대적으로 거사하려면 양식에 대한 대책이 없다. 반드시 조선 사람이 2~3년 동안 농사를 지어 군량을 저축하기를 기다린 뒤에 비로소 거사할 수 있다"고 했다니, 이로 보면 금년 안에는 군사를 움직일 리가 만무하다. 그리고 또 "조선의 주사가 정예롭고 용맹하다. 한산도에서 성공한다면 이는 요행일 뿐이다. 그래서 자주 요격해서는 안된다"고 했다고 했습니다.

그리고 왜선(倭船)을 보건대, 체제가 매우 협소하여 겨우 10여 명이 탈 정도였습니다. 울산의 포위를 푼 뒤로는 남해 지방의 왜적들은 성을 쌓아 굳게 지킬 생각은 하지 않고 전선(戰船)만을 수리하고, 거둬들인 군량을 모두 배에 싣고 있었습니다.

위 정보 가운데 원균 부대가 한산도에서 패전한 사건에 대한 보고는 사실이었으나, 2~3년 뒤에 풍신수길이 쳐들어올 것이라는 정보는 그렇지 않았다. 하지만, 이렇게 정탐꾼을 통해 끊임없이 정보를 수집하고 있던 한효순의 노력은 가상하다고 하겠다.

한효순이 양호 총관사의 일을 맡을 즈음, 왜적은 3진(陣)으로 나뉘어 있었는데, 1진은 부산[左路]에, 2진은 사천(泗川; 中路)에, 3진은 전라도 순천(順天; 右路)에 주둔하고 있었고, 명나라 부대도 똑같이 3진으로 나뉘어 있었다. 그 가운데 좌로(左路)와 중로(中路)의 양향 총관사는 유영경(柳永慶)이었고, 우로(右路)와 바다에 있는 수로(水路)의 양향 총관사가 바로 한효순이었다. 전라도와 충청도 지역의 총관사로 임명된 까닭이 여기에 있는 것이다.

그런데 그해 7월에 임금은 한효순에게 중국군 경리(經理)를 접대하는 접반사(接伴使)의 임무를 맡겼다. 그런데 7월 13일 사간원 정언 이유홍(李惟弘)은 한효순에게 다른 임무를 맡기지 말고 총관사의 일을 계속 맡도록 하지 않으면 큰 낭패가 있을 것이라고 하면서 접반사 임무를 취소시킬 것을 요청하는 상소를 이렇게 올렸다.

대군(大軍)이 일제히 내려가 수군과 육군이 함께 거사하게 될 경우 이에 대한 모든 책응(責應)이 매우 긴급하니, 조금이라도 기회를 놓치면 성패가 좌우됩니다. 검찰사 한효순은 오랫동안 남방에 있어서 사정을 잘 알고 있으며, 주사(舟師)와 군량(軍糧)에 대한 일을 전적으로 관장하여 성의를 다해 조처함으로써 일이 두서가 있게 되었는데, 지금 경리(經理) 접반사(接伴使)로 임명하여 장차 올라오게 했으니, 지금 같은 때 막중한 직임을 갑자기 교체하여 새로운 인물로 대신한다는 것은 매우 바람직하지 못한 계책입니다. 한효순에게 이전대로 그 직임을 살피도록 명하소서.

위 상소를 보면, 수군의 문제라든가, 양향 문제 등을 해결할 수 있는 가장 적합하고 전문적인 책임자는 한효순이라는 것이 당시 조정의 공론으로 굳어져 있음을 알 수 있다. 하지만 임금은 이미 의논이 결정되었으므로 바꿀 수 없다고 답했다. 그러나 얼마 뒤에 한효순은 다시 총관사의 임무를 계속 수행했다.

그런데 8월 18일 최고의 전범(戰犯)인 풍신수길이 병으로 죽자 왜적들은 사기를 잃고 퇴각하기 시작했는데, 조명 연합군은 기회를 놓치지 않고 총공세를 가하여 왜적들을 곳곳에서 격퇴시켰다. 더욱이 11월에 삼도 수군통제사 이순신은 명나라 수군 장군 진린(陳璘)과 함께 노량 앞바다에서 마지막 발악을 하던 왜적과 치열한 전투를 벌이다가 11월 19일 유탄을 맞고 세상을 떠났다. 하지만 조명 연합군의 공세는 계속되었고, 아군의 보급품을 지원하는 총관사 한효순의 활동도 여전히 계속되었다.

11월 28일, 호조에서 보고한 내용을 보면, 한효순의 감독 아래 전라도의 각 고을에 수송한 곡식을 제외하고, 명나라 수군과 육군에 지급된 식량의 수량은, 전주(全州)가 쌀과 콩을 합쳐 3만 7,760석, 나주(羅州)와 해진(海陣)은 1만 7,100석이라고 한다. 이는 공사(公私)를 가리지 않고 비축한 곡식은 모두 수합했으며, 들판에 있는 새 곡식은 모두 방아를 찧어서 쌀을 만들어 마음을 다해 수송하여 처음부터 끝까지 떨어졌다는 소식이 없었다고 한다. 한효순이 얼마나 성심껏 일을 했는지를 알 수 있다.

이렇게 정유재란의 막바지에 전쟁 물자를 보급한 공로가 인정되어 한효순은 그해 12월 16일 전라도 관찰사(全羅道觀察使)와 병마수군 절도사(兵馬水軍節度使), 도순찰사(都巡察使) 등 세 가지 직책을 겸하라는 임금의 교지를 받았다.[51] 이것은 남도 지방의 병권과 행정권을 모두 떠맡은 것을 의미한다. 겨울 드디어 모든 왜적들이 조선 땅을 떠나고 드디어 7년간에 걸친 왜란은 일단 조선의 승리로 끝났다.

---

51) 이 교지는 지금 한효순 후손이 소장하고 있다.

8. 이순신이 감사편지를 보내다

2012년 5월 10일, 해군사관학교 박물관 기획연구실장 이상훈 교수는 박물관에서 소장하고 있던 이순신 장군의 편지를 임진왜란 발발 420주년을 기념하는 워크샵에서 처음으로 공개했다. 이 편지를 쓴 시기는 무술년(선조 31, 1598) 7월 8일로 되어 있어 명나라 장군 진린(陳璘)이 이순신 부대와 합류하기 8일 전에 해당하며, 노량해전이 일어나기 넉 달 정도 전이다.

그런데 이 편지에는 수신자가 밝혀져 있지 않지만, 수신자가 보낸 편지에 대한 답장으로 쓴 것이다. 먼저 편지의 내용부터 알아보고 수신자가 누구인지 살펴보기로 하자.

늦더위가 갑절이나 혹독합니다. 바야흐로 그리워하며 생각했는데, 이제 정이 담긴 서한(書翰)을 받으니, 직접 뵙는 듯하여 위로되고, 입은 은혜를 말로 다하지 못합니다.

저 고애자(孤哀子)는 근래 더위 가운데에도 명나라 장수들이 머무는 곳의 일로 분주하고, 아울러 배탈이 나서 몸이 편치 않아 걱정입니다.

이제 유격(遊擊) 장군 계금(季金)이 말하기를, "백 진사(白 進士)가 와서 정성스레 대해준 것에 감사한다. 이에 조선 유림의 믿음이 두텁고 정중한 것을 알았다."고 했으니, 아름답고 자랑스러움을 이기지 못하여 감탄하여 마지않으며, 나라를 위해서도 역시 영광스러운 일이라 하겠습니다.

왜적에 관한 일은 비록 얽혀 있기는 하지만, 그대로 움직이지 못하니 천만 다행입니다. 진 도독(陳 都督; 陳璘)은 며칠 뒤에 진(陣)에 도착한다 하며, 저와 계 대인(季大人; 계금)이 함께 강진(康津)에 가려 합니다.

보름 사이에 한번 왕림해서 진 도독의 위풍이 어떨지 보시지요. 각 읍에 두루 보내주신 것들은 모두 이곳에서 만들지 못하는 물품들이라 거듭거듭 감사드립니다.

나머지 말은 다하지 못하고, 엎드려 우러르며 삼가 답장을 올립니다.

무술년 7월초 8일 고애자 이순신 올림

이 편지에서 수신자가 누구인가를 암시하는 대목은 "각 읍에 두루 보내주신 것들은 모두 이곳에서 만들지 못하는 물품들이라 거듭거듭 감사드린다."는 것과 "엎드려 우러르며 삼가 답장을 올린다."는 것이다. 그 가운데 각 읍에 보내준 물건에 감사드린다는 말은 이순신 개인에게 물건을 보내준 것이 아니라 중앙 정부에서 공적으로 전라도 각 읍에 물품을 보내주었다는 뜻이므로, 이런 일을 담당한 높은 관리에게 답장을 썼다는 것을 말한다. 그 다음에 엎드려 우러르며 답장을 올린다는 말은, 수신자가 이순신보다 직급이 위에 있다는 것을 말해준다.

그렇다면, 당시 이순신이 관할하는 전라도 해안 지역에 물품을 보낼 수 있는 사람은 한효순 밖에 없다. 여기서 이순신과 한효순의 관계를 다시 정리해 보면 이렇다. 한효순은 선조 27년(1594)에 병조참판(종2품)에 있으면서 주사대장(舟師大將)을 겸하고 있었는데, 주사대장은 바로 경상도와 전라도의 수군(水軍)에 대한 지원을 맡은 책임자였다는 것을 말한다.

그 뒤 선조 29년(1596) 윤달 8월에는 삼도 도체찰사 이원익(李元翼)을 도와 부체찰사로 있었는데, 한효순은 전라도 해안 방어를 가장 중요한 정책으로 생각하여 임금의 재가를 받아 윤달 8월, 9월, 11월에 직접 한산도(閑山島)에 있는 통제사 이순신을 찾아가서 며칠 동안 머물면서 수군 재건을 위한 여러 방책을 심층적으로 의논하고 돌아왔다. 병선(兵船)의 건조, 노를 젓는 수병(水兵)인 격군(格軍)을 모집하여 훈련하는 문제, 그리고 무기와 군량미 공급 등이 논의되었는데, 그가 윤달 8월에 한산도에 갈 때 이순신은 판옥선에 수군들을 싣고 고성(固城)의 소비포까지 마중 나와 한효순을 접대했다고 한다.

개인적으로 본다면 이순신은 한효순보다 두 살 아래이고, 직급은 한효순이 정2품이고, 이순신이 종2품으로 한 단계 아래였다. 하지만 두 사람은 이런 공적인 관계를 뛰어넘는 친교가 있었던 것으로 보인다. 이순신의 고향은 충청도 아산(牙山)이고, 한효순은 처가가 있는 서산(瑞山)에다 농가를 짓고 장차 은퇴지로 삼았는데, 아산과 서산은 다 같은 내포(內浦) 지역에 속했다. 이순신을 통제사로 추천한 것은 동인(東人) 재상 유성룡(柳成龍)인데, 한효순도 동인계였다. 또 전라도 해안을 지키는 것이 승전의 요체라는 것을 인식한 것도 두 사람의 의견이 일치했다.

한효순은 이순신을 만난 뒤로 전라도와 경상도 해안 도서들을 수없이 드나들면서 병선을 수백 척 건조하여 이순신이 있던 한산도로 보내고, 격군 수백 명을 징발하여 보내기도 했다. 말할 것도 없이 군량도 조달했다. 이런 지원이 이순신의 승첩에 큰 힘이 되었을 것이다.

이듬해인 선조 30년(1597년) 봄에도 한효순은 부체찰사로서 이순신을 만나 의논한 뒤 팔음도(八音島), 고금도(古今島), 경도(鯨島), 한산도 등 여러 섬에 군관을 보내 병선 23척을 건조하여 보냈는데, 여름에 이순신이 모함을 받아 물러나고 원균(元均)이 그 자리를 대신했는데 왜적에게 대패하여 병선을 몽땅 잃었다. 임금은 다시 한효순에게 서둘러 병선 30척을 건조하라고 명하자, 그는 눈물을 흘리면서 주야를 가리지 않고 병선을 건조하여 보냈다.

그 이듬해인 선조 31년(1598) 봄에 한효순은 부체찰사를 그만두고 검찰사(檢察使)를 맡았다가 다시 양호 염철 양향 총관사(兩湖鹽鐵糧餉摠管使)의 임무를 맡았다. 이는 호서와 호남의 소금, 철광, 식량을 총괄하는 책임자를 말한다. 그리하여 충청도와 전라도에서 소금, 철광, 식량 등을 징발하여 이순신 부대와 명나라 군대에게 보내는 일을 수행했는데, 그가 하는 일은 거의 모두 차질이 없었다. 그러다가 7월 13일 무렵 잠시 총관사를 그만두고 명나라 장군을 영접하는 접반사(接伴使)의 일을 맡았는데, 바로 이 무렵에 이순신이 물자를 보내준 사람으로부터 서한을 받은 것이다.

이순신이 물자와 편지를 받은 것은 7월 8일 이전일 것이므로 그에게 물자를 보내주고, 또 편지도 보낼 사람은 바로 총관사인 한효순 밖에 없다. 이순신은 11월 19일에 노량해전에서 세상을 떠났으니, 두 사람의 인연은 이것으로 끝났다.

오늘날 사람들은 이순신을 성웅(聖雄)으로 떠받들고 있는데, 그것은 너무도 당연하다.

하지만, 이순신의 빛나는 승전 뒤에는 병선을 만들어 보급하고, 격군을 모아주고, 식량과 무기를 차질 없이 공급해 준 한효순의 피나는 숨은 노력이 있다는 것을 기억해주는 사람은 없다. 아무리 뛰어난 이순신이라도 병선이 없고, 무기가 없고, 식량이 없고, 수군이 없었다면 어떻게 그토록 빛나는 승첩을 거둘 수 있었겠는가? 그런 의미에서 전라도를 끝까지 지켜준 것은 이순신과 한효순의 공로라는 것을 재평가할 필요가 있을 것이다.

제4장
전쟁 후의 뒤처리와 한효순

1. 경상도 관찰사, 전라도 관찰사 시절

임진왜란이 끝난 이듬해 선조 32년(1599)에 57세의 한효순은 지난 해 맡았던 전라도 관찰사, 병마수군 절도사, 도순찰사를 계속 맡고 있다가, 윤달 4월부터 경상도 관찰사를 맡았다. 전쟁 중에 가장 피해가 큰 지역이 경상도이기 때문에 그 뒤처리를 경상도 사정을 가장 잘 알고 있을 뿐 아니라 행정능력이 탁월한 한효순에게 맡긴 것으로 보인다.

한효순은 윤달 4월 20일, 가장 먼저 9년 동안 경주부윤(慶州府尹)을 맡았던 무관 출신의 박의장(朴毅長)을 해임하고 문관으로 바꿔 달라고 청했다. 박의장은 전쟁에 공을 세우기도 했으나, 《선조실록》에는 그의 사람됨을 별로 좋지 않게 기록하고 있었다.

박의장은 사람됨이 간교하여 권세가에 아첨하여 2품의 자리를 차지했다. 경주에 있은 지 9년에 동남 지역의 재물이 모두 다 그의 수중에 들어갔는데, 전답과 저택이 매우 기름지고 호화스러워 당대에 으뜸이었다. 재물을 좋아하는 무리로서 그와 서로 결탁하지 않은 자가 없었다.

그런데 박의장은 이렇게 나쁜 평만 있는 것은 아니고, 백성들에게 선정(善政)을 베풀었다는 기록도 있으므로 아마도 공과가 모두 있는 인물로 보인다. 어쨌든 무관이 9년 동안이나 부윤을 한 것은 지나치므로 전후에 문관으로 교체할 필요성은 있었던 것이다. 7월 6일에 정부에서는 전쟁 기간 공로가 많은 사람들에 대한 포상이 논의되었는데, 비변사에서는 그 대상 가운데 빠진 사람을 반드시 논상할 것을 이렇게 아뢰었다.

전에 명나라 대군(大軍)이 남하할 때 군량(軍糧)을 잘 관리하여 결핍하지 않게 한 일에 대하여 봉명사신(奉命使臣)이 상(賞)을 주도록 계청한 자를 보면, 전라감사 한효순은 당시 총관사(摠管使)로서, 행 부호군 이민각(李民覺)은 분(分) 호조참의로서, 경주부윤 이시발(李時發)도 또한 분(分) 호조참의로서 (…) 모두 공로가 많은데도 논상할 때 미처 계청(啓請)하지 못하여 외방의 여론이 억울하게 여기니, 극히 미안합니다. (…)

다시 말해 논상 대상에 한효순 등이 빠져 지방 사람들이 억울하다고 여기고 있으므로 반드시 논상 대상에 넣어야 한다고 청한 것이다. 임금은 이에 대해 답변하기를, "논상이 마땅하다. 그러나 다시 조사하여 성실한 자와 성실하지 못한 자가 있는지를 다시 조사하여 아뢰라"고 답했다.

한효순은 9월에 경상도 관찰사에서 다시 전라도 관찰사로 직책을 옮겼다. 경상도의 뒤처리를 마쳤으므로 이제는 전라도 지역의 뒤처리를 맡긴 듯하다. 이달 25일 한효순은 임금에게 긴급하게 장계를 올려 백성을 해친 수령을 도태시키고 백성을 위한 수령을 포상하는 것이 유민(流民)을 보호하고 안정시키는 가장 긴급한 일이라고 하면서 이렇게 말했다.

광주목사(光州牧使) 이상길(李尙吉)은 일 처리가 강단 있고 분명하여 행정에 조리가 있어 간사한 이들이 그 위엄을 두려워하고, 서민들이 그 은덕을 생각하고 있습니다. 비록 탕패한 때에도 부고(府庫)가 충실하고, 온 경내가 안정하여 도내의 양리(良吏) 가운데 이 사람이 제일입니다. 이런 사람은 의당 파격적으로 포상해야 합니다 (…) 그 나머지 창평현령 홍익영, 금산군수 김홍원, 보성군수 김극제는 백성들의 일을 유념하여 그 행정에 있어 항상 백성을 어루만지는 것을 숭상했으니, 이들 또한 논상하여 다른 사람을 권면함이 마땅합니다. 무안현감 홍제, 고창현감 정준경은 백성을 구휼하는 데는 뜻이 없고, 오직 침학만을 일삼고 있으니, 가까스로 살아남은 백성들이 그 고통을 견뎌내지 못하고 있습니다. 이들을 우선 파출하소서.

임금은 이조(吏曹)에 계하하여 아뢴대로 처리하라고 명했다.
10월 12일에는 첨지 임발영의 정처(正妻)가 음란한 행동을 한 일을 조정에 보고하기도 했다.

2. 낙향, 4도 도체찰부사, 그리고 다시 낙향

선조 33년(1600)에도 전라도 관찰사의 직책을 계속 수행한 58세의 한효순은 1월 4일에 장계를 올려 바다 속에 들어가 물고기를 잡는 포작간(鮑作干)이 사공(沙工) 즉 격군(格軍)의 기능도 하므로 전선(戰船)에는 꼭 필요한 존재인데, 이들에 대한 대책이 필요함을 이렇게 아뢰었다.

전선(戰船)에는 포작간이 없으면 운행을 하지 못합니다. 그런데 대가(代價)를 주지 않으면 전장에 나가려 하지 않기 때문에 그들의 처자를 먹여 살릴 만한 대가를 넉넉히 줄 것을 문서를 보내 알렸습니다. 각처의 포작간들이 격군(格軍)으로 동원된다는 영(令)을 듣고는 온갖 계책을 다하여 피하려고 도모하고 있습니다. 그리하여 처자를 배에다 싣고 먼 섬으로 들어가는 자가 열이면 8~9명이나 됩니다. 이것이 계속된다면 주사(舟師)의 일이 마침내 형편없게 될 것이니 매우 안타깝습니다.

포작간에게 바다에서 통행을 허락한 문첩(文帖) 2천여 장을 비변사가 인출하여 보내소서. 이것을 당번으로 나간 포작간이 있는 곳에 가지고 가서 문첩을 지급한 다음 그 나머지 문첩이 없는 사람은 일체 바다를 통행하거나 물고기를 잡지 못하게 하여 교묘히 피하려는 계교를 막아야 합니다.

하니, 임금이 아뢴대로 시행하라고 명했다. 한효순은 주사(舟師)의 전문가다운 대책을 내놓아 주사가 약화되는 것을 막으려고 했던 것이다.

1월 9일에는 제주도의 원병(援兵)의 문제점에 대한 개선책을 장계로 올렸다.

제주도를 지키는 원병(援兵)은 매년 3월초에 서울에 올라온 기병(騎兵) 가운데에서 500명을 뽑아 들여보내는 것이 원래의 격례(格

例)였습니다. 그런데 임진년 이후로 군사의 수효가 적어 200명을 감하고 300명만 들여보냈습니다. 이렇게 해서 3년 전에 들여보낸 뒤로 교체가 되지 않은채 지금까지 그대로 머물러 있어 원망하고 있으니 가련합니다.

이번에 연해의 군사는 모두 주사(舟師)로 편입되었고, 내읍의 군사는 모두 병마사와 방어사에 편입되었으나 군사의 숫자가 너무 적어 제대로 모양을 이루고 있지 못합니다. 따라서 제주도의 원병을 격례대로 보내는 것은 실제상 곤란합니다. 어떻게 조처해야 하겠습니까? 아울러 전에 들여보낸 원병을 교대시키는 일도 아울러 비변사에서 결정하여 시행하소서.

비변사는 한효순의 장계를 임금에게 알려, 지금은 방어하는 일이 매우 급박하므로 미리 행장을 꾸리게 했다가 가을이 되어 방어가 좀 헐할 때 교대병을 들여보내도록 조처했다.

1월 28일, 좌의정 이항복(李恒福) 앞으로 예상되는 왜적의 재침입에 대비한 방책을 건의했는데, 대마도 오른쪽에 있는 오도(五島)의 왜적들을 가장 위험한 세력으로 보고, 이들을 막기 위해서 전라도 순찰사 한효순 및 통제사 이하 장수들과 상의하여 대책을 마련했다고 보고했다. 더욱이 비변사에서 경상우도에 전함(戰艦)을 배치하는 것을 원하고 있으나, 한효순은 "전함을 영남으로 다 옮기는 것은 좋은 계책이 아니다. 영남에 진(陣)을 설치하면 민심이 안정되지 못할 뿐 아니라 군량도 계속 공급하기 어렵다. 지금의 사세로는 영남과 호남을 나누어 지키는 것이 득책"이라고 했는데, 이 의견이 바로 임금께서 호남우도(湖南右道)에 중병(重兵)을 주둔시켜야 한다고 말씀하신 것과 같다고 말했다. 이항복은 한효순의 의견을 매우 존중하고 있음을 알 수 있다.

3월 1일에 이조(吏曹)는 한효순을 차례를 뛰어 넘어 발탁해서 등용해야 한다고 건의하니 임금이 가자(加資; 품계를 올려줌)하라고 일렀다.

4월 4일, 전라우도 수군절도사 김억추(金億秋)가 장계를 올렸는데, 그 내용은 전라도 순찰사 한효순이 품의한 것을 임금이 승인한 것에 따라, 전선(戰船) 11척을 거느리고 고금도(古今島; 완도 앞바다의 섬)를 지키는 동시에 선산도(仙山島), 완도(莞島), 지도(智島; 신지도) 등처에서 바다를 조망하고 있다고 보고했다.

4월 13일에는 장계를 급히 올려, 이달 2일, 3일에 밤마다 금산(錦山)에 서리가 내려 칠속(柒粟), 콩, 목화가 모두 말라 죽었다고 보고했다.

그동안 전쟁 중에 몸을 돌보지 않고 과로에 시달렸던 한효순은 드디어 병이 생겨 5월 초에 임금에게 사직을 청했다. 그러자 비변사에서는 5월 5일 상소를 올려, 지금 남쪽 변방의 해상방어가 시급한 때에, 더구나 한효순이 나라의 일에 마음을 다 쏟았는데 그의 사직을 허용한다면 방비가 소홀해질 우려가 있으니 좋은 계책이 아닌 듯하다고 말했다. 그러나 임금은, "그렇긴 하나 여러 차례 병으로 사직을 간청하고 있으니, 필시 꾀병은 아닐 것이다. 방비가 긴급한 지역이니 병든 몸으로는 대응하기가 어려울 것이다."라고 말했다.

5월, 드디어 벼슬에서 벗어나 처음으로 휴가를 얻은 한효순은 홍주(洪州)의 결성(結城)에 있는 수룡곶(水龍串)으로 가서 살았다. 한여현(韓汝賢)이 쓴《호산록(湖山錄)》에서, "한효순이 결성의 바닷가에서 아늑한 절경을 얻어 정결하게 집 3칸을 건축하고 그곳에서 늙어 죽을 계획이 있었다고 한 바로 그곳으로 간 것이다. 정부는 그에게 호군(護軍; 정4품)이라는 무반 산직(武班散職)을 주고 약간의 녹봉을 받게 했다.

그러나 조용한 시골에서 산수를 즐기면서 전쟁의 피로를 풀고, 만년을 보내려 했던 그의 꿈은 이루어지지 않았다. 어려운 시대가 또 그를 불러냈다. 8월, 조정에서는 중국군이 철수할 때 1천 명을 조선에 주둔시키는 것을 요청하는 문제로 대신들이 논의했다. 이때 군사 전문가인 한효순을 불러 논의에 참여시켰기 때문이다.

8월 25일, 대신들이 논의하는 자리에서 한효순은 자신의 의견을 이렇게 피력했다.

신이 남쪽에 있을 때 인심을 자세히 살펴보았는데, 모두 말하기를 "중국군이 오래 머물게 되면 백성들에게 해가 되기는 하지만, 하루 아침에 다 철수하게 되면 우리들은 누구를 의지할 것인가? 조정에서 식량 마련이 어렵다면 우리들이 분담하여 먹여줄 수 있게 하겠다. 대호(大戶)는 5호가 힘을 합쳐 한 병사의 식량을 제공하고, 중호(中戶)는 10호가 힘을 합쳐 한 병사의 식량을 제공하고, 소호(小戶)는 20호가 힘을 합쳐 한 병사의 식량을 제공하기로 하여 하삼도(下三道; 충청, 전라, 경상도)가 이렇게 하면 수만 명의 병력이라도 머물게 하기가 어렵지 않을 것이다."고 했습니다. 1천의 병력을 청하는 것은 그만둘 수가 없는 형편이고, 월급에 필요한 은자(銀子)는 토산이 아니지만, 종이와 돗자리, 세포(모시), 칼과 부채, 호랑이 가죽, 담비 가죽 등 물품으로 수를 채워 바칠 수가 있습니다.

요컨대 한효순은 중국군의 조선 주둔이 필요하고, 그들에 대한 식량 조달도 백성들이 호응하므로 가능하다고 보았다. 그의 의견에 대하여 승지 김시헌(金時獻)도 찬동하고 나섰다. 그리하여 논의가 확정되고, 이 의견을 명나라 제독에게 전달했다.

9월 5일, 임금은 한효순을 4도 도체찰사(四道都體察使)의 부사(副使)로 임명했다. 상사는 영의정을 지낸 이원익(李元翼; 1547~1634)이고, 부사는 한효순이 맡았는데, 이 두 사람은 왜란 중에도 상사와 부사로서 짝을 이루어 일을 잘 처리한 경력이 있기 때문에 두 사람에게 다시 전후의 수습 방안을 맡긴 것이다. 여기서 4도는 전라 좌우도와 경상 좌우도를 말하며, 체찰사는 행정과 군정을 모두 통할하면서 문제점을 조사하고 그 해결책을 제시하는 일을 맡았다.

상사와 부사가 임지로 떠나는 날 임금은 두 사람에게 활과 화살, 그리고 환도(環刀)를 하사했다. 두 사람은 현지에 내려가서 무너진 성곽을 다시 수축하는 문제, 주사(舟師)를 재건하는 문제, 역로(驛路)를 복구하는 문제 등 군사와 행정에 관한 여러 해결책을 여러 차례 중앙에 보고했는데, 두 사람의 건강이 모두 좋지 않아 12월에 모두 해직되었다.

이듬해 1월, 상사의 자리를 판중추부사 이덕형(李德馨; 1561~1613)이 맡았는데, 이덕형은 자신을 도와줄 부사(副使)로서 한효순의 조카인 한준겸(韓浚謙; 1557~1627)으로 시켜 달라고 부탁하여 임금이 그대로 따랐다. 당시 한준겸은 45세로 병조참판(종2품)을 하고 있다가 그만두고 대호군(大護軍; 종3품)의 무반 산직을 지니고 있다가 숙부가 맡았던 중책을 대신 맡게 된 것이다.

한준겸이 '영해유감(寧海有感)'이라는 시(詩)를 짓고, 아울러 그 시에 대한 서(序)를 쓰게 된 것은 바로 4도를 순찰하다가 숙부가 옛날 부사(府使)로 일했던 영해부(寧海府)에 이르러 감격에 겨워 쓴 것이다. 그리고 현지 주민들이 아직도 숙부의 선정(善政)을 잊지 못하고 칭송하고 있는 사실도 한준겸을 감격하게 만들었다.

상사를 그만둔 이원익은 서울로 올라오고, 한효순은 자신의 농사(農舍)가 있는 서산(瑞山)으로 내려갔다. 결성(結城)의 바닷가에 지은 집은 세 칸짜리 별장이고, 처가(妻家)가 있는 서산에 지은 집은 그보다 큰 14칸짜리였으므로 아마도 가족들도 함께 이곳으로 낙향했을 것으로 보인다.

3. 대일 강화논의에 참여하다

선조 33년 12월에 서산으로 낙향한 한효순은 그 해를 넘기고, 59세의 새해를 그곳에서 맞이했다. 그런데 이해〔선조 34〕 1월 15일에 또 조정이 그를 불렀다. 그러니 그가 낙향한 기간은 한 달 정도에 지나지 않았다. 이번에는 처음으로 병조판서(兵曹判書; 정2품)의 중책을 맡겼으나 그는 이를 거절했다. 임금은 다시 2월 1일에 형조판서(刑曹判書)를 제수했으나, 역시 거절했다. 그의 사직은 《선조실록》에는 보이지 않지만 '연보'에는 보인다. 그동안 쌓인 피로를 수 년 동안 풀어 건강을 회복하기 위함이었다고 한다. 한여현의 《호산록》에도 병조판서와 형조판서를 받지 않았다고 기록했다.

그런데 7월 4일에 조정에서는 큰 논란거리가 생겼다. 풍신수길을 대신하여 들어선 일본의 덕천막부(德川幕府; 도쿠가와 막부) 정권이 대마도를 매개로 하여 조선에 강화(講和)를 요청해 왔는데, 여기에 어떻게 대응할 것인가를 놓고 임금이 대신들을 불러 논의했다. 대부분의 의견은 중국의 허락을 받은 후에 강화 문제를 일본에 알리겠다고 전하자는 것이었다. 아직 우리의 국력이 약한 형편에서 일본과 강화하여 기미정책(羈縻政策; 묶어두는 정책)을 쓰고, 국가를 안정시키고 자강(自强)하는 것도 필요하다는 것이 지배적인 의견이었다. 그러나 단호히 일본의 강화 제의를 거부하자는 의견도 있었다. 그런데 한효순도 이 논의에 참여하여 발언한 것이 《선조실록》에 보인다. 그가 어떤 직책으로 참여했는지는 알 수 없으나 아마 전에 받았던 무반산직을 그대로 지니고 있어서, 그 자격으로 참여한 것으로 보인다.

그러면 한효순의 의견은 어떤가? 그의 말을 직접 들어보자.

신(臣)이 평조신(平調信) 등의 글을 보건대, 그 의도가 주로 이전의 우호를 다시 회복하자는 것이었는데, 이 일은 매우 중요한 관계가 있으니 경솔히 의논드리기 어렵습니다. 생각하건대, 우리나라의 인민과 사졸(士卒)이 거의 모두 죽은 상태이니, 반드시 복수하여 치욕을 씻으려 한다면 몇 십 년 동안 살아남은 자들을 불러 모아 훈련시키지 않고서는 해낼 수가 없습니다. 따라서 오늘날의 계책으로서는 백성의 힘을 기르고 축적하여 자강(自强)하는 방법을 도모하는 한편, 강화를 거절하지 말고 기미하는 술책을 쓰는 것이 최상이니, 이것이야말로 형세를 참작해서 임기응변하는 하나의 방책이라 하겠습니다.

그러나 우리나라와 중국은 부자관계와 같아서 큰 일이 있으면, 알려주지 않은 적이 없었습니다. 우리끼리 마음대로 처리함으로써 장래에 난처한 일이 있게 해서는 안될 듯합니다. 따라서 전후의 사정을 가지고 말을 잘 만들어 명백하게 상주(上奏)하여 알리고, 강화에 대한 허락 여부는 한결같이 중국의 결정에 따라야 합니다. 이렇게 한 뒤에야 그래도 사대(事大)하는 체모를 세울 수 있게 되어 끝내 후회하지 않게 될 것입니다.

한효순의 논리는 한편으로 자강(自强)의 길을 택하고, 다른 한편으로는 강화(講和)의 길을 받아들이되 중국과의 외교관계를 통해서 해결하자는 신중한 논리를 편 것이다. 역시 사려깊은 원로다운 지혜로운 자세라 아니할 수 없다.

이 일이 있은 다음 날인 7월 5일에 한효순을 지금의 서울 시장에 해당하는 한성부 판윤(漢城府 判尹; 정2품)으로 삼았다는《선조실록》의 기사가 보이는데, 또 9월 18일자《선조실록》에도 똑같은 기사가 보여 어리둥절해진다. 만약 7월 5일자로 직임을 받았다면 두 달 뒤에 또 똑같은 직임을 임명한다는 것은 이상하다.《연보》에는 한성부 판윤을 했다는 기사가 없는 것으로 보아 아마도 두 번에 걸쳐 벼슬을 사양한 것으로 보인다.

그런데 그해 10월 28일에 한효순은 특진관(特進官)으로 경연(經筵)에 참석한 기록이《선조실록》에 보인다. 경연 특진관은 일상적인 정식 벼슬이 아니고 임금이 경연을 할 때에만 참석하는 벼슬이기 때문에 한효순으로서도 굳이 사양할 필요가 없었을 것이다. 이날 그는 두 가지 중요한 일을 임금에게 건의했다. 하나는 공납(貢納)에 관한 것이고, 두 번째는 무사(武士)들을 선발하고 훈련시키는 방법에 대한 일이었다.

먼저, 공납문제를 이렇게 말했다.

신이 공안 당상(貢案堂上)으로 공물(貢物)을 마련한 숫자가 매우 간략했습니다. 국가의 경비가 이렇게 적어서는 안될 것 같은데도, 백성들은 요역(徭役)이 가중되었다고 하는 자가 있으니, 그 까닭이 어디에 있겠습니까? 대저 나라에서 1필의 베를 받아들이면 백성들이 1~2필을 내야 하는데, 그것이 모두 중간에서 없어지기 때문입니다. 그 폐단을 금하지 않으면 맥도(貊道)로 자처해도 백성들은 감내하지 못할 것입니다.

　이 말은 100년 전부터 식자들이 누누이 지적해온 방납(防納)에 의한 중간 착취의 폐단을 다시 지적한 것이다. 방납 문제는 광해군과 인조대에 이르러 대동법(大同法)으로 다소 시정되었지만, 그 전까지는 백성의 부담 가운데 가장 고통스런 것이 바로 공납 문제였다. 한효순은 백성의 고통을 생각하여 이 문제를 다시 끄집어내어 임금의 결단을 촉구한 것인데 선조는 전부터도 이 문제의 해결에는 매우 소극적이었다.

　두 번째 문제는 군정(軍政)에 관한 것인데, 특히 쓸 만한 장수가 없고 군사들이 훈련이 안되어 국방이 허약한 것을 빨리 극복해야 한다는 것이다. 첫째, 장수가 없다는 것에 대하여 한효순은 의견을 달리 했다. 인재가 없는 것이 아니라 시골에 숨겨져 있는 인재를 발굴하지 못하고 있는 것을 더 큰 문제로 생각했다. 그래서 무과 급제자에게만 매달릴 것이 아니라, 감사(監司)나 대신, 또는 병사(兵使)나 수사(水使)들이 적극적으로 인재를 발굴하여 천거하고, 이들을 신언서판(身言書判)을 통해 평가한 뒤에 등용하면 부족한 장수들을 채울 수 있을 것으로 보았다. 둘째, 우리나라 군사들은 몇 십 명을 데리고 싸우는 것은 잘 하지만, 몇 백 명을 거느리고 싸우는 것은 잘 하지 못하는데, 이는 《병서(兵書)》를 통해 교육받지 못하고 오로지 활 쏘고 말 달리는 것만 가르쳤기 때문이라고 보았다.

한효순의 말을 들은 우의정 김명원(金命元)은, "한효순의 말이 온당하다."고 하면서 동의를 표했다.

한효순이 뒷날 함경도 관찰사로 있을 때 《진설(陣說)》이라는 《병서》와 《신기비결(神器秘訣)》이라는 무기에 관한 책을 편찬한 이유는 군사들을 체계적으로 훈련시키고, 총포를 비롯한 신무기를 제조하고 습득하는 일이 급선무라는 것을 깨닫고 그 지침서를 직접 만든 것이다. 그는 책을 편찬하는데 그치지 않고, 실제로 1천여 명에 가까운 포수(砲手)를 길러내어 선조 임금은 그를 의지할 만한 인물이라고 칭찬했다.

4. 함경도관찰사 시절; 《신기비결》과 《진설》을 저술하다

선조 34년(1601) 11월 23일, 임금은 59세의 한효순을 함경도 관찰사(咸鏡道觀察使; 종2품) 겸 도순찰사에 임명하고, 품계를 종1품의 숭정대부(崇政大夫)로 올려 주었다. 이렇게 품계를 높여주자 다음 날 사헌부는 임금에게 상소하여 종2품의 관찰사에게 종1품의 품계를 올려주는 것은 명기(名器)를 어지럽히는 것이라고 하면서 반대했다. 그러나 임금은 "한효순은 옛 재신(宰臣; 재상)으로서 오랫동안 외방에서 노고했고, 국사(國事)에 힘을 다했으며, 지금 또 멀리 북쪽 변방으로 나가게 되었으므로 특별히 가자(加資)한 것이다. 이는 불가할 것이 없으니 모름지기 논할 것이 없다."고 하면서 받아들이지 않았다. 한효순에 대한 임금의 신뢰가 얼마나 지극한지를 알 수 있다.

한효순을 함경도 관찰사로 보낸 것은 이 무렵 북방에서 여진족의 동향이 심상치 않아 함경도로 쳐들어 오려는 조짐이 보였기 때문이었다. 그동안 여진족에 대해서는 포용 정책을 써서 귀화를 장려하고 벼슬도 내려주고, 무역을 허용하기도 하여 국경을 넘어 우리나라에 들어와서 충성을 바치면서 사는 여진족이 적지 않았는데, 이들을 조선 초기에는 숙여진(熟女眞)으로 불렀다가, 당시에는 번호(藩胡)라고 불렀다.

그런데 임진왜란으로 명나라의 국세가 기울어지는 것을 틈타 여진족 사회에 통합운동이 일어나서 군사력이 커지면서 함경도 지역에 말을 타고 들어와 노략질을 하고 가는 일이 빈번해졌다. 더욱이 누르하치(1559~1626)의 세력이 가장 강성했는데, 이들을 노추(老酋) 또는 노토(老土)라고 불렀다. 이들은 단순히 노략을 일삼는 도적떼가 아니라 자신들의 고향이 조선 땅이라고 자처하면서 모국인 조선 땅을 되찾겠다는 야심을 품은 무리들이었다.52) 그래서 조선은 이들을 더욱 경계하지 않을 수 없었다.

사나운 노토에 대응하기 위해서는 전쟁 경험이 풍부한 한효순을 가

---

52) 원래 고려시대 금(金)나라를 세운 아골타(阿骨打; 아쿠타)는 자신이 신라의 김씨 후예라고 자처했다. 족단 이름을 애신(愛新)이라고 칭한 것도 금(金)을 의미한다. 이 금나라 왕실의 후손이 바로 누르하치이고, 그래서 그가 뒤에 세운 나라를 후금(後金)이라고 불렀다가 청(淸)으로 바꾸었다. 따라서 한반도는 그들의 입장에서 보면 모국인 셈이다.

장 적임자로 보았던 것이다. 그래서 11월 25일에 또다시 사헌부가 높은 품계를 준 것에 항의하는 글을 올리자, 임금은 이렇게 대답했다.

그가 어찌 높은 품계에 합당하지 않겠는가? 얼음이 얼고 있는 이 때야말로 바로 북로(北虜)가 몹시 기다리는 때이다. 더구나 노추(老酋; 누르하치)가 "조선은 바로 우리 호지(胡地)이니 마땅히 군사를 크게 일으켜 쳐내려가야 한다."고 말을 한 적이 있는 데이겠는가? 이로 말미암아 생각해 보면, 반드시 쌍성(雙城) 이북을 가리켜 말한 것이다. 대개 쌍성 이북은 전대에는 실로 호지(胡地)였던 것이다. 그의 말이 극히 흉악하고 거만하니, 이 점에 대해 염려하지 않을 수 없다. (…)

함경도에 부임한 한효순은 이듬해〔선조 35〕 7월 오랑캐의 동향을 자세히 조사하여 장계를 올려 보고했다. 보고를 받은 임금은 비변사에서 대책을 세우라고 명했으며, 비변사는 대책을 만들어 임금의 재가를 받아 다시 7월 6일 한효순과 함경도 절도사 이수일(李守一)에게 유시했다. 그 요지는 이렇다.

지금 한효순의 장계를 보니, 노토(老土)의 정상이 지극히 흉악하고 간사하다. 전일 항복을 청한 것도 마음을 고쳐 진정을 토로한 것이 아니었다. 다만, 그 부하들이 흩어져서 형세가 궁해졌기 때문에 투항하는 것으로 명분을 삼아 우리가 어떻게 처치하는지 시험해 보려고 한 정상이 이미 분명히 드러났다. 만약 항복한 자는 죽이지 않는다는 것이 원칙이라 하여 그 술책에 빠진다면 앞으로 더욱 심하게 거리낌 없이 날뛰게 될 것이다.
전일 노토(老土)에게 유시하여 회령(會寧)으로 가서 투항하라고 했으나, 그 실정이 이와 같다면 어찌 회령으로 가서 투항하려고 하겠는가? 노토는 정헌대부(정2품)의 관직을 받고, 변방 사정을 익히 알고 있는데, 그가 무산(茂山)으로 와서 투항하려고 하는 것은 이곳이 매우 잔약하여 군사가 아주 적으므로 갑자기 우리가 처치하려 해도 두려울 것이 없다는 것을 알고 있기 때문에 꼭 여기로 투항하려고 하는 것이니, 그들의 속셈을 알 수 있다.

이렇게 노토의 거짓 항복에 담긴 간교한 술책을 알려주고 나서 이에 대한 대응책을 다음과 같이 지시했다.

노토는 이미 여러 번호(藩胡)와 원한을 맺고 있으니, 번호들을 유혹하여 불러들여 두 마음을 품게 하여 계책을 꾸미게 한다면 반드시 쓸만한 계책이 있을 것이니 그곳의 변장 장수들이 기계(奇計)를 내어 노토가 그 계책을 믿고 나와 항복한다면, 체포하여 죄를 따져 조처하고, 그 부하들은 엄하게 타일러 본토로 들어가 살게 해야 할 것이다. (…)

정부가 보낸 유시는, 노토의 술책을 역으로 이용하여 항복하러 온 노토의 추장은 체포하여 처치하고, 그 부하들은 원래 살던 곳으로 되돌려 보내라는 것이다. 이런 정책은 종전에 무조건 항복을 유도하고 그들을 회유하여 귀화시키거나 벼슬과 생필품을 주던 정책과는 매우 다른 것이다. 종전에는 그들이 힘이 부족하여 우리의 회유를 따랐지만 지금은 무력이 커져서 우리나라를 침략하려고 하기 때문에 우리도 임기응변의 술책을 써서 노토와 사이가 나쁜 번호(藩胡)를 끌어들여 노토와 싸우게 함으로써 노토의 힘을 약화시키는 것으로 방침을 바꾼 것이다.

7월 10일, 한효순은 회령부사(會寧府使)와 고령첨사(高嶺僉使)로부터 받은 보고를 서울에 보고했는데, 그 내용은 회령부와 고령에 들어와 살고 있는 번호들이 노토의 기습을 받고 대항하여 싸웠다는 것이었다. 한효순은 보고를 마치면서, 우리가 방비를 새롭게 완비하여 뜻밖의 사변에 대응해야 한다고 다짐했다.

그런데 《선조실록》을 보면, 이 기사의 끝에 사관(史官)이 쓴 논평이 실려 있는데, 그 내용은 "한효순은 나라의 일에 부지런하고, 장자(長者)의 기국(器局)과 도량이 있었다."고 칭찬했다. 이런 칭찬은 흔한 일이 아니다.

한효순은 감영(監營)인 함흥(咸興)의 객사(客舍)로서 풍패관(豊沛館)을 새로 짓고, 동남문루(東南門樓)를 세우기도 했다.

이듬해인 선조 36년(1603)에 한효순은 61세의 회갑을 객지 함흥 감영에서 맞이했다. 부임한 지 3년째 접어드는 해이기도 했다. 그러나 고령의 나이이지만 국가를 위한 그의 열정은 조금도 식지 않았다.

2월 28일 그는 함경도 연해의 바닷물이 붉게 변한 것을 보고 백성들이 놀라자 군관을 보내 바다를 상세히 조사한 뒤에 그 내용을 임금에게 보고했다. 그가 보고한 붉은 물질의 실체는 이렇다.

바다에서 붉은 것이 떠오르는 시기는 대략 아침인데, 큰 것은 5~7장(1장은 사람의 키) 가량 되고, 작은 것은 3~4장 정도 된다. 정오 무렵에는 붉은 색이 온 바다에 퍼진다. 그 빛깔은 말의 피와 같고, 생김새는 흘린 침과 같았다. 물이 붉어지는 것은 북쪽에서 시작하여 남쪽으로 퍼졌다. 붉고 탁한 물이 물 위에 떠올랐는데, 두께가 2~3촌 가량 되고, 그 아래에는 누렇고 탁한 물이 있다. 붉고 탁한 것이 덩어리가 졌는데, 큰 것은 말[斗]만 하고 작은 것은 사발만하다. 해변의 소금 굽는 사람들이 소금을 구우면 비릿한 냄새가 난다. 그 물을 떠서 자세히 살펴보니 작은 새우 알이 물에 풀어진 듯하기

도 하고, 붉은 쌀가루를 물에 풀어놓은 것 같기도 하다. 불에 끓여
도 풀어지지 않고 색도 변하지 않았다.

바닷물이 붉게 변하는 것은 흔한 일이 아니기에 백성들은 큰 이변
으로 알고 경악하고 있기 때문에 한효순이 그 실체를 자세히 조사해
본 것이고, 그 내용을 정부에 보고한 것이다. 오늘날의 과학으로 본다
면 북쪽에서 바닷물의 온도가 높아지면서 붉은 색의 플랑크톤이 발생
하여 함경도의 동해안을 타고 흘려 내려온 것이 아니었는지 모르겠다.

그런데 흥미로운 것은, 이런 적조현상(赤潮現像)이 일어난 그해
음력 3~4월에 함경도 삼수갑산(三水甲山) 등지에서는 겨울처럼 눈
이 내려 1자 가량 쌓이고, 싹이 난 보리가 모두 얼어 죽었다고 한다.
한효순은 이런 기온 이변도 5월 27일에 서울에 보고했다. 바닷물의
변화와 기온의 변화가 어떤 상관관계가 있는 것인지는 알 수 없다. 다
만, 한효순은 이런 자연 현상조차도 예사롭게 넘기지 않고 꼼꼼하게
조사하여 중앙에 보고하고 있다는 점이 주목된다.

한효순은 6월, 최근 노토(老土)의 동향을 조목조목 기록하여 서울
에 보고했는데, 비변사는 6월 4일, 한효순이 진달한 보고서에 따라
노토에 대한 대책을 만들어 임금에게 상달했다. 그 요지는 이렇다.

우선, 노토는 매우 사납고 거만하여 분탕을 당해도 뉘우치거나 겁
을 먹지 않으며, 회령의 번호(藩胡)들을 여러 차례 공격하여 겁탈하
고 있다. 따라서 이들은 말로 설득시킬 수 없는데 군대를 가지고 소
탕하려고 하면 소굴이 국경에서 매우 멀어 경솔하게 토벌하기도 어
렵다. 그렇다고 토병(土兵)을 간첩으로 만들어 노토를 유인하여 제
거하는 것도 어렵다. 왜냐하면 노토에게 아홉 명의 아들이 있는데

모두 용맹스러워 이들을 모두 제거하기 어렵고 후환이 그대로 남을
수 있기 때문이다.

따라서 노토와 싸우기보다는 물자를 교역하는 개시(開市)가 필요
할 듯한데, 번호(藩胡)와 사이가 좋지 않은 회령부(會寧府)에는 노
토가 오기를 꺼려하기 때문에 개시가 어렵다. 그 대신 노토는 무산
보(茂山堡)로 왕래하여 교역하기를 원하고 있는데, 이는 그대로 믿
기도 어렵지만 진심일지도 모른다. 그래서 이곳에다 개시를 열고 교
역을 허용하면서 점차로 그들을 설득시키면 노토 부자(父子)도 나와
서 성의를 바칠 것이며, 그들의 마음을 점차로 돌이킬 수 있을 것이다.

어떤 사람들은 말하기를, 무산보에 개시를 허락하면 박가천 깊숙한
곳에서 살고 있는 오랑캐들이 길목을 잃게 되어 만일 소요가 일어난
다면 여러 부락들이 따라서 일어나 이를 막기가 어려울 것이라고 하
는데, 이는 그렇지 않다. 왜냐하면 그들은 이미 우리나라 산천의 교
통을 잘 알고 있기 때문에 개시 때문에 길을 잃지는 않을 것이다.
지난 선조 27년 무렵에 파지보에다 개시를 열어서 지금 10년이 되
었으나 도적에 대한 환란이 없었으니, 이를 보더라도 개시가 효과가
있을 것이 분명하다. 6진 사람들은 개 가죽을 가지고 번호로부터 소
금을 사고 있는데, 개시를 하면 소금 값이 내려가 우리 측에도 이익
이 될 것이며, 자연히 인구가 늘어나게 될 것이다.

한편, 이곳을 지키는 만호(萬戶; 종4품)는 품계가 낮아 권위가 없
으니 첨사(僉使; 종3품)로 올리고, 당상관(堂上官; 정3품 통정대부
이상)으로 명망 있는 장수를 보내 병사(兵使)의 책임을 맡겨야 권위
가 서고 오랑캐를 진압할 수 있다.

이상과 같은 비변사의 평화적인 대책에 대하여 임금은 허락한다고
답했다.

8월 11일, 한효순은 함경도 지역에 일어난 태풍 피해를 보고했다. 단천, 북청, 홍원, 정평, 안변, 고원, 문천, 덕원 등 여러 지역에서 7월 17일부터 큰 태풍이 불어 농사가 큰 피해를 입고, 물에 떠내려가 죽은 사람이 많다고 자세히 보고했다. 이런 태풍은 100년 만에 처음이라고 했다.

여진족 문제는 10월에 이르러 새로운 양상을 띠었다. 그동안 조선에 충성을 바치던 번호(藩胡)들이 오히려 사나운 여진족인 홀적(忽賊; 홀라온 부족)의 대군을 함경도 동관(潼關)으로 끌어들이고도 우리 측에 보고하지 않은 사건이 일어났다. 그리하여 함경도 북병사 이용순(李用淳)은 10월 16일 이 사건을 긴급히 보고하면서 남방에서 포수(砲手; 銃手) 1천 명과 사수(射手) 1천 명을 올려 보내고 현지의 북방 군사와 힘을 합쳐 토벌하게 해 달라고 요청했다. 그러면서 순찰사 한효순과도 합의가 되었다고 보고했다. 이제는 노토 부족 뿐 아니라 홀라온 부족까지 합세하여 북방 지역을 괴롭히는 사태가 점차로 확대되어 가고 있었던 것이다.

11월 18일 한효순은 부임한 지 2년 만에 함경도 관찰사를 그만두고 지중추부사(知中樞府事; 정2품)에 임명되었다. 이 자리는 특별한 실무가 없이 국왕의 정사를 때때로 자문하는 자리였으므로 휴식을 얻은 셈이다.

그런데, 바로 그해 함경도 관찰사를 그만두기 전 여름에 한효순은 《신기비결(神器秘訣)》을 편찬하고, 이어 가을에는 《진설(陣說)》을 편찬했다. 이 두 책은 북로남왜(北虜南倭)를 방어하기 위한 국방 강화의 목적으로 지은 것인데, 실제로 이 책에 의거하여 북방 군사들을 훈련시켜 정예병으로 키웠다. 이 책은 훈련도감에서 금속활자로 인간하여 여러 장수들에게 보급시켜 장수들의 훈련 교재용 병서(兵書)로 널리 이용되었으며, 정조 때는 규장각에 비치했고, 대한제국기에는 황실의 제실도서(帝室圖書)로 소장되고, 일제강점기를 거쳐 지금 서울대학교 규장각에 금속활자본이 소장되어 있다. 이 책에 대한 자세한 내용은 다시 설명할 것이다.

5. 이조판서, 호조판서로 일하다

한효순의 휴식은 오래 가지 않았다. 관찰사를 그만둔 지 한달 보름이 채 안된 12월 27일 호조판서의 직책을 받았다. 그러나《연보》에는 그 벼슬이 보이지 않아 아마도 받지 않은 것으로 보인다.

이듬해인 선조 37년(1604) 2월 20일 62세의 한효순은 문관의 인사를 담당한 이조판서(吏曹判書)를 제수받았는데, 이 자리는 사양하지 않았다. 판서직을 받은 것은 이것이 처음이다. 3년 전에도 병조판서와 형조판서를 받고, 지난해 12월에도 호조판서를 받았지만, 모두 거절했는데, 이번에는 취임했다.

그런데 이조판서 자리는 항상 인사 문제 때문에 바람이 일지 않는 날이 없는 자리였다. 더욱이 인사의 실권을 가진 낭관(郎官; 정랑과 좌랑)이 말썽을 일으키는 주인공이 되었다. 붕당이 대립하고 있는 상황에서는 누구를 쓰더라도 반대당의 비판을 받기가 일쑤였다. 4월 18일 한효순은 건강을 이유로 이조판서에서 물러났다. 정랑 이지완(李志完)이 정철(鄭澈)의 서인(西人)에 속한 이현영(李顯英)을 대간(臺諫)으로 임명한 것을 동인들이 문제 삼아 사헌부에서 이지완을 탄핵하자 한효순도 이조판서직을 스스로 사임한 것이다. 대신 임금은 그에게 다시 정2품의 지중추부사 겸 지의금부사(知義禁府事)의 직을 주었다.

왜란이 끝나자 왜란 때 공이 많은 신하들에 대한 포상이 계속적으로 이루어졌는데, 그해 4월에 한효순에게는 효충 장의 적의 협력 선무공신(效忠仗義迪毅協力宣武功臣) 2등으로서 서흥부원군(西興府院君)에 책봉되었다.[53] 왜란 공신은 크게 임금을 호종하여 의주(義州)까지 따라갔다가 돌아온 신하들에게 주는 호성공신(扈聖功臣)과 전쟁터에서 직간접으로 전투에 참여한 신하들에게 주는 선무공신(宣武功臣), 그리고 선조 29년에 일어난 이몽학(李夢鶴)의 난을 진압한 신하들에게 내려준 청난공신(淸難功臣)의 세 종류가 있었는데, 한효순은 그 가운데 선무공신 2등에 책봉된 것이다. 1등 공신은 무장들에게 주고, 그들을 후방에서 지원한 문신들은 2등 공신으로 책봉되었다.

11월 8일 임금은 또 호조판서를 제수했다. 한효순은 지난번에는 이 직책을 받지 않았으나 이번에는 받았다. 그러나 이듬해인 선조 38년(1605) 5월 16일에 평안도 관찰사에 임명되었다가 약 6개월 만에 끝났다.

---

53) 한효순이 공신에 책봉된 것은 《실록》에는 기록이 보이지 않으나 공신책봉 교지(敎旨)를 후손들이 소장하고 있다.

6. 평안도 관찰사로 나가다

선조 38년(1605) 6월에 임금이 한효순을 호조판서에서 해임하여 평안도 관찰사로 보낸 것은 여진족이 국경을 넘어와서 침탈하는 정황이 점점 심해지는 상황에 대비하기 위함이었다. 아직은 평안도보다는 두만강 연안의 함경도가 더 위험한 상태였으나, 이 무렵 평안북도의 이산(理山) 지역까지 분탕질한 사건이 발생하여 평안도 지역도 안전을 보장할 수 없었다. 그래서 조정에서는 평안도에 대한 방비를 강화하기 위해 5월 15일 대신들을 불러 회의를 열었다.

이 회의에서 임금은 먼저, "평안 감사는 누가 적합한가? 나의 생각으로는 호조판서 한효순이라야 합당할 듯한데, 어떤가?"하고 물었다. 이에 영의정 유영경(柳永慶)은 "상의 분부가 옳습니다. 다만 나이가 60이 넘어서 기력이 부칠 듯합니다. 평안도는 참으로 장자(長者; 어른)를 보내어 진정시켜야 할 곳입니다. 조종 조에서는 다른 도(道)에 견주어 다르게 본 까닭에 혹 돌아와서 정승이 된 사람도 있었습니다."고 대답했다.

대신 회의가 끝난 다음 날인 5월 16일, 임금은 곧바로 한효순을 평안도 관찰사에 임명했다. 국방에 관한 한, 그에 대한 임금의 신뢰가 크다는 방증이다. 다만 품계는 정2품인데 관찰사의 직임은 종2품이기에 행(行)자를 붙여주었다.

6월 13일, 임금은 평안도로 떠나는 한효순을 만나보고 몇 가지 당부를 했다. "경(卿)은 가서 그대의 마음을 다하되 백성을 보호하는 것을 첫째로 하라. 다만 서쪽에 있는 노추(老酋; 누르하치)는 가볍게 여길 적이 아닌데 경이 어찌 모르겠는가? 매사가 먼저 소문이 나지 않고 뜻밖에 터지기 때문에 으레 군색하고 위급하게 되는 것이 다반사이다. 원대한 계책을 강구하는 데 힘쓰고 내지(內地)라고 해서 무사하다고 여기지 말라"고 격려했다.

한효순은 대답했다. "북쪽 변방의 일이 생기면 노추와 서로 연합하는데, 앞으로의 일에 대해서는 다 말씀드리기 어려운 점이 있습니다. 신이 듣건대 두만강 변의 여러 고을들이 모두 결딴났는데, 이산(理山)이 더욱 심하다고 합니다. 이산은 적이 쳐들어오는 초입이니, 이번에 신이 가면서 이 지역에 대해 무슨 조치를 강구해야 될 듯싶은데, 이미 텅 비었으므로 극히 염려스럽습니다."

임금은 또 이런 당부를 했다. "잘 다스리지 못하는 수령을 먼저 내치고, 용서하지 말라. 그렇지 않으면 백성에게 피해가 돌아간다. 저번에 어사(御史)의 장계를 보니 우스운 일이 있었다. 안주(安州)와 용천(龍川)의 성곽이 무너졌는데도 내지에 들어와 있다고 하여 수축하지 않았다 한다. 내지라고 해서 수축하지 않는다면 당초에 무슨 이유로 성곽을 쌓았겠는가? 어사가 순심(巡審)하면서 수축토록 했어야 하는데, 우리나라 일은 저 모양으로 어쩔 수가 없다."

임금은 또 이런 말도 했다. "함경도 길주(吉州)야말로 북쪽으로 들어가는 길목이다. 성곽을 수축만 하면 적이 아무리 멀리 뛰는 세력이 있다 하더라도 쉽게 방어할 수가 있을 것이니, 아주 좋을 것이다. 성곽이 큰가? 크면 지키기 어려울 것이다."

한효순이 대답했다. "3면이 높고 험한데, 1면은 지킬 만합니다. 전부터 쌓아 놓기만 하고 허물어졌는데, 지금 개축을 하면 공력이 그렇게 많이 들지는 않을 것입니다."

이런 대화가 끝나고 나서 한효순은 전부터 임금에게 하고 싶었던 말을 작심하고 했다. "내수사(內需司)가 노비 신공(奴婢身貢)에 대해 일족(一族)과 이웃 사람들에게까지 침탈하므로 마침내 온 경내가 공허한 지경에 이르고 말았으니, 조정에서 더욱 각별히 조처해야만 하겠습니다."고 말했다. 그런데 이 말이 나오자 임금은 침묵을 지키고 답하지 않았다. 한효순은 자리를 피하고 나왔다.

여기서 내수사는 왕실의 소요 경비를 조달하는 기관으로 여기에 소속된 땅과 노비가 적지 않았는데, 지나치게 혹독하게 수탈하여 노비들이 도망가고 그 피해가 친척과 이웃까지 파급되었다. 그래서 식견 있는 신하들은 전부터 내수사 혁파를 주장하고 나섰는데, 임금은 이에 대하여 항상 소극적으로 대했다. 더욱이 당시 내수사는 선조가 사랑하는 후궁인 인빈 김씨의 오라비 김공량(金公諒)이 별좌(別座)로 있으면서 갖은 행패를 부려 원성이 자자했던 터였다. 그런데 내수사의 토지와 노비가 평안도에도 적지 않았으므로 한효순이 민생을 걱정하여 임금에게 그 개혁을 넌지시 촉구한 것인데 역시 임금은 이 문제를 건드리는 것을 좋아하지 않았던 것이다. 선조가 민심을 잃고, 왜란때에도 백성들이 적극 싸우지 않은 이유 가운데에는 공납을 비롯한 내수사의 횡포에 대한 반감도 크게 작용했다.

한효순이 평안도에 내려간 뒤에 함경도에서는 큰 패전 소식이 전해졌다. 함경도 북병사 김종득(金宗得)이 번호(藩胡) 탁두의 말을 듣고 군사를 이끌고 국경을 넘어 100리 밖까지 추격했다가 역습을 받아 수백 명의 사상자를 냈다는 것이다. 임금은 이 소식을 듣고 매우 놀라 무모한 전투를 벌인 김종득을 잡아오라고 명하고, 이어 함경 감사 한효순이 전일에 양성한 1천여 명의 포수(砲手)는 어디로 갔느냐고 한탄했다.

임금의 한탄을 들은 비변사는 "함경도의 포수는 한효순이 속오군(束伍軍)을 편성한 뒤로 계속 교련하여 여러 방어소에서 쓰고 있다고 합니다. 그러나 함경도는 기계(器械)가 잘 맞지 않고, 화약을 구하기가 어려워 방포(放砲)하는 법을 항상 연습할 수가 없기 때문에 하삼도의 포수들에 견주어서는 정예롭지 못하다고 말했다. 그러니까 한효순이 함경도 관찰사로 있을 때 훈련시켜 놓은 군사들이 있어서 그래도 다행으로 여기고 있는 것이다.

7. 우찬성, 4도 체찰사 시절; 임금과 국방문제 전반을 논의하다

선조 38년(1605) 6월에 평안도 관찰사로 부임한 한효순은 8월 2일 종1품의 판중추부사(判中樞府事)로 임명되어 잠시 서울에 와서 쉬고 있었다. 판중추부사는 중추부(中樞府)의 최고의 관직으로서 처음으로 종1품직에 오른 것이다.

이 무렵 앞서 말썽을 일으켰던 여진족의 홀적(忽賊; 홀라온 부족)들이 갑자기 조선 정부에 충성을 할 테니 직첩(職帖)을 달라고 요구해 왔다. 비변사에서는 이를 어떻게 처리해야 할지를 몰라 한효순에게 자문을 구하여 대책을 만들어 임금에게 보고했다.

그 대책은 이렇다. 정부에서 100장의 직첩을 만들어 놓고, 주기 전에 사람을 홀적에게 보내 하유하기를, "네가 전에 직명(職名)을 받고 자못 공순(恭順)한다는 말을 듣고 매우 가상히 여겨 직첩 100장을 만들어 놓았다. 다만 관작은 공이 없는 사람에게는 함부로 줄 수 없으니, 네가 지난 날 잡아간 우리나라 백성들을 모두 풀어주어 본고장으로 돌아가게 하고, 잡혀가거나 투항한 번호(藩胡)들도 모두 풀어주어 본토로 돌아가게 할 것이며, 건퇴(乾退)에 주둔하고 있는 병력을 철수하여 조금도 거스르는 일이 없이 귀향(歸向)하는 정성을 다한다면, 소유하고 있는 100장의 직첩을 줄 수 있다."고 말한다. 이렇게 그들의 뜻을 시험해 보고, 과연 그들이 우리들의 뜻을 따르겠다고 말하면 직첩을 주기로 한다.

이 기록을 보면, 한효순은 현직에 있든 없든 국방 문제에 대한 최고의 자문 역할을 하는 사람이었음을 알 수 있다.

한효순에게 판중추부사의 직책을 준 바로 뒤 역시 종1품의 실직인 의정부 우찬성(右贊成; 종1품)으로 임명하는 동시에 4도 체찰사(四道體察使)를 겸하도록 명했다. 체찰사라는 직위는 관찰사(觀察使)와 병사(兵使), 수사(水使) 등을 모두 지휘할 수 있는 막강한 권한을 가지고 있는 자리로서 대체로 영의정이 맡거나 영의정을 지낸 사람이 맡는 것이 관례였다. 그러므로 종1품의 찬성에게 이것을 맡긴 것은 극히 파격적인 예외라 할 수 있다. 여기서 4도라 함은 반드시 특정한 4개의 도를 말하기보다는 방어가 시급한 북방 지역 전체를 뜻한다. 9월 28일, 임금은 한효순을 직접 불러보고 북로(北虜)와 남왜(南倭)

에 대한 방어 대책, 병졸의 훈련, 무기 수리 등 국방에 관한 전반적인 대책을 오랜 시간 협의했다. 임금과 한 사람의 신하가 단둘이 만나 이렇게 오랜 시간 국방 문제를 논의하는 것은 극히 드문 일이었다. 두 사람이 나눈 대화의 요지는 이렇다.

임금, "경은 전부터 오랫동안 외임(外任)으로 수고했는데, 지금 또다시 체찰의 임무를 맡기니, 사뭇 미안하다. 그러나 국사가 이와 같으니, 더욱 힘써서 아는 것이 있으면 모두 말하고, 해야 할 일이 있으면 모두 성취하라."

한효순, "신이 이 감당할 수 없는 임무를 맡아 밤낮으로 걱정하면서 어찌할 바를 모르고 있습니다. 만약 맡은 책무에 실수라도 있으면, 후회한들 무슨 소용이 있겠습니까? 여러 도(道)를 호령하는 것이라 체면이 몹시 중하니, 반드시 대신이 총괄해야만 원만히 성취할 수 있을 것입니다."

임금, "대신이 아닌들 무엇이 해롭겠는가? 경은 어떻게 조처하겠는가?"

한효순, "묘당(廟堂)의 계획도 이미 극진하고, 북도의 방비도 이미 완전한데, 다만 북방에서 오는 사람을 통해서 듣건대 직첩(職帖)으로 기미책을 쓴 뒤로는 민심이 해이해졌다고 하니 극히 염려스럽습니다."

임금, "고신(告身)을 주는 그 한 가지 일을 믿고 방어를 게을리 한다면 매우 불가하다. 여러 도의 문부(文簿)가 이미 경에게 도착했는가?"

한효순, "아직 도착되지 않았습니다."

임금, "방어에 관한 일은 그 조치가 얼마나 되었는가? 반드시 얼음이 얼기 전에 속히 해야 할 것이다. 얼음이 얼게 되면 일이 매우 어려울 것이다. 경이 체찰사가 되었으니 문부가 의당 도착해야 할 것인데, 무엇 때문에 도착하지 않고 있는가?"

한효순, "신이 처음 들어올 때 조카 한준겸(韓浚謙)이 바야흐로 도원수(都元帥)가 되어 있었기 때문에 신이 감히 행공(行公)하지 못하다가 준겸이 체차된 뒤에 비로소 제도(諸道)에 공문서를 보냈으므로 미처 도착하지 않은 것입니다."

임금, "길이 멀어서 그럴 것이다."

한효순, "이 오랑캐에게 이미 고신(告身)을 주어 기미책을 썼으니, 아마도 명년 사이에는 걱정이 없을 것 같습니다. 그러나 또한 어찌 깊이 믿을 수 있겠습니까? 임진년에 큰 적이 왔을 때 그 형세가 하늘에 치닿았는데, 한번 교전도 해보지 못하고 군사가 모두 무너져 흩어졌습니다. 당시 흩어져 도망친 군사들을 처벌하자면 모두 다 처벌할 수 없었으므로 인심을 안정시키는 데 주력하여 군율(軍律)을 쓰지 않았는데, 그 후 전례가 되어 불러서 오지 않는 자도 처벌하지 않고, 도주한 자도 처벌하지 않고, 무너져 흩어진 자도 처벌하지 않아 이것이 점차 나태한 습성을 이루어 끝내는 한 차례의 전공(戰功)도 세우지 못했습니다.

군사를 제대로 훈련시키지 못하고, 훌륭한 장수를 얻지 못했다고 하지만, 어찌 한 차례도 싸우지 못할 수가 있습니까? 다만 군율(軍律)이 해이하여 용감하게 목숨을 바칠 마음이 없었기 때문에 싸우기도 전에 먼저 무너진 것입니다. 대개 근본적인 것은 호령과 기강에 달려 있는데, 지금은 기율의 해이가 너무도 심하니, 혹 급한 일이라도 생기면 지난날과 같을 것은 의심의 여지가 없습니다. 사졸이 많고 병기가 완비되었다 하더라도 기율이 없으면 반드시 패망하는 것입니다.

다른 일은 유사가 스스로 감당해 낼 수 있겠으나, 이 한 가지 일은 반드시 조정의 각별한 신칙을 요합니다. 군사로서 무너져 흩어지거나 도주하는 자는 반드시 중률(重律)을 적용하여 사람들로 하여금 옛 습성을 고치고, 스스로 분발하는 마음을 가지게 한 뒤에야 일을 할 수가 있습니다.

전일의 계사(啓辭)에 이미 진달했으나, 반드시 면전에서 여쭙고자 한 것은 특별히 사목(事目)을 만들어 백성들이 범할 수 없는 것임을 알게 하려는 의도에서입니다. 나아가면 죽음만 있고, 물러나도 벌칙을 가하지 않으니, 군사가 무너져 흩어지는 것은 무엇이 괴이하겠습니까? 군졸만 이와 같을 뿐만 아니라 장수가 된 자도 마찬가지입니다. 장수도 없고 군사도 없으면 어떻게 일을 성취할 수가 있겠습니까? 근래 의논하는 자들은 군량(軍糧)이 고갈된 것으로 걱정을 하나, 오늘날의 사세로 보면 축적한 군량이 많다 하더라도 기율이 확립되지 않으면 싸움을 할 수가 없습니다.

정유년에 이미 신이 체찰부사로 되었었는데, 왜적이 호남에서 호서로 넘어 왔습니다. 이시언(李時彦)은 충청도 병사로서 도내의 군사를 거느리고 보은(報恩) 지역에 주둔하고, 내포(內浦)의 군사도 모두 그를 따랐습니다. 이때 신은 내포에 있었는데, 종군하는 군사가 모두 집에 편지를 부쳐 도피하려 한다는 말을 들었는데, 얼마 안 있어 과연 모두 도망쳐 돌아왔습니다. 그때 군관들이 말하기를, '무과 출신자들이 모두 본가(本家)로 돌아갔다'고 하기에 신이 곧 사람을 시켜 부르기를, '오지 않으면 참하겠다'고 하고, 또 조정에서 중률로 다스린다는 뜻으로 회유했습니다. 그러자 얼마 안 있어 어떤 여인이 신에게 정소(呈訴)하기를, '내 아들도 도망친 군졸에 속하는데, 지금 들건대 조정에서 무너져 흩어진 군졸들을 모두 처벌한다 하니, 내 아들도 의당 법에 따라 처형될 것이다. 쌀과 콩 500석을 관에 바치고 속죄할 것을 원한다'고 하기에, 신이 곧 허락하고 위에 아뢴 다음 성첩(成帖)하여 주었습니다. 8일 뒤에 그는 다시 장계를 가지고 와서 호소하기를, '서울에 올라가 들어보니, 무너져 흩어진 군졸은 2석의 쌀로 속죄한다고 한다. 다른 사람은 2석으로 속죄하는데, 나만이 유독 500석으로 속죄하는 것이 어찌 원통하지 않은가? 이 때문에 죽음을 무릅쓰고 다시 찾아 왔다'고 했습니다.

무릇 군대는 사지(死地)인 것입니다. 만약 2석의 쌀로 사명(死命)을 바꿀 수 있다면 누가 군율을 두려워하여 사지로 나가려고 하겠습니까? 기율이 없으면 한두 사람이라도 다스릴 수 없는데, 더구나 천만 명의 군사를 어떻게 말로만 유도할 수 있겠습니까? 오늘의 상책은 기강을 확립하고 호령을 엄하게 하는 데 있고, 다른 일은 모두 그 다음인 것입니다."

임금, "경의 말이 옳다. 또 말할 것이 있는가?"

한효순, "병가(兵家)를 따르면, 반드시 가르친 뒤에 썼고, 가르치지 않고도 잘 쓴 자는 없습니다. 근자에 우리나라가 《기효신서(紀效新書)》로 사졸을 훈련시키고 있으나, 또한 실효가 없었습니다. 이른바 속오군(束伍軍)은 그 제도가 사뭇 다르고, 기타 잡군(雜軍)에 이르러는 속오군보다도 더 형편없습니다. 오랑캐를 방어하는 것은 왜적을 방어하는 것과 다른 점이 있으니, 이른바 정미(精微)롭다는 것이 어찌 연소하고 용맹한 자를 말하겠습니까? 이는 곧 훈련된 군사를 가리키는 것입니다. 오랑캐를 방어하는 것은 성(城)을 지키는 것보다 더한 것이 없으니, 성을 지키는 군졸 또한 훈련시키지 않을 수 없습니다. 군사를 훈련시키면 성을 지켜도 견고하고, 들에서 싸워도 승첩을 거둘 수 있습니다. (…) "

임금, "그 말 역시 옳다. 이 오랑캐의 형세가 경이 보기에 어떠한가?"

한효순, "신이 어찌 알 수 있겠습니까? 그러나 오랑캐의 걱정이 이에 그치지 않을 것 같습니다. 앞서 노추(老酋; 누르하치)가 일어나 여러 부락을 노략질하자 회령 서쪽의 번호들이 모두 그의 제압을 받아 더러는 근지(近地)로 옮기기도 하고, 더러는 그 휘하가 되기도 했습니다. 이로 말미암아 드디어 강성해졌는데, 지금 홀온(忽溫; 홀라온)이 또한 노추의 일을 답습하고 있으니, 이것은 모두 근래 오랑캐들이 할 수 없었던 일들입니다. 그 흉모(凶謀)를 보면 장차 6진의 번호를 병합하여 모두 휘하에 넣은 뒤에야 그만두려고 합니다. 군사가 많으면 세력이 자연 강해지는 것이고, 세력이 강해지면 끝내 우리나라의 걱정거리가 될 것입니다. 금년이나 내년에 대거 나올지는 장담할 수 없으나 훗날의 걱정은 이루 형언하지 못할 점이 있으리라 생각됩니다."

임금, "북쪽 오랑캐들이 나오지 않으리라는 것을 보장하기 어려우니, 조석으로 변란에 대비하기를 항상 적이 이른 듯이 하는 것이 좋을 것이다. 일시에 나오지는 못하더라도 하나의 진(鎭)이 함락되면 그 형세가 위급하게 될 것이다. 다만, 이 오랑캐의 형세가 어떤지는 모르겠으나 용병(用兵)은 잘 하지 못하는 것 같다. 동관(潼關) 싸움에 승세를 타고 전진하여 인근의 잔약한 진보(鎭堡)를 함락했다면 일이 몹시 수월했을 것인데, 동관만 함락시키고 급급히 군사를 거두어 돌아갔으며, 또 건퇴(乾退)의 싸움에서도 민심이 저상되었을 때를 틈타 쳐들어오지 않은 것은 이해할 수 없는 일이다.

또 우리나라 사람으로서 납치되어 들어간 사람이 있으니, 우리의 허실을 알 수 있고, 7~8월 사이에는 군사를 보충하지 못하여 방어 또한 허술하다. 적이 이 틈을 타서 군사를 몰고 나오면 지혜로운 자도 미처 꾀를 내지 못하고, 용맹한 자도 미처 싸울 수 없을 것이다. 그럼에도 갑병(甲兵)을 거둔 채 끝내 나오지 않으니, 내 짐작에는 아마도 호걸스런 자가 아닌 것 같다. 진실로 힘을 합쳐 공격하여 일진(一陣)을 함락하고, 용성(龍城) 등지에 진을 친 다음 요새를 장악하면 6진은 그의 손아귀에 들어가게 될 것이며, 우리에게도 하나도 믿을 곳이 없게 될 것인데, 오랑캐가 이렇게 거사하지 않으니, 그 지모(智謀)가 낮고 짧은 것이다."

한효순, "그들이 나오지 않은 것은 알 수 없으나, 우리를 조종하려는 것이 아니겠습니까?"

임금, "장래의 일을 알 수 없다. 대거 출동하지 않는다 해도 명년 봄 농사를 짓지 못하게 하면 몇 해가 못 되어 6진은 없어지고 말 것이다. 또 그들이 기계를(奇計)를 내어 삼수(三水)와 갑산(甲山)의 길을 거쳐 곧바로 함흥으로 나오면 민심이 무너져 시세가 매우 어려울 것인데, 오랑캐가 무슨 계책을 쓸 것인지 모르겠다."

한효순, "이 오랑캐는 토지를 쟁취하려는 것이 아니니 이런 계교는 내지 않을 것입니다."

임금, "나의 짐작도 그러하다. 그러나 또 하나의 계책이 있으니, 소추(小酋)는 저 오랑캐의 장인인데, 합세하여 동과 서로 상응하면서 평안도의 강변 일대를 침범하면 우리나라 병력이 반드시 분열될 것이다. 평안도에 귀화한 호인(胡人)을 일체 금단시켜 출입하지 못하게 한다고 하나, 그 의도를 알 수 없다. 이 역시 경의 소관 지역 일이기 때문에 말하는 것이다. 속담에 소 잃고 외양간 고친다고 했는데, 우리나라는 소를 잃고도 외양간을 고치지 않으니, 이것이 항상 소를 잃는 걱정이 있게 되는 것이다. 내 말이 어떤가?"

한효순, "적세(賊勢)가 바야흐로 강성하고 우리의 약점을 알고 있으니, 철기(鐵騎)로 성(城) 한둘을 함락하고 명천(明川)과 길주(吉州) 사이로 쳐들어오면 사세로 보아 감당하기 어려울 것입니다. 진실로 이를 막아내는 자가 없으면 반드시 깊이 침입하는 걱정이 있게 될 것입니다. 비록 서울까지는 이르지 못한다 하더라도 함흥 등지에 침입하여 인민과 가축을 약탈하여 돌아간다면 국가의 치욕이 어떻겠습니까? 그러나 적의 진퇴를 예측할 수 없으니, 오직 방비를 갖출 뿐입니다.

지금 우리의 일로 보면, 군졸을 가르치지 않았을 뿐 아니라 장수감도 또한 모자랍니다. 무사(武士) 가운데 문벌이 있는 자제로서 조금이라도 벼슬할 수 있는 형세가 있는 자는 오직 분경(奔競; 취직 운동)에만 힘쓰고, 병법이 무슨 일인지를 알지 못합니다. 이런 무리 가운데서 구하니 어찌 좋은 장수를 얻을 수 있겠습니까? 이른바 군졸(軍卒)이란 모두 농민인데, 간혹 습진(習陣)을 시킨다면 이는 밭고랑 사이에서 몰아내다가 군사 훈련을 시키는 것이 됩니다. 이런 것을 훈련이라 할 수 있겠습니까?"

임금, "경의 말이 모두 옳다. 병법(兵法)의 말을 어찌 위료자(尉繚子)만이 말했겠는가? 대개 장수가 된 자는 반드시 엄해야 한다. 만약 엄하지 않으면 어질고 지혜가 있다 해도 장수가 아니다. 또 군졸로 하여금 나를 두려워하고 적을 두려워하지 않도록 하면 잘하는 것이다. (…) 최영(崔瑩)은 일보를 퇴진하는 자도 반드시 죽였기에 싸울 때마다 승첩을 거두었다. (…)

임진년의 우리의 무략(武略)은 고려와 현격한 차이가 있다. 알 수
없거니와 문치(文治)의 소치로 그렇게 된 것인가? 문장(文章)으로
말하더라도, 우리나라 200년 이래 고려시대의 문장에 미치지 못한
다. 이것으로 보면, 문장과 무략이 모두 고려시대만 못하다. 장수도
고려시대만 못하다. (…) 송나라의 조정과 너무나 비슷하다. (…) 자
고로 국세가 이러하면 반드시 이적(夷狄)의 화를 받는 법인데, 우리
나라의 일이 실로 염려된다. (…) 이는 시세를 알지 못하여 그렇게 되
는 것인가? 아니면 자연히 그렇게 되는 것인가?"

한효순, "과연 성상의 하교(下敎)와 같습니다. 신이 일찍이 그들과
방법을 논의한 적이 있었는데, 장수가 될 만한 인재를 보지 못했습니다."

임금, "무장(武將)은 활을 당기고 말을 달리는 일밖에 없고, 문신
은 오직 시구(詩句)의 연마만을 힘쓸 뿐이다. (…) 왜적은 한당(漢
唐)의 성세에도 당해내기 어려웠으나, 북적(北狄)은 하나의 양장(良
將)이면 충분한 것인데도 이처럼 어려우니, (…) 옛 사람이 부국강병
(富國强兵)이라고 했으나, 부강(富强)만을 위주로 해서는 안 되고
반드시 축적이 있은 뒤에야 일을 성취할 수 있다. 그런데 천하에 어떻
게 이처럼 가난한 나라가 있겠는가? (…) 우리나라는 지역이 수천 리
나 되지만, 산천이 많이 차지하고 있어서 생산되는 곳이 없다. (…)
중원(中原)의 한 도(道; 省)에도 미치지 못한다. 왜국 역시 우리나라
처럼 가난하지는 않다. 그런데 왜국은 몇 개의 도로 나뉘어 있는지 모
르겠다."

한효순, "왜국 역시 8도로 나뉘었다고 합니다."

임금, "왜국은 8도로 나뉘었다고 하더라도 66주(州)일 뿐이다. 우

리나라 300개의 주군(州郡)에 어찌 비교할 수 있는가? 천하를 놓고 볼 때 우리나라는 점 하나와 같다. (…) 금년에는 6진의 농사가 부실하지 않다고 들은 것 같은데 사실인가?"

한효순, "약간 풍년이 들었다고 합니다."

임금, "평안도는 대풍이라 하던데 사실인가?"

한효순, "청천강 서쪽은 농사가 매우 풍년이나, 남쪽은 그리 풍년이 아니라고 합니다. 왜구는 천하의 강적이라서 당해낼 수 없으나 군병을 잘 다스린다면 이 오랑캐〔여진족〕야 무엇이 두렵겠습니까? 중원의 연병정책(練兵政策) 또한 우리처럼 허술하지 않기 때문에 동서로 정벌하여 모두 승첩을 고합니다. 지금 노추(老酋)가 강성하게 일어났고, 홀적(忽賊)이 이어 일어나 군병을 다스려 자강(自强)할 줄 아는데, 우리나라만이 유독 군병을 다스리지 않아 모욕을 당하니, 실로 애석한 일입니다.

비록 군병을 많이 뽑을 수는 없으나 3만 명은 얻을 수 있습니다. 한강 이남은 2만 명을 뽑아 훈련시키고, 한강 이북은 1만 명을 뽑아 훈련시켜 극히 정예로운 군사를 만들어 남쪽에 경보가 있으면 남쪽을 방어하고, 북쪽에 경보가 있으면 북쪽을 방어하며, 일이 없을 때에는 경성을 수호하고, 그 나머지로 잡군(雜軍)을 만들면 위급할 때 쓸 수 있을 것입니다. 그러나 3만 명의 군병을 쉽게 얻지 못하면 2만 명의 군병이라도 가합니다. (…)

지금의 급선무는 군병을 다스리는 것뿐만이 아니라 반드시 먼저 장수를 가르쳐야 합니다. 그러나 무인들은 대부분 글을 알지 못하니, 어찌 《육도(六韜)》, 《삼략(三略)》에 뜻을 가질 수 있겠습니까? 또 군사를 훈련시킬 때 그 공궤(供饋; 음식)하는 것을 폐단으로 삼는데,

각 도(道)에서 그 도(道)의 군병을 배양하도록 하면 폐단이 없을 것입니다. 지금 아군은 위축되어 있고, 적로(賊虜; 오랑캐)는 강성한데 변방의 방비가 탕패하여 하나도 믿을 곳이 없으니, 적중(賊中)에 호걸스런 자라도 있으면 화가 필시 클 것입니다."

임금, "이 오랑캐는 호걸스럽지 못하지만 그 족속과 자손 가운데 호걸스런 자가 생겼는지를 알 수 없다. 자고로 중국이 불행하면 이적(夷狄)이 반드시 호걸스런 자가 나타나서 큰 걱정이 되어 왔다. 또 조종조의 고사를 내가 알지 못하는데, 옛날에도 서북도의 오랑캐 가운데 이처럼 호걸스럽고 강포한 자가 있었던가?"

한효순, "실록청 당상을 겸임한 관리가 혹 말하기는 합니다만, 신은 들어보지 못했습니다. 옛날에 이런 호로(胡虜)가 있었는지 신은 잘 모르겠습니다. (…) 신이 전에 평안도에 있었을 때 들었는데 노추가 스스로 '조선에 대해 정성을 다했는데도 조선은 우리를 대함에 있어 몹시 박하게 한다'고 했습니다. 신의 생각에는 이적(夷狄)을 대하는 도리는 공연히 충격을 주어 변을 일으키게 해서는 안 된다고 봅니다. 비록 중국과 밀접한 관계이므로 저들과 서로 사귀기는 불가하나, 접대할 때 약간의 후의를 보이는 것이 좋습니다.

또 신이 평양에 있을 때 통사(通事) 이해룡(李海龍)이 홀적(忽賊)에게 말한 일로, 중국에서 보낸 것처럼 자문(咨文)을 만들어 가지고 노추(老酋)의 군문(軍門)에 갔는데, 신의 망령된 생각으로는, '노추의 마음속에는, 조선은 왜 직접 말하지 않고 중국을 빌어 압력을 가하는가 할 것이다'라고 여겼습니다. 우리가 직접 말하면 흔단이 없는데, 중국을 빌어 말하면 노여움을 일으킵니다. 앞으로는 권도(權道)를 써서 중국을 빌어 말할 것이 아니라, 감사(監司)나 변장(邊將)이 직접 글을 만들어 말해주는 것이 옳겠습니다. 병가(兵家)의 일은 하나만을 고집할 필요가 없을 것입니다. 때로는 저들의 노여움을 풀어주기도 하고, 때로는 우리의 덕의(德義)에 감동하게도 하여, 저들로 하여금 변을 일으키지 못하게 하는 것이 상책입니다."

임금, "그러나 오랑캐의 풍속은 저희들끼리 서로 싸우면서도 반드시 소를 잡아 하늘에 제사를 지내는데, 그와 같이 하는 것은 무엇 때문인가?"

한효순, "호인(胡人)이 하는 말은 대체로 진실하지 못해 10에 8~9는 거짓말입니다."

임금, "내가 묻는 의도는 오랑캐의 풍속이 과연 이와 같으냐이다. 그 말의 허실을 알 수 없다."

한효순, "신도 자세히 모릅니다. (…) "

임금, "무신과, 수사, 병사 이하 드러나게 이름난 자 말고도 경만이 알고 있는 자가 있는가?"

한효순, " (…) 신이 항상 지성으로 널리 구했으나 아직 얻지 못했습니다. 대개 기율을 엄히 하는 것, 장수를 가르치는 것, 사졸을 훈련하는 것, 기계[무기]를 수리하는 것, 이 네 가지를 구비하면 어찌 실패할 걱정이 있겠습니까? 그러나 오늘날의 일은 피폐가 너무 극심하여 장수된 자가 해결할 수 없습니다. 바라건대 성상께서 특별히 전교(傳敎)하시어 분발시키소서. 그러면 일이 성취될 수 있을 것입니다."

임금, "나의 전교(傳敎)가 교서(敎書)에 있다. 감사, 병사가 모두 경의 손아귀에 있으니, 4도의 장졸(將卒)을 경이 스스로 재량할 수 있다. 다만, 조정에서 먼저 정비해야 한다는 말은 옳다."

한효순, "소신이 밖에 있으면서 성명(聖命; 왕명)을 받들 때 사람들에게 말하기를, '내가 상경하면 반드시 임금께 말씀드려 기율을 엄히 하겠다'고 했습니다. 감사(監司)와 병사(兵使)는 감히 함부로 처치할 수 없겠으나 그 아래는 반드시 '선참후문(先斬後聞)'(먼저 죽이고 나서 뒤에 임금께 알려드림)하여 장사(將士)들이 듣고 두려워하게 해야 합니다. 《위료자》에 '용병을 잘 하는 사람은 사졸(士卒)의 반을 죽인다'고 했으니, 이는 1천 명 가운데 500명을 죽인다는 것입니다. 이와 같이 하면 나머지 500명이 어찌 정병(精兵)이 되지 않겠습니까? 《위료자》에 또 '그 다음은 10분의 3을 죽이고, 또 그 다음은 10분의 1을 죽인다'고 했습니다. 지금 최하의 율(律)을 쓴다 해도 율을 범한 자는 그들의 부모처자를 먼 곳으로 유배 보내는 것이 옳습니다. 교서에 비록 운운했으나 교서에 따라 시행하지 못한 지 이미 오래되어 사람들이 모두 심상하게 보고 있습니다. 오늘 면대하여 진달하고자 한 것은 오로지 이 일을 위해서입니다. 요즘 지방 신하들의 의견을 들으면 모두들 용병(用兵)을 그와 같이 해서는 안 된다고 하나, 신은 그렇다고 생각하지 않습니다."

임금, "두 말이 모두 좋다. 재상은 의당 재상의 체통이 있어야 한다. 경이 이미 원수(元帥)가 되었으니, 원수의 체통 또한 마땅히 그러해야 한다. 그리고 군대의 일은 엄히 하지 않을 수 없다는 경의 말이 옳다."

한효순, "장졸(將卒)을 훈련시키고 기계를 수리하는 일을 신이 담당하겠습니다. 이른바 기계는 궁시(弓矢)를 말하는 것이 아니라 오로지 화기(火器)를 가리켜 말한 것입니다. 화기를 조치하는 것 또한 그리 어려운 일이 아니라, 노력하여 조치하면 사용할 때 군핍한 걱정을 면할 수 있을 것입니다. 가계가 있고 사졸이 있고 나서 기율이 엄하면 어찌 싸울 때마다 패하는 치욕이 있겠습니까?"

지금까지 선조 임금과 한효순의 기나긴 논의의 대요를 소개했는데, 이를 요약하면 국방을 강화하는 방책은 크게 ① 장졸(將卒)의 체계적인 훈련을 통한 정예화, ② 화기(火器; 총과 대포)의 수리와 제작, ③ 엄격한 군율(軍律)의 시행으로 요약된다. 이를 좀 더 부연한다면 군사의 수효는 대략 정예군 3만 명을 목표로 만들어 종전의 농민 군사에서 벗어나고, 이들에 대한 군량조달은 각 도에 맡긴다. 무기는 종전에 말 타고 활 쏘는 재래식 전투에서 벗어나 대포나 총을 중심으로 한 화기 부대(火器部隊)로 개편한다는 뜻이다.

　또 북쪽 여진족에 대한 대책은 기본적으로 성곽 중심의 방어를 강화하는 한편, 저들을 무력으로만 진압하거나 중국의 권위를 빌려 겁박하는 데서 벗어나 우리의 처지에서 저들을 설득시키고, 저들의 요구를 들어줄 것은 들어주는 다양한 계책을 병용하는 것이 좋다는 것이다. 이를 달리 말하면, 저들을 야만적인 오랑캐라는 화이관(華夷觀)의 시각에서만 바라보지 말고 서로 상생하는 길을 모색하자는 뜻도 포함되어 있다. 그리고 그러한 한효순의 시각을 선조가 상당 부분 수용하고 있다는 점도 주목되는 점이다.

　결과를 놓고 보면 선조, 그리고 그 다음 광해군 정권이 추구한 북방정책과 화기 도감(火器都監) 설치는 한효순의 주장이 거의 그대로 반영된 것으로 볼 수 있고, 그 다음 인조정권이 추구한 정책은 저들을 야만으로 보는 시각으로 돌아갔다가 호란(胡亂)의 치욕을 당했다고 말할 수 있다. 적어도 북방 정책에 관한 한 인조정권은 광해군 정권에 훨씬 미치지 못한 것이 사실이다.

8. 판의금부사 시절; 대일 강화를 논의하다

　선조 38년(1605) 8월, 의정부 우찬성으로 4도 체찰사의 중임을 맡은 63세의 한효순은 그 이듬해인 선조 39년 6월에는 국왕 직속의 최고 형벌 기관인 의금부의 수장인 판의금부사(判義禁府事; 종1품)의 직책을 맡고 있는 것으로 《선조실록》에 기록되어 있다. 그러나 그가 체찰사의 직을 그만두고 판의금부사의 직책을 받은 시기는 확실하지 않다.

　그러나 그가 체찰사를 맡고 있든 체찰사를 그만두었든 간에 국방과 외교에 관한 논의에는 빠짐없이 참석하고, 그의 의견이 일을 결정하는데 결정적 영향을 주었다.

　선조 38년 11월 16일, 함경 감사 이시발(李時發)은 체찰사 한효순과 상의하여 마천령(磨天嶺)에다 중국의 함곡관(函谷關)이나 산해관(山海關)과 같은 큰 관문을 설치하기로 결정하고 이를 임금에게 급히 보고하여 윤허를 받았다. 마천령산맥은 백두산에서 출발하여 함경도 길주 방향으로 뻗어 내린 산맥으로, 6진 이남에서는 가장 험준한 지역이었다. 이곳에 관문을 세우면 두만강 변의 여진족이 남하하는 것을 막기에는 매우 적합한 곳이었다.

　이듬해 선조 39년(1606) 4월에 일본의 덕천가강(德川家康; 도쿠가와 이에야스) 정권이 대마도를 통해 조선과 통교를 원하는 서계(書

契)를 보내왔는데, 이 문제를 논의하기 위해 4월5일에 임금이 2품 이
상의 대신들을 불러 논의했는데, 이 때 한효순도 조카 한준겸과 함께
참석했다.

대신들의 의견은 크게 네 갈래로 갈렸다. 먼저 통교를 거부하고 자
강을 주장한 것은 이광정(李光庭) 한 사람 뿐이고, 덕천가강은 풍신
수길(豊臣秀吉; 도요토미 히데요시)과 다른 인물이므로 즉각 통교해
도 좋다는 의견을 제시한 것은 좌의정 기자헌(奇自獻), 우의정 심희
수(沈喜壽), 김제남, 윤형, 정창연, 이정귀, 윤승길 등 11명이었다.
한편, 일본이 풍신수길의 잔당을 모조리 제거하고, 정릉(靖陵; 중종
능)을 파헤친 자들에게 죄를 준다면 우호 관계를 회복해도 좋다는 조
건부 승낙으로 이호민과 김수가 주장했다. 그리고 저들의 본심을 알
수 없으니 사람을 보내 저들의 국내 사정을 탐색한 뒤에 승낙하자는
신중론으로 이원익, 이덕형, 이항복, 유영경, 홍진, 신잡, 윤근수 등
이 주장했다.

그러면 한효순과 한준겸의 의견은 어떠했는가? 두 사람의 의견은
일치하는데, 크게 보면 신중론에 속했다. 그러나 구체적인 방법을 이
렇게 제시했다.

적이 우리와 화친하려고 하는 진위에 대하여 알 수는 없지만 일단
단호하게 거절하지 못하고 기미책(羈縻策; 우호관계를 유지하면서
견제하는 정책)을 써서 대마도에 교역하기를 허락했습니다 (…) 그
러나 허락하자니 그들의 국내 사정을 알기가 어렵고, 허락하지 않으
려니 목전의 환란이 걱정됩니다. 갑자기 통신사를 보낼 수는 없지
만, 우선 어떤 일을 기탁하여 사람을 보내 왕래하면서 서로 우호하
는 뜻을 보이는 것만은 그만둘 수 없을 듯합니다. 그러나 일본까지

사람을 보낼 경우 국서(國書)가 없으면 갈 수가 없습니다.

사람을 대마도주 지정(智正)과 함께 대마도에 보내, '우리나라가 일본과는 본래 우호 관계를 맺어 왔다. 그런데 평적(平賊; 풍신수길)가 아무 이유도 없이 환란을 전가시킴으로써 스스로 우호 관계를 단절시키고 말았다. 이번에 가강(家康; 덕천가강)이 권세를 잡고 나서 거조가 풍신수길이 하던 것과는 반대이고, 우호 관계를 맺자고 요구해 오면서 누차 정성을 바쳤다. 우리나라가 가강에 대해서는 조금도 단절할 의리가 없으니, 진실로 중국에 상주(上奏)하여 옛날처럼 막힘없이 서로 왕래하며, 서로 우호를 다지도록 해야 할 것이다. 다만, 이 일은 너희 대마도의 요청이 간절하기는 하나 아직까지 가강에게서는 한 자(字)의 통지도 없다. 양국이 교제하는 이 일이 얼마나 중요한 일인데, 어찌 중간의 말만 듣고 믿고서 갑자기 통신사(通信使)를 보낼 수 있겠는가? 지금 만약 가강이 먼저 한 통의 서신(書信)을 보내온다면 즉시 사신을 보내 양국의 우호관계를 이루기란 실로 어렵지 않다'는 내용으로 말을 하여 그들의 하는 짓을 관찰해 보고 나서 처리한다면 기의(機宜)에 합당할 듯합니다. 그러나 반드시 우리 쪽의 계책을 먼저 정한 뒤에야 이렇게 시험해 볼 수 있지, 그렇지 못할 경우는 또한 가벼이 논할 수 없습니다.

그러니까 한효순과 한준겸의 의견은, 우리가 일본과 국교를 맺을 것인가 아닌가부터 먼저 정해 놓고, 맺는다는 데 일단 합의가 된다면, 대뜸 통신사를 보낼 것이 아니라 대마도를 매개로 하여 덕천가강(德川家康)이 먼저 국교를 요청하는 서신을 보내도록 만들고 나서, 저들의 태도를 확인한 뒤에 사신을 보내자는 말이다. 결과를 놓고 보면 한효순의 말대로 일본 측에서 서계(書契)를 보내와서 국교를 재개하기로 합의가 되었다.

그러나 사신의 명칭이 문제가 되어 논의한 결과 종전에 써오던 통신사(通信使)라는 호칭은 쓰지 말고 일본 측의 서계에 대한 회답의 의미로 보낸다는 뜻으로 회답사(回答使)라 일컫고, 또 왜란 때 포로로 잡혀간 조선 사람들을 쇄환하여 데리고 온다는 뜻으로 쇄환사(刷還使)의 명칭을 첨가하여 회답 겸 쇄환사로 결정한 가운데 이듬해인 선조 40년(1607)에 사신을 파견했다. 조선으로서는 국교를 재개하면서 명분을 잃지 않고 평화라는 실리도 챙긴 셈이 되었다.

9. 병조판서를 맡다; 체계적 군사 훈련을 논의하고, 《진법》을 다시 편찬하다

선조 39년(1606) 6월에 판의금부사를 맡았던 한효순은 7월 2일 병조판서의 직을 제수 받았다. 이 직책은 5년 전에도 받은 일이 있었으나 건강을 이유로 받지 않았었다. 이조판서, 호조판서에 이어 세 번째로 판서직을 맡은 셈이다. 병조판서가 하는 가장 중요한 일은 무반에 대한 인사권이었는데, 아마도 임금은 그에게 좋은 장수를 발탁하라는 뜻이 있었을 것이다. 한효순은 체찰사로 있을 때에도 임금에게 장수의 재질을 가진 사람이 없기 때문에 시급히 장수를 길러야 한다는 뜻을 밝힌 바 있으므로 이 직책을 맡은 것으로 보인다.

마침 8월 7일, 묘당회의에서 대사간 황섬(黃暹)이 군정(軍政)이 해이해진 것을 걱정하면서, 더욱이 군사들을 지휘하는 위치에 있는 장수(將帥)가 없는 것을 개탄하고, 그 대책을 촉구했다. 그의 말을 따르면, 지금 장재(將材)가 없어서 몇 사람의 장수가 병사(兵使)와 수사(水使)를 돌려 막기식으로 독점하고 있어서 두려워하는 기색이 없고, 군비(軍備)를 갉아 먹으면서 일반 사졸들을 훈련시키지는 않고 마치 노동자처럼 부역에만 동원하고 있다는 것이다.

황섬은 이렇게 장재가 없는 이유를 인재 등용의 잘못에서 찾았다. 무과에 급제한 사람들 가운데 문벌이 좋은 집 자제들은 재주가 없어도 모두가 임금을 수행하는 선전관(宣傳官)이나 부장(部將)으로만 나가고, 권세가 없는 사람이나 시골 출신의 급제자들은 재주가 있어도 발탁되지 못하고 그대로 묻혀 버리고 만다는 것이다. 이를 시정하는 길은, 오직 병조의 인사정책을 공정하게 하여 하찮은 시골 사람이나 일반 항오(行伍; 졸병) 가운데서도 재주 있는 사람을 발탁하여 장수로 키워야 한다고 주장했다. 또 중앙과 지방에서 모두 《병서(兵書)》를 가르칠 필요가 있다는 것도 역설했다.

황섬의 말을 들은 병조판서 한효순은 그의 말이 본래 자신이 오래 전부터 주장해 오던 뜻과 일치하므로 선뜻 받아들이고, 이렇게 말했다.

신이 이 일을 아뢰려고 생각 중이었습니다. 장재(將材)에 걸맞는 사람은 아예 없고, 첨사(僉使)와 같은 후보자도 갖추어 추천할 만한 사람이 없습니다. 미안한 줄은 알지만 어찌할 수가 없어서 번거롭게 계청(啓請)을 드리고 있으니, 이는 부득이한 일입니다. 장재는 반드시 배양한 뒤에야 만들어지는 것입니다. 먼저 배양하지 않고 쓸 만한 사람을 구한다면 어찌 얻을 수 있겠습니까? 청컨대, 한 관청을 서울에 따로 설치하여 무사들을 모아 병서(兵書)를 가르쳐서 장수를 배양하는 길을 여는 것이 어떻겠습니까?"

여기서 한효순은 장수를 기르기 위한 전문 기관을 따로 세울 것을 임금에게 건의했는데, 임금은 "병조가 알아서 하라"고 윤허했다.

본래 사졸들의 군사 훈련기관으로는 선조 26년에 유성룡(柳成龍)이 건의하여 세운 훈련도감(訓鍊都監; 일명 訓局)이 있었다. 여기서는 당장 필요한 포수(砲手; 총포 군사), 사수(射手; 활쏘는 군사), 살수(殺手; 칼과 창을 쓰는 군사) 등 이른바 삼수군(三手軍)을 훈련시키고 있었는데, 이들은 봉록을 받는 직업군이었기 때문에 군비(軍費)가 부족하여 처음에는 약 1천 명 정도에 지나지 않았고, 또 병서(兵書)를 가르쳐 장수를 기르는 기구는 아니었다. 그래서 한효순은 훈련도감과 다른 별도의 장수 양성기관을 만들고 싶었던 것이다. 그러나 한효순이 세우고자 했던 장수 양성기관이 그 뒤 어떻게 되었는지는 기록이 없어 알 수 없다.

그런데 이날 한효순은 군사 훈련 방식이 통일되어 있지 않아 큰 혼란이 일어나고 있다고 하면서 하나로 통일시킬 것을 촉구했다. 자신이 옛날 평안도 관찰사로 있을 때 수령들이 찾아와서 말하기를, "그동안 중국식 진법(陣法)을 따라 훈련해 왔는데, 병조에서는 우리나라 '진법'으로 하라는 공문이 내려와서 무엇을 따라야 할지 모르겠다."고 했는데, 한효순의 생각으로는 우리나라 진법을 위주로 하되 중국의 제도를 보완하는 방식으로 통일시키는 것이 좋겠다고 말했다. 서로 다른 것이 많지 않으므로 합하려고만 하면 합치할 수도 있을 것이라고 했다. 사실, 이런 취지에서 만든 책이 함경도 관찰사 시절에 만든 《진설》과 《신기비결》이었다. 이에 임금은, "관계되는 바가 가볍지 않으니, 함께 의논하여 결정하라"고 하면서 신중한 태도를 보였다.

병조판서 시절에 있었던 일 가운데 하나는 다음과 같다. 10월에 우리나라의 요청에 따라 덕천가강이 왜란 때 왕릉(王陵)을 손상시킨 죄인이라고 하면서 두 사람의 대마도 사람을 붙잡아서 조선으로 보낸 사건이 일어났다. 그런데 이들을 심문한 결과 모두 왕릉을 훼손한 사실을 완강히 부인하여 정부를 난처하게 만들었다. 그래서 이 문제를 어떻게 처리할 것인가를 놓고 12월 23일 대신들이 논의했는데, 의견이 분분했다. 가짜 죄인을 만들어 보냈다고 사신을 힐문한다면 저들은 반드시 진짜 죄인인데도 본인이 거짓말을 한다고 발뺌할 것이니 이러지도 저러지도 못하는 진퇴양난에 빠진 것이다. 또 심한 고문을 받다가 거의 죽을 지경에 이른 두 왜인을 돌려보내자니 도착하기도 전에 죽을지도 모르고, 그렇다고 돌려보내지 않을 수도 없는 어려운 상황이었다.

이 미묘한 문제에 대해 한효순은 다음과 같은 대안을 제시했다.

대마도 왜적의 진위를 판단하기는 어렵지만 일본이 우리와 통호(通好)하고자 하는 마음은 지성에서 나온 것이니, 죄 없는 사람을 결박하여 보낼 리는 없을 것이다. 아마도 심문을 받으면서 거짓말을 했을 가능성이 크다. 대마도 사신에게 힐문을 해 보자, 우리가 알 바 아니라고 답할 것이다. 통호가 중요하다면 작은 일에 구애될 필요가 없다. 하지만 사신에게 시험 삼아 물어보아 어떻게 대답하는가에 따라 다시 물어본 뒤 천천히 처리하는 것이 좋을 것이다.

이때 동지중추부사(종2품)로 있던 한준겸(韓浚謙)도 발언했는데, 대체로 한효순의 생각과 비슷했다. 곧 왕릉 훼손 문제가 통호의 전제조건은 아니므로 이 일을 깊이 따질 필요는 없다. 하지만 이왕 심문을 한 이상 그냥 넘어갈 수는 없으므로, 진범이 아닌 자를 보낸 것에 대해 대마도 사신을 꾸짖으면서 "덕천가강이 대마도에서 범인을 잡아 보내도록 한 것은 진심으로 보이지만, 대마도가 속임수를 썼으니 어떻게 일본의 서계(書契)에 회답을 해야 할지 모르겠다."고 말하고 나서 대마도가 어떻게 나오는가를 보아 처리하자고 주장했다.

그리하여 왕릉 훼손범 문제는 결과적으로 적당한 선에서 마무리하고, 이듬해 드디어 일본과의 국교가 재개되어 일본의 요청에 회답하고 아울러 포로를 쇄환한다는 명분을 걸어 회답 겸 쇄환사의 이름으로 사신을 보냈다.

12월 24일에는 왜란 때 이순신(李舜臣)의 막하에서 전선(戰船)을 만드는 군관으로 있다가, 선조 32년에는 한효순이 전라도 순찰사를 하고 있을 때 그의 군관으로 들어와서 병선(兵船) 25척의 건조를 감독한 나대용(羅大用)이 상소하여, 그때 만든 창선(槍船)이라는 배가 거북선이나 판옥선보다 빠르고 격군(格軍)도 적게 소용되는 새로운 배이므로 이것을 대대적으로 만들자고 건의한 사건이 일어났다.

그러나 당시 3도 수군통제사이던 이운룡(李雲龍)은 나대용을 불러 이 배를 만들어 시험해본 뒤에 결정하자고 주장하여, 임금이 그렇게 하라고 명했다. 그러나 뒤에 어떤 결과를 가져왔는지는 알 수 없다. 그의 말이 사실이라면, 한효순이 전라도 순찰사 시절에 나대용을 시켜 새로운 창선을 만들었다는 것을 알 수 있다. 나대용의 설명을 들으면, 거북선이나 판옥선은 격군(格軍)이나 사수(射手)가 약 125명이나 필요하고, 거북선은 활쏘기가 불편하지만, 새로 만든 창선은 거북선이나 판옥선과 모양도 다르고, 칼과 창을 촘촘히 꽂았으며, 약

42명의 격군을 태우고 바다에 나가 노를 저으면 빠르기가 나는 듯하고 활쏘기도 편리한 배라고 한다.

그런데, 한효순이 지은 《진설》에는 왜적을 막던 중국 배에 관한 설명이 보이는데, 크게 네 종류를 언급했다. 하나는 복선(福船)으로 바람의 힘으로 달리는 성처럼 큰 배를 말하는데, 뱃전에 대나무와 쇠못을 박았다. 이 배로 작은 왜선을 제압할 수 있으나 배가 커서 연안 지역에서는 항해가 어려운 단점이 있다고 했다. 두 번째는 창선(蒼船)으로, 원래 어민들이 고기를 잡던 작은 배로서, 접근해서 칼이나 창 같은 짧은 무기로 싸우는데 편리하다고 했다. 세 번째는 응선(鷹船)으로, 머리와 꼬리가 구별이 어려워 앞으로 가고 뒤로는 가는 것이 매우 빠르고, 뱃전에 대나무 판과 쇠못을 빽빽하게 꽂아 숨어서 총을 쏠 수 있어 적중으로 파고들기가 쉽다고 했다. 끝으로 사선(沙船)인데, 응선을 뒤따라가서 단병(短兵)으로 접전하는데 편리하지만, 배 위에 가림막이 없어서 화기(火器)나 돌멩이 등을 피하기 어려운 것을 단점으로 꼽았다.

우리나라 배에 대한 언급이 없어 아쉽지만, 아마도 판옥선(板屋船)이 복선에 가깝고, 거북선이 응선에 가까운 것이 아닐까 추측된다. 나대용이 말한 창선(槍船)이 사실이라면 응선에 가까운 것이 아닐까 여겨지지만 확실히 알 수 없다.

이듬해 선조 40년(1607) 2월 13일, 조강(朝講)에서 병조판서 한효순은 지난해 8월 7일에 임금에게 요청했다가 유보된 군사훈련 통일 방식에 대하여 다시 문제를 제기했다. 훈련방식을 우리나라 《진법》으로 할 것인가, 아니면 중국식 《기효신서》 제도를 절충하여 하나로 합쳐서 할 것인지는, 훈련도감이 주관하든, 아니면 병조가 주관하든 빨리 결론을 내리지 않으면 훈련에 혼란이 온다는 것이 한효순의 주장이었다.

이에 대해 선조는 대답하기를, "우리나라 《진법(陣法)》과 척계광의 《기효신서》를 나도 본 적이 있는데, 두 법이 같지 않아 하나로 만들기는 어려울 듯하다."고 말했다. 그러나 한효순은 "되든 안 되든 한번 시험 삼아 해보고 싶습니다. 한번 해보고 나서 되지 않으면 도로 그만두어도 무방할 것입니다."라고 하니, 임금이 "그렇다면 판서의 주장대로 병조와 훈련도감이 함께 의논하여 하라"고 명했다.

한효순은 임금의 허락이 떨어지자 우리나라 《진법》의 역사에 대하여 자세한 설명을 임금에게 진달했다. 그의 말을 들어보자.

신들이 삼가 보건대, 《진법(陣法)》은 세조 대왕께서 손수 찬정하신 것이었습니다. 그 뒤 세조 원년에 작은 활자로 인쇄, 출판하면서 《소자진법(小字陣法)》이라 하고, 세조 3년에 큰 활자로 다시 인쇄하여 《대자진법(大字陣法)》이라고 했는데, 역시 모두 세조 대왕께서 신하들에게 분담시켜 교정하게 한 것입니다. 성종 23년에 대왕께서 여러 신하에게 명하여 차이점을 교정하고, 자세하고 소략한 점을 참고해서 첨가하거나 삭제하여 두 책을 합쳐 한 책으로 만들게 했는데, (…) 모두 성종 임금의 판단을 여쭈어 보고 한 것입니다.

이제 성상께서 중국의 훈련 방식을 그 사이에 첨가 보완하여 하나로 합하여 만드시려 하는 것은, 마치 선조(先朝)께서 《대자진법》과 《소자진법》을 합하여 하나로 만든 경우와 같은 점이 있는데, 이에 신들과 여러 재신(宰臣)에게 명하여 자세히 연구하여 강정(講定)하도록 하셨습니다.

신들이 명을 받은 후로 훈련도감 도제조 이항복(李恒福), 제조 김수(金晬), 노직(盧稷), 성윤문(成允文), 비변사 제조 이호민(李好閔), 유근(柳根), 성영(成泳), 송언신(宋彦信), 허성(許筬), 한준겸(韓浚謙), 장만(張晩), 훈련원 당상 이천(李薦), 이윤덕(李胤德), 변응성(邊應星), 원임 대신 이덕형(李德馨), 그리고 삼정승에게 의논하고, 서로 융통해서 첨가 보완할 만한 것을 하나하나 조목별로 나열하여 품의하겠습니다. 삼가 예재(叡裁)를 기다립니다.

라고 하니 임금이 윤허했다.

그런데 한효순은 이미 2년 전인 선조 36년(1605) 가을, 함경도 관찰사 겸 도순찰사 시절에《진설》이라는 병서(兵書)를 간행한 바 있으므로 병법에 대한 자신감이 있었고, 아마도 이 책이 편찬 사업에 적지 아니 참고가 되었을 것으로 보인다.

10. 두 번째 이조판서, 판돈녕부사

선조 40년(1607) 2월 25일 한효순은 병조판서를 그만두고 두 번째로 이조판서(吏曹判書)를 맡았다.[54] 이보다 12일 앞서 군사 훈련

---

54)《선조수정실록》에는 한효순이 이조판서에 임명된 것은 그가 유영경(柳永慶)에게 아부하여 유영경이 이끌어주었다고 썼는데, 당시 유영경은 영의정이었으므로 어느 정도 영향력이 있었을 것으로 보이고, 또 유영경과 나쁜 사이가 아니었던 것은 사실이지만 그렇다고 그에게 아부하여 벼슬을 얻었다고 쓴 것은 아무래도 지나친 억측이다. 이미 이조판서를 지낸 경력이 있는 한효순이 무슨 이유로 그 자리를 또 탐하여 아부했다고 할 수 있는가? 이런 논평은 인조반정 세력이 한효순을 폄하하기 위해 고의로 쓴 것 같다.

을 위한 《진법》을 다시 편찬하기로 합의한 일이 병조판서 시절 최대 업적이 될 것이다.

그러나 4월 13일에 이조판서를 그만두고, 판돈녕부사(判敦寧府事; 종1품)의 한직으로 교체되었다. 이조판서에 머문 기간은 꼭 한 달 보름에 지나지 않아 특별한 사업이 없었다. 돈녕부는 왕실의 외척을 관리하는 기관으로 실권이 없는 한직에 속한다. 말하자면 이 자리는 휴식을 위한 벼슬이라고 할 수 있다. 《연보》에는 그 뒤 판의금부사(判義禁府事; 종1품)를 지낸 것으로 되어 있으나, 《선조실록》에는 기록이 없어 확인이 어렵다.

한효순이 65세의 나이로 선조 40년(1607)에 이조판서를 그만두고 한직에 속하는 판돈녕부사와 판의금부사를 지내고 있던 시절에 선조는 건강이 악화되어 병석에 있다가 그 이듬해인 선조 41년(1608) 2월에 세상을 떠났다. 향년 57세였다. 16세에 왕위에 오른 뒤 41년 동안 장기 집권을 했고, 임진왜란이라는 조선 최대의 전란을 만나 고생도 많이 하고 나라가 거의 폐허가 되다시피 했지만, 그래도 명나라의 도움으로 나라를 구한 까닭에 어느 정도 명예를 회복한 것은 사실이었다.

선조는 왜란을 초래한 일차적인 책임을 져야 하는 위치에 있었던 만큼 뛰어난 영주(英主)는 결코 아니었지만, 그래도 앞 시대의 참혹했던 사화(士禍)를 진정시키고, 선비를 나름대로 보호하여 율곡 이이(李珥)를 비롯한 많은 인재가 배출되고 정치를 안정시켰기 때문에 '목릉성세(穆陵盛歲)'라는 말도 나왔다.

선조의 사랑을 누구보다도 많이 받은 관리가 바로 한효순이었다. 임진왜란 초기부터 주로 사나운 적과 맞부딪치는 변방 지역만을 돌아다니면서 부사로서, 관찰사이자 순찰사로서 체찰사로서 궂은일을 도맡아하면서도 누구를 원망하거나 배척하는 일이 없이 오직 주어진 일에 성심성의껏 복무했기에 그에 대한 선조의 신뢰가 돌처럼 굳어진 것이다. 그가 지낸 관찰사나 체찰사만 하더라도 왜란 중에는 전쟁 일선지역인 전라도, 경상도 등지였고, 왜란이 끝난 뒤에는 불꽃처럼 기세가 오르던 여진족과 싸워야 하는 함경도, 평안도 등 접경 지역이었다.

더욱이 왜란 중에 맡은 전라도와 경상도의 관찰사 겸 순찰사, 그리고 체찰사로서 군사를 모으고, 이순신(李舜臣) 장군의 주사(舟師)를 훈련시키고 식량과 무기와 배를 만들어 공급해주고, 명나라 원병들에게도 군량을 지원해주는 어렵고 궂은일뿐이었다. 사람들은 전장에서 싸우다 죽은 장수들은 기억하지만, 전사들이 싸울 수 있도록 군사를 모아주고, 군량, 무기, 배 등을 뒤에서 공급해 준 한효순의 공로를 아는 사람은 많지 않다.

중앙 관직은 병조판서, 이조판서, 호조판서를 거쳐 의정부 우찬성에까지 올랐지만 기간은 그리 길지 않았고, 주로 험지에서 17년 동안 몸을 바치면서 66세의 노년을 맞이했을 때 선조 임금이 세상을 떠난 것이다. 새 임금은 적진과 가까운 지역에서 전쟁을 지휘하던 34세의 광해군이었다. 그러면 광해군 시대의 한효순의 생애는 어떻게 펼쳐졌을까?

제5장
광해군 시대의 한효순

1. 광해군과 영창 대군의 갈등; 대북과 소북의 대립

　광해군(재위 1575~1623)은 34세에 즉위하여 재위 15년 만에 인조반정으로 왕위에서 밀려나 인조 19년(1641)에 67세로 생애를 마친 비극의 임금이다. 인조반정을 일으킨 주체 세력의 명분은 '폐모 살제(廢母殺弟)'와 '천조 배신(天朝背信)' 두 가지였다. 폐모 살제는 비록 친어머니는 아닐지라도 법적인 어머니인 인목대비(仁穆大妃; 1584~1632)를 폐위시키고, 친아우는 아닐지라도 법적인 아우인 영창대군(永昌大君; 1606~1614)을 죽인 패륜아라는 뜻이며, 천조 배신은 왜란 때 우리나라를 구해준 명나라를 배신하고 야만적인 금(金)과 내통했다는 뜻이었다.

　인조반정의 명분은 두 가지 상반된 해석이 가능하지만, 그 문제는 일단 미루기로 한다. 다만, 광해군이 비록 강제로 폐위 당했지만, 연산군과 같은 폭군은 아니었다는 의견에는 거의 모든 학자들이 동의하고 있다. 광해군을 폐위시킨 두 번째 명분인 '천조 배신'은 광해군의 실정(失政)이라고 보기보다는 오히려 실용적 중립 외교로 평가하는 긍정론이 학계에서 우세하다.

　그러면, 반정의 첫째 명분인 '폐모 살제'는 광해군만의 잘못이었을까? 영창대군을 따르는 사람들이 가만히 있었는데도 광해군이 죽였으며, 인목대비도 진심으로 광해군을 임금으로 따랐던가를 따져 보면, 책임을 일방적으로 광해군에게 돌리는 것은 문제가 있다. 그들 사이에 서로 양보할 수 없는 권력 투쟁이 구조적으로 성립되어 있었다면 결국 한 쪽이 죽임을 당하는 것은 필연적이었다.

'폐모 살제'의 구조적인 원인은 영창대군이 태어나면서부터 운명적으로 정해졌다. 선조의 뒤를 이을 자격을 가진 왕자가 둘이 되었기 때문이다.

선조의 첫째 왕비는 의인왕후(1555~1600) 박씨였다. 그러나 불행히도 후사를 얻지 못한 가운데 선조 33년(1600)에 세상을 떠났다. 선조는 왕비의 삼년상을 마친 선조 35년(1602)에 19세의 인목왕후 김씨〔김제남의 딸〕를 계비로 맞이했다. 계비는 선조 39년(1606)에 아들을 낳으니 그가 영창대군이다. 선조는 처음으로 왕비의 몸에서 귀한 왕자를 얻은 것이다. 그러나 영창대군이 3살 때 선조가 세상을 떠났다. 다음 왕위를 이을 세자(世子)는 이미 임진왜란이 일어난 선조 25년(1592)에 후궁 공빈 김씨(恭嬪金氏) 소생 광해군(光海君; 1575~1641)으로 정해졌고, 명나라의 승인까지 받아놓은 상태였다. 어엿한 34세의 장년으로 성장한 광해군이 왕위를 잇는 것은 기정사실이었다.

그런데 혈통으로 본다면, 왕비에게서 태어난 영창이 적자(嫡子)의 정통성을 지니고, 후궁 소생의 광해군은 이제 서자(庶子)의 혈통으로 격하될 수밖에 없었다. 그래서 혈통상 정통성을 지닌 영창과 법적인 왕위 계승권을 가지고 있지만 서자로 격하된 광해군 사이에는 필연적인 갈등관계가 조성되었다. 하지만 아무리 정통성을 가진 영창이라 하더라도 세 살 어린애가 임금이 된다는 것은 있을 수 없으므로, 광해군의 등극은 정해진 현실이었다. 아무리 어려도 임금이 되려면 8세는 넘어야 하기 때문이다.

선조가 세상을 떠날 때 25세의 인목왕후는 세 살짜리 영창대군의 미래가 불안할 수밖에 없었다. 영창대군을 당장 임금으로 만들 수는 없지만 8세가 넘으면 왕위를 넘볼 수 있기에 그때까지 보호해야 한다는 절박감이 컸을 것이다. 그런 절박감에서 나타난 것이 이른바 선조의 유교(遺敎)였다.55) 선조는 임종하기 직전 일곱 명의 대신들에게 영창대군의 보호를 부탁하는 유교를 남겼다고 한다. 그 유교를 받은 일곱 신하를 '유교칠신'(遺敎七臣)으로 부른다.

그런데 선조가 살아 있을 때 일곱 신하들에게 말이나 글로써 '유교'를 직접 전달한 것이 아니고, 선조가 승하한 뒤 인목왕후가 내관(內官)에게 부탁하여 글을 지어 일곱 신하들에게 전달했기 때문에 광해군을 따르는 신하들은 인목왕후가 내시를 시켜 조작한 유교라고 의심했으며, 영창대군을 따르는 신하들은 의심을 갖지 않았다. 만약 그 유교가 선조의 진심을 전달하는 것이라면, 그 유교를 받은 일곱 신하들은 영창대군을 보호할 책임을 느끼지 않을 수 없었다. 그래서 그 유교는 광해군과 영창대군의 갈등에 불을 붙이는 계기가 되었고, 유교를 받은 일곱 신하들은 평생토록 그 짐을 지고 살 수밖에 없었다. 어찌 보면 유교는 일곱 신하들을 불행하게 만드는 멍에이기도 했다.

---

55) 유교(遺敎)의 내용은 다음과 같다. "부덕한 내가 왕위에 있으면서 신하와 백성들에게 죄를 졌으므로 깊은 골짜기와 연못에 떨어지는 것 같은 조심스런 마음이었는데, 이제 갑자기 중병을 얻었다. 수명의 길고 짧음은 운명이 정해져 있는 것이어서, 낮이 가면 밤이 오는 것처럼 감히 어길 수 없는 것으로 (…) 단지 대군〔영창〕이 어린데 장성하는 것을 보지 못하게 되었으니, 이 때문에 걱정스러운 것이다. 내가 불행하게 된 뒤에는 사람의 마음을 헤아리기 어려우니 만일 사악한 말들이 있게 되면, 원컨대 제공(諸公)들이 애호하고 붙들어주기 바란다. 감히 이를 부탁한다."

더욱이 유교를 받은 일곱 신하는 당시 지위도 높고, 집안도 왕실과 가까워 왕실을 보호할 수 있는 인물 가운데에서 선정되었으므로 그들의 영향력은 적지 않았다. 그러니 광해군을 따르는 신하들에게는 큰 위협으로 다가올 수밖에 없었다. 유교칠신의 명단은 다음과 같다.

　유영경(柳永慶; 1550~1608) — 당시 영의정, 동인파
　박동량(朴東亮; 1569~1635) — 당시 호조판서, 대명외교에 능통
　신흠(申欽; 1566~1628) (…) — 판서 역임, 아들 신익성(申翊聖)이 선조의 사위〔부마〕, 서인파
　서성(徐渻; 1558~1631) — 판서 역임, 율곡과 송익필 문인, 서인파
　한응인(韓應寅; 1554~1614) — 덕종(德宗)의 왕비인 인수대비의 아버지 한확(韓確)의 5대손. 판서 역임, 광해군의 세자 책봉을 명으로부터 승인 받아옴.
　허성(許筬; 1548~1612) — 허엽(許曄)의 아들이자 허균(許筠)의 형, 판서 역임, 동인파
　한준겸(韓浚謙; 1557~1627) — 광해군의 스승. 판서 역임, 한효순의 조카, 뒤에 딸이 인조의 왕비 인열왕후(仁烈王后)가 됨, 동인파.

　위에 소개한 유교칠신 가운데에는 광해군을 직접 가르쳤거나, 광해군의 세자 책봉을 위해 명나라에 가서 승인을 받아온 신하도 있었다. 예를 들면 한준겸(韓浚謙)은 세자 광해군을 가르쳤고, 한응인(韓應寅)은 명으로부터 세자 책봉을 승인 받아온 인물이었으니, 광해군을 배신하기 어려운 처지였다. 그럼에도 유교칠신은 모두 영창파로 몰려 광해군 때 귀양당하는 비운을 맞이했다. 그런데, 한준겸은 바로 한효

순의 사랑하는 조카였으므로, 뒤에 인목대비 폐위 사건 때 한효순의 처지를 더욱 어렵게 만드는 요인이 되었다.

그런데 유교칠신 말고도 광해군의 처지를 어렵게 만든 일이 또 있었다. 선조가 광해군을 세자로 책봉하고서도 실제로 그를 애틋하게 사랑하지는 않았다. 실제로 영창대군이 태어나기 전에 가장 애틋하게 사랑한 왕자는 인빈 김씨의 아들 신성군(信城君) 후(珝; 1578~1592)였다. 선조는 인빈 김씨를 사랑했기 때문에 그 소생인 신성군을 세자로 책봉하려는 생각도 가지고 있었는데, 왜란 초에 15세로 사망하여 뜻을 이루지 못했다.

왕자가 많을 때 누가 세자로 선택되느냐를 결정하는 것은 신하들의 뜻도 중요하지만 친어머니의 뜻도 큰 몫을 했다. 저 옛날 태조 이성계가 한씨 소생 왕자들을 제쳐놓고 계비 강씨(康氏) 소생인 방석(芳碩)을 세자로 책봉한 것도 강씨의 영향력이 크게 작용했다. 광해군의 경우, 왕자 가운데 서열이 두 번째이고, 신하들이 처음부터 그를 추천한 것이 계기가 되어 세자로 책봉되었지만, 친모인 공빈 김씨가 광해군을 낳은 뒤 2년 뒤에 산후병으로 25세에 세상을 떠나 광해군을 끝까지 밀어줄 어머니가 없었다는 것도 선조의 마음을 얻지 못한 원인이 되었다. 세 살 때 어머니를 여읜 광해군은 의인왕후 박씨의 보호를 받으면서 외롭게 자랐다.

하지만, 이런 모든 복잡한 혈연관계와 애증 관계를 뛰어넘어 광해군은 임금이 될 만한 충분한 자질과 업적을 지니고 있었다. 특히 왜란 중에 선조와 권력을 나누어 분조(分朝)라는 이름 아래 신하들을 직접 거느리고 최일선에서 전쟁을 지휘했기에 실제로 왜란을 극복하는데 그가 끼친 공로는 작은 것이 아니었다. 그래서 광해군이 집권한 뒤에 신하들은 그에게 왕조 중흥의 공을 인정하여 존호(尊號)를 올리기도 했던 것이다. 하지만 왜란 중에 권력이 분산되는 것을 선조는 내심 불쾌하게 여겨 세자를 따르는 신하들이 선조의 양위(讓位)를 도모하고 있다고 의심하기도 했다. 광해군은 이렇게 선조와 매끄럽지 못한 관계 속에서 임금이 되었다.

광해군은 선조와 불편한 관계, 정통 왕자의 출생 등 어려운 상황에서 임금이 되었지만, 일단 임금이 된 이상 왕권을 안정시켜 전란 뒤 폐허가 된 나라를 강력하게 재건 복구해야 할 책임을 떠안고 있었다. 이런 생각으로 광해군의 왕권을 안정시키려는 친위 세력이 형성되었는데 이들을 대북(大北)이라 불렀다. 49세의 젊은 이이첨(李爾瞻; 1560~1623)과 64세의 원로 정인홍(鄭仁弘; 1535~1623) 등이 그 핵심 세력이었다. 이이첨은 연산군 때 무오사화(戊午士禍)의 빌미를 제공한 훈신 이극돈(李克墩)의 후손으로 권모술수에 능한 과격한 현실주의자였으며, 정인홍은 남명(南冥) 조식(曺植)의 수제자로서 왜란 때 의병(義兵)을 일으키고, 역시 과격한 성격의 현실주의적 학자 정치인이었다.

한편, 영창이 태어난 직후부터 정통성을 지닌 그를 세자로 다시 추대해야 한다고 생각하는 신하들이 있었는데, 이들을 소북(小北)이라 불렀다. 그 대표적인 인물은 영의정 유영경(柳永慶; 1550~1608), 남이공(南以恭; 1565~1640) 등이었는데, 세력은 그리 크지 않았다. 유영경은 엘리트 출신의 관료로서 영창대군 옹립을 추진하다가 선조의 신임을 받아 영의정에 오르고, 유교칠신의 첫머리에 들어가기도 했으나 권력을 남용했다는 비난도 받았다. 그는 이래저래 대북파의 미움을 한 몸에 받고 마침내 광해군이 즉위한 직후 유배되었다가 사약을 받고 죽었다.

남이공은 처음에는 영창대군 파에 속해 유배를 가기도 했지만, 광해군을 가르친 스승의 한 사람이었던 것이 인연이 되어 광해군 대에도 계속 벼슬을 했다. 하지만 인목대비의 폐모론은 반대했다.

대북과 소북은 본래 동인(東人)에 속했던 신하들이었으므로 서인과 견주어 급진적 개혁 성향이 있었던 것은 사실이었으며, 성리학의 도덕주의보다는 실용적이고 현실적인 부국강병을 지향했던 부류들이었다. 하지만 대북과 소북만이 왕위계승을 둘러싸고 갈등을 벌인 것은 아니고, 비록 권력에서 많이 소외되긴 했지만 성리학을 중시하는 서인들은 심정적으로 영창을 옹호하는 성향을 지니고 있었다. 바로 이 때문에 서인이 인조반정을 한 뒤에 대북을 숙청하면서 폐모 살제를 명분으로 내세우게 되었던 것이다.

2. 광해군의 중흥 사업

광해군은 인조반정으로 폐위 당했고, '폐모 살제'와 '천조 배신'이라는 누명을 썼다. 그러나 연산군처럼 사화를 일으켜 선비들에게 떼죽음을 안기고, 할머니 인수대비를 머리로 치받아 죽음에 이르게 하고, 사치와 향락과 수탈로 백성을 괴롭힌 폭군이 아니었다. 동생 영창을 죽였다는 것도 여러 명의 형제들을 죽인 태종이나 세조에 견주면 상대적으로 미미한 것이고, 인목대비를 폐비시켰지만 그를 평민으로 만들거나 죽인 것도 아니었다. 더욱이 '천조 배신'은 죄악이 아니라 오히려 칭찬받아야 할 외교정책이었다. 인조반정 세력이 몰고 온 두 차례의 호란(胡亂)과 삼전도(三田渡)의 치욕을 생각하면 반정의 명분이 무색해진다.

광해군의 국가 중흥사업은 정치, 경제, 문화에 걸쳐 나타났는데, 정치적으로 왜란 때 소실된 창덕궁과 창경궁을 재건하고, 경덕궁(慶德宮; 뒤의 慶熙宮), 자수궁(慈壽宮), 인경궁(仁慶宮)을 창건했으며, 화기도감(火器都監)을 설치하여 총포 제작을 발전시켰다. 왕조의 문물을 재정비하기 위해 《동국여지승람》, 《국조보감》, 《고려사》, 《용비어천가》 등을 다시 편찬하고, 시간을 측정하는 흠경각(欽敬閣)을 재건했으며, 김굉필(金宏弼), 정여창(鄭汝昌), 조광조(趙光祖), 이언적(李彦迪), 이황(李滉) 등 이른바 5현(五賢)을 문묘(文廟)에 배향하여 유현(儒賢)을 숭상하는 기틀을 놓았다. 무주 적상산(赤裳山)에 사고(史庫)를 설치하여 《실록》을 깊은 산 속에 보관하는 선례를 남겼다.

이미 세상을 떠난 친모 공빈 김씨를 후궁의 지위에서 왕후(王后)의 지위로 추존(追尊)하고, 왜란 당시 나라를 중흥시킨 자신의 업적을 높여 존호(尊號)를 받은 것은, 신하들의 요구를 따른 것이지만, 자신의 정통성을 높여 왕권을 안정시키려는 목적이 있었다. 특히 영창대군을 의식한 측면이 컸다.

경제적으로는 공납제도를 개혁한 대동법(大同法)을 처음으로 경기도에서 실시하고, 은광(銀鑛)을 개발하고, 은화(銀貨)를 사용하여 부족한 국가재정을 보충했으며, 일본과 기유약조(己酉約條)를 맺어 사신 왕래의 절차와 무역에 관한 협정을 맺어 한일 관계를 정착시켰다.

문화적으로는 성리학을 존중하면서도, 국리민복(國利民福)과 관계되는 실학(實學)을 통해 실용적인 문화가 널리 퍼져, 한효순의 친 조카인 한백겸(韓百謙), 이수광(李睟光), 유몽인(柳夢寅), 허균(許筠) 등과 같은 실학자가 배출되고, 의학과 관련되는 허준(許浚)의 《동의보감(東醫寶鑑)》, 《신찬벽온방(新撰僻溫方)》 등의 의학서도 편찬되었다.

대외 정책으로는 멸망해 가는 명나라와 신흥하는 여진족 후금(後金)의 갈등을 슬기롭게 조정하여 국방을 안정시켰다. 명나라가 후금을 치기 위해 군대 파견을 요구하자 수백 명의 총수(銃手)와 1만 명의 원군을 파견했으며, 강홍립(姜弘立)을 보내 후금과 싸우도록 하여 명나라에 대한 은의(恩義)에 보답하는 모습을 보였지만, 후금을 지나치게 자극하면 후환이 있을 것을 내다보고, 강홍립으로 하여금 후금에 항복하도록 설득하여 후금의 반감을 완화시켰다. 말하자면 왜란 때 우리를 지켜준 명나라를 배신하지 않으면서도 현실적으로 명나라보다 더 강한 나라인 후금을 지나치게 자극해서는 안 된다는 지혜로운 중립 외교를 지향한 것이다.

사실, 광해군 정권이 추구한 실용적인 정책들은 관념적인 도덕문화만 가지고는 국가를 지키고, 민생을 안정시킬 수 없다는 절박한 자기반성에서 나온 것이다.

한효순의 마음도 크게 보면 국리민복을 추구하는 실학자(實學者)의 범주에 속하고 있었다. 예컨대 화기도감 설치는 선조 때 한효순이 기회 있을 때마다 화기 발달의 중요성을 강조한 것이 실현된 것이며, 공납제도의 개혁도 선조 대부터 율곡을 비롯하여 여러 개혁 사상가들이 촉구해온 것일 뿐 아니라, 한효순도 임금에게 요청한 일이 있었다. 후금에 대한 정책도 일찍이 한효순이 선조 임금에게 무력에 따른 정복을 경계하고, 또 명나라의 힘을 빌어 그들을 강압하는 정책을 쓰지 말 것을 촉구한 바 있었다. 이런 생각의 밑바탕에는 명나라에 지나치게 의존하는 국제 관계를 서서히 벗어나면서 오랑캐라고 멸시해온 여진족과도 상생하는 관계로 나아가야 한다는 것을 진작부터 깨달았던 것이다. 바로 그런 생각이 광해군 대에 그대로 이어져 부드러운 북방 정책이 나타난 것이다.

광해군 시대를 이렇게 본다면, 광해군의 노선과 한효순의 노선이 반드시 충돌되는 것만은 아니었다. 다만, 문제가 되는 것은 대북파의 핵심 세력인 이이첨(李爾瞻)과 정인홍(鄭仁弘; 1535~1623)의 과격한 언행이었다. 이이첨은 광해군의 왕권을 무리하고 강경한 방법으로 강화하려고 힘에 의존한 결과 적을 많이 만들고, 도덕성을 존중하는 선비들의 저항을 받게 된 것이다. 또 과격한 성품의 정인홍은 자신의 스승인 남명(南冥) 조식(曺植)을 지나치게 숭상한 나머지, 이언적(李彦迪)과 이황(李滉)을 문묘에 배향할 때 이황을 제외시키고, 그 대신 조식을 넣어야 한다고 주장하다가 성균관 유생들로부터 거센 반발을 받아 유생 명단인 '청금록(靑衿錄)'에서 삭제되는 수모를 당했다. 영창대군과 인목대비와는 같은 하늘 아래에서 살 수 없다고 주장한 것도 이이첨과 다르지 않았다.

다만 정인홍은 나이가 이미 80을 바라보는 고령이었으므로 고향 합천에 내려가 있어서 정치 일선에 직접 참여하지는 않았다. 하지만 광해군 정권을 선비 사회와 멀리 떨어지게 만드는 악역을 맡은 것은 사실이다.

말하자면 이이첨 일파와 정인홍의 왕권 강화 정책의 목적이 나쁜 것이 아니라 그 방법이 지나치게 급진적이고 비도덕적이었다는 뜻이다. 한효순은 이렇게 과격한 이이첨 일파와 정인홍의 행태에는 절대로 노선을 같이하지 않았다. 그래서 두 사람의 미움을 사고 추악한 겁박을 받게 된 것이다.

3. 폐모론에서 한효순의 처지

앞에서 왕위 계승을 둘러싼 대북과 소북의 갈등, 그리고 서인의 성향에 대해 알아보았는데, 그렇다면 한효순은 어떤 태도를 지니고 있었던가? 한마디로 말하면, 그는 왕위계승 문제에 직접적으로 가담한일이 없고, 크게 보면 동인에 속했지만, 대북과 소북이 갈라질 때 어느 편에 뚜렷하게 기울어져 있지 않았다. 이는 그의 성품이 본래 파당을 좋아하는 인물이 아닌 것과도 관련이 있다.

하지만, 광해군 9~10년에 인목대비 폐모론이 일어났을 때 대북파는 그를 가리켜 '남인(南人)의 괴수(魁首)'라고 공격했는데, 굳이 당파를 따지자면 남인에 속한다고 할 수 있다. 다만 퇴계 이황의 학문을 숭모하던 영남 남인과는 학풍이나 계보가 다르다는 것을 유념할 필요가 있다. 남인은 지역적으로 서울과 그 인근에 살던 근경 남인(近京南人)과 영남 지역 유학자로 구성된 영남 남인(嶺南南人)으로 갈라졌는데, 한효순은 그 가운데 근경 남인의 선구자라고 할 수 있다. 그의 학문적 뿌리는 화담 서경덕(花潭 徐敬德)의 학풍이었다. 이 점에 대해서는 앞에서 이미 설명한 바 있다.

그러면 광해군파와 영창대군 파의 권력 투쟁의 정점을 이루는 인목대비의 폐모론(廢母論)에 대한 한효순의 견해는 어떠했는가? 이를 알아보기 위해서는 우선 그의 가정환경부터 알아보는 것이 좋겠다. 그가 속한 가문의 성향으로 본다면, 조카 한준겸(韓浚謙)이 '유교칠신'의 한 사람이었으므로 영창대군이나 그 모친 인목대비를 완강하게 거부하고 적대할 처지가 아니었다. 또 그의 매부 신경희(申景禧)가 광해군 7년 광해군의 이복동생인 정원군(定遠君; 뒤의 元宗)의 아들이자 인조(仁祖)의 아우인 능창군(綾昌君) 전(佺)을 추대하는 모의를 했다는 죄로 매를 맞고 죽었으므로 광해군의 미움과 의심을 받을 소지가 있었다.

그런데 한효순의 처가 쪽 사정은 조금 달랐다. 그의 둘째 부인 강씨(姜氏)의 오라비 강수(姜燧; 1570~?)는 이이첨 일파에 속하는 대북파의 한 사람이었다. 그는 선조 36년(1603)에 생원시에 급제한 뒤 세자 익위사(世子翊衛司) 익위(翊衛; 정5품)로 있으면서 세자 광해군을 보필하고 있다가 광해군 8년(1616)에 47세로 문과에 급제하여 예조좌랑(정6품), 장악원 첨정(僉正; 종4품)을 거쳐 광해군 9~10년(1617~1618)에는 언관직인 사헌부 장령(掌令; 정4품)에 올랐다.

그런데 사헌부 장령이 된 뒤로는 이이첨(李爾瞻)과 일당이 되어 다른 여러 삼사의 언관과 합동으로 인목대비의 폐비를 주장하는 상소를 잇달아 올리는 일을 했다. 그 뒤로는 예빈시정(禮賓寺正; 정3품 당하관)을 거쳐 광해군 13년(1621)에는 광해군의 아들로서 세자로 책봉된 이지(李祬)를 교육하는 세자 시강원 겸필선(兼弼善; 정4품)이 되고, 사헌부 집의(執義; 종3품)에 올랐다가 1623년 인조반정으로 폐모론의 주동자라는 죄명으로 가시울타리 집에 연금되는 형벌을 받았다. 이 형벌을 위리안치(圍籬安置)라고 한다. 인조 3년(1625)과 인조 5년(1627)에 두 차례에 걸쳐 석방 명령이 내려졌으나 언관의 반대로 취소되었다. 언제 세상을 떠났는지는 알 수 없으나 유배지에서 세상을 떠난 것으로 보인다.

강수의 태도가 이렇게 되자 한효순의 부인 강씨도 어쩔 수 없이 오라비의 태도를 지지한 것으로 보인다. 《광해군일기》에는 한효순의 부인이 매우 적극적인 여성으로서 남편에게 적지 않은 압박을 가한 것으로 기록되어 있는데, 이것은 오라비의 처지를 생각하여 그렇게 했을 것이다.56)

한효순의 주변 인물 가운데 또 그의 태도를 어렵게 만든 사람이 있었다. 외종질(外從姪)인 박경신(朴慶新; 1560~1626)이다. 그는 광해군 때 목사, 장례원 판결사(掌隷院 判決事; 정3품)의 벼슬을 하고 있었는데, 폐모론에 찬성하는 입장을 지니고 한효순을 폐모론에 동조하라고 은밀하게 압박한 인물로 알려지고 있다.

이렇게 주변에 상반되는 시각을 지닌 인물들에 둘러싸인 한효순으로서는, 누구보다도 조카 한준겸과 처남 강수의 상반되는 처지 사이에서 적지 않은 고민을 했을 것으로 보인다. 두 사람 모두가 보호해 주어야 할 지친(至親)으로서 어느 한 쪽의 처지를 선택하기는 쉽지 않았을 것이다. 아마도 두 사람을 모두 살리는 길이 무엇인가를 놓고 고민이 컸을 것으로 보인다.

---

56) 《광해군일기》 12월 22일조에는 사관(史官)의 논평을 실었는데, "한효순은 용렬하고 비루하며 사나운 처에게 쥐어 사는 사람이다."라고 했는데, 이런 논평은 《선조실록》에서 누누이 도량이 넓고 성실한 사람이라고 평한 것과는 대조적이다. 《광해군일기》를 인조반정 세력이 편찬했기 때문에 반정의 명분인 폐모 사건을 강조하기 위해 한효순을 의도적으로 폄하하기 시작했다. 한효순의 부인을 가리켜 사납다고 말한 것은 동생 강수가 이이첨 일파와 가까워 폐모론에 동조한 사실을 헐뜯기 위해 한 말로 보인다.

주변 인물의 성향도 그를 괴롭혔겠지만, 그보다 더 그를 괴롭힌 것은 명분이었다. 인목대비의 폐위를 막아야 한다는 것도 유교적 윤리 도덕으로 본다면 '모자의리(母子義理)'에 해당하기 때문에 당연히 지켜야 할 명분이었다. 하지만 광해군의 왕권을 옹위하고 안정시켜야 한다는 것도 '군신의리(君臣義理)'가 아닐 수 없었다. 만약 광해군이 연산군과 같은 폭군이었다면 사정은 다를 수 있겠으나, 광해군은 실제로 전란을 수습하여 왕조를 중흥시킨 공적이 많은 임금이었다. 따라서 이 두 개의 명분이 팽팽하게 맞서는 상황에서 하나를 취하고 하나를 버린다는 것은 그렇게 쉬운 일은 아니었을 것이다.

이밖에 한효순의 처신을 어렵게 만든 상황이 한 가지 더 있었다. 폐모론을 성사시키려면 반드시 백관 회의에서 가부를 묻고, 여기서 압도적인 찬성을 받으면 만장일치로 결의하여 임금에게 건의하는 정청(庭請)의 절차를 밟아야 하는 것이다. 그런데 백관 회의와 정청을 소집하는 권한은 의정부 정승만이 가지고 있었다. 그런데 영의정 기자헌(奇自獻)은 폐모론을 반대하다가 이미 귀양 가서 서울에 없었고, 좌의정 정인홍(鄭仁弘)은 폐모론에 적극 찬동했지만 일찌감치 고향 합천으로 내려가 있어서 서울에 남아 있는 정승은 오직 우의정 한효순뿐이었다.

한효순은 수십 차례 사직 상소를 올리면서 조정에 나오지 않고 있었으나, 임금은 사직을 허용하지 않고 조정에 나오라고 압박했다. 그 사이 이이첨의 사주를 받은 유생들이 벌떼처럼 상소를 올려 폐모론에 나서지 않는 그를 임금을 저버린 역적으로 몰아 목을 베어야 한다고 극언했다. 한효순은 시간이 흐를수록 진퇴양난에 빠져 있었다. 나이 80이 가까워 건강 상태도 매우 나빴다.

4. 광해군 초기; 개성부 유수를 거쳐 해미 양림으로 낙향하다

그러면 이야기를 앞으로 되돌려, 광해군 즉위 초부터 광해군 9년에 폐모론이 일어나기까지 한효순이 걸어간 벼슬 행보를 살펴보기로 한다.

광해군 즉위 초에는 대북파의 세력이 크지 않아 남인(南人)과 서인(西人)이 대북파와 연립하는 형태의 정국이 이루어졌다. 따라서 유성룡계의 남인이나 율곡 이이, 우계 성혼, 정철, 윤두수 등을 계승하는 서인도 벼슬길에 나갈 수 있었다. 이런 정국 아래에서 당색이 희미한 한효순이나 조카 한준겸도 벼슬길에 나갈 수 있었다.

이미 선조 말년에 한가한 직책인 판돈녕부사에 있던 한효순은 그 이듬해 2월에 선조가 승하하고 광해군이 즉위하던 무렵에는 벼슬이 없었다. 그런데 광해군 즉위년(1608) 2월 20일 이조판서를 임명하기 위해 이조에서 이광정, 김수, 이정귀, 신흠, 한효순, 정창연, 김신원 등 7명의 후보자를 잇따라 올렸는데, 임금은 장인 유자신(柳自新)의 처남이자 왕비의 외숙인 정창연(鄭昌衍; 1552~1636)을 임명했다. 정창연은 영의정 정광필(鄭光弼)의 증손이자 좌의정 정유길(鄭惟吉)의 아들로서 명망이 있는 신하였다.

4월 13일, 66세의 한효순은 다시 판돈녕부사(종1품)에 임명되고, 이어 판의금부사(종1품)를 받았다. 역시 옛날 그대로의 한직이다. 그런데 바로 뒤이어 4월에 개성부 유수(留守; 정2품)에 임명되어 지방 관으로 나갔다. 유수는 지방관이지만 판서급에 해당하는 관직이다. 주로 하는 일은 중국에서 오는 사신을 접대하는 일이고, 또 유사시에 는 서울을 방어하는 마지막 북쪽 관문이기도 했다. 하지만 이미 선조 때 의정부 우찬성(右贊成; 종1품)까지 올랐던 그로서는 그다지 좋은 대접을 받은 것은 아니었다. 대북파가 아닌 것이 이유였을 것이다.

이듬해인 광해군 원년(1609) 3월 19일, 그는 개성부에 불이 나서 300채의 가옥이 소실되었다고 임금에게 보고했으며, 4월에는 중국 에서 광해군의 즉위를 승인하는 조칙(詔勅)을 가지고 온 사신을 접대 하는 일을 맡았다. 그후 11월에 건강을 이유로 개성부 유수를 스스로 사직했다.

벼슬을 그만둔 한효순은 이듬해인 광해군 2년(1610) 4월에 휴가 를 받아 충청도 덕산온천(德山溫泉)에 가서 목욕한 다음, 농사(農 舍)가 있는 해미 양림(海美 良林)으로 내려갔다. 이때 이미 68세의 고령이었으니 휴가가 필요했을 것이고, 실제로 몸이 아프기도 하여 임금이 부르지 않았다.

한효순이 은퇴하고 있던 이 무렵에 조카 한준겸(韓浚謙; 1557~ 1627)이 50대의 장년이 되어 광해군 2년 8월 초에 한성판윤(漢城 判尹; 정2품)을 맡았다가 바로 뒤이어 8월 18일 사헌부 대사헌(大 司憲; 종2품)에 올랐다. 비록 '유교칠신'의 하나였지만 일찍이 광해 군의 스승이었던 인연이 작용했을 것이다. 9월 18일에는 대사헌을 그만두고 함경도 관찰사로 나갔다. 이는 당시 누르하치 세력이 매우 강성해져서 북방 경비가 다급해졌는데, 한준겸이 군정(軍政)에 대한 지식이 많다는 여러 신하들의 추천을 받은 까닭이었다. 당시 54세였다. 그는 함경도 방비를 위해 군관과 훈련을 담당할 교사대(敎師隊), 그리고 군량을 보내줄 것을 중앙 정부에 잇따라 요청했다.

광해군 2년(1610) 12월 18일, 한효순은 해미 양림에 계속 머물러 있었는데, 병이 위중하다는 소식을 들은 임금이 전교하기를, "한효순은 선조(先朝)의 노신으로서 향리(鄕里)에서 병이 위중하다고 하니, 약과 음식을 구해서 지급하는 일을 충청도 관찰사에게 전하라"고 명했다. 왜란과 그 뒤의 국방정책에 공로가 많았던 그를 임금이 노신(老臣)으로 우대하고 있는 것을 볼 수 있다.

12월 22일, 임금은 다시 한효순에게 행상호군(行上護軍; 정3품 당하관)의 무반 산직을 제수했는데, 이는 녹봉을 지급하기 위함이었고 아무런 실무도 없었다. 그는 정부에서 주는 녹봉으로 생계를 유지하면서 광해군 4년(1612) 윤 2월까지 양림에서 살았다.

그런데 광해군 4년 윤2월, 성균관 학록(學錄; 정9품) 김직재(金直哉)가 아들 김백함과 더불어 광해군을 폐하고 순화군(順和君; 선조의 후궁 순빈 김씨의 아들) 이보의 아들인 진릉군 이태경(李泰慶)을 추대하려고 역모를 꾸미다가 발각되어 죽임을 당한 사건이 일어났다. 이 사건은 광해군 즉위 후 최초의 역모 사건인데, 소북파를 제거하기 위해 이이첨 일파가 조작한 사건이라는 설도 있으나 확실치 않다.

김직재 사건 소식을 들은 한효순은 70세의 노구를 무릅쓰고 즉시 말을 타고 서울로 올라왔다. 나라의 역모 사건을 듣고도 시골에 있는 것은 신하의 도리가 아니었기 때문이다. 아마 2년 동안 시골에서 휴식을 취하여 건강이 많이 회복된 듯하다. 임금은 이 해 10월 그에게 숭록대부(崇祿大夫; 종1품)를 수여했는데, 이 품계는 이미 옛날에도 받은 일이 있었다. 그러나 실직은 아니다.

5. 칠서(七庶)의 옥, 영창대군의 죽음; 한준겸의 귀양과 이조판서 한효순

 광해군 5년(1613) 2월, 임금은 한효순에게 중추부의 최고직인 판중추부사(判中樞府事; 종1품)를 제수했다. 필요할 때 묘당 회의에 참석하여 자문을 하지만 일상적인 업무는 없는 자리였다. 그런데 3월 ~5월에 김직재 사건보다 더 큰 역모사건이 터졌다. 이른바 '칠서지옥(七庶之獄)' 사건이다. 칠서(七庶)란 일곱 명의 서자들이 일으킨 사건이란 뜻이다. 일곱 명의 서자는 선조 때 서인의 영수였던 영의정 박순(朴淳)의 서자 박응서(朴應犀)를 비롯하여 전 관찰사 심전(沈銓)의 서자 심우영(沈友英), 목사 서익(徐益)의 서자 서양갑(徐羊甲), 전 참판 박충간(朴忠侃)의 서자 박치의(朴致毅), 병사 이제신(李濟臣)의 서자 이경준(李耕俊), 무인 박유량(朴有良)의 서자 박치인(朴致仁), 그리고 서얼 학자 허홍인(許弘仁) 등이었다.

 이들은 모두 당당한 집안의 서자들로서 서얼에 동정적인 허균(許筠) 및 김장생(金長生)의 서제(庶弟) 김경손 등과 사귀면서 스스로 죽림칠현(竹林七賢) 또는 강변칠우(江邊七友)라고 부르면서 광해군 즉위년에 서얼 금고의 폐지를 주장하여 연명 상소를 올리기도 했다. 그런데 자신들의 주장이 관철되지 않자 무뢰배들을 모아 무리를 만들고 전국 여러 곳에서 도적질을 했는데, 광해군 4년 3월에는 문경새재

〔조령〕에서 은상(銀商)을 공격하여 재물을 약탈하다가 발각되어 체포되었다.

이들을 심문하자 박응서는 은상의 재물을 약탈한 것은 인목대비의 아버지 김제남(金悌男)의 사주를 받아 광해군을 폐하고 영창대군을 임금으로 옹립하기 위한 거사 자금을 만들기 위해서였다고 자백하여 모두 모역죄로 죽임을 당하고, 김제남도 6월에 유배당했다가 사약을 받고 죽었으며, 영창대군도 강화도로 유배당했다가 이듬해 강화부사에 의해 죽임을 당했다. 인목대비는 창덕궁에서 경운궁으로 거처가 옮겨졌다.

그런데 이 사건이 과연 모역 사건인지, 아니면 서얼금고 폐지 운동 자금을 모으기 위한 도적질이었는지는 명확하지 않다. 하지만 뒤에 인조반정을 일으킨 주체 세력들은 이이첨이 포도대장과 모의하여 이들을 심문하는 과정에 박응서를 회유 협박하여 영창대군을 추대하기 위한 거사 자금을 모으려 했으며, 그 배후에는 인목대비의 아비 김제남(金悌男)이 있다고 거짓 자백하게 만든 무고(誣告)였다고 기록했다.

광해군 시절에는 이밖에도 수많은 모역 사건이 일어나서 이이첨 반대 세력이 쫓겨나거나 죽었는데, 그 해석은 모두 이이첨이 꾸민 무고라고 보고 있지만, 그것은 승리자인 반정 세력의 기록이기 때문에 진실인지는 알 수 없다.

칠서지옥의 여파는 김제남과 영창대군에게만 미친 것은 아니었다. '유교칠신' 가운데 당시 살아 있던 신흠(申欽), 박동량(朴東亮), 한응인(韓應寅), 서성(徐渻), 한준겸(韓浚謙) 등과 이정귀(李廷龜), 김상용(金尙容), 황신(黃愼) 등 서인계 명신들이 이 사건을 알고 있었다는 죄로 공초를 받고 유배를 당했다. 영의정 이덕형(李德馨)과 좌의정 이항복(李恒福)도 관직이 삭탈당했다.

당시 57세로 함경도 관찰사를 하고 있던 한준겸은 체포되어 서울에 와서 공초를 받았다. 그는 공초에서 자신이 유교칠신이 된 것은 평안 감사로 있을 때 소문만 들었을 뿐 영문을 알지 못했던 일이고, 김제남과는 나이도 맞지 않고 (김제남이 5세 연하), 교유를 가진 일도 없는데, 그와 더불어 역모를 꾀했다는 것은 있을 수 없는 일이라고 말했다. 그러나 이이첨 일파는 그를 가까운 전리(田里)로 쫓아냈다가 광해군 9년(1617)에는 충주로 귀양지를 바꾸고, 다시 광해군 13년(1621)에는 여주로 옮겼다.

그런데 광해군 13년 8월에 여진족이 압록강을 건너오는 사태가 벌어지자 장수를 할 사람이 없어 할 수 없이 군사 전문가인 한준겸을 유배에서 풀어주어 5도 도원수(五道都元帥)로 임명하자 군사를 거느리고 출정하여 여진족을 물리쳤다. 그 뒤 1623년 인조반정을 맞이하자 인조의 장인이었으므로 국구(國舅)로 대접을 받았으나 정묘호란이 일어난 인조 5년(1627)에 향년 71세로 세상을 떠났다. 이것이 한준겸의 마지막 모습이다.

한편, 인수대비의 아버지인 한확(韓確)의 후손으로 '유교칠신'의 한 사람이었고, 광해군 때 우의정을 지낸 한응인(韓應寅; 1554~1614)은 선조 때 명나라에 가서 광해군이 세자로 책봉되는 승낙을 받아 오기도 했었으나, 그도 영창대군 파로 몰려 유배되었다가 이듬해 세상을 떠났다.

광해군 5년에 '칠서지옥'을 계기로 일어난 이 사건을 '계축옥사(癸丑獄事)'로 부르는데, 이때부터 광해군 정권은 이이첨 일파의 대북파가 전권을 휘두르는 세상이 되었다.

그러면 이때 한효순의 처지는 어떠했는가? 이미 71세의 고령으로 판중추부사의 한직을 가지고 있던 그는 조카 한준겸이 죄도 없이 유교칠신의 하나라는 이유로 귀양 가는 것을 지켜보면서 가슴이 아팠을 것이다. 또 하나 안타까운 일은 칠서지옥의 한 사람인 서양갑(徐羊甲)이 바로 한효순의 조카 사위이자 한준겸의 매형인 서용갑(徐龍甲)의 서제(庶弟)라는 점이었다. 하기야 서용갑은 이 사건과 아무 관련이 없었지만, 서양갑은 한효순과 한준겸의 처지를 의심받게 할 수도 있는 인물이었다.

더욱이 조카 한준겸의 불행을 보면서 자신이 벼슬을 하고 있을 수는 없었다. 그래서 그는 임금에게 나이가 이미 70세가 넘었으니 치사(致仕)하고 영구히 은퇴하겠다는 소를 올렸다. 그러나 광해군은, "경은 노성숙망(老成宿望)으로서 은퇴하고자 하는 상소를 올리니, 내 마음이 허전하다. 사양하지 말고 안심하고 조정에 있으라"고 하면서 허락하지 않았다. 오히려 이듬해인 광해군 6년(1614) 2월 15일, 한효순의 품계를 보국숭록대부(輔國崇祿大夫; 정1품)로 올려주고 판중추부사(종1품)를 계속 맡게 했다. 이듬해 봄에 73세의 한효순은 장악원에서 열린 기로연(耆老宴)에 참석했는데, 그때 도승지로서 기로연에 참석한 이덕형(李德馨; 1561~1613)이 기로연의 모습을 자세히 묘사한 것이 그의 《죽창한화(竹窓閑話)》에 보인다.[57]

광해군 7년(1615) 5월 22일에는 73세의 한효순에게 공조판서를 맡겼다가, 7월 3일에는 이조판서(吏曹判書)로 자리를 옮겼다. 이조판서는 이번이 세 번째이며, 6조 판서 가운데 그가 맡아보지 못한 판서직은 예조판서 뿐이었다. 그런데 이 무렵 큰 조카인 한백겸(韓百謙; 1552~1615)이 향년 64세로 세상을 떠나 더욱 그를 슬프게 했

---

57) 이 기로연에는 한효순을 비롯하여 판중추 노직(盧稷; 1545~1618), 참찬 윤승길(尹承吉; 1540~1616), 판서 이준(李準; 1545~1624), 지사 이시언(李時彦; 1545~1628)이 참석했는데 이들은 모두 70세 이상이었다.

다. 큰 조카는 세상을 떠나고, 작은 조카는 유배를 당한 처지가 되었으니, 한효순의 마음이 얼마나 아팠겠는가?

6. 매부 신경희가 모역사건으로 죽다

광해군 7년(1615) 윤달 8월에 한효순에게는 또 불행한 사건이 터졌다. 매부(妹夫)인 신경희(申景禧; ?~1616)가 모역죄로 체포되는 사건이 일어났다. 광해군의 이복 동생 정원군(定遠君; 뒷날 元宗)의 아들이자 능양군(綾陽君; 뒷날 인조)의 아우인 능창군(綾昌君) 전(佺)을 왕으로 추대하려는 모의를 했다는 죄로 붙잡혀 매를 맞고 이듬해 죽은 사건이다. 능창군도 모역죄로 강화도로 유배되었는데 스스로 목숨을 끊었으며, 아버지 정원군도 홧병으로 세상을 떠났다. 뒷날 능창군의 친형인 능양군이 반정(反正)을 일으킨 배경에는 아우에 대한 복수의 감정도 들어 있었다.

이 사건도 세상에서는 이이첨 일파가 꾸민 무고로 알려지고 있었지만, 톺아보면 사건이 매우 복잡하다. 그 전말은 이렇다.

신경희는 왜란 때 탄금대 전투에서 죽은 신립(申砬)의 조카이자, 이산해 문인으로 병조판서를 지내고 평릉부원군에 봉해진 신잡(申礪)의 아들이다. 신립의 딸이 선조가 세자로 세우려 했던 신성군(信城君; 인빈 김씨의 아들)의 부인이 되었기에 신경희는 음직으로 벼슬길에 나갔는데 위세가 대단했다. 그는 익산 사람 소명국(蘇鳴國)과 친하게 지내고, 또 자신의 숙부인 신할(申硈)의 사위였던 윤길(尹趌)과도 친했는데, 소명국은 처음에는 소북 유영경(柳永慶)을 따랐다가 유영경이 죽자 변절하여 반대파인 이이첨과 가까이 지냈다.

그래서 신경희는 윤길과 함께 소명국을 죽이려고 그의 음행(淫行; 아비의 첩을 간음)을 드러내어 옥에 가두게 했다. 그러자 소명국은 그 보복으로 옥중에서 공초하기를, "신경희가 평소 나에게 말하기를, 신성군의 아우인 정원군의 셋째 아들 능창군 이전이 매우 똑똑하여 그를 임금으로 추대하려 한다고 했는데, 그 일이 폭로될까 두려워 나를 죽이려 한다."고 말했다. 소명국의 이런 공초가 발단이 되어 이이첨 일파는 신경희를 모역죄로 체포했는데, 신경희는 문초를 받으면서 자신의 모역죄를 전면 부정하여 이렇게 말했다. "신의 아비[신잡]는 이산해와 함께 광해군을 옹립한 공이 있고, 나는 정인홍의 제자이면서 이이첨과 마음이 통하는 벗입니다. 항상 역적을 토벌하는 것을 계책으로 삼아 왔는데, 어찌 모역할 리가 있겠습니까?"라고 말했다. 그러나 소명국이 신경희와 대질하면서 평소의 언행을 낱낱이 말하여 결국 그를 죽음으로 내몰았다.

여기서 소명국의 말이 진실이라면 신경희는 처음에는 모역을 생각한 것이 사실이고, 만약 신경희의 말이 진실이라면, 그는 처음에는 모역을 생각했지만 나중에는 생각을 바꾸고 이이첨과 친하게 지냈다는 것이 된다. 그러나 무엇이 진실인지는 알 수 없다. 다만, 이 사건이 이이첨 일파가 소북 세력을 타도하는데 좋은 명분을 제공한 것만은 사실이다.

그러면, 이 사건 당시 한효순의 처지는 어떠했는가? 그는 매부가 지금 죄인으로 공초를 받고 있는 상황에서 이조판서직을 수행할 수 없다고 하면서 윤달 8월 28일 사직서를 올렸다. 그러나 임금은 이번에도 허락하지 않았다.

지금까지의 역모 사건을 다시 정리해보면, 한효순의 지친(至親) 세 사람이 역모와 관련되어 조카 한준겸은 유배당하고, 매부 신경희는 장살(杖殺)당하고, 조카 사위 서용갑의 서제인 서양갑이 사형당하는 비운을 만났다. 이런 상황에서 그들과 한 패로 오해받을 소지가 많은 한효순이 편안하게 벼슬할 마음이 있었을까? 당연히 벼슬을 떠나고 싶었을 것이다. 하지만 아직 살아 있는 조카를 살려야 한다는 절박감이 있었을 것이고, 또 이미 벼슬아치가 된 자신의 여러 아들들에게 화가 미칠지도 모른다는 우려도 있었을 것이다. 이런 상황에서 임금과 정면으로 맞서기보다는 벼슬을 하면서 두 적대 세력을 완충하는 구실을 하는 것이 지친들을 보호한다는 생각도 없지 않았을 것이다. 더욱이 자신은 언제 죽을지도 모르는 고령의 나이가 아닌가? 자신을 희생하여 후손들을 살려야 한다는 생각을 안 했다면 그것도 집안의 최고 어른의 태도는 아닐 것이다.

한효순은 임금과 정면으로 맞서는 것은 피했지만, 그렇다고 계속 벼슬자리에 앉고 싶지도 않았다. 이듬해인 광해군 8년(1616) 3월 19일 건강을 이유로 이조판서직을 면하게 해 달라고 임금에게 요청했으나 거절당하자, 다시 7월 26일 세 번째 사직소를 올려 드디어 임금의 허락을 받아 7월 29일 사직했다. 만 1년 만에 짐을 벗은 것이다.

7. 해주옥 사건과 우의정 한효순

 광해군 7년에 신경희를 모역죄로 처단한 이이첨 일파는 이듬해인
광해군 8년(1616) 9월 이후부터 더욱 적극적으로 언론 양사(兩司 ;
사헌부와 사간원)를 통해 소북 잔당을 소탕하는 일에 열을 올리고 나
섰다. 이번에는 소북의 영수였다가 이미 선조 말년에 죽은 유영경(柳
永慶)의 심복으로 알려진 허욱(許頊), 최천건(崔天健), 성영(成泳)
을 3적(賊)으로 지목하고 이들의 처단을 강력하게 요구하고 나섰다.
 허욱은 선조 말년에 좌의정을 지냈는데, 광해군이 즉위한 직후 유
영경 일파로 몰려 파직되었고, 이어 광해군 7년의 신경희 모역 사건
에도 연좌되어 원주에 유배당하고 있었다. 최천건은 선조 말년에 형
조판서와 이조판서를 역임하다가 광해군 즉위 뒤 유영경이 죽임을 당
할 때 연좌되어 관직이 삭탈당했다가 복관되었으나, 김직재 모역사건
때 또 연좌되어 파직당했었다. 성영은 선조 말년에 이조판서를 지내
다가 광해군이 즉위하자 유영경 당으로 몰려 파직됐었다.
 이렇게 이들은 소북파의 잔당으로 인정되어 이미 쫓겨난 신세였으
나, 모역 사건이 일어날 때마다 자신들을 연좌시켜 탄압하고 있다고
임금에게 호소하는 상소를 올렸다. 이렇게 되자 이이첨 일파의 처지
가 궁지에 몰리자 이들에 대한 반격을 시작한 것이다. 이이첨 일파는
아울러 유교칠신으로 아직 살아남아 있는 한준겸, 신흠, 서성, 박동량

을 더욱 먼 곳으로 유배 보내야 할 뿐 아니라, 이미 죽은 유교칠신인 한응인(韓應寅)과 허성(許筬)의 관직을 삭탈해야 한다고 주장했다. 한준겸 등은 모두 유영경의 심복일 뿐 아니라 김제남의 심복이기도 한데, 지금 음험한 음모를 계속 꾸미고 있다고 했다. 임금은 이 요구에 대해 이미 9년 전에 끝난 일을 다시 거론하지 말라고 말렸다.

이렇게 소북 잔당과 유교칠신에 대한 공격이 점점 커지고 있을 무렵인 10월 5일 임금은 한효순에게 우의정(右議政; 정1품)을 제수했다. 74세의 나이에 처음으로 의정부 정승의 반열에 오른 것이다. 사실, 한효순의 경력으로 보면 삼정승의 반열에 오른 때는 오히려 너무 늦은 시기였다. 그는 우의정 제수를 일단 받았다. 임금은 그가 누구보다도 당색에 초연하고 국방의 전문가로서 경험과 명망이 있었기에 당시 북방 여진족의 동태가 심각한 상황을 고려하여 중용한 것으로 보인다.58)

그런데 한효순이 우의정에 오른 지 한 달 뒤인 11월에 들어서서 이른바 해주옥(海州獄) 사건이 또 터졌다. 이 사건은 지난해 있었던 신경희 사건의 연장선상에서 일어났다. 당시 신경희가 공초하는 가운데 황해도 백령첨사 윤숙(尹璛)과 봉산군수 윤공(尹珙)이 역모를 꾸며 군사를 배에 싣고 서울의 서강(西江)에 있는 허욱(許頊)의 정자 아래에다 정박시킨 다음, 인목대비를 빼내오고, 인성군(仁城君; 선조

---

58) 한효순이 우의정에 오른 것에 대하여 인조반정 세력이 편찬한 《광해군일기》에는 한효순이 선조의 은총을 크게 받은 인물이지만, 이때에 이르러 이이첨에게 빌붙어 마침내 정승의 지위에 제수되었다고 하여 마치 이이첨이 벼슬을 준 것처럼 썼다. 그러나 당시 이이첨은 예조판서로서 인사권을 가지고 있지 않았으며, 실제로 광해군이 뚜렷한 당색을 지니지 않은 실무형의 인물일 뿐 아니라 북방 여진족의 동태가 심각한 상황에서 국방 전문가인 그의 지혜를 빌리려는 목적에서 그를 우의정에 제수한 것이 진실일 것이다.

후궁 정빈 민씨 소생)의 어린 아들을 데려다가 몰래 섬에 체류하면서 옹립하고자 했다. 이것이 성공한 뒤에 황해도에 귀양 가 있던 서인(西人) 황신(黃愼)과 소북인 남이공(南以恭)을 등용하여 새로운 정부를 구성하려고 했다는 것이다. 이 공초는 신경희가 살아남기 위해 자신이 이이첨의 당이라는 것을 강조하려고 한 말이었지만 결국 그는 살아남지 못했던 것이다.

하지만 신경희의 공초 때문에 이이첨은 반대파를 숙청할 수 있는 명분을 얻었다고 믿고, 소북인 허욱, 박승종(朴承宗), 남이공 뿐 아니라 현재 고위직에 올라 있는 정치적 경쟁자인 유희분(柳希奮), 기자헌(奇自獻), 정창연(鄭昌衍) 등까지도 해치기 위해 다시 일을 꾸몄다. 이이첨은 심복 박희일(朴希逸), 박이빈(朴而彬) 등을 사주하여 해주목사 최기(崔沂)에게 소북 일당이 모역을 꾸미고 여기에 조정 대신들도 참여하고 있다는 고변(告變)을 올리게 했다. 그 모역 참가자 가운데에는 이이첨의 이름도 넣게 하여 자신이 조작한 사건이 아닌 듯이 보이게 했다.

결국, 이 사건으로 최기는 황해도 관찰사에게 보고하지도 않고 고변한 죄로 처형되고, 박희일, 박이빈 등도 해주 사람들을 시켜 죽였으며, 허욱을 비롯한 최천건, 성영 등도 이 사건에 연좌되어 유배당했다가 유배지에서 모두 죽었다. 이이첨은 자신의 무고가 드러날까 두려워하여 모역을 고발한 심복까지도 모두 죽인 것이다. 이제 이 사건으로 이이첨의 반대파는 거의 숙청되었다.

그러면 당시 우의정으로 있던 한효순의 처지는 어떠했는가? 11월 18일, 임금이 창덕궁 인정문에 나와서 해주옥 사건의 죄인을 직접 국문할 때 한효순의 의견을 묻자, 그는 대답하기를, "정승의 자리에 들어온 지가 오래지 않아서 문서를 보긴 했으나, 곧바로 잊어버렸습니다. 어떻게 의논을 하여야 할지 모르겠습니다."라고 말하면서 한 발 뒤로 물러섰다. 무고가 뻔한 이 사건에 개입하고 싶지 않다는 뜻이다. 11월 21일에도 죄인에 대한 임금의 친국(親鞫)이 있었으나, 한효순은 판의금부사를 먼저 들여보내고 자신은 영의정보다 뒤늦게 들어갔다. 그러면서 임금에게 늦은 이유를 이렇게 변명했다. "소신의 의막(依幕)이 가까이 있지 않은 데다 하인이 즉시 고하지 않아 영의정이 이미 들어간 뒤에 판의금[박승종]을 먼저 들어가게 했습니다. 황공합니다." 임금은, "황공해하지 말라"고 너그럽게 말했지만 내심으로는 불쾌했을 것이다. 한효순은 되도록 무고한 죄인들에게 죄를 주는 일을 하고 싶지 않았기에 소극적인 태도를 보인 것이다.

임금은 11월 21일에도 창덕궁 인정문에서 죄인을 친국하면서 유희분(柳希奮)과 박승종(朴承宗)의 심복으로 알려진 홍문관 교리 정문익(鄭文翼)에 대하여 정승들에게, "정문익에 대하여 어찌하여 의논하여 아뢰지 않는가?"하고 물었다. 이에 영의정 기자헌(奇自獻)은, "전일 정문익이 홍문관에 있을 때 신을 힘껏 공박하기도 했는데, 그가 비록 무식하기는 하지만 어찌 이런 일을 했겠습니까? (…) 고변한 박이빈이 이미 죽었으니 따져 물을 수도 없습니다. 상께서 요량하소서"라고 하여, 정문익의 무죄를 은근히 비호하면서 임금이 알아서 판단하라고 말했다. 우의정 한효순도 정문익에 대해서 이렇게 말했다. "어떻게 처리해야 할지 명확히 알 수 없습니다. 다만, 그의 이름이 역적의 입에서 거론되었으니 상께서 요량하소서."라고 말하여 임금이 알아서 판단하라고 넘겼다.

한편, 자신의 이름까지 모역 사건에 연관되어 있던 판의금부사 박승종(朴承宗)은 이렇게 말했다. "소신은 해주 옥사(海州獄事)에 대하여 황공하여 감히 소견을 진달하지 못합니다." 사실 정문익이 자신의 심복이므로 자신도 연루되어 있는데, 박승종이 어떻게 이 사건에 대하여 말을 할 수가 있었겠는가?

대사헌 남근(南瑾)은 이렇게 말했다. "흉서(凶書)에 참여된 사람들의 잘잘못을 이미 분간했는데, 흉서를 없앴으니, 다시 물어볼 일이 없습니다 (…) "

대신들의 의견은 모두가 한결같이 이 사건 자체를 의심하고 있는 것이다.

이런 분위기를 파악한 임금은 이날 교(敎)를 내리기를, "허욱(許頊)은 이미 중도부처(中途付處)했으나 지나치다. 최천건(崔天健)은 뚜렷한 정성(精誠)이 있었다. 성영(成泳)은 이미 귀양 보냈으니 위리안치할 필요가 없다. 신흠, 박동량, 한준겸은 먼 곳에 귀양 보내기까지 해서는 안 된다."고 하여 죄를 감해 주었다.

사실, 그동안 계속된 모역 사건이 대부분 이이첨이 조작한 무고 사건의 연속이라는 것을 한효순을 비롯한 대신들은 다 알고 있었지만, 임금에게 무고라고 자신 있게 말할 수도 없는 처지이기에 임금이 최종적으로 너그럽게 처리해 주기를 바라고 있었던 것이다. 하지만, 이이첨이 마음만 먹으면 한효순 자신도 얼마든지 역모죄로 얽어맬 수 있는 인물이라는 것을 아는 이상 섣불리 이이첨을 비판하기도 어려웠을 것이다. 당시 박승종(朴承宗) 같은 이는 그의 아들 박자흥(朴自興)의 딸이 광해군의 세자빈으로 들어가 있어 판사와 정승 등 높은 벼슬을 하면서도 항상 몸에 비상을 지니고 다니면서 자살을 준비하고 있었으며, 술을 마시면 세태를 한탄하며 통곡하면서 살았다고 하는데, 아마 한효순의 심정도 그와 다르지 않았을 것이다. 당시 이이첨의 횡포가 얼마나 극악했는가를 고려한다면, 한효순의 처신이 살얼음판을 걷는 것처럼 조심스러울 수밖에 없었을 것이다.

8. 윤선도, 종친의 이이첨 공격; 한효순의 사직 요청

광해군 4년의 김직재 모역 사건부터 시작된 이이첨 일파의 횡포가 도를 넘어서자 이에 대한 반발이 나타나기 시작했는데, 광해군 8년 (1616) 12월 21일 성균관 진사 윤선도(孤山 尹善道; 1587~1671)가 올린 장문의 장소가 그 첫 봉화였다. 뒷날 '오우가(五友歌)' 등을 지어 시조 시인으로 명성을 떨친 그가 올린 상소의 요지는 이렇다. 이이첨이 홍문관, 사헌부, 사간원 등 언론 삼사(言論三司)를 장악하고 있으며, 승정원과 이조의 인사권, 성균관, 과거시험 등을 모두 장악하고서 온갖 횡포를 부리고 있다고 격렬하게 탄핵했다. 아울러 유희분, 박승종 등 조정의 중신도 비판했다. 그런데 윤선도가 상소를 올린 이유는 그의 양부(養父) 윤유기(尹惟幾)가 본래 이이첨의 당인(黨人)이었으나 이이첨이 거두어 써주지 않은데 대한 원한이 있어 배후에서 윤선도를 지휘했다고도 한다. 윤선도는 이 상소 때문에 함경도 경원(慶源) 등지로 유배당했다가 인조반정 뒤 풀려나서 남인(南人)으로 활동했다.

지금까지 유생으로부터 비판을 받아 본 일이 없다가 윤선도의 격렬한 상소를 받은 조정은 발칵 뒤집혔다. 12월 29일에 임금은 승정원에 명하여 대신들의 의견을 조사하여 아뢰라고 했는데, 영의정 기자헌은 "감기가 매우 심각하여 머리가 깨지는 듯이 아파 일을 살피지 못하므로 의논을 드릴 수 없다."고 말했고, 우의정 한효순은 "윤선도의 상소를 신이 아직 보지 못했기 때문에 그 내용이 어떤지를 모르겠습니다. 윤유기(尹惟幾)가 지휘했다는 것도 신은 아직 듣지 못했습니다. 이와 같이 언로(言路)에 관계되는 막대한 일은 감히 가볍게 의논드릴 수가 없습니다. 성상의 재량에 맡깁니다."라고 말했다. 영돈녕부사 정창연(鄭昌衍)은 병이 있어서 의견을 내지 않았다. 세 대신이 한결같이 윤선도 상소에 대한 논평을 회피하고 있었다. 이런 태도는 윤선도의 상소에 대한 간접적인 동의를 표하는 것이기도 했다.

그런데 윤선도의 상소에 대한 한효순의 언급이 이이첨 일파의 비위를 크게 건드렸다. 바로 이날 양사(兩司)는 즉각 들고 일어나 한효순을 성토했다. 상소를 보지도 못했다는 것, 윤유기의 지휘도 모르겠다는 것, 그리고 상소는 언로의 문제라고 말한 것이 모두가 잘못이라는 것이다. 흉소(凶疏)의 내용은 이미 다 알려졌고, 고굉 대신, 승정원, 사헌부, 사간원, 이조, 성균관 등이 모조리 윤선도에 의해 무함을 당한 것은 귀가 있는 자들은 다 들었고, 눈이 있는 자들은 다 보았으며, 입이 있는 자들은 모두 말하고 있는 데도, 혼자만 모른다고 하고 있을 뿐 아니라, 임금으로부터 '흉소(凶疏)'라고 지목당한 상소를 가지고 "언로에 관계되는 막중한 일이라 감히 가벼이 헌의할 수 없다."고 말한 것은, 임금을 업신여기고, 조정을 모함하고, 왕법을 무시하고, 역당을 옹호한 흉소를 도리어 언로에 관계되는 것이라고 한다면, 자신들이 윤선도 부자의 죄를 청한 것은 어떤 의논이 되는 것이냐고 따졌다.

양사가 한효순을 성토하는 글을 올린 다음 날인 12월 30일에는 홍문관이 차자(箚子)59)를 올려 그를 성토하고 나섰다.

한효순은 한준겸의 숙부로서 역당(逆黨)에게 잘 보이려고 이렇게 의논을 모으고 있는 날을 맞이하여 이론(異論)을 세울 여지를 만들려고 했습니다. 어찌 역당을 몰래 옹호하는 망극한 말을 혐의 삼아 피할 수 있겠습니까?

이이첨의 처지를 대변하고 있는 홍문관이 한효순을 역당(逆黨)의 편을 드는 사람으로 몰아가고 있다. 홍문관의 상소를 접한 한효순은 자신의 별장이 있는 마포(麻浦)로 내려가서 사식 상소를 올리기 시작했다.

윤선도의 상소는 이렇게 대신들의 은근한 비호를 받았으나, 임금은 언론 삼사의 주장을 따라 윤선도를 멀리 함경도 경원으로 유배를 보냄으로써 끝났다.

그런데 이듬해인 광해군 9년(1617) 1월 4일, 이번에는 종친(宗親)들이 연합하여 윤선도를 두둔하고 이이첨을 성토하는 강력한 소(疏)를 올렸다. 귀천군 이수(李睟), 금산군 이성윤(李誠胤), 금계군 이인수(李仁壽), 낭성군 이성윤(李聖胤) 등 19명이 합동으로 상소한 것이다. 그 요지를 소개하면 이렇다.

예조판서 이이첨은 간사하고 악독하며 괴팍하고 교활하여 사당(私黨)을 널리 심고, 충신들을 모두 내쫓았으며, 국권을 농락하여 위세

---

59) 격식을 갖추지 않고 간략히 올리는 상소.

가 날로 성해지게 되었습니다. 자신에게 붙좇는 자는 아무리 완악하고 염치 없으며, 언행이 패려한 자라도 반드시 이끌어 주어 승진시키고, 자기에게 반대하는 자는 아무리 학문이 높고 행실이 뛰어나서 세상 사람들이 떠받드는 자라도 반드시 배척하여 물리쳤습니다. 기염이 하늘에까지 치솟아 길 가는 사람들이 눈짓들만 하고 있으며, 충성스럽고 어진 사람들이 입을 다문 채 고개를 움츠리고 있고, 간사하고 사특한 자들이 팔을 휘두르며 몰려들고 있습니다.

조정의 대소 신하들 가운데 혹 그의 형세에 붙좇지 않는 자가 있더라도 끝까지 그의 집에 찾아가지 않을 경우에는 능히 보전하는 자가 드무니, 밤에는 천장을 쳐다보며 탄식하고, 낮에는 그의 집 문 앞에서 설설 기고 있습니다. 심지어 함께 어울리는 사람들에 이르러서도 혹 한두 가지 일이 조금이라도 그의 마음에 들지 않는 경우가 있으면, 온갖 계책으로 중상하여 반드시 배척한 연후에야 그만둡니다.

이이첨의 위세는 날로 성해지고, 전하의 위세는 위에서 날로 고립되고 있으니, 위망의 화(禍)가 조석(朝夕)에 박두했습니다. 비록 충신과 의사(義士)가 있어서 이와 같은 정상을 전달하려 하더라도 입 밖으로 말을 내기만 하면 큰 화가 즉시 이릅니다. 그러므로 부자(父子)와 형제(兄弟)가 같은 방에 있으면서도 이이첨에 대하여 말이 나오면 입을 가리고 손을 내저으면서 멸족된다고 서로 경계하고 있습니다.

아, 국세가 이 지경에 이르렀으니 (…) 초야에 있는 신하 윤선도(尹善道)가 강개하여 소를 올려서 사람들이 감히 말하지 못하는 바를 감히 말했습니다. (…) 그런데 승정원에서 먼저 일어나자 삼사(三司)가 잇따라 일어나고, 사학(四學)과 성균관이 이구동성으로 호응하여, 한편으로는 역적을 편들었다고 하고, 또 한편으로는 어진 이를 모함했다고 하고 있습니다. 그들이 역적이라고 하는 것은 전하에게 거역했다는 것입니까? 이이첨에게 거역했다는 것입니까? 그들이 어진이라고 말하는 자는 과연 누구를 가리키는 것입니까? 만약 그들을 공격하는 말을 한 것을 가지고 역적질을 했다고 지적한다면, 임금을 무시하는 마음이 이에 이르러 드러나는 것입니다. (…)

이이첨은 석고대죄(席藁待罪)하고 반성해야 하는데, 태연스럽게 집에 있으면서 더욱 그 독기를 뿜어 삼사(三司)를 불러 모으고, 성균관을 지휘했으며, (…) 삼사는 전하의 삼사인지 이이첨의 삼사인지 모르겠습니다. (…) 어찌하여 삼사와 성균관은 도리어 직언을 한 사람을 배척하고, 간사한 이이첨을 찬양하기를 이렇게까지 극도로 한단 말입니까?

옛날 왕망(王莽)이 태아검(太阿劍)을 거꾸로 잡았을 때, 그를 찬양한 자가 50~60만 명이나 되었지만, 찬양하는 사람이 많다고 하여 공론(公論)이라고 할 수는 없는 것입니다.

옛말에 "대간(大奸; 크게 간사한 사람)은 충성스러운 듯하고, 대사(大詐; 크게 속이는 사람)는 미더운 듯하다."고 했습니다. (…) 헛말을 날조하여 반대파를 축출하고, 과거 시험과 관작으로 사람들의 마음을 휘어잡아 형세를 좇고 이익을 탐내는 자들이 요직에 가득 들어차 있습니다. (…) 전하께서 윤선도의 일 때문에 대신들에게 수의(收議; 의견을 들음)한 것은 여론이 어떠한가를 알기 위함인데, 영상 기자헌(奇自獻)은 이이첨의 기세에 겁을 집어 먹고 병을 칭탁하고 의논드리지 않았으며, 우의정 한효순 역시 그의 기세를 두려워하여 기가 꺾이고 말을 더듬으면서 언로니 뭐니 하면서 몇 글자만 대략 전달했을 뿐입니다. (…) "

위 상소는 이이첨의 횡포가 얼마나 심했으며, 당시 대신들도 그를 얼마나 두려워하였는지를 실감나게 보여준다. 종친들의 솔직한 연합

상소를 읽은 임금은 답하기를, "상소의 내용은 모두 알았다. 다만 조정의 대체는 종척(宗戚)의 여러 경(卿)들이 간여할 일이 아닌데, 조섭하고 있는 이때 이렇게 번거롭게 아뢰니, 누구의 사주를 받고 이 소를 올린 것인가? 밝은 해가 중천에 있으니, 곧이곧대로 대답하라"고 말했다. 뒤에 몇 사람의 종친을 귀양보냈다.

임금은 이이첨의 행동이 지나치다는 것을 알고 있으면서도, 이를 비판하는 사람들의 배후에는 소북(小北)이나 그밖에 왕권에 도전하려는 세력이 배후에 있지 않은가를 의심하고 있는 것이다. 그래서 임금은 도리어 1월 6일, 지금 서울 근교에 유배 중에 있던 신흠(申欽), 한준겸(韓浚謙), 박동량(朴東亮) 등 '유교칠신'들을 더욱 먼 곳으로 유배 보냈다. 그리하여 신흠을 춘천(春川)으로, 박동량을 아산(牙山)으로, 한준겸을 충주(忠州)로 보냈다. 아마도 이들이 윤선도와 종친들을 부추긴 배후 인물로 의심한 듯하다.

이런 상황을 지켜본 한효순은 어떤 심정이었을까? 종친들의 상소에서는 기자헌과 한효순이 이이첨이 두려워 기가 꺾여 있다고 비판받고 있으며, 반대로 이이첨이나 임금으로부터는 역적들과 한 패로 의심받고 있으니, 그야말로 진퇴양난에 빠져 있다고 해야 할 것이다.

1월 7일, 유학(幼學) 이광계(李光啓)가 몰래 상소하여 종친들이 역심(逆心)을 품고 있다고 비판했는데, 아마도 이이첨이 뒤에서 이광계를 사주한 것으로 보인다. 임금은 이에 대답을 하지 않았지만 내심으로는 그런 생각을 가지고 있었을 것이다.

윤선도와 종친의 잇따른 상소로 이이첨과 임금이 수세에 몰리고 있을 무렵 유생 남인(南認)이 상소하여 평양과 경상도 사이에 광해군의 중흥 공덕을 기리는 공덕비(功德碑)를 세우자고 건의하자 1월 13일

대신들의 의견을 물은 결과 영의정 기자헌(奇自獻)은 "우리나라에서는 (이태조의 왜구토벌을 기념한) 황산대첩비(荒山大捷碑)가 전례(前例)가 되는데, 만약 평양과 전라도 및 경상도 사이에 비석을 세워서 앞뒤로 성상(聖上)의 공열(功烈)을 찬양한다면 편리하고 온당할 것입니다."라고 말했고, 우의정 한효순도 "앞뒤로 성상의 공열을 찬양하여 비석에 새겨 기리는 것은 참으로 사의(事宜)에 합당합니다."라고 동의를 표했다. 실제로 광해군이 왜란 때 전쟁을 앞장 서서 지휘하고, 그뒤 임금이 되고 나서 왕조의 중흥을 위해 애쓴 공적은 공덕비를 세우기에 부족함이 없었으므로, 두 대신이 이에 찬동하는 것은 단순한 아첨만은 아니었다. 그리하여 대신들의 동의를 얻어 이 일은 그대로 시행되었는데, 그 뒤에는 아무런 기록이 남아 있지 않아 구체적으로 어디에다 세웠으며 그 뒤 어찌되었는지 알 수 없다. 아마도 인조반정 뒤에 철거한 것이 아닌가 짐작되지만 확실하지 않다.

9. 허균의 경운궁 투서 사건;
한효순의 사직 요청

광해군 8년(1616) 말, 윤선도 상소와 광해군 9년(1617) 1월 초의 종친들의 상소로 말미암아 궁지에 몰린 이이첨 일파는 비록 '유교칠신'을 먼 지방으로 귀양 보내는 데는 성공했으나, 임금은 마음속으로 이이첨의 행동을 의심하고 있었다. 그동안 이이첨을 공격한 상소는 없었기에 임금은 이이첨을 믿어 왔지만 이번에는 이이첨의 언행을 의심하기 시작했다. 그러자 이이첨은 임금의 의심을 풀고, 인목대비의 폐비를 성사시킴으로써 임금의 신임을 다시 얻으려는 계책을 세웠다.

그러나 종전에 써오던 방법대로 행동하면 자신들의 상투적인 행태가 탄로될 것이 두려워 이번에는 새로운 방법을 썼다. 그 방법은 바로 인목대비가 있는 경운궁(慶運宮)에 모역과 관련되는 격문(檄文)을 적어 화살로 쏘아 넣는 투서(投書)의 방법을 택하고, 모역 대상자 가운데 현역 대신들을 포함시켰으며, 격문의 작성자를 익명(匿名)으로 했다.

1월 20일 경에 투서된 이 격문의 전체 내용은 《광해군일기》에 보이지 않아 자세한 내용을 알 수 없으나, 그 요지는 1월 28일을 기하여 인목대비를 끼고 군사를 동원하여 궁궐을 쳐들어가면, 유씨(柳氏), 박씨(朴氏), 기씨(奇氏) 등이 내응할 것인데, 기씨가 옥새를 넘겨 준다는 것이었다. 여기서 유씨는 유희분(柳希奮), 박씨는 박승종(朴承宗), 기씨는 기자헌(奇自獻) 등 현역 대신들을 가리키는 것이다. 또 이 격문에서는 "가짜 얼자(孼子)가 외람되이 임금이 되고, 아버지[선조]를 독살하고, 어머니를 잡아 가두었으며, 형과 동생을 죽였다."는 말까지 들어 있었다. 여기서 광해군이 선조를 독살했다는 말은 전혀 근거가 없는 데도 서슴없이 언급하고 있다.

이 격문에서 기자헌, 유희분, 그리고 박승종이 역모에 가담할 것이라는 주장은 이 세 사람을 제거하려는 뜻이 있었다. 기자헌은 그동안 모역 사건을 처리할 때 언제나 소극적인 태도를 보였고, 유희분은 광해군의 처남으로 원래 영창대군을 제거하는데 앞장섰던 인물이었으나, 뒤에는 이이첨의 횡포를 보고 마음을 바꾸어 그를 제거하려고 했으므로 이이첨과 갈등을 일으켰다. 박승종도 손녀가 광해군의 세자빈(世子嬪)이 되어 처음에는 대북파에 속하여 판의금부사 등 높은 벼슬을 했으나, 이이첨의 횡포에 실망하여 인목대비의 폐비를 적극 반대하고 나섰던 인물이었다.

지금까지 이이첨은 인목대비와 현역 대신들을 직접 모역의 주동자인 것처럼 몰고 간 일은 없었는데, 이제는 비협조적인 기자헌, 박승종, 유희분과 마지막 제거 대상인 인목대비를 직접 엮어서 역적으로 몰고 간 것이다. 그런데 그 익명의 투서를 한 사람은 바로 허균(許筠)이라는 것을 사람들은 모두 알고 있었다. 이이첨이 허균을 꾀어서 격문을 쓰게 했던 것이다.

이 투서 사건이 일어나자 임금은 이 사건이 이이첨과 허균의 짓임을 알고 있었으나, 인목대비를 폐비시켜야 한다는 목적에는 뜻을 같이 하고 있었다. 하지만, 모든 사람이 이이첨과 허균의 짓임을 알고 있기 때문에 그 주모자를 찾아내야 한다는 여론을 외면할 수는 없었다. 그래서 임금은 "이 흉소를 자세히 살펴서 의논하여 아뢰라"고 명했다. 이에 영의정 기자헌은 "지난 가을 신의 집에서도 익명의 투서가 화살에 매여 들어온 일이 있었는데, 이번에도 또 익명의 투서에 신의 이름이 올라 있습니다. 이것이 진실이라면 왜 드러내 놓고 고변하지 않고 익명으로 하겠습니까? (…) 이것은 신을 모함하고자 하다가 성공하지 못하니까 감히 이런 짓을 한 것입니다. 신은 의논드리지 못하겠습니다."라고 말하고 다음 날 사직하겠다고 임금에게 말했다.

판의금부사 박승종도 말하기를, "이 흉서(凶書)는 말이 아주 흉악하고 참혹하여 반도 채 읽기 전에 간담이 찢어지는 것 같습니다. 민심이 이와 같으니 무슨 짓인들 못하겠습니까? (…) 흉인이 반드시 신을 모함하고자 해서 신의 이름을 거명한 것입니다. 신도 역시 감히 의논 드리지 못하겠습니다."

이밖에 동지의금부사 이경함(李慶涵), 유몽인(柳夢寅), 윤수민 (尹壽民), 대사헌 남근(南瑾), 대사간 정조(鄭造) 등도 이 흉서가 매우 흉악하고 참혹하다고 하면서 죄인을 잡아내어 추국해야 한다고 주장했다.

기자헌은 몇 차례 사직소를 올렸으나 임금이 하락하지 않자 스스로 멀리 강릉(江陵)으로 내려가 버렸다. 임금은 간곡하게 돌아오라고 명 했으나 그는 죄인의 몸으로 공직을 가질 수 없다고 하면서 귀경하지 않았다.

그러면 경운궁 흉서 사건이 터졌을 때 우의정 한효순은 무엇을 하고 있었는가? 기자헌이 사직소를 올릴 무렵, 그도 묘당에 등청하지 않고 성 밖의 마포(麻浦)에 계속 머물러 있으면서 1월 23일부터 임금에게 차자(箚子)를 올려 사직을 요청했다. 임금은, "영의정이 밖으로 나가서 국사가 위태롭다. 경은 어찌 작은 혐의에 구애되는가? 안심하여 사직하지 말고 조리하고서 출사하여 온 마음을 다해 역적을 토벌해 사직을 안정시키라"고 명했다. 그러나 한효순은 잇따라 차자를 올려 1월 26일에는 네 번째 사직소를 올리고, 1월 28일에도 사직소를 올렸다. 그 사직소 가운데 1월 28일자 사직소의 내용이 《광해군 일기》에 기록되어 있는데, 이를 소개하면 이렇다.

신이 고질병을 앓아 죽게 된 상황은 이미 앞뒤로 올린 사직 차자에서 모두 말씀드렸기에 다시 말씀드리지 않겠습니다. (…) 벼슬에서 사퇴한 뒤에는 상대하는 자가 처자식뿐으로, 시의(時議)와 세변

(世變)에 대해서는 어떠한 지 전혀 모르고 있습니다. 지난번 수의 (收議; 의견을 수렴)할 때 신은 그 상소의 내용을 모르고, 또 윤선도가 어떤 사람인지도 몰라서 단지 옛 의리만을 들어서 '언로'를 열라고만 말했습니다. 그러자 물의(物議)가 시끄럽게 일어나서 역적에 아첨했다고 지목했습니다. 역적질한다는 '역'(逆) 한 글자는 신하와 자식의 극악한 큰 죄로서 추호라도 역적에게 아부했다면 성스런 임금과 자애로운 아비라 할지라도 그 신하와 자식에 대하여 사사로이 처리할 수 없는 것입니다. 신은 이러한 죄명(罪名)을 지고서는 감히 잠시도 성 안에 있을 수가 없어서 바깥으로 나가서 명을 기다리고 있었습니다. 그런데 예전의 병이 다시 심해져서 날로 위태로운 지경에 이르고 있습니다. 노신이 비록 형편없다 하더라도 땅 속으로 들어갈 날이 얼마 남지 않은 이때에 어찌 감히 외람되고 범범한 말로써 성상을 속이겠습니까? (…)

한효순의 사직소 요지는 늙고 병들어 공직을 수행할 수 없다는 것과 역적에 아부했다는 죄명을 뒤집어쓰고서는 잠시도 벼슬자리에 앉을 수 없다는 두 가지 이유였다. 앞서 기자헌이 사직소에서 밝힌 이유와 비슷하다. 다만, 기자헌은 경운궁 흉서 사건에 직접 이름이 올라 있었지만 한효순은 윤선도의 상소를 옹호하다가 역적의 누명을 쓰게 된 것이 다를 뿐이다. 하지만 임금은 예전과 똑같은 말로서 그의 사직을 만류했다.

한효순이 사직 차자를 올린 1월 28일은 바로 역적들이 궁궐을 침범하기로 약속한 날이었는데, 이이첨의 술수에 속은 임금은 이날 밤을 새워 궁성을 계엄하라고 명했다. 역적의 하나로 지목되었던 병조판서 박승종은 갑옷을 입고 말고삐를 잡고서 창덕궁 돈화문 밖에서 진을 치고 있었으며, 여러 장수들이 각 문을 나누어 지키고, 백관들이 대궐 밖에 나와서 대기했다.

그런데 이날 이이첨은 그의 처자식과 권속들을 모아놓고 칼 하나를 주면서 말하기를, "오늘 역적패들이 패한다면 큰 복이지만, 만약 불행하게 될 경우에는 내가 목숨을 바칠 날이다. 너희들은 후원에 모여 있다가 우리 편이 패했다고 들으면 곧 이 칼로 자결해서 역적들의 손에 죽지 말도록 하라"고 했다. 그리하여 그의 처자식과 권속들은 밤새도록 모여서 슬피 울다가 흩어졌는데, 이이첨이 사람을 속이는 술수를 쓸 때에는 반드시 먼저 처자식들을 속여 사람들이 믿게 하는 것이 대부분 이와 같았다고 한다. 그는 위로는 임금과 아래로는 가족까지도 속이면서 엄청난 모역 사건을 조작하여 자신의 정치적 목표를 달성하려고 했던 것이다.

한효순은 경운궁 흉서 사건이 인목대비의 폐위(廢位)를 위해 이이첨이 조작한 것을 이미 훤히 알고 있었으므로 이 사건에 말려들지 않기 위해서는 끝까지 사직해야 한다고 결심하고 1월 23일부터 3월 23일까지 열두 번에 걸쳐 사직 차자를 올리고 등청하지 않았다. 일찍이 볼 수 없었던 단호한 결심을 보인 것이다. 하지만 임금은 끝까지 그를 놓아주지 않았다. 임금은, 영의정이 시골로 내려가고, 대례(大禮)가 다가오고 있고, 흉서 사건을 조사하기 위해서는 정승이 꼭 있어야 한다고 말했다. 그러나 한효순이 여전히 등청하지 않자, 임금은 승지를 한효순의 집에 보내 그의 의견을 받아 오는 형식으로 직무를 수행하도록 했다.

강릉으로 물러나 있던 기자헌도 "대례를 준비하고 투서 사건을 조사해야 한다."는 임금의 간곡한 만류를 이기지 못하고 3월초에 서울로 돌아왔다. 다만 좌의정 정인홍만은 82세의 고령이므로 임금이 그동안 부르지 않고, 중대한 일이 있을 때에는 신하를 보내 의견을 청취하는데 그치고 있었다.

10. 이이첨, 박승종, 유희분의 삼창강화(三昌講和)

윤선도 상소 사건과 종친들의 상소 사건으로 수세에 몰린 이이첨이 이를 만회하려고 허균을 시켜 경운궁 투서사건을 일으켜 인목대비를 비롯하여 기자헌, 박승종, 유희분까지 역적으로 몰아 제거하려고 했으나, 박승종과 유희분이 강력히 반발하고 영의정 기자헌과 우의정 한효순도 크게 반발하여 조정을 떠나자, 임금은 이렇게 무리한 방법으로는 인목대비를 폐비시키는 일이 어렵다고 판단하여 이이첨으로 하여금 한 발 물러서서 이들과 화해를 모색하고 힘을 합치도록 유도했다.

그리하여 기자헌과 한효순을 달래는 일은 임금이 맡고, 3월 9일에 궁지에 몰린 이이첨은 박승종과 유희분을 감언이설로 회유하여 궁궐 안 장원서(掌苑署)에 모여 3자 동맹을 맺었다. 세상 사람들은 이를 일러 '삼창강화(三昌講和)'라고 불렀다.60) 이날 모임에는 정창연(鄭

---

60) 삼창(三昌)이란 이이첨이 광창부원군(廣昌府院君; 廣州), 박승종이 밀창부원군(密昌府院君; 密陽), 유희분이 문창부원군(文昌府院君; 문화)으로 불린 데

昌衍)의 중북(中北)에 속하는 이병(李覺)도 참석하고, 유희분의 아우인 유희발(柳希發) 등도 참석하여 대북파, 중북파, 소북파가 다시 손을 다시 잡고 협력하기로 결의한 것이다. 이들은 향을 피우고 시(詩)를 지어서 맹세했는데, 임금은 너무 기뻐서 사람을 보내 궁중의 술을 하사하고 격려했다.

이렇게 임금의 노력으로 이이첨이 약간 자중하는 가운데 조정에서는 인목대비 폐위문제는 당분간 수면 아래로 숨어들었다. 그 대신 두 가지 중요한 일이 추진되었다. 하나는 두 개의 이궁(離宮)을 동시에 건설한 것이다. 임금은 건강이 나빠 거둥도 거의 하지 않으면서 계속적으로 침을 맞고 있었는데, 술사(術士 ; 地官)들과 점장이들이 창덕궁(昌德宮)에 요괴가 많아서 그렇다고 하면서 왕기(王氣)가 서려 있는 인왕산 기슭에 이궁(離宮)을 지으라고 권했다. 그래서 술사와 점장이의 말에 혹한 임금은 인왕산 기슭에 인경궁(仁慶宮)과 경덕궁(慶德宮 ; 뒤에 慶熙宮으로 개명)을 거의 동시에 착공한 것이다. 그런데 이궁 건설은 막대한 물자와 경비가 필요하여 그 방법을 계속적으로 논의했다.

또 하나의 일은 임금의 생모인 공빈(恭嬪)을 공성 왕후(恭聖王后)로 추존한 것을 기념하여 관복(官服)인 면복(冕服)을 중국 황제에 요청하여 중국 사신이 이것을 가지고 들어올 때 의식을 치르고, 이어 종묘에 고하는 등의 일이었다. 이를 대례(大禮)라고 불렀다. 대례는 8월 19일에 거행되었으며, 이궁의 건설은 4월부터 준비가 시작되어 8월에 본격적으로 공사가 착수되었다.

서 붙여진 이름이다. 이들 가운데 박승종의 딸은 광해군의 세자빈이고, 유희분은 광해군의 처남이다.

기자헌과 한효순은 이궁 건설에는 반대하지 않았으나, 다만 백성들의 고통을 걱정하여, 4월 20일 임금에게 창덕궁을 지을 때에는 2결당 1필의 포목을 거두었으나, 지금은 4결당 1필로 낮출 것을 건의했다. 또 한효순은 4월 28일, 백성들을 괴롭히는 수령들을 징계하기 위해 어사(御史)들을 수시로 비밀리에 파견할 것을 건의하기도 했다. 이런 일들은 기자헌과 한효순이 모두 집에 앉아서 승지들을 통해 의견을 개진한 것이다

이 해 7월에는 중국의 요동도사(遼東都事)가 사람을 보내 조선에 들어와서 약초(藥草)를 캐겠다고 연락이 오자 조정에서 이 문제를 논의했는데 기자헌과 한효순은 입을 모아 이를 막아야 한다며 역관(譯官)을 요동으로 보내 설득하여 들어오지 못하게 해야 한다는 의견을 전달했다.

11. 폐모론 등장;
이이첨 일파의 한효순 협박과 사직 상소

광해군 9년(1617) 9월 21일 우의정 한효순은 집에 거처하면서 건강을 이유로 또 사직을 청했으나 임금은 역옥(逆獄)이 아직 끝나지 않았을 뿐 아니라 대례(大禮)61)가 겹쳐 있으니 사직할 수 없다고 거부했다. 그러면서 내의(內醫)를 한효순의 집에 보내 병을 보살피라고

---

61) 이번의 대례(大禮)는 임금의 친경(親耕) 행사를 가리킨다.

명했다. 한효순이 사직을 요청한 것은 건강상의 이유도 있었지만, 앞으로 일어날 인목대비 폐위 논의에 참여하지 않으려는 뜻이 담겨 있었다.

드디어 그해 10월 4일 경상도 유학 박몽준(朴夢俊)이 상소하여 김제남(金悌男)의 처(妻)를 법으로 다스리라고 청하여 인목대비 폐위를 위해 대비의 주변 사람을 체포하는 일부터 시작했다. 이어 10월 8일에 김제남의 얼족(孼族) 친척인 김계남과 그의 사위 오응란(吳應蘭), 김계남의 처인 내수사 노비 애옥(愛玉) 등 5명을 체포하고, 10월 9일부터 추국(推鞫; 재판)이 시작되었다. 이들이 전부터 반역을 모의했다는 혐의로 체포했으나, 이들은 공초할 때 모두 죄를 부인했다.

10월 9일 이들을 국문하는 추국청(推鞫廳)이 열리자 영의정 기자헌과 우의정 한효순 등은 임금에게 말하기를,

평상시 반역 사건을 추국할 때는 반드시 고발한 자의 공초(供招)를 먼저 받아 가지고 국문하는 근거로 삼는 것인데, 지금 김계남(金季男) 등을 고발한 사람은 누구인지 모르고 있습니다. 또 대체로 임금에게 입계(入啓)하는 일은 모두 승정원을 경유해야 하는 것인데, 차비문(差備門)에다 직접 고발했으니, 이것은 전에 없던 일입니다. 변고를 고발한 자부터 먼저 공초를 받아야 하겠기에 고발한 자의 이름부터 감히 알고 싶습니다.

그러니까 모역자의 국문은 고발자부터 먼저 공초한 다음에 죄인을 공초하는 것인데, 이번 사건에는 고발자가 누구인지도 모르고, 죄인을 고발한 것도 승정원을 통해서 이루어진 것이 아니라 궁궐 정전(正殿)의 앞문에다 고발한 것도 절차상 문제가 있다고 보았다. 그래서

두 대신은 국문하기가 어렵다고 항변한 것이다.

그러나 임금은 고발자의 이름을 대지 않은 채, "죄인부터 공초하라"고 명했다. 이렇게 하여 고발자도 없는 모역 사건이 재판으로 넘겨진 것이다. 그런데 이틀 후인 10월 11일에 형조판서 허균(許筠)이 상소하여, 김계남의 얼족(孽族) 현응민(玄應民)이라는 자가 찾아와서 김계남, 김진 등이 모역을 꾸미고 있다는 사실을 알려주었다고 말했다. 그러니까 정식 고발자는 없고 말로 전하는 자만 있었다는 것을 허균이 억지로 증명해 준 셈이다. 하지만 허균의 말도 거짓이었다.

이 해 11월 5일에는 앞서 상소를 올린 박몽준을 비롯하여 한보길(韓輔吉), 설구인(薛求仁), 한천정(韓天挺) 등이 집단으로 상소하여 화근(禍根)을 없애야 한다면서 조정 대신인 기자헌(奇自獻)과 한효순(韓孝純), 그리고 언관인 삼사(三司)는 가만히 앉아서 구경만 하고 있다고 탄핵했다. 더욱이 기자헌과 한효순을 집중적으로 공격했는데 그 대목을 소개하면 이렇다.

기자헌은 임금의 친척이고 대신이며, 한효순은 두 왕대를 섬긴 노련한 사람인데, 흉측한 격문이 처음 던져졌을 때 자기를 해칠까 의심하며 지레 떠나갔으며, 병이 위중하다고 핑계대면서 나오지 않고 있으니 이것이 어찌 대신으로서 나라를 위해 몸 바치려는 의리이겠습니까? 기자헌과 한효순이 정승 자리를 차지하고 있는데 전하께서는 어찌하여 앞에다 불러 놓고 큰 계책에 대하여 의논하지 않는 것입니까? 더욱이 박승종(朴承宗), 유희분(柳希奮), 이이첨(李爾瞻)은 모두 인척 관계로 두터운 총애를 받고 있으니, 나라가 망하면 함께 망해야 한다는 의리가 있습니다. 그런데 나라의 위험이 이런 극도에 이른 것을 모르지 않으면서도 겁을 먹고는 배회하며 대사를 담당하려 하지 않고 있습니다. (…) 그 가운데에서 이이첨은 의리를 조금 알기 때문에 한 시대의 뜻이 같은 사람들과 함께 역적을 토벌해야 한다는 의리를 극력 주장했습니다. 그러나 그가 토벌한 것은 지엽적인 인물뿐이었고, 그 우두머리에 대해서는 토벌할 줄을 알지 못했으니, 충성심은 있으나 지혜롭다고는 말할 수 없습니다. (…)

지금 서궁(西宮; 인목대비)의 존호(尊號)를 삭제하고, 궁전의 호위를 없애며, 백관이 조회하는 것과 8도에서 공물(貢物)을 바치는 것도 모두 중지하고, 분조(分朝)의 호위도 철거하여, 온나라 사람과 함께 폐위시키되, 성상께서는 다만 모자(母子) 사이의 사사로운 은전만으로 음식을 대접하고, 안부를 물어 그가 타고난 수명을 다 살게 한다면 처음과 마지막을 한결같이 하려는 전하의 은의(恩義)를 온전히 할 수 있고, 간사한 적들이 틈을 노리고 있는 조짐도 미리 막을 수 있을 것입니다. (…)

전하께서는 어리석은 저의 충성심을 굽어 살피시어 중대한 계책을 속히 결정하소서. 특별히 신의 상소를 내려서 기자헌, 한효순, 박승종, 유희분, 이이첨 및 전하의 이목 구실을 하는 삼사의 관리들을 불러 가부를 물어보소서. 그리하여 좋은 의견을 따라 결단을 내려서 속히 거행하도록 하고, (…) 그리고 대신 이하 관리들 가운데에서 혹 의심을 가지는 자가 있을 경우에는 엄중히 단죄하고 용서하지 않음으로써 사직을 편안히 하고 인심을 안정시키소서. (…)

위 상소를 보면, 노골적으로 인목대비를 폐출시킬 것을 촉구하면서, 이에 미온적인 대신들을 규탄하는 가운데 이이첨의 이름도 들어 있지만, 사실은 이 상소는 임금의 명을 받은 이이첨이 허균을 시켜 쓴 것이고, 주된 공격 대상은 기자헌과 한효순이었다. 이 상소가 마치 자발적으로 쓴 것처럼 보이기 위해 일부러 이이첨의 이름을 넣었을 뿐이다. 허균은 경운궁 투서사건으로 궁지에 몰려 큰 벌을 받을까 두려워한 나머지 자신의 죄를 씻기 위해 이이첨의 사주를 받아 이런 일을 저지른 것이다. 허균의 뛰어난 문장력이 아니면 이런 상소를 쓸 사람이 없었다.

위 상소가 올라온 지 이틀 뒤인 11월 7일에는 유학 윤유겸(尹惟謙)이 소를 올렸다. 이 상소 또한 이이첨이 스스로 조직해 놓은 이른바 '상소꾼'들을 시켜 올린 것에 지나지 않는다. 이 상소의 내용도 앞의 상소와 대동소이하여 여기서도 주공격 대상은 기자헌과 한효순이었다. 그 대목을 들어보자.

임금이 믿고 의지하는 자는 대신인데, 기자헌은 임금을 저버린 죄를 범했고, 한효순은 나쁜 놈들과 결탁한 사실이 있습니다. 그럼에도 전하께서 용서하고 형벌을 주지 않는 것은 두 신하가 나라의 은혜를 후하게 받은 것만큼 반드시 화근을 제거함으로써 스스로 속죄할 것이라고 생각했기 때문입니다. 그런데 1년이 지나는 동안 (…) 나라의 큰 계책에 대해서는 한 마디도 언급한 것이 없습니다. 전하께서 두 신하를 이처럼 부당하게 비호해서 장차 무엇에 쓰려고 하십니까? (…)

그리고 세 집〔박승종, 유희분, 이이첨〕은 두 대신과는 형편이 더욱 다릅니다. 기자헌은 믿지 못할 것이, 4년 동안 권세를 잡고 있을 때 추천한 사람은 다 전하를 미워하는 자들이었습니다. 한효순은 원래 역적을 비호한 자의 괴수입니다. 설사 나라가 위태롭게 되더라도 그는 스스로 빠져나갈 구멍이 있을 것이기 때문에 우물쭈물하면서 때를 기다리고 있는 것은 당연한 일입니다.

그러나 저 박승종과 유희분은 무엇을 바라는 것이 있기에 아직도 성패를 가만히 앉아서 구경만 하면서 역적을 따르는 것을 달갑게 여기고, 이이첨과 마음을 합하여 역적을 치지 않는단 말입니까? 뒷날 화변(禍變)이 일어나서 전하와 서궁의 위치가 바뀐다면 그들만 자기들의 족속을 보존할 수 있겠습니까?

지난날 우리 태종 대왕은 부역하는 역군(役軍)의 수를 마음대로 줄였다 고하여 장인 심온(沈溫)을 죽였으며, 임금이 앉는 자리에 장난삼아 앉았다 하여 민무구(閔無咎) 형제들을 사형에 처했습니다. 이 사람들은 다 나라의 공신이고 임금의 친척인 동시에 대신들이며, 범한 죄가 또한 용서할 수도 있었는데, 사형에 처하고 조금도 용서하지 않았습니다. (…)

그런데 세 집이 화합한 지 10여 개월이 지났으나, 바른 말 하는 사람들은 아직도 답답하게 여기고, 모든 사람들의 심정은 더욱 해괴하게 여기고 있습니다. (…) 지금 두 정승과 세 집이 이미 전하를 저버렸습니다. 언론을 담당하면서 가까이 모시는 신하들이 입을 다물고 한 마디도 하지 않으니, 삼사(三司)의 벼슬아치도 이미 전하를 저버린 셈입니다. (…)

바라건대, 대신과 인척의 여러 신하들에게 신의 글을 보인 다음, 대비의 존호(尊號)를 낮추고, 분조(分朝; 西宮)의 여러 관리와 호위하는 장사들을 철수하게 하소서. 그리고 그의 궁전 이름을 삭제하여 개인 집으로 강등시키고, 별장(別將) 한 사람을 두어 지키게 하소서. 공주(公主; 정명공주)의 칭호도 삭탈하여 서인(庶人)으로서 혼례를 치르게 하고, 그를 모시던 궁녀들도 감축시키고, 김제남의 처(妻)를 노비 장부에 등록하소서. 그리하여 온 나라의 신하와 백성이 그와 함께 한 하늘을 이고 살 수 없다는 뜻을 보이소서. 또 세상을 떠난 뒤에는 정릉(貞陵; 이성계의 계비 강씨의 무덤)의 고사(故事)에 따라 은혜를 온전히 하소서.

　이렇게 하는 것이 바로 윤리를 다하고 예법을 다하는 거조일 것입니다. 이렇게 하신다면 중외의 백성들이 어느 누가 성상의 효도를 칭송하지 않겠습니까? (…) 전하께서 큰일을 할 수 있는 기회를 만난 것이 세 번 있었으니, 맨 처음은 계축년[광해군 5년]에 놓쳤고, 그 다음은 지난 해에 놓쳤으며, 세 번째는 올 봄에 놓쳤습니다. (…) 지금은 국가의 무고(誣告)가 통쾌하게 씻어졌고, 고명(誥命)과 예복(禮服)도 잇따라 반포되었으며, 높고 큰 칭호로 큰 의식을 거행하고, 대례(大禮)도 이미 끝마쳤으므로 인심은 흡족해하고 있습니다. 이런 때에 큰 계책을 정하지 않으면 어느 때에 가서 안정되는 경사를 보겠습니까? 때는 두 번 다시 오지 않는 것이며, 기회란 놓쳐서는 안 되는 것입니다 (…)

　위 상소에도 일차적인 협박 대상은 기자헌과 한효순인데, 더욱이 한효순을 가리켜 "역적을 비호한 괴수(魁首)"라고까지 극언하고 있다. 그것은 기자헌보다도 한효순의 지친(至親) 가운데 실제로 많은 사람들이 역적으로 죽거나 귀양 갔기 때문이다. 특히 조카 한준겸이 역적으로 몰려 귀양 가 있는 것을 약점으로 잡아, 한효순이 만약 폐비에 협조하지 않으면 숙부인 한효순도 역적으로 처벌할 수도 있다는 것을 암시하고 있다. 말하자면 노골적인 협박이다.

　잇따른 상소를 접한 한효순은 더 이상 우의정 자리에 있을 명분도 없고, 그렇다고 폐비논의에 협조할 수도 없는 처지에 놓였다. 그래서 한효순은 스스로 죽기를 맹세하고 11월 10일부터 재차 사직 상소를 올리기 시작했다. 그해 1월초부터 3월에 걸쳐 12번이나 사직 상소를 올린 이후 다시 사직소를 올리게 된 것이다. 한효순은 몸이 아프다는 것을 사직의 이유로 삼았고, 실제로 그동안 등청한 일이 없었다.

11월 10일의 사직 상소에 대하여 임금은, "지금은 대신 몸이 아프다는 이유로 사직할 때가 아니다. (…) 몸조리를 하고서 출사하도록 하라"고 하면서 사직을 받아들이지 않았다.

이 해 11월 19일, 정인홍(鄭仁弘)의 제자로 보이는 유학(幼學) 정만(鄭晚)이 상소하여 폐비 축출을 빨리 거행하라고 재촉하고 나섰다. 이렇게 경상도 유생들이 앞장섰던 이유는 이이첨이 앞에서 끌어주고 정인홍이 뒤에서 밀어준 것으로 보이는데, 이들은 폐비 문제만 상소한 것이 아니라 정인홍의 스승인 남명 조식(曺植)을 문묘에 배향하라는 상소도 잇따라 올리던 무리들이었다. 광해군 집권 초기에 정인홍이 조식의 문묘 배향을 추진하다가 실패한 일을 다시 만회하고, 아마도 폐비문제가 해결되면 조식의 문도(門徒)들이 권력의 핵을 이룰 것이라고 생각한 듯하다.

정만의 상소도 공격의 목표를 기자헌과 한효순에게 겨누었다. 그 대목을 다시 보기로 한다.

> 지금 초야의 상소가 한 번 들어오자 우의정 한효순(韓孝純)은 병을 핑계하고 출사하지 않고 있으며, 영의정 기자헌(奇自獻)은 병을 핑계대고 문안도 하지 않습니다. 병이 나는 것이야 면하기 어려운 일이지만, 이것이 국가에 얼마나 중대한 일입니까? (…) 대신이 이런 데야 무슨 수로 쓰러져가는 나라를 바로 세울 수가 있겠습니까?
>
> 삼가 바라건대, 전하께서 두 정승을 급히 불러다가 윤유겸의 상소를 두 대신에게 보여준 다음, 이 문제를 속히 결정하신다면 아주 다행이겠습니다. 만약 일이 중대한 데 관계되므로 경솔하게 처리할 수

없다고 하면서 그럭저럭 시일만 끌어 화변(禍變)의 불씨를 빚어낸다면 결국 나라가 나라 구실을 못하는 지경에 이르고 말 것입니다. 이러한 시점에서 은혜가 중하겠습니까? 의리가 크겠습니까? 오직 전하께서 선택하시기에 달려 있습니다.

이 상소에 이어 사흘 뒤인 11월 22일에는 유학 서의중(徐義中)이 상소했다. 그 상소의 내용도 앞의 것과 대동소이하다. 주로 기자헌과 한효순, 그리고 정창연(鄭昌衍)의 비협조적인 태도를 규탄한 것이다. 더욱이 한효순은 두 왕대에 걸쳐 80년 동안 은혜를 입었으면서도 역적을 비호하고 망설이고 나서지 않는다는 것이다. 그러면서 이들에게 중한 벌을 내려야 한다고 주장했다.

이상하게도 이들 상소가 모두 승정원을 거쳐 대신들에게 전달되지 않고 이이첨이 판서로 있는 예조를 거쳐서 원본이 아닌 사본만이 전달되고 있었다. 이것은 그 상소문이 이이첨 일당에 의해 만들어졌고, 필체를 속이고자 원본을 숨기고 사본을 대신들에게 전달했다는 것을 의미한다.

서의중의 상소가 올라온 이튿날인 11월 23일에는 유학(幼學) 이숙(李璹)이 상소하여 유희분과 박승종이 임금의 친척으로서 이이첨과 손잡고 화합하는 동맹까지 맺었으면서도 폐비 운동에 앞장서지 않는 것을 규탄하고 나섰다.

12. 1차 백관회의; 한효순의 불참

　지방 유생들의 파상 공격을 받은 영의정 기자헌과 우의정 한효순은 이제 선택의 기로에 섰다. 그래도 한효순은 이미 병 때문이라고 휴가 신청을 내고 조정을 떠나 있어서 공격을 덜 받았지만, 기자헌은 홀로 등청하여 일을 보고 있었으므로 공격의 주요 대상이 될 수밖에 없었다. 드디어 11월 23일 기자헌은 폐비를 논의할 수 없다는 자신의 입장을 분명히 적은 매우 긴 차자(箚子)를 임금에게 올리고 사직을 요청했다. 그 요지는 이렇다.

　신이 만약 갑자기 대비(大妃)를 내쫓을 것을 주장한다면 '국사(國史)'에 기록하기를, "아무개가 제 마음대로 내쫓았다."고 할 것입니다. 그렇게 되면 만대의 공론(公論)에 죄를 얻을 뿐 아니라 반드시 성상의 조정에 수치가 될 것이며, 성명(聖明; 임금)께서는 필시 대비를 제 마음대로 내쫓으려 한 신들에게 죄를 주고 용서하지 않을 것입니다. (…)
　더구나 지금 영부사 이항복(李恒福)과 좌의정 정인홍(鄭仁弘)이 지방에 있고, 전 우상 정창연(鄭昌衍)은 두문불출하고 있으며, 현 우상 한효순은 병이 나서 휴가 신청을 낸 지 여러 날이 지났으므로, 대신 가운데에서 신 혼자만 서울에 있으면서 애써 공무를 보고 있습니다만, 이처럼 더 없이 중대한 일을 어찌 혼자서 처리해 낼 수가 있겠습니까? (…) 신을 파면시키고 새로운 정승을 임명하소서 (…)

기자헌이 올린 차자는 노골적으로 폐비를 반대한 것이므로 당연히 이이첨 일파의 반발을 불러왔다.

기자헌이 노골적으로 폐비를 반대하는 글을 올리자, 시골에 내려가 있던 좌의정 정인홍(鄭仁弘)이 폐비를 옹호하는 자신의 입장을 의정부에 보내왔다. 그 요지는, 신하에게는 함께 살아갈 수 없는 의리가 있고, 모자(母子) 사이에는 바꿀 수 없는 명분이 있는 것이니, 이 두 가지 도리를 다해야 한다는 것이었다. 이 말은 대비를 폐위하면서 동시에 그 뒤에 모자간의 의리를 다할 수 있도록 하는 것이 좋겠다는 것이었다.

정인홍이 의정부에 올린 의견은 비교적 부드러웠지만, 그는 다시 이이첨에게도 글을 보내 속마음을 적극적으로 털어 놓았다.

반역을 도모한 자를 반드시 처벌하는 것은 《춘추(春秋)》의 의리이니, 〔인목대비가〕 역적 음모에 참여하고 저주를 한 것은 반역을 도모한 것 가운데에서도 가장 심한 것이다. 〔임금이〕 점차적으로 개선되게 하려는 노력이 사나운 어미와 오만한 동생에게 믿음을 받지 못해 (…) 한 궁전에서 거처할 수 없게 했으니, 이는 진실로 온 나라의 신하와 백성이 한 하늘 아래에서 함께 살 수 없는 원수이다.

그러나 나쁜 자들도 포용해 주는 것이 임금이 가져야 하는 큰 도량이니, 군신(君臣)과 모자(母子)의 명분과 의리는 천성(天性)에서 나와 바꿀 수 없다. (…) 성상께서도 이 문제를 처리하는 데 그에 맞는 도리가 있을 것이다. 오늘날 이른바 분조(分朝), 분부(分府), 분원(分院)의 관리들과 모든 관원들이 아침 문안하는 것 등 모든 절차를 두 조정(朝廷)이 있는 것처럼 하는 것은 모두 폐지하여 두 조정과 두 임금이 없게 함으로써 온 나라 사람에게 원수와 한 하늘 아래에서 같이 살 수 없다는 의리를 보여주어야 한다. 만약 서궁이 해를 입을 염려가 있다면 한두 명의 충실한 신하가 군사를 거느리고 서궁을 호위하게 하여 외부와의 접촉을 막으면 걱정할 것이 없을 것이다. (…) 그리하면 원수와는 한 하늘에서 살 수 없다는 의리와 나쁜 사람까지도 널리 포용한다는 전하의 덕행이 병행될 것이다.

그러니까 정인홍은 '폐비'(廢妃)라는 말은 쓰지 않았지만, 인목대비가 지금 온 나라 신하와 백성의 원수임을 분명히 인정하고, 그러한 대비가 지금 독자적인 하나의 조정(朝廷)을 이루어 모든 신하들이 아침 문안을 드리는 일 등 모든 절차를 대비로서 받드는 것은 부당하다고 지적했다. 그래서 이런 모든 규례를 없애야 하되, 누가 혹시 그를 해칠지도 모르므로 한두 명의 신하가 약간의 군사를 거느리고 외부인의 출입을 막아 대비를 보호할 것을 주장하고 있다. 정인홍은 실질적으로 '폐비'를 찬성하면서, 다만 그 표현을 부드럽게 한 것에 지나지 않는다. 정인홍의 의사 표시가 분명해지자 이이첨 일파는 이제 폐비를 정면으로 거부한 영의정 기자헌과 역당의 괴수로 지목된 한효순을 집중적으로 공격하는 데 총력을 기울였다.

그런데 이를 지켜보고 있던 오성 부원군 이항복(李恒福)이 인목대비의 폐위를 반대하는 의견을 올렸다. 옛날 순(舜)임금은 성질이 사나운 그 아비와 어미가 순임금을 죽이려고 온갖 짓을 했으나 순임금은 울부짖으면서도 부모를 사모하고 끝까지 효도했다는 말을 덧붙였다. 그러나 이이첨 일파는 이항복의 충고를 외면해 버렸다. 오히려 이런 반론을 잠재우기 위해서 더욱 치열한 공세를 퍼부었다.

11월 24일, 기자헌의 상소가 올라간 다음 날 사헌부와 사간원 관원들이 집단적으로 소를 올려 의정부를 비판하고 나섰다. 여러 유생들의 상소가 이미 왕명으로 의정부로 내려졌는데도 대신들은 의정부 대신들이 모이는 묘당[廟堂; 都堂]에 가서 의논하지 않고, 임금과 신하가 함께 모여 의논하는 빈청(賓廳)에 나가서 의논하려고 하는데, 이것은 부당하다고 항의했다. 빈청 회의는 대신들과 임금이 직접 만나서 논의하는 회의로서 임금이 반드시 참석해야 하는 것인데, 그렇게 되면 임금의 처지가 매우 난처하게 된다는 것이다. 그래서 신하들만이 모여서 의논하는 묘당에서 뜻을 모아 임금에게 전달하는 형식을 밟아야만 임금의 처지가 편해진다고 보았다. 임금이 폐비 논의에 앞장서고 있다는 인상을 주지 않기 위해서는 빈청 회의를 피해야 한다는 것이다. 하지만 임금은 유생들의 상소를 모두 의정부로 내려 대신들이 보게 함으로써 실질적으로는 유생들의 힘을 빌어 의정부 대신들을 압박하고 있었던 것이다.

그런데 양사 합동 상소에 참가한 대간(臺諫)들 가운데에는 사헌부 장령 강수(姜𣲖)의 이름도 들어 있었다. 강수는 바로 한효순의 처남이다. 강수는 폐비 논의에 적극 앞장선 인물은 아니었지만, 이이첨이 그를 의도적으로 끌어들여 한효순을 압박하는데 이용하고 있었던 것이다. 조카 한준겸을 따를 것인가, 아니면 처남 강수를 따를 것인가, 한효순으로서는 참으로 선택하기 어려운 진퇴유곡에 빠진 것이다.

양사가 합동 상소를 올리던 날, 유학(幼學) 송영서(宋永緒)가 상소하여, 폐비 논의가 시작된 지 20일이 지났는데도 묘당 회의를 열지 않고 있으면서 폐비 논의를 정면으로 거부한 영의정 기자헌을 집중적으로 성토하고 나섰다. 훈련도감의 제조를 겸하고 있는 그가 장차 서궁을 끼고 군사들을 모아 반란을 일으켜 정권을 잡을 염려가 매우 크다는 것이다. 따라서 그를 법으로 처단하든지 아니면 영의정을 삭탈하라고 주장했다.

같은 날, 유학(幼學) 김정량(金廷亮)이 상소하여 서궁[인목대비]의 죄를 세 가지로 지적하면서 그를 서인(庶人)으로 만들어 도성 밖으로 내쫓고 엄하게 감시하라고 촉구했다. 그의 죄 세 가지는 이렇다. 첫째, 자기 아비[김제남]로 하여금 흉악한 무리들을 모아 불측한 일을 꾸미게 한 것. 둘째 어린 자식[영창]을 끼고 왕위를 엿본 것. 셋째 성상(聖上; 임금)을 저주(咀呪)하는 기도를 지금까지도 계속하는 것이다. 김정량은 나아가, 임금께서 이이첨, 이병, 허균, 이경전(李慶全), 임취정(任就正) 등을 급히 불러 중대한 논의를 결정짓고, 그들이 외부를 다스리게 하라고 촉구하기도 했다. 그러니까 이들을 행동대장으로 삼아 여러 신하들을 선동하라는 뜻이다.

또 같은 날, 유학(幼學) 이구(李榘)와 한보길(韓輔吉) 등이 상소했다. 이 글의 내용도 앞에 소개한 유생들의 상소와 대동소이한데, 한 가지 특이한 점이 있다. 한효순을 가리켜 '남인(南人)의 괴수(魁首)'라고 지적한 것이다. 사실, 한효순은 뚜렷한 당색을 지닌 인물은 아니었지만, 큰 조카 한백겸(韓百謙)이나 작은 조카 한준겸(韓浚謙)은 남인에 가까운 것이 사실이었다. 그래서 선조 말년에 동인이 남인과 북인으로 갈라질 때, 서경덕의 학풍을 계승한 한씨 집안 벼슬아치들은 크게 보아 남인계에 속했다. 그래서 북인계열 인사들과는 가깝게 지내지 않은 것이고, 더욱이 대북파와는 사이가 좋지 않았다.

위 상소문에서는 한효순을 이렇게 비난했다.

한효순은 두 왕조의 원로로서 나라의 두터운 은혜를 입었으니 의리로 보아 응당 정성을 다해 역적을 토벌할 것을 요청하고, 죽고 사는 것을 그 일로 해야 할 것입니다. 그런데 그는 남인의 괴수로서 그 논의를 굳이 고집하다가 사론(士論)이 장차 일어나리라는 것을 눈치채고는 병을 핑계하고 갑자기 들어가서 잇따라 글을 올려 한사코 체직되려 합니다. 전하께서 이미 유생들의 글이 잇따라 들어온다는 뜻으로 타이르고 그로 하여금 속히 나오도록 했으니, 종묘사직의 책임이 이미 자신에게 돌아간 것인데, 그는 꿈적도 하지 않으며 버티고 있으니, 다시 나올 리가 없습니다. (…) 전하께서는 가까운 신하를 시켜 돈독하게 명령을 하시되 그래도 끝까지 피하기만 하고 나오지 않는다면 임금을 잊고 나라를 등진 죄가 더욱 심하게 될 것이니, 잡아다 가두고 임금을 저버린 죄를 따질 것이며, 큰 형벌로 목을 베어 모든 백성에게 보이고, 남인(南人)들을 경고하여 감히 반역할 마음을 먹지 못하게 하소서 (…) 그리고 특별히 대신 삼사, 육경, 문무 관리들을 불러 가부를 논의를 결정한 다음 즉시 중국에 자문(咨文)을 보내 화근을 근절시켜 종묘사직을 안정시키소서.

이 상소에서는 한효순이 끝내 말을 듣지 않으면 목을 베어 모든 백성에게 보여야 한다는 극언까지 서슴지 않고 있는 것이다. 이이첨 일파의 협박이 이제 극에 이른 것이다.

유생들의 상소와 대간이 합동 상소를 올린 다음 날인 11월 25일. 이번에는 홍문관원이 집단적으로 상소하여 기자헌을 성토하는 공론을 따르라고 임금에게 촉구했다. 그런데 홍문관 부제학(정3품 당상관)은 이이첨의 큰 아들 이대엽(李大燁)이고, 직제학(정3품 당하관)은 막내 아들 이익엽(李益燁)이었다. 당시 이대엽은 31세이고, 이익엽은 24세였는데, 이렇게 어린 나이에 정3품직에 오른다는 것은 매우 비정상적인 일이다. 이이첨은 젊은 두 아들을 무리하게 청요직인 홍문관에 집어넣어 이 기관을 장악하고 있었음을 알 수 있다.

홍문관이 상소를 올린 같은 날, 사헌부와 사간원이 또 집단 상소를 올려 기자헌의 상소를 하나하나 논박하면서 탄핵하고, 그를 먼 지방에 귀양 보내 위리안치(圍籬安置)시키라고 요청했다. 위리안치는 귀양 가운데 가장 엄한 벌이다. 이날 또, 앞서 상서했던 김정량, 송영서, 김서룡, 이구 등이 상소했는데, 임금은 이를 의정부로 보내라고 명했다.

또 이 날, 성균관 유생 111명이 연명으로 상소하여 서궁의 죄악을 10가지로 나열하면서, 서궁의 존호(尊號)를 강등시키고, 분조(分朝)를 철거하고, 궁궐을 호위하는 일과 공물(貢物)을 바치는 일, 조회(朝會)하는 일 등을 모두 중지하라고 촉구했다. 그러면서 앞으로는 먹을 것만을 제공하여 여생을 잘 마치게 하라고 했다. 이들은 나아가, 폐비 논의를 거부하고 있는 기자헌을 속히 처벌하라고 다그쳤다.

여기서 더욱 주목되는 것은 그들이 열거한 서궁의 10가지 죄목이다. 이를 소개하면 이렇다.

첫째, 요사한 무당을 신봉하여 의인왕후(선조의 첫 왕비인 박씨)의 능묘에 저주를 하라고 요구한 결과 썩은 뼈를 능 위에 묻어 욕됨이 땅 속에까지 미치게 했으며, 살점에다가 의인왕후의 이름을 써서 까마귀와 솔개에게 나누어주어 먹게 한 것.

둘째, 아들 이의(李璜; 영창대군)를 귀하게 만들려고 여우 뼈와 나무로 만든 인형을 궁궐 안 여러 곳에 묻었으며, 흉악한 장님을 은밀히 끌어들여 요사스런 경문을 외우게 한 것.

셋째, 선왕이 병이 났을 때 최영경(崔永慶), 이홍로(李弘老)와 결탁하여 서로 의탁했으며, 은밀히 역적 이진(李璡)과 약속하여 왕위를 그에게 물려주었다가 이의가 성장하기를 기다려 넘겨주려고 한 것.

넷째, 아버지 김제남을 사주하여 영창대군 집의 종 1천여 명을 단속하여 은밀히 각 부서에 배치하여 사태가 발생했을 때 활용하게 한 것.

다섯째, 좌의정 정인홍이 최영경을 공격한 상소가 들어오자 감히 간악한 마음을 먹고 기회를 틈타 세자(광해)를 바꾸려고 선왕에게 울며 고하여 엄한 하교를 누차 내리게 하여 나라의 근본을 위태롭게 한 것.

여섯째, 선왕이 세상을 떠나던 날 유언(遺言)을 조작하여 자기 아들인 이의를 여러 재상에게 부탁하여 보호하게 한 것.

일곱째, 광해군이 즉위한 뒤에는 무당에게 저주하게 하여 닭, 개, 양, 돼지 등의 짐승을 대궐 뜰에다 버리지 않는 날이 없는 등 반드시 성상을 해치고야 말겠다는 심산을 보인 것.

여덟째, 김제남을 사주하여 불평분자들과 결탁하고, 무사들과 짜서 나라에 틈이 생길 때를 기다렸다가 국정(國政)을 옮기려고 한 것.

아홉째, 발칙한 말을 지어내어 임금을 속이고, 그의 족속에게 말을 퍼뜨렸으며, 심하게는 반역의 잔당으로 하여금 흉측한 격문을 써넣게까지 한 것.

열째, 내탕고의 돈을 많이 꺼내서 서양갑(徐羊甲)에게 두둑하게 주고, 왜국(倭國)에 가서 결탁하여 외원(外援)이 되게 했으며, 이의를 세운 뒤에는 중국을 배반하려 한 것.

위에 열거한 서궁의 10가지 죄가 과연 서궁이 한 짓인지, 아니면 이이첨 일파가 조작한 것인지는 알 수 없다. 이 문제는 광해군 정권을 뒤엎은 측에서는 모두가 조작이라고 주장하고, 이이첨 일파는 진실이라고 주장하고 있으니, 아마도 진실은 그 중간쯤에 있을지도 모른다. 다시 말해 일부는 진실이고, 일부는 조작일지도 모른다는 말이다. 그러나 인목대비 측과 대북파가 서로 권력을 잡으려고 노력한 것만은 중요한 사실이다.

임금은 지금까지 올라온 모든 상소에 대하여 번거롭게 하지 말라고 대답하여 초연한 모습을 보이면서도 모든 상소를 의정부로 내려 보내 정승들이 보게 했다. 아래에서 일어난 여론으로 묘당의 대신들을 압박하는 방법을 썼다.

지금까지 일을 정리해 보면, 폐비 논의는 아래로는 유생으로부터 시작하여 위로는 양사와 홍문관, 그리고 성균관에 이르기까지 골고루 망라되어 국론이 거의 합일된 듯한 모습을 보였다. 말할 것도 없이 이것은 이이첨 일파의 치밀한 계획에 따라 연출된 것이지만, 겉모습은 이미 공론(公論)이 확정된 것으로 보였다. 이제 남은 것은 의정부 대신이 정식으로 백관 회의를 열어 합의를 보고, 다시 정청(庭請)을 하여 임금에게 건의하는 절차만 남은 것이다.

그런데,《광해군일기》를 보면, 111명의 성균관 유생들이 집단으로 상소하여 인목대비의10가지 죄를 만들어 아뢴 바로 11월 25일에 거의 700명의 문무백관들이 묘당[의정부]에 모여 폐비에 관한 의견을 개진한 것이 상세하게 기록되어 있다. 그 속에는 정치에 직접 참여할 수 없는 종친(宗親)과 의빈(儀賓; 사위)들도 포함되었다. 영의정 기자헌(奇自獻)이 차자를 올려 건의하고, 도당(都堂; 묘당)에 모여 의논을 수합했다고 되어 있다. 하지만 700명이 한꺼번에 모여 회의를 하는 것은 실제로 불가능하다. 그래서 궁궐에 들어오는 순서대로 의견을 단자(單子)에 적어 놓고 나가도록 한 것으로 보인다.

회의 결과는 이렇다. 먼저 폐비를 찬성한 사람이 숫자로는 가장 많다. 삼사를 비롯하여 6조를 차지하고 있는 이이첨 일파뿐만 아니라, 하급 문관과 무반들이 다수 참석하여 찬성을 표시했기 때문이다. 한편, 폐비를 노골적으로 반대하거나, 아니면 묘당이 잘 알아서 처리하라고 완곡하게 반대 발언한 사람들은 비록 수로는 찬성자보다 적지만, 모두가 명망이 높은 신하들이었다. 예를 들면, 오윤겸(吳允謙), 김덕함(金德諴), 정홍익(鄭弘翼), 권사공(權士恭), 이시언(李時彦), 송영구(宋英耉), 민형남(閔馨男), 박홍구(朴弘耉), 이정귀(李廷龜), 유몽인(柳夢寅) 등이 그렇다. 당색(黨色)으로 보면 서인계나 남인계 인사들이 많다. 그런데 놀라운 것은 그동안 이이첨과 삼자 동맹을 맺고 있던 박승종(朴承宗)과 유희분(柳希奮)조차 반대 의견을 개진하여 충격을 주었다.

참석자 가운데 회의를 소집한 영의정 기자헌의 이름과 의견이 보이지 않아 기자헌은 발언을 하지 않은 것으로 보인다. 그 뒤 올라온 유생들의 상소를 보면, "기자헌은 어제 도당회의 때 유생의 상소에서 지적당한 사람인데도 버젓이 들어가 앉아 모든 관리를 불러 모으는 일을 조금도 기탄없이 했다."고 하는 것으로 보아 적극적으로 전체 회의 분위기를 주도했음을 알 수 있다.

참석자 가운데 우의정 한효순의 이름과 그의 발언이 보이는데, 대략 200번째로 기록되어 있다. 발언 내용은 "대론(大論)이 현재 제기되었고, 조정의 논의가 이미 결정되었으니, 오직 잘 재량함으로써 변고에 대처하는 도리를 다해야 할 것입니다."라는 매우 짧은 언급이었다. 마치 대론에 찬성하는 듯한 발언이다.

그런데 다음날 유생 이강(李杠)이 올린 상소를 보면 "한효순은 두문 불출하고 나오지 않아 끝내 수의(收議)하지도 않았다."고 한 것을 보면, 한효순은 참석하지 않은 것이 확실하다. 또 12월 3일에 유학 황정필(黃廷弼)이 올린 상소에도, "한효순은 전하께서 유생들의 상소를 내려 조정에 널리 물을 때에도 중신(重臣)을 집으로 보내 도타이 타일렀으나 끝까지 병을 핑계대고 한 마디 말도 하지 않았으니, 음흉하고 간특한 그의 죄가 기자헌보다도 더 무겁다."고 한 것을 보면, 그는 묘당 회의에 나오지도 않았으려니와 자신의 의견도 발언하지 않았음을 확인할 수 있다. 그렇다면 묘당 회의록에 보이는 한효순의 이름과 발언은 이이첨 일파가 완전히 조작한 것이다. 우의정의 높은 벼슬아치의 발언을 200번 째 언저리 뒤 켠에 슬그머니 집어넣은 것도 이유가 있는 것이다.

한효순의 후손들이 편찬한 '당초기(當初記)'를 보면 이이첨이 의정부 하리(下吏)를 시켜 한효순의 이름을 집어넣으라고 지시하여 그렇게 되었다고 했는데, 상황을 살펴보면 이 말이 맞는 것 같다.

이 묘당 회의가 끝난 다음 날부터 이이첨 일파는 매우 실망하여 더욱 거세게 기자헌과 한효순, 그리고 박승종, 유희분 등을 몰아세우고 극단적인 처벌을 요구하고 나섰다. 이이첨 일파가 특히 기자헌에 대해 불만을 가진 것은 그가 미리 차자를 올려 폐비를 반대한다고 노골적으로 밝히고, 회의 분위기를 폐비 반대론으로 몰고 갔다고 보았기 때문이었다. 그래서 일차적으로는 기자헌에 대한 공격이 가장 치열하게 일어났다.

13. 백관 회의 뒤 한효순에 대한 성토;
"그의 목을 베라"

11월 25일의 묘당회의 결과에 불만을 품은 이이첨 일파의 기자헌과 한효순에 대한 공격은 그 다음 날인 11월 26일부터 불을 뿜기 시작했다. 맨 먼저 유학(幼學) 이강(李杠)이 상소하여 기자헌과 한효순을 성토하고 나섰다. 그의 말을 들어보자.

오늘의 대신들은 임금을 잊고 역적을 비호하는 죄가 극에 이르렀습니다. 영의정 기자헌(奇自獻)은 은밀히 흉계를 계획하여 맨 먼저 간사한 논의를 제기했으니, 이것은 서궁이 있다는 것만 알고 임금이 있다는 것을 모르는 처사입니다. 전에 올린 차자에서는 부도한 말을 하기까지 했고, 뒤에 올린 논의에서는 또 흉악하고 참혹한 말을 했는데, 그의 본심을 따져 보면 무슨 꿍꿍이 속인지 모르겠습니다.

우의정 한효순은 관망하는 자세를 취하다가 그 낌새를 미리 살피고는 병을 핑계로 문을 닫고 들어앉아 나오지 않음으로써 끝내 수의(收議)하지도 않았습니다. 그리고 정신이 혼미하다는 말로 전하를 모독하면서 전적으로 교묘하게 회피하는 것만 일삼아 조정을 우롱했으니, (…) 속히 임금을 잊고 나라를 등진 기자헌, 한효순 등의 죄를 다스려서 국시(國是)를 정하소서.

이 상소는 폐비를 반대한 기자헌과 문을 닫고 나오지 않아 수의(收議)하지도 않은 한효순에 벌을 주라는 내용인데 구체적인 벌이 무엇인지는 말하지 않았다.

같은 날 양사가 합동으로 상소하고, 또 홍문관이 차자를 올려 기자헌을 성토하면서 속히 그를 파직시키고 멀리 귀양 보내 위리안치(圍籬安置)시키라고 촉구하자, 임금은 기자헌을 파직시키라고 명했다.

같은 날, 생원 진호선(陳好善)이 상소하여 기자헌을 성토했다. 기자헌은 평소에도 역적을 비호해 왔지만, 특히 11월 25일의 묘당 회의에 버젓이 앉아 관리를 불러 모으고 일을 조금도 기탄없이 했기 때문에 폐비 반대의 분위기를 조성했다고 지적했다. 그래서 그의 충동질 때문에 박홍구(朴弘耉), 민형남(閔馨男), 정홍익(鄭弘翼) 등이 폐비를 반대하는 발언을 하게 되었다는 것이다. 그러면서 수의할 때 폐비 반대론을 내세운 자들을 모두 처벌하라고 촉구했다.

같은 날, 유학 한천정(韓天挺), 이구(李榘), 윤지임(尹之任), 한보길(韓輔吉) 등 전부터 상소해 오던 무리들이 또 다시 상소하여, 기자헌을 참수(斬首)하고, 정창연(鄭昌衍)을 귀양 보내라고 주장했다. 기자헌의 목을 베라는 말은 이것이 처음이다.

다음 날인 11월 27일에도 유생들의 상소가 계속되었다. 유학 김정량(金廷亮)과 김정계(金廷啓) 등이 상소하여 기자헌과 한효순을 동시에 성토했다. 그들의 말을 보자.

조정 신하들의 의견을 이미 종합했으니, 대신들은 응당 서둘러 절충하여 좋은 의견을 따라서 잘 처리한 다음 큰 판국을 완성함으로써 종묘사직을 안정시켜야 할 것입니다. 그런데 한 정승[기자헌]은 논핵을 받아 견책을 기다리고 있고, 또 한 정승[한효순]은 병을 핑계대고 두문불출하고 있습니다. 논핵을 받은 사람은 진실로 논할 것이 없지만, 병을 핑계대고 있는 자는 어찌 눈이 멀고 귀가 막혔거나 절름발이가 되어 일을 보지 못할 지경에 이르기야 했겠습니까? (…) 승지를 매일 보내 엄하게 돈유하고, 그래도 만약 끝내 고집부리고 부름에 응하지 않는다면 귀양을 보내는 것이 무엇이 어렵겠으며, 참형(斬刑)에 처하는 것이 무엇을 꺼려할 일이겠습니까? (…) 기자헌을 참형에 처하는 데 대해서는 이제 다른 의견이 없고, 한효순이 끝까지 나오지 않는다면 그도 기자헌과 함께 큰 거리에 머리를 매달아서 신하로서 국가의 두터운 은혜를 받고도 위급한 때를 당하여 임금을 배반하는 자들을 경계한다면 종묘사직의 다행이겠습니다.

이 글에서도 기자헌과 한효순을 참형에 처하여 그들의 목을 큰 거리에 매달아야 한다고 극언하고 있다. 임금은 이들 유생의 상소를 모두 의정부로 보내 정승들이 보도록 명했다. 그러니 마지막 최후통첩을 기자헌과 한효순에게 전한 것이라고 해도 지나친 말이 아니다.

임금은 11월 25일에 있었던 도당 회의에 참석한 사람들이 올린 단자(單子)를 의정부에서 일일이 숫자를 헤아려서 봉하여 올리라고 명했다. 그런데 승정원이 의정부에 가서 단자를 요구했더니 의정부 낭청(郎廳; 5~6품)들이 병을 핑계대고 나오지 않아 못했다고 보고했다. 이제는 하급 관리조차 임금의 말을 듣지 않았던 것이다. 그러다가 11월 28일에야 의정부에서 단자를 임금에게 올렸는데, 아마도 문서를 적당히 거짓으로 꾸미기 위해 시간이 필요했던 것으로 보인다.

유생들의 상소에 이어 양사와 홍문관이 계속하여 기자헌에 대한 처벌을 내리라고 강요하자 임금은 11월 27일, 기자헌을 성 밖으로 내쫓으라고 명했다. 그를 죽이지는 않고 추방시키는 벌을 내린 것이다.

11월 28일, 임금은 정창연(鄭昌衍)과 한효순 집에 승지를 보내 조정에 나오라고 간곡하게 타일렀는데, 정창연은 건강이 너무 나빠 어렵다고 답했고, 한효순은 "병 증상이 한창 심해서 어찌해야 좋을지를 모르겠습니다. 병 증상을 보아 가면서 행동하겠습니다."라고 대답했다. 임금은 "알았다."고 답했다. 임금은 한효순에 대해 지속적으로 회유와 협박을 병행하고 있었다.

한편, 유생들의 상소를 통한 협박도 그치지 않았다.

같은 날, 유학(幼學) 정지문(鄭之問)의 상소가 올라왔다. 그 내용은 앞에 올린 다른 유생의 상소와 비슷하여 전문적인 상소꾼이 뒤에서 써주고 있다는 것을 알 수 있다. 이 상소에서도 기자헌과 한효순을 가리켜, "정승 한 사람은 탄핵을 당했고, 또 한 사람은 병을 핑계대고 있어서 큰일은 지연되고, 간사한 무리들만 내심 좋아하고 있으니, 이는 조야(朝野; 조정과 민간)가 다 같이 통탄하고 있는 일입니다. (…) 우의정 한효순은 국가의 은혜를 후하게 입었으니 비록 늙고 병들었다 하더라도 어찌 임금을 재앙 속에 앉혀 두고 아랑곳하지 않음으로써 패망을 자초하려 한단 말입니까? 원하옵건대, 전하께서는 내관(內官)을 계속 보내어 엄한 전지(傳旨)로 타이르고 큰 의리로 책망하여 선뜻 마음을 돌려 부름에 응하게 함으로써 큰 판국을 완성하고 나라를 편안하게 하소서"라고 권고했는데, 이 문장은 앞에 소개한 김정량, 김정계 형제의 글과 똑같다.

14. 한효순의 사직 상소와 유생들의 협박 상소

유생들의 끈질긴 협박과 임금의 회유에도 아랑곳 하지 않고 한효순은 계속적으로 사직 상소를 올렸다. 광해군 9년 11월 29일, 임금이 보낸 승지가 집을 다녀간 다음 날 한효순은 네 번째로 사직 상소를 올렸다. 그러나 임금은 또 허락하지 않았다.

이렇게 11월 한 달을 힘들게 넘기고 12월에 접어들었으나, 유생들을 사주한 이이첨 일파의 협박은 그치지 않고 이어졌다.

12월 3일 유학 송영서(宋永緖)가 상소하여 이미 쫓겨난 기자헌과 두문불출하면서 사직 상소를 올리고 있는 한효순과 정창연, 그리고 묘당 회의에서 폐비 반대 발언을 한 박홍구, 민형남, 박승종, 유희분, 유몽인 등을 성토하고 나섰다. 그의 주장을 따르면, 폐비 반대론의 원흉은 기자헌으로서 그의 영향을 받아 이항복, 정창연, 정홍익, 박홍구, 민형남 등이 따라가게 되었고, 한효순이 두문불출하고 있는 것도 그의 영향이라고 하면서, 그를 그냥 뇌두면 반드시 군사를 일으켜 궁궐을 쳐들어올 것이라고 거듭 경고했다. 만약 그가 야밤에 수십 명의 군사들을 거느리고 변란을 일으킨다면 대궐을 호위하던 군사들이 반란에 가담할지도 모른다고 경고했다.

또 한효순은 역적과 한통속인데 어찌 전하를 위하여 최선을 다하리라고 믿고 그가 나오기만을 기다리고 있느냐고 반문하면서 다른 정승을 임명하라고 촉구했다. 임금은 그의 상소를 의정부로 내려 보냈다.

같은 날, 유학 황정필(黃廷弼)이 또 상소했다. 그 요지는 기자헌, 김세렴(金世濂), 이항복, 박홍구, 민형남, 정홍익 등을 참형(斬刑)해야 한다는 것과 아울러 한효순은 기자헌보다도 죄가 더 무거우므로 마땅히 참형해야 한다는 것이었다. 한효순의 죄가 더 무거운 이유는 "대론(大論)이 한창 제기될 당시에 먼저 그 기미를 엿보고 갑자기 사직 상소를 올렸으며, 전하께서 유생들의 상소를 내려 조정에 널리 의견을 물을 때에도 중신(重臣)을 집으로 보내 도타이 타일렀으나 끝까지 병을 핑계대고 한 마디도 하지 않았다."는 것이다. 한효순이 1차 묘당회의 때 참석도 하지 않았을 뿐 아니라 아무런 의견도 개진하지 않았다는 것이 이 상소를 통해 또 드러난다. 이이첨 일파가 거짓으로 묘당 회의 기록을 조작한 것을 스스로 폭로한 셈이다. 임금은 이렇듯 과격한 상소를 그대로 의정부에 넘겨주었다. 물론 한효순을 협박하기 위함이었다.

황정필의 상소를 접한 한효순은 12월 4일 신병을 무릅쓰고 조정에 나와 차자(箚子)를 임금에 올려 사직을 요청했다. "덕망이 높은 새 정승을 뽑아서 조정의 여망에 맞추도록 하소서. 그리고 좌의정〔정인홍〕과 영돈녕〔정창연〕을 불러서 이 어려운 난국을 극복할 수 있게 하소서. 또 문무 백관의 결원(缺員)을 채워서 일의 체모를 무겁게 하소서" 라는 것이 그의 차자의 요지였다. 임금은 이에 대해 다른 말은 다 받아들이겠으나 사직만은 윤허할 수 없다고 답했다. 그리하여 한효순의 사직 요청은 또 허사가 되었다.

12월 7일에는 부사과 송영조(宋榮祚)가 상서하여 서궁(西宮)을 폐위하라고 촉구하면서, 그를 본가인 김제남의 집으로 보내는 것이 좋겠다고 건의했다. 이 글도 임금은 의정부에 내려보냈다.

12월 17일, 한효순은 또 차자를 올려 새 정승을 뽑아 달라고 임금에게 간청했으나 임금은 또 허락하지 않았다. 임금이 말을 잘 듣는 다른 사람을 정승으로 임명하여 일을 쉽게 처리할 수도 있었으나 그렇게 하지 않고 한효순을 끝까지 붙들려고 한 것은, 많은 경륜과 높은 인망을 받고 있는 그의 협조를 받지 않고는 신하와 백성들을 설득시킬 수 없다는 것을 잘 알고 있었기 때문이었다.

15. 제2차 백관회의 정청(庭請)에 참석;
그 오해와 진실

광해군 9년 12월 24일, 뜻하지 않은 사건이 터졌다. 성 밖으로 내쫓긴 기자헌의 아들 예조좌랑 기준격(奇俊格)이 아버지의 귀양이 눈앞에 다가온 것을 예감하고 아버지를 구하기 위해 이이첨의 심복인 허균(許筠)의 죄악을 폭로하는 소를 비밀리에 올린 것이다.

기준격이 폭로한 허균의 죄악은 대략 이러하다. 허균은 선조 말년에 선조 임금과 광해군을 내쫓고 인빈 김씨의 아들인 의창군 이광(義昌君李珖)을 옹립하려 했고, 뒤에는 영창대군이 태어나자 그를 왕으로 추대한 다음 인목대비가 수렴청정하게 하고 자신이 실권을 잡겠다고 말했다. 그리고 서양갑(徐羊甲)의 친구로서 광해군 4년에 영창대군을 옹립하려 했는데, 요행히 살아났다. 경운궁에 화살로 쏘아 보낸 격문(檄文)도 그가 지었다. 그 뒤로 이이첨에게 빌붙어 태도를 바꿨으나 서궁을 옹호하는 본심은 바뀌지 않았으므로 허균을 옹호한 이이첨도 역심을 품고 있다고 주장했다. 허균은 또 김제남과 공모하여 교하천도(交河遷都)를 주장하여 온 나라의 민심이 소란해지면 이를 틈타 거사하려고 했으며, 대론(大論)을 의도적으로 지연시키려고 했다. 허균이 미워하는 대상은 인목대비가 아니라, 옛날에 가까이 지냈으나 벼슬을 주지 않은 기자헌에 대한 복수에만 매달렸다고 폭로한 것이다.

기준격이 이렇게 허균의 죄악을 자세히 알게 된 것은 허균이 자기 집에 자주 드나들면서 평소에 한 말을 어려서부터 자세히 들었기 때문이라고 했다.

그러나 임금은 이 상소를 오랫동안 궁중에 두었다가 이듬해 윤달 4월에 드러내어 허균을 체포하여 국문하기 시작했다. 임금은 허균의 약점을 잡아 자신에게 충성을 바치도록 유도하려고 했던 것이다.

12월 28일, 한효순은 폐비 문제를 끝까지 거부하기 위해 사직을 요청한 차자를 올렸으나 또 거부당했다. 광해군 9년은 이렇게 인목대비를 폐위하려는 노력을 1년 동안 집요하게 추진했으나 기자헌과 한효순의 비협조로 무산되고 말았는데, 이듬해인 광해군 10년(1618) 1월 4일에 드디어 백관들이 대궐 뜰에 모여 임금에게 인목대비를 격하시키라고 요청하는 정청(庭請)이 이루어졌다.

그런데 정청이 이루어지기 하루 앞선 1월 3일, 한효순은 또 차자를 올려 새 정승을 뽑고 자신의 사직을 받아들여 달라고 간청했으나, 임금은 "가까운 시일 안에 뽑을 것이니, 경은 우선 기다리라"고 대답했다. 그러나 새 정승을 뽑겠다는 임금의 말은 거짓이었다.

그런데 사직 상소를 올린 바로 다음 날인 1월 4일 해질 무렵에 한효순은 인목대비 문제를 결정하는 정청(庭請)에 참여했다. 정청이란 국가의 중대사를 결정하기 위해 백관들이 대궐 뜰에 모여 임금에게 계사(啓辭)를 만들어 건의하는 회의를 말한다.

그런데 그가 정청에 나갔더니 이이첨 일파가 사면을 에워싸고 앉아서 위협하면서 '폐출'(廢黜)이라는 글자를 쓰라고 강요했다. 다시 말해 '폐출'이란 인목대비를 서인(庶人)으로 폐위시켜 서궁에서 내쫓겠다는 글자를 넣자는 것이다. 그러나 한효순은, "절목(節目)은 내가 할 수 있지만, '폐'라는 한 글자만은 죽어도 절대로 쓸 수 없다."고 버티어 밤이 깊을 때까지 결론을 내지 못하고 언쟁하다가 새벽이 가까워서 파했다.

여기서 '폐위'(廢位)와 '폐출'(廢黜)은 뜻이 다르다는 것을 주목할 필요가 있다. 폐위는 대비의 지위를 없애지만 서인(庶人)으로 만들어 내쫓는다는 뜻은 아니다. 실제로 인목대비는 서인으로 강등되지 않았고, 다만 후궁(後宮)의 지위로 강등되는 데 그쳤다. 그런데 '폐출'은 대비를 서인으로 만든다는 뜻이고, 그렇게 되면 서궁에서 쫓겨나서 사가(私家)에 가서 살아야 하는 것이다. 그런데 광해군과 이이첨 일파가 추구한 것은 바로 '폐출'이었고, 적당한 시기에 폐출된 대비를 죽이겠다는 계략이 숨어 있었다. 그러나 한효순이 생각한 것은 '폐위'였다. 한효순이 '폄손절목'에 참여하겠다고 말한 것도, 인목대비를 서인으로 만드는 것을 막고 후궁으로 만들어 그대로 서궁에서 살도록 하겠다는 뜻이 담겨 있었다.

그래서 이날 이이첨이 작문하여 임금에게 올린 계사(啓辭)에는 "화근을 제거한다."고만 썼을 뿐, '폐출'이라는 글자는 보이지 않았다. 한효순은 이날 옷소매를 휘저으면서 큰 소리로 '폐출'이라는 글자를 넣을 수 없다고 완강하게 거부했는데, 사람들이 말하기를, "묘당에 쌓여 있던 먼지가 한 정승의 옷소매로 모두 닦여졌다."고 말했다고 한다. 이는 그가 얼마나 완강하게 저항했는지를 말해준다.

정청에서는 이이첨이 미리 만들어 가지고 온 계사(啓辭)를 읽었는데, 그 계사에는 인목대비의 10가지 죄목62)을 나열하고 나서 화(禍)의 근본을 제거해 달라고 요청하는 내용이 있었다. 이런 죄목이 모두 사실인지 꾸며낸 말인지는 단정하기 어려우나, 인목대비가 아들을 위해서 여러 가지 일을 꾸민 것은 사실이다. 그런데 구체적으로 인목대

---

62) 이이첨이 작성한 인목대비의 10가지 죄목은 다음과 같다.
① 영창대군이 태어나자 유영경으로 하여금 속히 진하하는 예를 드리게 하여 인심을 동요시키고, 용하다는 점쟁이를 시켜 영창이 귀한 인물이라고 칭찬하게 하고, 날마다 복을 기원하는 경문(經文)을 외우게 했다.
② 선왕께서 건강이 좋지 않을 때 영창을 세자로 세우기 위해 유영경과 결탁하여 언문으로 된 분부를 내려 광해군에게 전위하지 못하게 막으려고 했다.
③ 세자를 바꾸기 위해 눈물을 흘리면서 선왕께 권한 나머지 여러 차례 엄한 분부를 내리게 했다.
④ 선왕께서 승하했을 때 유명(遺命)이라고 사칭하고 내관 민희건으로 하여금 어필을 위조하여 쓰게 한 다음 일곱 신하들에게 영창을 부탁하여 장차 대위를 뺏으려고 획책했다.
⑤ 김제남을 궁으로 끌어들여 밤낮으로 역모를 꾀하는 한편, 궁노(宮奴)의 부서(部署)를 조직하고 양식과 무기를 비축하여 급할 때 쓰도록 준비하고, 서얼 출신들로 하여금 널리 무사를 모집하여 야간 훈련을 시키고 틈을 타서 난을 일으키려고 했다.
⑥ 궁중에 제단을 설치하고 장님 무당을 시켜 저주를 하고, 닭, 개, 돼지, 쥐 등을 잡아다가 피를 뿌리고, 16가지 비법으로 계책을 이루려고 했다.
⑦ 선후(先后)인 의인왕후 박씨의 기를 누르기 위해 능침을 파내고, 가상(假像; 인형)을 만들었으며, 칼과 활로 흉악한 짓을 자행하는가 하면, 고기 조각에 임금 이름을 써서 까마귀와 솔개에게 먹임으로써 선령을 욕되게 하고 성상의 몸을 해치려 했다.
⑧ 격문을 지어 화살에 묶어 궁궐 담으로 던져 넣은 글은 참혹하기 그지 없는데, 이 모두가 서궁이 지어낸 것들이다.
⑨ 서응상(徐應祥) 등을 통해 중국 관헌에게 글을 보내 화란을 부추기려 했다.
⑩ 내탕금을 많이 내어 서양갑에 주어 왜인(倭人)을 외원(外援) 세력으로 끌어들이려 하고, 심우영을 여진족에 보내 누르하치 세력을 끌어들여 영창을 세우려 했다.

비의 지위를 격하시키는 '폄손절목(貶損節目)'은 이날 결정되지 못하고 1월 30일에 이르러서야 결정했으므로 1월 4일 정청은 미완으로 끝났다.

한효순은 이날 비록 정청에 참여했지만 자신이 정청을 소집하지는 않았다. 당시 최고 정승이었던 한효순이 정청을 소집이 원칙인데, 《광해군일기》에는 한효순이 마치 당상관을 소집하여 이끌고 참가한 것처럼 기록되었지만, 사실은 그렇지 않다. 《광해군일기》 편찬자가 쓴 사론(史論)에는, "이이첨(李爾瞻)이 한효순을 협박하여 의논을 정하게 하고는, 홍문관 제학 이경전(李慶全; 이산해의 아들)과 유몽인(柳夢寅)을 불러 한 막소(幕所)에 함께 들어가게 한 뒤에, 김개(金闓)로 하여금 붓을 잡게 하고, 이이첨이 입으로 불러주는 대로 쓰게 했다. 이것은 이이첨과 허균(許筠), 김개(金闓; 우의정 김귀영의 아들)가 오래 전부터 밖에서 구상해온 것이었다."고 기록되어 있어 한효순이 주도자가 아니라는 것을 밝히고 있다.

또, 신익성(申翊聖; 1588~1644)의 《청백당일기(淸白堂日記)》에도 정청의 주동자가 한효순이 아님을 다음과 같이 더욱 세밀하게 기록하고 있다.

대비를 폐하자는 의논이 이미 제기된 뒤로 서울과 지방이 크게 요동했다. 한효순이 사람을 보내 정인홍(鄭仁弘; 좌의정)에게 계책을 물으니, 그 말이 알쏭달쏭하여 분명하지 않으면서 뜻은 폐위(廢位)와 삭출(削黜)의 중간에 있었다. 한효순이 날마다 이이첨의 뜻을 엿보아 정청(庭請)할 기일을 여러 번 바꾸어 앞당겼다 늦추었다 했다. 3일〔4일의 誤記〕 신시(申時; 3~5시 사이)에 백관이 물결처럼 빨

리 대궐로 나아가니 길가는 사람들이 놀라서 실색했다. 여러 소(疏)
가 일어난 뒤부터 사대부들이 비분강개하지 않은 사람이 없었으며,
혹은 분노하여 팔을 휘두르는 사람도 있더니, 이때에 와서는 바람에
쓰러지듯이 폐하자는 의논을 따라갔다. 이에 따르는 사람이 많아져
서 도리어 따르지 않는 사람을 공격하기를, "나는 때에 따라 변동하
는 권도(權道)를 아는데, 따르지 않다가 재화(災禍)를 만나게 되는
것은 망녕일 뿐이다."라고 하였다.

조정에 모이라는 명이 처음에 대신(한효순)에게서 나가지 않았는
데, 우참찬 유간(柳澗)이 이이첨의 집에서 바로 의정부의 하리(下
吏)를 불러 영을 내리니, 우의정 한효순이 어쩔 줄을 모르고 빨리
걸어오는데, 뒤뚱거리는 모습이 마치 늙은 개의 형상과 같았다. (…)

위 두 기록을 합쳐서 보면, 한효순이 백관을 소집하는 영(令)을 내
린 것이 아니라 좌참찬 유간(柳澗)이 이이첨의 집에 가서 의정부 하
리(下吏)를 불러들여 백관들이 모이라는 영(令)을 내렸으며, 이이첨
이 홍문관 제학으로 하여금 직접 정청(庭請)의 계사(啓辭)를 짓게
하고, 삼사(三司)에 가서 반복하여 토론하여 결정했으며, '폄손절목'
을 만든 것은 호조판서 최관(崔瓘)이 주도했다고 기록되어 있다. 한
효순은 어쩔 줄을 모르고 늙은 개처럼 끌려 들어갔다는 것이다.

이렇게 한효순이 영을 내려 정청을 연 것이 아니라 이이첨이 의정
부 하리를 시켜 정청을 소집하고, 뒤에 계사(啓辭)의 첫머리에 한효
순의 이름을 넣게 하여 마치 그가 정청의 주도자인 것처럼 보이게 만
들었다. 바로 이 때문에 세상 사람들은 내막을 모르고 한효순이 폐모
론을 주도했다고 믿고, 그에 대해 갖은 악담을 퍼붓고, 드디어 뒷날

인조반정 후 한효순의 관작과 시호가 박탈당하는 수모를 겪게 만들었을 뿐 아니라, 285년이 지난 1908년에 이르러서야 비로소 관작과 시호를 복원하는 조치가 내려졌던 것이다.

임금은 이날 정청에 참여한 사람과 불참한 사람을 자세히 조사하여 보고하라고 명했다. 아마도 반대자들을 색출하여 훗날 이들을 징벌하려는 의도를 가진 듯하다. 2월 10일에 좌의정 한효순은 의정부 사록(司錄)을 시켜 보고하게 했는데, 이날 정청에 참여한 사람은 당상관(堂上官) 이상이 245인이고, 시종일관 불참한 사람은 38인이라고 했다. 당하관 참석자는 너무 많아 아직 그 숫자를 파악하지 못했다고 보고했다. 그런데 불참한 38인 가운데에는 이미 죽은 사람이 많았으며, 참여자 명단 가운데에도 실제로는 참여하지 않았는데도 하리(下吏)들이 참여했다고 기록한 사람도 있었다. 또 실제로 참여했으면서도 참여하지 않은 것으로 기록된 사람도 있어서 이 기록은 정확한 것이 아니었다.

임금은 불참자를 다시 정밀하게 조사하여 명단을 올리라고 다그치자 의정부는 그 뒤 재조사한 결과를 2월 16일에 보고했다. 이때 보고된 바에 따르면, 당하관으로 참석한 사람은 537인이고, 불참한 사람은 111인이었다. 그리고 시종일관 불참한 사람은 10인이라고 했다. 당상관과 당하관을 모두 합치면 참석한 사람이 모두 782명 정도 되는 셈이다. 하지만 이 숫자도 정확한 것이 아니어서 자신이 참가했는데도 불참자 명단에 들어간 것이 억울하다고 호소하는 사람들이 나오고, 그 반대로 참가하지 않았는데도 참가자로 기록되었다고 항의하는 자도 나타났다.

그러면 비록 피동적이긴 해도 어찌하여 한효순은 지금까지의 태도를 바꾸어 정청에 참여했으며, 이날의 정청은 왜 미완으로 끝났는가? 그동안 죽음을 맹세하면서 정청을 거부하던 한효순이 태도를 바꾼 배경에는 이이첨 일파의 협박과 회유 공작이 집요하게 이루어지고 있었다. 이 점에 대하여 한효순의 후손들이 편찬한 《당초기》에는 자세한 내막이 실려 있다. 그 내막은 이렇다.

그동안 이이첨과 가까우면서, 한효순의 외종질(外從姪)이기도 한 판결사(判決事) 박경신(朴慶新; 1560~?)이 이산해의 아들이자 관찰사인 이경전(李慶全; 1567~1644) 등을 데리고, 칩거하고 있던 한효순의 집을 자주 찾아와서 한효순을 협박하기도 하고 회유하기도 하는 노릇을 했다. 박경신은 이이첨 일파에 속하는 폐비 찬성파였다. 정청이 이루어지기 직전에 그들이 또 찾아와 말하기를, "만약 기자헌처럼 다른 의견을 낸다면 임금의 노여움이 클 뿐 아니라, 그 화(禍)가 자전(慈殿; 인목대비)에게도 미치고, 사류(士類)들이 살육을 당할 것이며, 유천(柳川; 조카 한준겸의 호)이 먼저 큰 화를 받을 것이고, 상공(相公)께서도 그 뒤를 따르게 될 것이니, 일문(一門)의 화가 지극한 지경에 이를 것입니다."라고 협박했다.

박경신의 말을 들은 한효순은 자신이 대비 문제를 처리하지 않으면 인목대비, 사류들, 조카 한준겸 등이 모두 큰 화를 입게 된다는 말에 긴장하지 않을 수 없었다. 겁도 났지만 마음이 흔들리기도 했다. 자신만 희생한다면 이들을 모두 살릴 수 있기 때문이다. 여생이 얼마 남지 않은 자신의 처지도 생각했을 것이다. 한효순은 박경신에게 되물었다. "내가 만일 나가면, 자전의 지극한 화를 구원할 수 있으며, 사류(士類)의 살육을 면할 수 있겠는가?"하니 그들이 "그렇습니다."라고 말했다. 한효순은 드디어 대답했다. "만일 자전을 구원하고, 사류를 붙들 수 있고, 조카를 죽음에서 구해낼 수 있다면, 내가 차라리 악명(惡名)을 받는대도 사양하지 않겠다."고 했다.

그런데 조금 뒤에 기자헌의 아들 기준격(奇俊格)이 보낸 조그만 쪽지가 왔다. 그 쪽지에는 "상공(相公)께서 나오시지 않으면 사림(士林)들만 화를 입을 뿐 아니라 자전(慈殿)의 화도 예측하기 어렵습니다. 반드시 나오셔서 붙들어 보호해 주시고, 또 우리 집의 화도 구원해 주십시오."라고 쓰여 있었다. 다시 말해 한효순이 나와서 일을 처리해 주지 않으면 사림, 자전, 그리고 자기 집안도 모두 화를 입게 될 것이니, 꼭 나와서 보호해 달라는 부탁이었다.

한효순이 정청에 참여하게 된 배경에는 이렇게 인목대비, 사류, 조카, 그리고 기자헌 집안까지 모두 죽음에서 살려야 한다는 사명감과 희생 정신이 있었던 것이다. 하지만 정청에 나간다고 해서 반드시 인목대비의 '폐출'에 찬성한다는 뜻은 아니었다. 그가 자전(慈殿)을 보호하겠다는 말은, 인목대비의 지위를 대비에서 후궁(後宮)으로 강등시켜 그에 합당하는 대우를 베풀고, 여전히 서궁에 살게 하면서 그 목숨을 보호하겠다는 것이었다. 이것은 최선의 길은 아니지만, 차선의 길은 된다고 믿었다.

또 사류를 보호하고, 조카를 지키고, 기자헌 집안을 보호한다는 말도 거짓이 아니었다. 만약, 한효순이 끝까지 정청을 거부했다면, 틀림없이 인목대비는 다른 방법으로라도 죽임을 당했을 것이고, 큰 사화(士禍)가 일어나서 폐모론 반대자들이 떼죽음을 당했을 것이며, 조카 한준겸도 살아남지 못했을 것이다. 기자헌이라고 온전할 리가 없다. 그러고 보면 인목대비가 끝까지 서궁에서 살아남아 인조반정을 가능하게 만든 것도 따지고 보면 한효순의 덕이었다.

역사에 가정이 없다지만, 위의 가정을 한번쯤 해본다면 한효순을 그토록 매도하고 삭탈관직한 일은 지나친 일이 아닐 수 없다. 하지만 이것이 정치와 당쟁의 무정함일 것이다.

그런데 이 사건의 깊은 내막을 잘 모르고, 또 대비를 후궁으로 내린 것조차 받아들이지 않으려는 반대파의 인사들이 쓴 기록 가운데에는 마치 한효순이 '폐출'이라는 말을 찬성한 것처럼 잘못 기록한 것들이 많다. 예를 들어 이항복(李恒福)의 《북천록(北遷錄)》을 보면, 당시 정청의 모습을 이렇게 묘사하고 있다.

조정이 떠들썩해지고 곧 흩어져 나가려는 기색이 있었는데, 밤은 이미 사경(四更; 새벽 1~3시)이었다. 이이첨(李爾瞻)이 노하여, "이것은 나라의 큰 일인데 주저하는 사람이 있으면 신하가 아니다."고 큰 소리를 질렀다. 이이첨이 계초(啓草)를 지으면서 바로 '폐출'이라는 말로 글을 만드니, 유희분(柳希奮)이 큰 소리로, "모든 정청(庭請)은 으레 영의정의 의논을 따르는 법입니다. 내암(萊菴) 정인홍(鄭仁弘)이 이미 서궁(西宮)에게 조알(朝謁; 아침 인사)을 거두어 치우고 분사(分司)를 폐지하기로 의논을 했으니, 다만 이것으로 글을 만들 것이오, 만약 이 의논으로써 불가하다고 한다면 마땅히 먼저 영의정을 죄주고, 그 뒤에 그 글을 고침이 좋겠습니다."라고 하여 두 정승이 서로 다투어 밤이 되어서도 결정이 나지 않았다. 한효순이 조정에서 모임을 갖는 것이 쉽지 않다고 하여 이이첨의 뜻에 따라 마침내 '폐출'로써 계초에 썼다. 파하고 나니 닭이 벌써 울었다.

위 기록을 보면 정청의 계사(啓辭)에 '폐출'을 넣은 것은 이이첨이라고 했다가 뒷부분에 가서는 한효순이 쓴 것처럼 되어 있는데, 이는 잘못이다. 이항복은 당시 정청에 참여하지 않아 현장을 직접 보지 못하고 들은 이야기를 가지고 썼기 때문에 이런 오해가 생긴 것이다. 하지만 이이첨이 고래고래 소리 지르면서 '폐출'을 주장하고, 광해군의 처남 유희분(柳希奮)도 소리를 지르면서 영의정 정인홍의 주장을 따르자고 했다는 것은 이 글에서도 명백하게 드러나고 있다. 정인홍도 폐출보다는 폐위를 따르고 있었는데 유희분이 그런 정인홍의 의견을 지지하여 이이첨과는 의견 차이를 보였다.

이번 정청이 새벽에 이르기까지 결론이 나지 않은 것은 바로 '폐출론'과 '폐위론'의 의견 차이 때문이었으며, 결과적으로 폐위론이 이긴 셈이었다.

이렇게 한효순이 비록 정청에 참여하긴 했지만 대비와 사림과 조카와 기씨 집안을 함께 보호해야 한다는 신념은 조금도 양보하지 않아 결국 이날에는 인목대비의 위상을 어떻게 격하시킬 것인가를 정하는 '폄손절목(貶損節目)'은 의논하지 못하고 끝났으며, 1월 30일에 이르러서야 비로소 '서궁 폄손절목'이 만들어졌다. 거의 한 달 가까이 일이 지연된 것이다.

1월 4일의 정청(庭請)이 끝난 뒤 광해군은 이이첨이 지은 정청의 건의문인 계사를 받고 바로 그날 다음과 같은 비답을 내렸다.

> 내가 덕이 없는 사람으로서 운명까지 기구하여 무신년〔즉위년〕과 계축년〔광해 5년〕의 변고가 모두 천륜(天倫)에서 나왔으니, 이 어찌 상정(常情)으로 볼 때 참아 넘길 수 있는 일이었겠는가? 그러나 종묘사직이 중한 탓으로 애써 정신(廷臣)의 요청을 따르긴 했다만, 날이 가면 갈수록 애타고 아픈 마음이 깊어지고 있다. 하늘이여, 하늘이여, 나에게 무슨 죄가 있기에 어쩌면 이다지도 한결같이 혹독한 형벌을 내린단 말인가? 차라리 신발을 벗어버리듯 인간세상을 벗어

나 팔을 내저으며 멀리 떠나서 바닷가에나 가서 살며 여생을 마치고 싶다. 나의 진심을 살펴 연민의 정을 가지고 다시는 이런 일을 하지 말도록 하라.

광해군의 비답을 읽다 보면 그의 마음도 매우 아팠다는 것을 알 수 있다. 그런데 "차라리 신발을 벗어버리듯 인간 세상을 벗어나 팔을 내저으며 멀리 떠나서 바닷가에나 가서 살며 여생을 마치고 싶다."는 대목을 보면 자신의 운명을 이미 예견하고 있는 듯하다. 임금은 실제로 인조반정 뒤에 강화도로 유배되어 18년이나 그곳에서 살다가 세상을 떠났으니, 어쩌면 자신이 원하던 삶을 살면서 여생을 마친 셈이다. 나이로 보면 광해군은 어머니 인목대비보다 아홉 살이 더 많았다. 권력이라는 괴물이 개입되지 않았다면 막내 누이동생처럼 사랑할 수도 있었던 어머니를 내칠 수밖에 없었던 광해군이 "하늘이여, 하늘이여, 나에게 무슨 죄가 있기에 어쩌면 이다지도 혹독한 형벌을 내린단 말인가?"라고 하늘을 향해 외쳤던 아픈 마음도 거짓은 아니었을 것이다.

임금은 자신의 지위를 지키는 것도 권리이자 책임이고, 또 어머니를 보호하고 효도해야 하는 것도 인간의 도리일진대, 그 둘을 모두 실행할 수 없는 어려운 처지에서 임금으로서는 할 일을 한 셈이고, 인간으로서는 해서는 안 되는 불효를 저지른 것이다.

16. '서궁 폄손절목'의 지연과
임금의 거부

인목대비 문제를 건의한 정청(庭請)이 1월 4일에 이루어졌으나, 막상 인목대비의 위상을 하향 조정하는 구체적인 규정을 담은 '폄손절목'이 1월 30일에야 만들어진 이유는 무엇인가? 한 마디로 한효순이 의도적으로 일을 지연시켰기 때문이었다.

지난 해 12월 24일에 기자헌의 아들 기준격이 비밀리에 상소하여, 허균(許筠)이 옛날 역모에 가담했다가 태도를 바꿔 이이첨에게 빌붙었다는 것을 폭로한 것에 대한 조사를 요청하는 사헌부와 사간원의 상소가 1월 7일 이후부터 다시 올라왔다. 양사는 이날 합동으로 계사(啓辭)를 올려 기자헌, 기준격, 허균 등을 모두 불러 조사하라고 요청했다. 이번에는 한효순과 유희분, 그리고 대사헌 이병이 손을 잡고 언관들을 추동한 것이다.

그런데 허균 사건으로 궁지에 몰린 이이첨은 자신들이 얼마나 충성스런 일을 하고 있는가를 임금에게 보여주고자 또다시 유생들을 동원하여 한효순과 언관을 규탄하는 소를 올리기 시작했다.

1월 8일부터 성균관 진사 하인준(河仁俊), 생원 정기(鄭淇), 진사 민심(閔詠), 생원 김상하(金尙夏) 등이 상소하여 대궐에 엎드려 대론(大論)을 지연시킨 한효순을 규탄하는 상소를 올렸다. 그런데 이들의 상소는 본인들이 자발적으로 올린 것이 아니고 이이첨과 허균이 역모를 꾸미고자 이들을 사주하여 올렸다고 폭로하는 괴문서가 성균관에서 발견되었다. 그 괴문서를 퍼뜨린 사람은 원궤(元簋)라는 유생이었다.

1월 12일에는 유학 윤로(尹魯)가 상소하여 또 한효순을 규탄하고 나섰다. "대의(大義)를 즉시 거론하지 않고 지연시킨 죄를 물어야 한다"는 것이다. 그리고 삼사(三司)가 허균의 일을 거론한 한효순을 비호한 죄도 물어야 한다고 양쪽을 모두 비판하고 나섰다.

윤로의 상소가 올라가던 날 앞서 상소를 올린 하인준, 정기 등은 또다시 임금에게 상소하여 "자신들은 종묘사직과 임금을 위해 상소한 것인데, 역모를 꾸몄다는 모함을 받았다"고 하면서, "그 문서를 폭로한 원궤(元簋)라는 자를 체포하여 출처를 조사하여 억울함을 풀어 달라"고 요청했다.

사건이 이렇게 커지자 사헌부와 사간원이 개입하여 내용을 알아보고 1월 13일 임금에게 상소하기를, "그 문서 가운데에는 하인준, 정기, 민심, 김상하, 이이첨, 허균 뿐 아니라, 김질간(金質幹; 좌부승지), 서국정(徐國楨; 홍문관 부수찬) 등이 함께 거론되어 역모를 꾀했다고 했습니다. 그러나 이들이야말로 역적을 토벌하여 임금의 원수를 갚으려는 이들인데, 오히려 이들을 역적이라고 하니, 원궤 등을 체포하여 조사해야 합니다."라고 거들었다.

같은 날, 이번에는 역모로 지목된 이이첨이 그 문서를 읽어 보고 임금에게 이렇게 상소했다.

성균관 진사 원궤(元簋)라는 자가 비암(琵巖)이라고 부르는 자로부터 받았다는 편지를 읽어보니, 이런 내용이 적혀 있었습니다. "유감(柳鑑)이 몇 명의 친구들과 함께 가까운 시일 안에 거사하여 먼저 성균관에 있는 진사 하인준(河仁俊), 생원 김상하(金尙夏), 생원 정기(鄭淇), 진사 민심 등을 제거해 버리면 그 나머지는 염려할 것이 없다. 이들은 허균, 이이첨과 함께 날마다 흉도(凶徒)를 모으면서 대궐에 엎드려 상소하려고 하는데 그 의도를 알 만하다. (…) 그대는 이 흉소(凶疏)에 참가하지 않으면 좋겠다. 하인준과 김상하 등이 역적이라는 것은 누구나 다 아는 사실이니, 그대가 만약 여기에 참여한다면 우리는 그대를 인정하지 않을 것이다. 그대는 잘 알아서 처신하라. 김상하는 김질간(金質幹; 승지)의 조카이고, 하인준은 허균〔참찬〕의 조카이며, 민심은 서국정(徐國楨; 부수찬)의 손위 처남이고, 정기는 이이첨의 패거리다. 따라서 이들은 역적들로서 유감(柳鑑)이 이미 임금의 허락을 받아 소탕하려고 하니, 그대(원궤)는 이들이 올리는 흉소에 참여하지 마시라"는 내용이었습니다. (…) 대론(大論)을 역모라고 한다면, 서궁에 대한 역모입니까? 전하에 대한 역모입니까? (…) 원컨대 원궤를 체포하여 국문하소서.

이렇게 이이첨 일파가 원궤의 체포를 독려하자 드디어 1월 14일 그를 체포하여 국문했다. 그러나 원궤는 편지를 보낸 사람이 누구인지 몰라 결국 배후 인물을 찾아내지 못하고 말았다. 그런데 사실 이 편지는 허균이 윤유겸(尹惟謙) 등과 짜고 허위로 만들어낸 것이었다. 자신에 대한 조사와 국문(鞫問)을 늦추고자 자신이 얼마나 임금을 위해 애쓰고 있는가를 각인시키기 위해 그런 일을 조작한 것이었다.

이이첨과 허균이 자신들이 처한 궁지를 모면하기 위해 유생들을 동원하여 한효순을 공격하기도 하고, 가짜 편지를 만들어 자신들의 충성심을 보이기도 하는 등 여러 가지 음모를 꾸미고 있을 때 한효순은 1월 16일, 2품 이상의 대신들을 거느리고 임금에게 계청(啓請)하여, 지난 해 12월 24일에 올라온 기준격의 상소를 속히 조사하여 당사자인 허균과 기자헌, 기준격 등을 불러 심문하자고 요청했다.

한효순 등이 이 사건에 대한 조사를 들고 나온 것은 인목대비 문제에 대한 이이첨과 허균의 기를 꺾고, 기자헌을 구원하려는 목적이었다. 재판을 하려면 유배 간 그를 다시 불러들여야 하고, 심문이 이루어져도 기자헌은 불리할 것이 없었기 때문이다.

그런데 한효순이 허균의 재판을 청하자, 이번에는 사헌부와 사간원이 반대하기도 하고 찬성하기도 하여 갈팡질팡하는 모습을 보여주었다. 양사 가운데 유희분파와 박승종파가 있고, 이이첨파와 허균파가 섞여 있어 혼란을 일으킨 것이다. 임금은, 지금은 정청(庭請) 중이므로 천천히 결정할 터이니 소란스럽게 하지 말라고 명했다. 허균, 기자헌, 기준격의 심문보다는 대론의 확정이 더 중요하다고 여긴 것이다.

그런데, 1월 18일, 임금은 좌의정 정인홍(鄭仁弘)을 영의정으로 올리고, 우의정 한효순을 좌의정으로, 우의정 빈자리에 민몽룡(閔夢龍; 1550~1618)을 임명하여 3정승이 모두 갖추어졌다. 그러나 정인홍은 서울에 없으므로 실제로는 한효순과 민몽룡이 의정부를 이끌게 되었다. 그런데 민몽룡은 대북파의 핵심 세력으로서 폐모론을 적극 지지했으므로 그를 정승으로 올린 것은 대론을 빨리 마무리해 주기를 기대한 것이다. 그러니까 이번 인사는 민몽룡을 정승으로 만들기 위해 한효순과 정인홍을 부득이 승급시키고, 민몽룡이 한효순을 견제하도록 했다.

한효순은 다음 날 즉각 좌의정을 사직하는 상소를 올렸다. 아마도 민몽룡의 등장을 부담스럽게 여긴 듯하다. 임금은 비답하기를, "경은 노성(老成)한 숙덕(宿德)으로 오래 전부터 인망을 쌓아 왔으니, 이제 와서 자리에 오른 것도 때가 늦었다 할 것이다. 사직하지 말고 임금 같지 않은 나를 힘껏 보좌하라"고 사정했다. 임금은 한효순이 대론을 지연시킨 것을 알고 있었지만, 그렇더라도 그의 인망을 생각하여 끝까지 그를 붙들어 두어 그의 이름으로 폐비 문제가 매듭지어지기를 기대하고 있었다.

민몽룡이 우의정에 오르고, 허균에 대한 심문을 임금이 반대하자, 한효순이 허균의 심문을 통해 대론을 지연시키고, 기자헌을 구하고, 이이첨 일파의 강경한 태도를 꺾으려고 했던 시도는 수포로 돌아갔다.

그리하여 1월 30일, 드디어 이이첨은 민몽룡과 손잡고 인목대비의 위상을 격하시키는 '서궁 폄손절목'을 비밀리에 만들고, 묘당 회의를 열었다. 여기에 참여한 사람은 좌의정 한효순, 우의정 민몽룡, 예조판서 이이첨, 동지중추 이경전(李慶全), 공조판서 이상의(李尙毅), 우찬성 이충(李沖), 호조판서 최관(崔瓘), 대사헌 유간(柳澗), 대사간 윤인(尹訒), 부제학 정조(鄭造), 공조참판 조탁(趙倬), 예조참판 윤수민(尹壽民), 병조참판 이덕형(李德泂), 형조참판 박자흥(朴自興), 호조참판 경섬(慶暹), 병조참의 정립(鄭岦), 예조참의 이명남(李命男), 형조참의 정규(鄭達) 등 18명으로, 이들이 묘당에 모여 의논하여 만들어 임금에게 보고했다.

그런데 《광해군일기》를 보면, 이 절목을 만드는데, 가장 적극적으로 주도한 사람은 이이첨으로서 그가 미리 시안을 만들어 우의정 민몽룡에게 알려주고, 회의 때 이이첨이 질문하면 민몽룡이 소매를 걷어 붙이고 수염을 휘날리면서 물 흐르듯이 척척 답변하여 일이 일사

천리로 이루어졌다고 한다. 한효순은 머리를 숙이고, "알았다"고 하면서 아무 말도 하지 않았다. 이 기록을 보면, '서궁 폄손절목'은 이이첨과 민몽룡 두 사람이 일방적으로 주도한 것이고, 한효순이나 다른 벼슬아치들은 들러리에 불과했다.

그런데, 앞에 소개한 신익성의 《청백당일기》에서는, '서궁 폄손절목'을 만든 것은 호조판서 최관(崔瓘)이 주도했다고 하여 약간 다른 주장이 보이는데, 위 두 기록을 합쳐서 생각해 보면, 최관이 시안을 만들어 이이첨에게 주고, 이이첨이 우의정 민몽룡을 시켜 회의를 주도하도록 연출했다는 결론이 나온다.

'서궁 폄손절목'의 내용은 다음과 같다.

① 〔서궁의〕 존호(尊號)를 낮춘다
② 전에 올린 본국의 존호를 삭제한다
③ 옥책(玉冊; 임명장)과 옥보(玉寶; 도장)를 내온다
④ 대비(大妃)라는 두 글자를 없애고 서궁(西宮)이라 부른다.
⑤ 국혼(國婚) 때의 납징(納徵), 납폐(納幣) 등 문서를 도로 내온다
⑥ 어보(御寶; 임금의 옥새)를 내온다
⑦ 휘지표신(徽旨標信)을 내온다
⑧ 여연(輿輦)과 의장(儀仗)을 내온다
⑨ 조알(朝謁), 문안(問安), 숙배(肅拜)를 폐지한다
⑩ 분사(分司)인 승정원, 병조, 도총부, 겸춘추, 사옹원, 위장소(衛將所), 내의원, 금루(禁漏), 주방(廚房), 승전색(承傳色), 사약(司鑰), 별감, 내관, 궁중의 차비(差備)를 없앤다
⑪ 공헌(貢獻), 즉 각도에서 세 명일(名日)에 바치는 진상(進上), 정부 및 6조의 물선(物膳), 정부의 표리(表裏; 옷감), 각 관청에서

3일에 바치는 공상(供上)을 없앤다

⑫ 서궁의 진배(進排; 물질적인 대접)는 후궁의 예에 따른다

⑬ 공주(公主; 貞明公主)의 늠료(廩料)와 혼인은 옹주(翁主)의 예
에 따른다

⑭ 아비는 역적의 괴수이고, 자신은 역모에 가담했고, 아들은 역적
의 무리들에 의해 추대된 이상 이미 종묘에서 끊어졌으니, 〔서궁이〕
죽은 뒤에는 온 나라 상하가 거애(擧哀)하지 않고, 복(服)을 입지
않으며, 종묘에 들어갈 수 없고, 궁궐 담을 올려 쌓고, 파수대를 설
치한 다음 무사를 시켜 수직(守直)하게 한다

그런데 위 '절목' 가운데 공주에 관한 절목에 대해서는 대사간 유간
(柳澗)이 울면서 말하기를, "서궁을 선왕의 후궁(後宮)으로 대우한
다면, 공주(公主)도 서인(庶人)으로 낮추지 말고 옹주(翁主)로 낮추
는 것이 온당하다."고 말했다고 한다. 그러자 이이첨이 반대하여, 다
만 혼인과 늠료(廩料)만 옹주의 예에 따르도록 했다. 임금이 유간의
말을 듣고 크게 노하여 그를 울산부사로 내보낸 뒤 다시 논의케 했다.
'서궁 폄손절목'을 다시 정리하면, 인목대비를 서인(庶人)으로 강등
시키지 않고, 후궁(後宮)에 준하는 대우를 한 것이 가장 눈에 띈다.
이것은 본래 의도했던 목표에서는 많이 후퇴하여 양보한 것이다. 그
리고 공주만은 서인(庶人)으로 강등시키되, 혼인과 늠료만은 옹주의
예를 따라 대우한다고 하여 서인(庶人)보다는 존중해 주었다.

한효순이 이 '절목'을 만들 때 아무 말도 하지 않은 것은 자신이 주
도하지 않았다는 것을 보여주고, 또 인목대비를 '대비' 대신 '서궁'으로
부르게 하고 후궁(後宮)에 준하는 위치로 격하시켰지만 서인으로 만
들지 않은 것을 그나마 다행으로 여겼기 때문이었을 것이다.

이렇게 한효순이 어렵게 《절목》을 만드는데 참여했음에도 이이첨 일파는 한효순이 소극적인 태도로써 두 마음을 갖고 있는 것을 미워하여 재야 유생들을 시켜 또 상소를 올리게 했다. 다음 달 2월 11일에 유학 정주한(鄭周翰) 등이 상소하여 한효순을 비판하고 나섰다. 그의 말을 들어보자.

예조가 〔묘당에서〕 의논을 수렴할 때 좌의정 한효순은 자기 의견을 밝히지 않고, 그저 영의정에게 떠넘기기만 했으니, 그 간특하고 교활한 정상이 늙어갈수록 더욱 심해진다 하겠습니다. 예관(禮官)으로 하여금 다시 한효순에게 의논을 거두게 하되, 시비와 가부를 한마디로 결정하게 한 뒤에 영의정에게 묻도록 하고, 혹시라도 줄곧 말하지 않을 경우에는 한효순의 목을 벰으로써 임금을 잊고 나라를 저버리는 노신(老臣)의 경계로 삼게 하소서.

이 상소는 이미 지난 해 묘당 회의 때 참석하여 의견을 개진하지 않은 한효순의 일을 가지고 소급해서 규탄하면서 가부를 확실하게 보이지 않는 그의 목을 베라고까지 주장했다. 이미 '서궁 폄손절목'까지 만들어진 마당에 지난 일을 거론한 것은 이 '절목'에 대해 뒷말이 생기는 것을 미리 봉쇄하려는 목적이 있는 듯하다.

같은 날인 2월 11일, 한효순은 왕명에 따라 지난번에 참석했던 신하들을 다시 빈청(賓廳; 묘당)에 모이게 하여 서궁을 폄손하는 절목을 다시 의논했는데, 결론은 지난번에 의논한 대로 공주를 서인(庶人)으로 낮추되, 혼인과 늠료〔물자 공급〕는 옹주의 예에 따라 시행하기로 합의되어 이를 임금에게 보고했다. 다만, 이때 우의정 민몽룡은 병세가 위중하여 참석하지 못했는데, 그는 그해 세상을 떠났다.

그런데 이렇게 수정된 '서궁 폄손절목'을 임금에게 올렸으나, 임금은 이를 재가하여 판하(判下)하지 않아 시행에 들어가지 못하고 있었다. 그런데 《광해군일기》의 사론(史論)에는 임금이 이 '절목'에서 인목대비를 서인(庶人)으로 강등시키지 않은데 불만을 가져 판하하지 않았다고 한다. 왕은 대비를 서인으로 만들어 사가(私家)로 내쫓은 다음 틈을 보아 죽이려고 했기 때문에 '절목'에 대해 불만을 가지고 있었다고 했는데, 이는 인조반정 뒤 서인(西人)들이 《광해군일기》를 편찬하면서 폐비 사건의 일차적인 원흉을 광해군으로 지목함으로써 반정(反正)의 정당성을 내세우기 위해 의도적으로 그렇게 쓴 것으로 보인다.

　그러나 이런 기록과는 달리, 임금은 몇 년 동안 서궁에 종이와 황밀(黃蜜; 초의 재료)을 바치지 않은 일을 알고, 이를 문제 삼아 내막을 조사하여 보고하라고 명했다. 오히려 임금은 서궁을 보호하려는 태도를 보이고 있는 것이다. 임금은 이 '절목'으로 인해 민심이 동요하는 것을 보고서 당분간 시행을 늦추고, 그 대신 인목대비를 잘 모시는 모습을 보여 민심을 가라앉힌 뒤에 서서히 '절목'을 수정하려고 한 듯하다.

　하지만 이이첨과 허균 일파는 임금의 이런 태도가 마땅치 않게 여겼다. 장차 민심이 악화되어 사태가 반전되면, 모든 책임이 자신들에게 돌아올 것을 염려하여 오히려 서궁을 하루 빨리 폐출하고 중국에 알리는 것이 급하다고 여겼다. 특히 허균은 이이첨보다도 더 과격하여 군사를 일으켜 서궁으로 쳐들어가 대비를 죽이려고까지 계획했으나, 자신이 역모로 죽는 바람에 서궁이 살아날 수 있었다고 한다. 그리고 두 사람은, 폐비를 반대한 인사들을 완전히 제거하여 후환을 없애는 것이 좋다고 여겼다. 그래서 서궁에 종이와 황밀을 공급하는 일을 중지하고, 속히 '절목'을 판하하여 시행에 옮기라고 촉구하는 상소를 잇따라 올렸다.

3월 11일, 생원 이국량(李國亮) 등이 상소하여, 지금 민심이 흉흉한데 왜 의정부 대신과 삼사가 임금에게 '절목'의 조속한 시행을 촉구하지 않느냐고 비판했다. 여기서 민심이 흉흉하다고 한 것은, 1월 30일의 정청(庭請)에 모였던 780여 명의 문무백관들이나 정청에 참여하지 않은 백관이나 종친들 가운데 불만을 토로하는 사람들이 많은 것을 지적한 것이다. 이날 한효순이 옷소매를 휘저으면서 '폐'자를 쓸 수 없다고 반대하는 모습을 그들은 보았을 것이고, 또 정청에 참가했다고 해서 모두 '폐비'에 찬성한 것도 아니었을 것이다. 그러니 이들의 불만이 세상에 퍼지면서 민심이 흉흉해진 것은 당연한 일이었다.

그래서 이런 분위기를 눈치 챈 임금은 '절목'을 선뜻 판하하기가 어려워 시간을 끌고 있었고, 반대로 이이첨 일파는 이들의 불만을 잠재우기 위해 정청에 불참한 신하들의 명단을 제시하면서 이들에게 무거운 형벌을 내리라고 촉구했다.

3월 12일 양사(兩司)는 구체적으로 대표적인 불만 세력으로 종실인 정창연(鄭昌衍)과 서인계열의 유근(柳根), 윤방(尹昉), 김상용(金尙容), 이정귀(李廷龜), 이시언(李時彦),

오윤겸(吳允謙), 송영구(宋英耈) 등, 그밖에 조국빈, 윤형준, 이시발, 김류(金鎏), 박자응, 이경직, 박동선, 신익성(申翊聖; 선조의 부마), 유적, 박미, 그리고 수십 명의 종친들을 일일이 거명하고 이들을 모두 귀양 보내라고 촉구했다. 그리고 아울러 중국에 속히 사신을 보내 폐비 사건을 알리고 승낙을 받아 와야 한다고 다그쳤다. 임금은 양사의 상소에 대하여 "내가 지금 병에 시달리고 있으니 서서히 결정짓겠다."고 하면서 거부했다. 임금은 오래 전부터 안질(眼疾)이 심하고 감기가 떨어지지 않아 계속적으로 침을 맞고 있었다.

정청 불참자를 처벌하라는 상소와 더불어 한효순에 대한 공격도 함께 가해졌다. 그가 이미 임금이 윤허한 '절목'을 다시 입계하면서 고의로 시간을 지연시키고 있다고 하면서 엄하게 꾸짖어야 하며, 또 정승을 아예 바꿔야 한다고 다그치는 유생과 양사의 상소가 잇따라 올라왔다. 3월 15일 유학 김옥장(金玉章)도 '절목'을 가지고 시간을 끌지 말고, 대신과 삼사를 주벌(誅伐)하고, 서궁을 궁 밖으로 내쫓고, 중국에 알리라고 다그쳤다.

이렇게 유생과 양사의 공격이 잇따르자 한효순은 3월 16일 차자를 올려, "신이 유생들의 상소에서 배척을 받았으니 속히 신의 삭직을 명하여 달라"고 요청했다. 그러나 임금은 허락하지 않았다. 그래도 한효순은 몸이 아픈 것을 이유로 등청하지 않고 물러나 집에 있었는데, 우의정 민몽룡은 실제 몸이 좋지 않아 등청하지 않았다. 그래서 삼정승은 모두가 실제로 비어 있는 상태였다.

그런데 시골에 있던 영의정 정인홍이 폐비의 일을 먼저 중국에 알린 다음 폐비를 그 다음에 실행하라는 의견을 제시하자, 언관들도 이를 따라 중국에 주문(奏聞)하는 일을 속히 서두르라고 다그쳤다. 그리하여 일의 순서가 폐비에서 주문으로 바뀌면서 속히 폐하라는 상소는 잦아들었다.

한효순은 4월 24일에 또 차자를 올려 사직을 요청했다. 나이가 80에 가깝고, 건강이 극도로 악화되어 누워 있는데, 가래가 가슴까지 차서 고통이 심하다고 호소했다. 그래도 임금이 허락하지 않자 4월 27일, 윤달 4월 5일에 잇따라 사직소를 올렸다. 임금이 허락지 않아 하는 수 없이 한효순은 집에 있으면서 관리들이 찾아와서 정사를 의논하면 문서로 답변하는 식으로 참여했다.

17. 후금, 명나라의 갈등과 한효순의 조언

인목대비의 폐위문제로 국내가 어수선할 때 북방 정세가 어렵게 전개되고 있었다. 후금의 누르하치가 광해군 10년(1618) 3월에 명나라를 치겠다고 알려오자, 명나라는 윤달 4월 조선 측에 7천 명의 원군(援軍)을 파견해 달라고 요청해 왔다. 왜란 때 명나라에 큰 빚을 졌으므로 그 요청을 받아들이지 않을 수도 없고, 그렇다고 하루하루 세력이 더 커지고 있는 후금을 자극할 수도 없는 진퇴양난에 빠졌다. 임금이 군사 전문가인 한효순에게 이 문제에 관한 자문을 요청하자 그는 집에 있으면서 다음과 같은 요지의 답변을 차자(箚子)로 올렸다.

우리나라의 군대는 일반 정병(正兵)은 농사꾼이어서 싸울 줄을 모르고, 포수(砲手)와 살수(殺手)는 조금 낫다고는 하지만, 누르하치 기병(騎兵)과 싸울 경우 패망한다는 것은 누구나 잘 알고 있습니다. 하지만 명나라의 은혜를 생각하여 병력이 나약하다는 것을 이유로 난처한 기색을 보이기도 어렵습니다. 따라서 평안도와 황해도에서 군사를 선발하여 서둘러 훈련시키고 중국의 명을 기다려야 할 것인데, 이 밖의 모든 일은 원수(元帥)가 얼마나 잘 처리하느냐에 달려 있습니다.

한효순은 나아가 누르하치가 패하여 우리나라에 들어올 경우에도 대비할 대책을 이야기하고, 끝으로,

오늘날 서둘러 해야 할 일은 민력(民力)을 기르고, 민심(民心)을 수습하는 것보다 더 절박한 것이 없습니다. 그런데 근래 두 대궐[경희궁과 인경궁]을 동시에 건립하는 탓으로 요역이 매우 번다하여 민력이 이미 고갈되고 말았으니, 이렇듯 병력을 조발(調發)하는 날을 당하여 변통해주지 않을 수가 없습니다. (…) 우선 하나의 궁궐에만 힘을 쏟아서 그 비용을 줄이고, 나머지 역량으로 군수(軍需)를 보충하게 한다면, 군수도 마련되고 인심도 위로받을 수 있을 것이니, 이렇게 하는 것이 급한 상황을 극복하는 데 도움이 될 것입니다.

위 한효순의 의견을 요약하면 크게 세 가지 대책을 제시한 것이다. 첫째는 명나라의 은혜를 생각하여 소수 정예의 원병을 준비해 놓을 필요가 있지만, 실제 전투에서는 군대 지휘관이 현명하게 대처해야 한다는 것이니, 말하자면 싸우는 척하다가 항복하여 두 나라 모두를 자극하지 않도록 할 것을 은근히 암시한 것이다. 이러한 한효순의 계략은 뒤에 그대로 적용되어 강홍립(姜弘立) 부대가 원정했다가 싸움에 패하자 후금에 항복하는 결과를 가져왔다.

그런데 이런 처사에 대하여 뒷날 인조반정 세력은 광해군이 명나라를 배신했다고 보고 반정의 명분의 하나로 삼았다. 하지만 인조 정권이 반금친명 정책을 쓰다가 도리어 호란(胡亂)을 초래했으므로, 오늘날의 학자들은 광해군의 정책이 매우 현명했다고 평가하고 있다.

한효순이 두 번째로 강조한 것은 후금의 국내 진입에 대비한 방어

책의 강구를 촉구하고 구체적인 방어 대책을 제시한 것이다. 세 번째
는 두 개의 궁궐을 동시에 건설함으로써 민력이 고갈된 것을 우려하
고, 두 궁 가운데 하나만 건설하라고 촉구한 것도 매우 현명하다고 볼
수 있다. 더욱이 궁궐 공사 문제는 당시 이이첨이 지휘를 총괄하고 있
었으므로 그에 대한 비판도 담겨 있었다.

이렇게 경륜이 뛰어난 한효순을 권력 투쟁에 내몰아 핍박과 수모를
당하게 만든 정치 현실이 더욱 안타깝게 느껴진다.

18. 허균 일파의 한효순 공격과 허균의 처형

광해군 10년 1월 4일에 정청(庭請)이 이루어진 뒤로, 한효순과 이
이첨 반대파는 힘을 합쳐, 지난 해 말 기준격의 상소로 발발된 허균
(許筠)의 모역 사건에 대한 죄를 다스려야 한다고 임금에게 촉구했지
만, 임금은 '서궁 폄손절목'을 만드는 등 인목대비에 대한 뒤처리 문제
를 확정하는 것이 더욱 시급하다고 하면서 허균에 대한 치죄(治罪)를
미루어 왔다. 그래서 1월 30일에 가서야 '서궁 폄손절목'이 만들어졌
지만, 이에 대한 반발이 여러 방면에서 거세게 일어났다. 폐위 자체를
반대하는 주장, '서궁 폄손절목'을 미흡하게 여기는 주장, 이를 빨리
실행에 옮기라는 주장, 중국의 동의를 받은 뒤에 실행에 옮겨야 한다
는 주장 등이 어지럽게 일어나서 임금도 갈피를 잡지 못하고 판하(判
下; 명령)를 유보하고 있었다.

이렇게 '서궁 폄손절목'의 뒤처리가 실행에 옮겨지지 못하고 갈팡질
팡하고 있을 때, 영의정 정인홍(鄭仁弘)이 나서서 중국의 허락을 먼
저 받은 뒤에 실행해야 한다고 주장하자, 폐위 뒤처리에 대한 논의는
당분간 중지된 상태에 있었다.

이렇게 사태가 바뀌자 이제는 그동안 미루어 왔던 허균에 대한 추
국(推鞫)이 일어날 가능성이 높아지자 허균의 불안은 점점 커졌다.
허균은 이를 모면하고자 자신을 위험에 빠뜨렸을 뿐 아니라, 장차 자
신을 추국하게 되면 한효순이 담당하게 된다는 것을 알고, 그를 제거
할 필요성을 느껴 유생들을 사주하여 그를 공격하는 데 앞장서게 만
들었다.

드디어 윤달 4월 26일, 앞서 한효순을 비난하는 흉측한 상소를 수
없이 올렸던 유학 송영서(宋永緖)가 또 상소하여, 폐비 문제를 매듭
짓지 않고 병을 핑계로 집에 앉아 사직 상소만 올리고 있다고 하면서
그를 목을 베라고 요청했다.

바로 이날 한효순은 또 사직 상소를 올렸으나 임금은 윤허하지 않
았다. 다음 날인 윤달 4월 27일에도 똑같은 사직 상소를 올렸지만 허
사였다. 한효순은 여전히 등청하지 않았다.

29일에는 성균관 유생 정희립(鄭希立)이 상소하여 서궁 폐출을
기피하고 있는 한효순을 주벌(誅罰)해야 한다고 주장하고, 자신들이
마치 허균의 지휘를 받고 있는 듯이 말하고 있는 삼사(三司)도 벌을
내려야 한다고 주장했다.

그런데 같은 날, 진사 윤유겸(尹惟謙)이 상소하여, 허균을 공격하
여 함정에 빠뜨리고 있는 양사(兩司)를 비난하면서, 양사와 황덕부
(黃德符)라는 자가 폐비를 저지시키고 있다고 공격했다.

이렇게 허균의 사주를 받은 유생들이 언관들을 공격하자, 29일 양사(兩司)와 홍문관이 함께 들고 일어나 허균의 죄악을 공격하고, 유생들이 올린 상소도 허균이 만들어준 것이라고 하면서 그를 국문(鞠問)하여 죄상을 밝히고, 나아가 서궁의 '폄손절목'을 속히 시행하라고 촉구하고 나섰다. 중국에 알려 승낙을 받는 일은 쉽게 이루어질 수 없으므로 폐비를 먼저 한 뒤 주문(奏聞)을 하자는 것이다.

삼사의 공격을 받은 허균은 5월 3일 상소하여 기자헌과 기준격 부자가 자신을 무고한 것이라고 장황하게 변명했다.

이렇게 삼사와 허균이 서로 다투는 가운데 한효순은 또다시 5월 9일, 5월 17일, 5월 21일 잇따라 사직 상소를 올렸다. 그러나 임금은 여전히 허락하지 않았고, 한효순도 여전히 등청하지 않고 집에 있었다.

6월 2일에 이르자 양사가 합계(合啓)하여 폐비 문제를 지연시키고 있는 한효순을 거칠게 비판하면서 '서궁 폄손절목'을 시급히 실행하여 마무리 지으라고 임금에게 촉구했다. 한효순에 대한 비판은 아래와 같다.

좌의정 한효순은 본래 견해가 같지 않은 사람인데, 외람되게 정승의 자리를 차지하고 있습니다. 당초 대론(大論; 폐모론)이 일어났을 때 양쪽을 기웃거리며 배회하고 관망만 하면서 거취를 정하지 않았으니, 정청(庭請)을 한 것이 그의 본마음이 아니라는 것을 나라 사람으로서 그 누가 몰랐겠습니까? 그러다가 여태까지 '절목'이 내려지지 않자 사람들이 겁주는 말을 듣고는 갑자기 사직 상소를 올림으로써 이론(異論)을 제기하는 자들의 기를 북돋아주고, 이 일을 담당한 자들을 외롭고 위태롭게 만들었으니, 대신의 도리가 과연 이런 것입니까? 더구나 지금 변방의 사태가 급해지고 있는데, 대책을 강구하고 대응하는 일을 누구에게 떠맡긴단 말입니까? 효순의 죄가 여기에 이르러 극에 달했습니다. (…) 그를 귀양 보내도록 명하시어 교묘히 피한 죄를 징계하소서.

그러니까 한효순이 전일에 정청(庭請)한 것은 그의 본심이 아니고, 이론을 품은 자들의 기를 올리고 있으니 귀양 보내라는 말이었다. 임금은 이 합계를 보고 소란을 떨지 말라고 명하고, 좌의정에 대해서는 나랏일이 지금 급해지고 있으니, 번거롭게 논하지 말라고 책망했다.

그런데 이날, 한효순의 처남인 사헌부 장령(정4품) 강수(姜䢯)가, 매부가 대간의 탄핵을 받은 일로 체직을 요청하는 글을 올렸다. 그는 한효순이 자신의 매부라고 밝히고, 이렇게 대간의 탄핵을 받는 상황에서 자신이 대간에 머물러 있으면서 논계(論啓)에 동참할 수는 없다고 말했다. 다시 말해 처남이 매부를 탄핵할 수는 없다는 말이다. 강수는 오랫동안 장령의 자리에 있으면서 이이첨 일파의 폐모론에 참여하고, 한효순에게도 누이동생을 통해 압력을 가해왔던 인물이었다. 하지만, 공개적으로 매부를 탄핵하는 일은 차마 할 수 없었던 일이었을 것이다. 그러나 임금은 강수의 체직을 허락하지 않았다. 한효순을 압박하는데 강수의 힘을 빌리고 싶었는지도 모른다.

그로부터 이틀 뒤인 6월 4일, 양사가 또 합사(合辭)하여 6월 2일에 올렸던 내용을 그대로 올리면서 임금을 압박했다. '폄손절목'을 하루 빨리 집행하고, 한효순을 유배 보내라는 것이었다. 임금은 비답을 내리기를, "번잡스럽게 소란을 떨지 말라. 한효순의 일도 그렇다. 고관대작으로서 서궁(西宮)을 비호한 자가 한효순 한 사람뿐이 아닌데, 그렇다면 일일이 죄를 주어야 하는가? 더구나 이미 체차시켰으니 그만 논하라"고 했다. 임금의 말을 들으면 한효순을 이미 체차했다고 하는데, 이틀 전까지도 사직을 허락하지 않았는데, 이미 체차했다면 어제나 오늘 체차했다는 말일 것이다.

어쨌든 76세의 한효순은 드디어 좌의정의 무겁고 힘든 짐을 벗었다.

8월 5일, 한효순 자리에 박승종(朴承宗)이 임명되고, 5월 13일에 세상을 떠난 우의정 민몽룡(閔夢龍)의 자리에는 박홍구(朴弘耉)를 임명하고, 예조판서 이이첨을 판의금부사(종1품)로 승진시키고, 이이첨의 아들 이대엽(李大燁)을 이조참의에 임명했다. 그런데 박승종은 임금의 친척이면서도 폐비를 찬성하지 않았고, 박홍구도 중립적인 태도를 지닌 인물로서 이이첨 일파로부터 한효순과 매우 비슷하다는 비판을 받았다. 임금이 이 두 사람을 정승의 자리에 임명한 것은 그들이 비록 폐비 문제에는 소극적이었지만 인망이 높은 것을 고려하여 그들을 회유하여 폐비를 마무리하면 반대 여론을 완화시킬 수 있다고 믿은 것 같다.

한편, 8월 17일부터는 허균과 그 일당인 하인준(河仁俊), 현응민(玄應旻), 우경방(禹慶邦), 김윤황(金胤黃) 등을 체포하여 추국이 시작되었는데, 허균은 기준격이 밀고한 범죄 사실을 모두 시종일관 부인했다. 하지만 그 일당으로 잡혀온 자들은 그가 이이첨과 손잡고 유생들을 사주하여 대신과 삼사를 공격하고, 서궁에 격문을 만들어 화살로 쏘아 던져 넣은 일 등 모든 범죄 사실을 인정하여 허균의 말과 어긋났다.

자신이 궁지에 몰릴 것을 예견한 허균은 광해군의 충신임을 보여주려고 비밀리에 무사(武士)를 모으고, 승군(僧軍)을 불러들여 곧바로 서궁을 쳐들어가서 인목대비를 죽이고, 나중에 임금에게 아뢰려는 계획을 세웠는데, 이를 삼창(三昌; 이이첨, 박승종, 유희분) 집안에서 미리 알고 임금에게 비밀리에 계(啓)를 올렸다. 임금은 크게 놀라 전에 받아 놓았던 기준격의 소(疏)를 내려서 삼사에 알려주자, 8월 21일 삼사가 들고 일어나 허균의 반역 음모를 성토하고 그의 사주로 소를 올린 유생들까지 체포하게 했다.

하지만 허균은 자신의 범죄를 지복하지 않아 결안(結案)을 만들지 못하는 상태에 빠졌다. 결안이란 범죄를 확정하는 재판 판결문을 말하는데 허균이 스스로 범죄를 인정해야만 가능한 일이었다. 그런데 결안도 만들지 못한 상태에서 8월 24일 허균과 그 일당을 서쪽 저잣거리에 데려다 놓고 사형(능지처참)을 집행했으며, 백관들이 나와서 차례대로 서서 형 집행을 보게 했다.

결안이 없는 형 집행은 매우 이례적인 일로서 기자헌(奇自獻)조차도 훗날 반드시 이론(異論)이 있을 것이라고 걱정할 정도였다. 형신(刑訊; 고문)을 해서라도 자복을 받아냈어야 했다는 것이다. 그러면 왜 이렇게 결안도 만들지 않은 상태에서 서둘러 사형을 집행했을까? 《광해군일기》에 실린 사관(史官)의 평을 보면, "이이첨의 아들 이대엽(李大燁) 등이 허균의 입에서 무슨 말이 나올지 몰라 입을 막으려고 그렇게 했다"고 썼다. 다시 말해 추국을 오래 끌다 보면, 허균의 입에서 함께 일한 이이첨의 행동에 관해 좋지 않은 말이 나올 것을 두려워했다는 뜻이다. 결국 이 사건은 이이첨과 허균이 서로 충성 경쟁을 하다가 이이첨이 허균을 죽인 것이라고 말할 수 있다.

허균 일파에 대한 처형이 끝나자, 이제는 허균과 함께 일한 이이첨에 대한 공격이 일어났다. 광해군의 장인 유자신(柳自新)의 아들인 유희분(柳希奮)이 상소하여, 이이첨이 그동안 친절하게 대해주고 심복을 삼은 자는 모두 신경희(申景禧), 허균(許筠), 김개(金闓)와 같은 무리라고 하면서 이이첨을 공격했다. 유희분은 대북파의 핵심 인물로서 대비을 폐비하는데 찬성한 인물이지만 이이첨의 권력이 비대해지는 것을 막고자 그를 공격하고 나선 것이다.

궁지에 몰린 이이첨은 9월 2일 상소하여, "허균과 자신은 아무런 관계가 없으며, 신이 서궁을 보호한다고 하면서 허균이 신을 모함하여 죽이려고 했다."고 말했다. 또 한효순은 이조참판을 할 때 조카인 신경희(申景禧)를 호조참판에 의망하기도 했다면서 한효순이 마치 신경희와 더불어 한 패인 듯한 발언을 하기도 했다. 그러나 신경희는 한효순의 조카가 아니고 매부이며, 한효순은 이조참판을 한 일도 없었다. 이이첨이 궁지에 몰려 살아남고자 또 거짓말을 하기 시작한 것이다. 정리하면, 이이첨, 허균, 유희분 등이 충성 경쟁을 하면서 내분을 일으켜 서로 상대방을 역적으로 몰고 가는 사태가 벌어진 것이다.

19. 좌의정, 영중추부사로 세상을 떠나다

광해군 10년(1618) 6월 초에 좌의정의 직책을 완전히 벗은 한효순은 1년 동안 아무런 직책도 받지 않은 가운데 처음으로 한가한 생활을 보냈다. 그동안 수십 차례에 걸쳐 사직 상소를 올렸으나 임금은 한번도 사직을 허락하지 않았다. 그러나 그는 등청하지 않은 채 집에 있었는데, 임금은 중요한 일이 있으면 내관을 그의 집에 보내 의견을 받아오곤 했다. 그래서 실제로 한효순은 광해군 8년 10월부터 우의정에 오르고, 광해군 10년 1월에 좌의정에 올라 그해 6월에 좌의정을 그만둘 때까지 약 2년 동안 정승 생활을 했지만 실제로 등청한 날은 며칠 되지 않고 대부분의 시간을 집에서 보낸 셈이었다. 그 사이 그는 이이첨 일파로부터 수십 차례에 걸쳐 역적을 편든다는 탄핵을 받고 심지어 참형에 처해야 한다는 극언을 들은 것도 한두 번이 아니었다.

하지만 그는 재임 기간에 비록 '서궁 폄손절목'을 만드는 데는 참여했지만, 그가 정청(庭請)에서 '폐'(廢)라는 글자를 쓸 수 없다고 완강하게 반대했기에 인목대비를 서인(庶人)으로 만드는 것을 막을 수 있었다. 그는 오히려 갖은 욕을 먹으면서도 인목대비의 폐위를 실천에 옮기지 못하도록 최선을 다했다. 그래서 대비도 보호하고, 사류도 보호하고, 가까이는 조카 한준겸을 보호할 수도 있었다. 만약 그가 극단적인 선택을 했다면 그 피해는 오히려 더 컸을지도 모른다.

이제 한효순은 휴식을 취하면서 광해군 11년(1619)에 77세의 희수(喜壽)를 맞이했다. 편안하게 죽을 날을 기다릴 뿐이었다.

그런데 6월 2일에 임금이 또 그를 불렀다. 중추부의 최고책임자인 영중추부사(領中樞府事; 정1품)의 직임을 내렸다. 이 자리는 특별한 일이 없고 필요에 따라 국정을 자문하는 기능을 지니고 있었다. 당시 후금이 요양(遼陽)을 공격하려고 하는 등 북방 문제가 심각해지자 국방에 관한 경륜이 높은 그에게 의지하려고 그를 부른 것으로 보인다.

그러나 한효순은 임금의 배려에 감사하면서도 노쇠하여 받을 수 없다는 차자를 올렸다. 임금은 안심하고 피하지 말라고 일렀다. 하지만 한효순은 이듬해인 광해군 12년(1620) 5월 10일에 또 차자를 올려 시골로 내려가 쉬고 싶다는 이유로 사직을 요청했다. 아마도 그는 서산으로 내려가서 여생을 마치고 싶었던 것 같다. 78세 노구에 기력이 떨어져 사람의 부축을 받아야만 움직일 수 있는 몸이 되었다. 그러나 임금은 나라가 위급한 시기에 노성한 신하가 시골에 은둔하면 누구와 더불어 나라를 운영할 수 있겠는가고 하면서 만류했다. 한효순은 시골로 가지 못하고 서울에 계속 머물렀다.

그런데 이듬해인 광해군 13년(1621) 7월에 명나라 장수 모문룡 (毛文龍)이 요양을 점령한 후금과 싸우다 패하여 압록강을 넘어 의주 (義州)에 와서 주둔하는 사건이 일어났다. 그러자 후금이 모문룡을 공격할 준비를 하고 있었다. 이렇게 서북 지방의 국방이 시급한 과제로 떠올랐으나 조정에는 왜란 때 전쟁을 지휘한 경험이 있는 군사 전문가가 없었다. 그래서 의정부 대신들인 박승종, 박홍구, 조정(趙挺) 등이 왕에게 건의하여 귀양 가 있던 한준겸(韓浚謙)을 빨리 불러들이라고 청하자 8월 24일 한준겸을 도원수(都元帥)로 임명했다. 이때 그의 나이 65세로서 숙부 한효순의 뒤를 잇는 군사 전문가로 인정을 받고 사면된 것이다.

그동안 조카를 구원하기 위해 이이첨 일파로부터 온갖 수모를 받고, 세간의 따가운 눈총을 함께 받으면서 험난한 광해군 대를 살아온 것이 한효순 70대 인생의 한 부분이라면, 조카의 사면과 복귀는 얼마나 반가운 일이었겠는가? 그때 한효순은 눈을 감아도 큰 여한이 없었을 것이다.

조카가 돌아온 지 3개월 지난 11월 15일, 한효순은 서울 장흥동 (長興洞; 지금의 종로구 청운동) 셋방 집에서 세상을 떠났다. 향년 79세였다. 한 달 뒤인 12월 17일 장례를 치러, 광주군(廣州郡) 돌산 면 서현리 통로동의 영장산(靈長産) 서록(西麓)에 있는 양부(養父)

한여변(韓汝蕃)의 묘소 바로 아래에 안장되었다.63) 이곳은 지금 경기도 성남시 분당구 서현동에 해당한다. 임금은 그에게 장헌(莊獻)이라는 시호를 내렸다.

그는 죽음에 임박하여 자신의 묘비석(墓碑石)의 뒷면에 들어갈 음기(陰記)를 스스로 쓰고, 죽은 뒤에 새겨 넣은 다음 묘소 옆에 세우라고 자손들에게 당부했는데, 이를 '석음기(石陰記)'라고 했다. 여기서 시조 한란에서 자신에 이르기까지의 가계를 간략히 소개하고, 다음에는 자신의 성품과 일생을 간략히 회고했는데, 그 부분을 옮겨 보면 다음과 같다.64)

성품은 본래 단순하고 과묵하며, 꾸밈이 없다. 다른 사람과 교유하는 것도 좋아하지 않았다. 두 왕조〔선조와 광해군〕를 만나 중앙과 지방을 두루 거쳐 벼슬이 태보(台輔; 정승)에 이르렀고, 나이는 거의 80이 되었다. 아들과 사위가 11명이고, 손주들이 수십 인이다. 세상일에 부족함이 없다. 하지만, 산수(山水)에 소요하면서 고기 잡고 낚시하는 것이 평생의 지극한 소원이었다. 그런데 세상이 어지럽고 일이 어그러져서 마침내 그 뜻을 이루지 못했다. 저 깊은 구원(九原)에 가서 어떻게 눈을 감을까? 아, 슬프다. 벼슬길에 나간 뒤

---

63) 이호민(李好閔)이 쓴 '병절교위 한공묘지명'(秉節校尉韓公墓碣銘)을 보면 한여번의 무덤은 광주(廣州) 추현(秋峴) 아래 영장산(靈長山) 서록에 있다고 되어 있다. 지금은 성남시 분당구 서현동 산63의 1이다.
64) '석음기'의 원문은 다음과 같다.
韓孝純 字 勉叔 本 淸州人 麗世太尉蘭 禮賓卿光胤 中贊康 提學 謝奇 中贊渥 政堂文學公義 大提學修 本朝領議政尙敬 都觀察惠 贊成繼禧 其先也 曾大夫士武判官 贈判書 大父承元郡守 贈贊成 父汝弼經歷 贈領議政 養父汝蕃秉節 早夭 公生于嘉靖癸卯 釋褐于萬曆丙子 性素簡默無華 不喜交遊 遭遇兩朝 歷歇中外 仕至台輔 年幾八十 子婿十一 諸孫數十人 世事可無歉矣 然逍遙山水 漁釣爲樂 斯平生之至願 世亂事乖 志竟不就 悠悠九原 目何日瞑 咄咄乎 長吁
釋褐後 自約于心曰 五十前 立朝從官 五十後 逍遙山水 乃其志也 事適不幸 壬辰兵興 奔走不遑 爰曁七十 官高見繁 以致志終不就 此其平生大略也

로 스스로 마음속으로 약속하기를, 50세 이전에는 벼슬하고, 50세 이후에는 산수를 소요하리라는 것이 내 뜻이었다. 그러나 세상 일이 불행하여 임진년 전쟁이 일어나자 정신없이 분주하게 뛰어다니다가 어느덧 70에 이르렀다. 높은 벼슬에 얽매어 끝내 뜻을 이루지 못하고 말았다. 이것이 평생의 대략이다.

여기서 주목할 것은 세 가지다. 첫째는 성품이 과묵하고 친구를 사귀는 것을 좋아하지 않았다는 것인데, 이것은 붕당(朋黨)을 좋아하지 않았다는 것을 간접적으로 드러낸 것이다. 하지만, 이이첨 일파의 대북파는 그를 남인(南人)의 괴수라고 몰아 세웠는데, 퇴계 이황을 따르는 영남 남인과는 학통이 달랐다. 그는 서울과 근교에 살고 있던 여러 학자들로부터 교육을 받았지만, 그 가운데 서경덕의 학풍을 이은 가형 한효윤(韓孝胤)의 소개로 서경덕 학파에 속하는 한윤명(韓胤明)으로부터 교육을 받은 것이 인연이 되어 세상 사람들은 한효윤, 한효순 형제와 한효윤의 두 아들인 한백겸과 한준겸 등을 근경남인(近京南人)으로 불렀다.

둘째, 자신의 인생 목표는 50세까지만 벼슬하고, 나머지 인생은 시골에 낙향하여 낚시질을 하면서 조용히 보내고 싶었고, 그래서 처가가 가까웠던 서산군 해미면 양림리에 농사(農舍)까지 지어 놓았는데, 시대를 잘못 만나 평생의 목표가 어그러졌다는 것이다.

셋째, 죽은 뒤에 눈을 감을 수 없다는 한탄이다. 이것은 광해군 대 폐모론의 수창자(酬唱者)인 것처럼 비쳐진 것에 대한 회한(悔恨)이다. 이를 뒤집어 말하면 폐모론을 적극 추진하면서 자신을 수도 없이 참(斬)하겠다고 협박 공갈하면서 자신을 이용한 이이첨 일파에 대한 간접적인 분노의 표현이기도 하다.

그런데 한효순이 세상을 떠난 직후에는 묘소에 자술비(自述碑)를 세우지 못했고, 묘지명(墓誌銘)도 만들지 못하여 묘소의 격식을 제대로 갖추지 못했다. 그 이유는 폐모의 후유증이 아직 가시지 않은 어수선한 정치 분위기 때문인 듯하다. 그러다가 60여 년이 지난 숙종 9년(1683)에 한효순의 증손으로 돈녕부 도정(都正; 정3품) 벼슬을 한 한후명(韓厚明; 1619~1694)[65]이 자술비를 비로소 만들어 묘소 앞에 세우고, 묘지명은 당시 이조판서와 홍문관 제학을 지내고 있던 외현손(外玄孫) 이돈(李墩; 1642~1713)이 지었으며, 비문의 글씨는 외현손인 공조판서 이징귀(李徵龜; 1641~1723)가 썼다. 이때 비로소 묘소가 격식을 갖추었다.

이 자술비의 앞면에는 정경부인(貞敬夫人) 진주 강씨와 증 정경부인(贈 貞敬夫人) 순흥 안씨가 부묘(祔墓)되어 있다고 쓰여 있어서 한효순이 세상을 떠난 직후에 두 부인에게 내려진 벼슬을 그대로 썼다.[66] 다만, 한효순의 벼슬은 삭탈당한 관작과 시호(諡號)가 아직 복권되지 않았으므로 '청주후인 월탄 한공효순지묘'(淸州後人 月灘 韓公孝純之墓)라고만 썼다. 그러니까 그의 본관과 호(號)만을 기록한 것이다.

---

65) 《문과방목》을 보면 한후명은 한효순의 장남 한유겸(韓有謙)의 손자이자 한득일(韓得一)의 아들로서 현종 4년(1663)에 문과에 급제하여 벼슬이 돈녕부 도정(都正; 정3품 당상관)에 이르렀다.
66) 한효순이 세상을 떠난 뒤 장헌공의 시호를 받을 때 당시 살아 있던 부인 진주 강씨는 1품 벼슬인 정경부인(貞敬夫人)에 책봉되고, 이미 세상을 떠난 순흥 안씨에게도 역시 정경부인이 증직되었다.

제6장
한효순에 대한 후세의 평가와
신원 운동

1. 묘지명(墓誌銘)과 《호산록》(湖山錄)의 평가

앞에서 숙종 때 외현손 이돈(李墩)이 한효순의 증손 한후명(韓厚明)의 부탁으로 묘지명을 썼다고 했는데, 여기에 보이는 한효순에 대한 평을 먼저 알아볼 필요가 있다.

이 묘지명의 앞 부분에는 한효순이 광해조 때 대비를 보호하다가 흉당〔이이첨〕으로부터 핍박받았음에도 하늘의 태양이 비추지 못하고 원혼(冤魂)이 풀리지 못한 것을 통분하다고 말하고 나서, 아직까지도 묘갈(墓碣)을 세우지 못한 것을 안타까워했다. 그리고 나서 한효순의 가계와 그의 일생을 개관하고, 끝에 가서 그 후손들을 소개하는 형식으로 꾸며져 있다.

이 글에서 한효순의 인품을 소개한 대목을 살펴보면 다음과 같다.

공(公)께서는 타고난 성품이 관후(寬厚)하고, 그릇이 크고 깊었으며, 얼굴에는 기쁨과 노여움을 드러내지 않았다. 마음속에 화려한 것을 좋아하지 않았고, 이름과 지위가 높아져도 겸손함이 더욱 빛났다. 깨끗한 덕과 아름다운 평판이 일세에 무거웠다.

묘지명의 기록은 후손의 처지에서 미화한 글이라고도 볼 수 있지만, 다른 사람들의 평을 아울러 참고해 보면 반드시 미화한 말이 아니라는 것을 알 수 있다.

다음에 후손과 관련이 없는 당시대 한여현(韓汝賢)이 《호산록》에서 소개한 한효순의 인품은 다음과 같다.

한효순은 평생 몸을 조심하고 도를 닦았으며, 경서(經書)와 사서(史書)를 보기를 좋아했다. 하루 종일 단정하게 앉아 있으면서도 기상(氣象)이 평화롭고 편안했다. 천성이 충직(忠直)하고, 다른 사람과 교제하면 세월이 지날수록 상대를 공경했다. 만년에는 산수(山水)를 구경하는 것을 즐거워했다.

또 《호산록》에는 이런 기록도 보인다. 한효순이 바다에 표류했다가 구상일생으로 살아나자, 주변 사람들이 말하기를,

공이 살아난 것은 하늘이 도운 것이다. 공은 평생토록 착함을 쌓고 인(仁)을 행했는데, 사람에게도 해를 끼치지 않았으려니와, 비록 벌레 같은 미물이라도 손으로 잡아서 죽이는 일이 없었다. (…) 비록 출중(出衆)하거나 기이한 재주는 없었지만, 어려운 일을 만나면 피하는 법이 없었다. 임진난 7년 동안에는 그렇게 어려운 풍상(風霜)에도 우뚝 서서 나랏일을 처리하면서도 한 번도 벼슬을 사양하고 물러나서 쉬려고 하지 않았다. 그래서 하늘이 그를 보답하여 죽지 않게 한 것이다.

실제로 한효순은 전란 중에는 단 한 번도 사직서를 올린 일이 없었다. 아마도 그이처럼 몸을 돌보지 않고 7년 동안 밤낮을 가리지 않고 하삼도(下三道)를 누비면서 군사를 모으고, 군량을 모으고, 배를 건조하고, 소금을 구우면서 분골쇄신한 사람은 없을 것이다.

《호산록》에는 한효순이 부체찰사로 일할 때 뛰어다니면서 한 일을 이렇게 적고 있다.

조정에서는 군량미 문제로 어찌할 바를 모르고 있었는데, 그는 호서와 호남 두 지방의 방방곡곡을 돌아다니면서 지성으로 사람들을 설득시키면서 두 지방의 선비들을 유사(有司)로 임명하고, 멀고 가까운 지역의 부잣집을 찾아가 간절하게 부탁하고, 연로한 어부(漁夫)와 연로한 염부(鹽夫)와 연로한 상인(商人)들과 손을 잡고 쌀을 사들였다. 호서와 호남의 바닷가 1천여 리에 있는 수많은 포구(浦口)에 염분(鹽盆; 염전)과 어전(漁箭)을 만들고 식량을 조달했는데, 사방의 멀고 가까운 지역에서 식량이 폭주해 들어왔다. 그래서 중국 군사들의 식량이 한 번도 끊어진 일이 없었다고 한다.

한효순 자신이 '석음기(石陰記)'에서 자신의 성품을 평가한 것도 다시 한 번 살펴볼 필요가 있다. "나는 본래 성격이 단순하고 과묵하며 꾸미는 것을 좋아하지 않는다. 다른 사람과 사귀는 것도 좋아하지 않았다."

위에 소개한 자평(自評)과 타평(他評)을 모두 종합해 보면, 한효순은 출중한 재주를 타고난 사람은 아니지만, 조용하고, 내성적이고, 마음이 착하고, 겸손하면서 꾀를 부릴 줄을 모르고, 맡은 일은 죽을 힘을 다하여 해내는 성실한 실무형 인간임을 알 수 있다.

그가 얼마나 도량이 크고 나랏일에 성실한 사람인지는《선조실록》에서도 곳곳에서 사신(史臣)의 논평으로 보이고 있음은 앞에서 살펴보았다. 임진왜란 때 그이만큼 성실하게 일을 하는 사람이 없었다는 것이 사신들의 한결같은 평이었다. 그래서 선조 임금이 한효순을 그토록 신뢰하고, 중책을 연이어 맡겼던 것이다.

2. 장례식 당시 명신(名臣)들의 평가

한효순이 광해군 13년(1621) 11월 15일 세상을 떠나자, 조정에서는 그의 평생의 공로를 인정하여 12월 14일 그에게 장헌(莊獻)이라는 시호(諡號)를 내렸다.[67] 학문에 대한 공헌이 아니라 국가를 위기에서 구한 공로가 크다는 뜻이다. 더욱이 임진왜란 때의 공로는 당연히 높이 평가되어야 할 일이 아닐 수 없었다.

장례식 때에는 임금이 지제교 김수현(金壽賢)이 지은 사제문(賜祭文)을 보내 그의 공적을 칭송했는데, 문무(文武)의 재주를 겸비한 사실을 지적한 것이 눈길을 끈다. 그밖에 70세 이상의 기로소(耆老所) 관원들이 합동으로 제문(祭文)을 보냈는데, 여기에 참여한 기로들은 청성부원군 심희수(沈喜壽; 1548~1622), 봉래부원군 정창연(鄭昌衍; 1552~1636), 좌의정 박홍구(朴弘耉; 1552~1624), 《동사보유(東史補遺)》의 저자인 우의정 조정(趙挺; 1551~1629), 선조 때 청백리로 이름을 떨친 연원부원군 이광정(李光庭; 1552~1627), 정철(鄭澈)을 따르던 서인이었던 진원부원군 유근(柳根; 1549~1627), 대북과 사이가 나빴던 전성군 이준(李準; 1545~1624), 한효순의 아랫동서이자 동지중추부사인 신식(申湜; 1551~

---

67) 한효순에게 시호를 내린 교지는 장단(長湍)에 살고 있던 족인(族人)의 집에서 보관하고 있었다.

1623), 이황(李滉) 문인이자 조정(趙挺)의 형인 한산군 조진(趙振; 1535~?), 지돈녕부사 남근(南瑾; 1556~1635), 우계 성혼(牛溪 成渾) 문인인 여양군 민인백(閔仁伯; 1552~1626) 등이었다. 이들은 대부분 폐모론에 반대했거나 신중한 태도를 보인 당대 명사들이었다.

그 가운데 한효순의 아랫동서(同壻)인 신식은 제문에서 "공(公)께서 이 세상을 살아가면서 단점이 있다면 '착한 것'(仁)이다. 이것을 모르는 사람은 의심하고 있지만, 누가 그 진실을 알 것인가? 그의 행동은 옛 사람에 부끄럽지 않으며, 벼슬이 높았어도 몸을 의지할 집이 없었고, 스스로 춥고 소박한 것을 좋아하여 군핍함을 면치 못했다."고 썼다.

이밖에 문인으로 전생시 봉사(典牲寺奉事; 종8품) 최진영(崔震榮)도 제문을 지어 그를 추모했는데, "성품이 온량〔溫良〕하고, 덕이 인화(仁和)하며, 사람을 공손하게 맞이하고, 정직하게 임금을 섬기고, 높은 자리에서 이치를 다스려 한 시대의 기둥이 되었다."고 칭송하고 나서, 한효순을 친부모처럼 섬겼다고 추모했다.

만사(挽詞)를 쓴 인사는 이보다 훨씬 많아 38명에 이르렀다. 그 가운데 중요한 인물을 소개하면 다음과 같다. 먼저 광해~인조 대에 다섯 차례나 영의정을 지낸 명신(名臣) 완평부원군 이원익(李元翼; 1547~1634)은 스스로 우인(友人)이라고 밝히고, "일찍부터 친교를 맺어 마음이 통했고, 평생토록 이 마음을 함께 했다."고 하고, 왜란 때 도체찰사와 체찰부사로서 함께 일한 것을 회고하면서 그의 죽음을 애도했다.

그밖에 만사를 쓴 사람은 이미 제문을 지은 바 있는 11명의 기로신

(耆老臣) 가운데 정창연과 박홍구를 제외한 심희수(沈喜壽), 유근
(柳根), 이준(李準), 민인백(閔仁伯), 조정(趙挺), 조진(趙振), 이
광정(李光庭), 남근(南瑾), 신식(申湜) 등 9명이 참여하고, 서경덕
의 제자 민순(閔純)의 문인 홍가신(洪可臣), 정인홍과 갈등을 일으
키고 문장가로 이름을 떨친 연릉부원군 이호민(李好閔; 1553~
1634), 성호 이익(星湖 李瀷)의 증조인 좌찬성 이상의(李尙毅;
1560~1624), 민순(閔純) 문인인 여천부원군 민형남(閔馨男;
1564~1659), 인조 때 이괄 난을 진압한 옥성부원군 장만(張晩;
1566~1629), 동인 이산해의 아들인 한평군 이경전(李慶全; 1567
~1644), 서인 심충겸(沈忠謙)의 아들인 심돈(沈惇; 1569~
1646), 우찬성 이시언(李時彦; 1535~?), 상락군 권진(權縉;
1572~1624), 길천군 권반(權盼; 1572~1657), 뒷날 호란 때 소
현세자(昭顯世子)를 배종하여 심양에 다녀온 호조판서 김신국(金藎
國; 1572~1657), 한성판윤으로 서궁에 유폐된 인목대비에게 쌀과
고기를 몰래 공급했던 윤선(尹銑; 1559~1637), 성혼 문인으로 서
인 윤두수(尹斗壽)의 아들인 공조참판 윤휘(尹暉; 1571~1644),
김여물(金汝岉)의 아들로서 뒷날 인조반정을 주도한 승평부원군 김
류(金瑬; 1571~1648), 역시 인조반정에 참여한 남양군 홍서봉(洪
瑞鳳; 1572~1645), 성혼과 율곡 문하에서 공부하고《어우야담(於
于野談)》의 저자로 유명한 참판 유몽인(柳夢寅; 1559~1623),《동
사보유(東史補遺)》68)의 저자로서 폐모론에 신중론을 지녔던 우의
정 조정(趙挺; 1551~1629), 도승지 이덕형(李德泂; 1566~

---

68)《동사보유》에 대해서는 한영우, 〈17세기 초 동인의 역사서술 (…) 오운의
《동사찬요》와 조정의 《동사보유》》,《조선후기사학사연구》, (일지사,1989)'

1645), 예조참의 목장흠(睦長欽), 성혼 문인이자 부사직인 여우길(呂祐吉), 성혼 문인 행호군 조존성(趙存性), 정창연의 아들 관찰사 정광성(鄭廣成) 등이다. 이들은 모두 한효순의 인품과 두 왕대에 걸친 업적을 칭송하고 있다. 그가 문무(文武)를 겸비하고 장상(將相)의 품격을 지니고 있었다는 칭찬이 많이 보인다.

또 이이첨과 그 심복들의 만사는 거의 보이지 않아, 한효순이 이이첨 일파와는 사이가 매우 좋지 않았음을 분명히 보여주고 있다.

그런데 이렇게 한효순의 죽음을 추모하던 이들은 서인 계열, 남인 계열, 그리고 온건한 중북(中北) 계열의 인사들이 많았는데, 그들 가운데에는 인조반정 이후에도 벼슬을 계속한 인물이 적지 않았다. 더욱이 인조반정의 주역으로 활동한 홍서봉과 김류의 경우는 더욱 그렇다. 따라서 한효순이 인조반정 때까지 살아 있었다면 이들이 그를 삭탈 관직하는 형벌을 내리지는 않았을 것이다.

3. 인조반정과 한효순의 관직 삭탈, 세 아들의 유배

광해군 15년(1623) 3월 13일, 광해군의 이복 동생인 정원군 이부(定遠君李琈; 뒤의 원종)의 아들 능양군 종(綾陽君倧)이 경운궁의 인목대비로부터 옥새를 받아 이곳에서 즉위하면서 인조시대가 열렸다. 조카가 숙부를 제거한 것이다. 인조는 당시 29세였고, 쫓겨난 광해군은 49세였으며, 인목대비는 40세였다.

반정을 계획한 주인공은 바로 인조가 된 능양군으로서, 외삼촌인 구굉(具宏; 1577~1642; 원종비 인헌왕후의 오라비), 외종형인 구인후(具仁垕; 1578~1658; 인헌왕후의 조카), 그리고 무인 이서(李曙; 1580~1637)와 신경진(申景禛; 1575~1643)을 주동자로 만들고 김류(金瑬; 1571~1648), 전 부사 이귀(李貴; 1557~1633), 이귀의 아들인 이시백(李時白; 1581~1660)과 이시방(李時昉; 1594~1660), 문사 최명길(崔鳴吉; 1586~1647), 장유(張維; 1587~1638), 유생 심기원(沈器遠; ?~1644), 김자점(金自點; 1588~1651) 등과 손을 잡고, 나아가 병사(兵使) 이괄(李适; 1587~1624)과 훈련대장 이흥립(李興立; ?~1624) 등을 포섭하여 성사된 것이다. 더욱이 군권을 가진 이괄과 이흥립의 참여가 결정적인 힘이 되었다.

능양군이 반정을 도모한 배경에는 막내 아우 능창군(綾昌君)이 모역으로 죽고, 그 여파로 아버지 정원군[원종]이 홧병으로 세상을 떠난 데 대한 분노가 크게 작용했다. 한편, 이서는 종실 출신으로 폐모를 위한 정청(庭請)에 참여하지 않은 유일한 무인일 만큼 폐모를 반대했다. 또 신경진은 신립(申砬) 장군의 아들로서 광해군 7년에 모역죄로 죽은 신경희(申景禧)의 4촌 동생이었다. 그런데, 신경희는 바로 한효순의 매부이기도 했음은 앞에서 이미 설명했다. 신경진은 죽은 사촌 형에 대한 복수를 꿈꾸었는지도 모른다.

이귀는 율곡 이이(李珥)와 우계 성혼(成渾) 문하에서 공부한 서인(西人)으로서 선조 때부터 동인과는 매우 사이가 나쁘고, 성격이 과격한 인물이었다.[69] 최명길은 이항복(李恒福)의 문인으로 서인에 속하고, 장유는 김장생(金長生)의 문인으로 역시 서인이었으며, 김상용(金尙容)의 사위이기도 했다. 김자점은 우계 성혼의 문인으로 서인이었다. 훈련대장 이흥립은 박승종(朴承宗)의 인척이었다. 그래서 인조 정권의 핵심 세력은 서인이었다.

반정군이 창덕궁을 점령하자 광해군 때 폐모론을 찬성했던 도승지 이덕형(李德泂)은 인조에게 절을 하여 다시 출세의 길이 열렸고, 좌의정 박홍구(朴弘耉)는 옥새를 새 임금에게 전달하는 일을 맡아 새 삶을 찾았다. 그러나 뒤에 강화도에 유배 중인 광해군을 상왕(上王)으로 떠받들고 모역을 도모했다는 죄로 처형되었다.

이렇게 한효순의 죽음을 애도했던 여러 인사들이 인조 정권에서 새 삶을 찾아가고 있을 때, 그해 4월 2일 사헌부와 사간원은 합동으로 계(啓)를 올려, 3일 전에 체포한 이이첨(李爾瞻)과 정인홍(鄭仁弘)을 참(斬)할 것을 청하여 임금의 윤허를 받았다. 이이첨은 광해군이 실각하자 가족을 이끌고 영남 지역으로 도피하다가 광주의 이보현(利甫峴)에서 관군에게 체포되어 처형되었으며, 그의 세 아들도 처형되었다. 남명 조식(曺植)의 수제자로서 왜란 때 의병 전쟁을 하기도 했던 정인홍은 89세를 일기로 세상을 떠났다. 일찍이 율곡 이이는 정인홍을 가리켜, "강직하나 식견이 밝지 못하여 용병(用兵)에 비유한다면 돌격장(突擊將)이 적격이다."고 평했는데, 광해군 정권을 정신적으로 이끈 돌격 대장이 정인홍이었다면, 몸으로 이끌어간 돌격 대장은 이이첨이었다고 할 수 있을 것이다.

이렇게 광해군 정권의 실력자를 처형하고 나서, 사헌부와 사간원의

---

69) 이귀에 대해서는 한영우, 《율곡 평전》,(민음사, 2013) 및 《우계 성혼 평전》,(민음사, 2016) 참고.

언관들은 이미 세상을 떠난 한효순(韓孝純)과 민몽룡(閔夢龍), 그리고 정호관(丁好寬)의 관직 삭탈을 요청하여 임금의 재가를 받았다. 상소문의 내용은 다음과 같다.

한효순과 민몽룡은 모두 무오년[광해군 10]에 상신(相臣)으로서 백관을 창도(唱導)하여 거느리고, 폐모론을 일으켰고, 정호관은 계축년[광해 5]에 대관(臺官)으로서 맨먼저 영창대군을 해칠 의논을 꺼내어 상을 받고 총애를 받을 소지를 마련했습니다. 그 몸은 죽었어도 관작은 그대로 있어 물정이 분하게 여기고 있으니 삭탈 관직하소서.

이 상소문에 이어 세 사람에 대한 《인조실록》 편찬자의 논평이 보이는데, 이를 소개하면 다음과 같다.

한효순은 위인이 용렬하고 비루한 데도 정승 자리를 차지했다. 사나운 아내에게 쥐어 살면서 처남 강수(姜㥠)의 협박을 받아 폐모하자는 논의를 눈물을 흘리면서 따랐고, 심지어는 백관을 거느리고 정청(庭請)하기까지 했다. 민몽룡은 거칠고 비루한 인물로 본래 인망이 없었다. 정인홍에게 붙어 인사권을 쥐었고, 마침내는 정승의 자리에까지 이르러 폐모론을 앞장서서 주창했다. 정호관은 대각(臺閣)의 신분으로서 화를 당할까 겁을 먹고 영창대군을 없애자는 논의를 맨먼저 꺼냈다. 육신은 이미 백골이 되었다 하더라도 그 죄는 실로 피할 수 없으니, 삭탈관직만 한 것도 말감(末減)한 것이라 하겠다.

여기서 당시 이이첨과 정인홍에 빌붙었던 대북파 우의정 민몽룡은 폐모론을 앞장서서 주창한 인물로 보면서 매우 나쁜 평가를 내리고 있지만, 한효순에 대한 평가는 그렇지 않다. 그 평가를 곰곰이 따져보면 그렇게 나쁜 것만이 아니다. "위인이 용렬하고 비루하다."는 평가는 그의 성품이 벌레도 죽이지 못할 정도로 착하고 인자하고 겸손한 것을 오히려 정치적으로 폄하한 것으로 볼 수 있다. "사나운 아내에게 쥐어 살았다."는 말은 당시 남존여비의 시대상을 생각할 때 오히려 애처가였다고 봄이 옳을 것이다.

그의 부인 강씨는 25세 연하였으니 나이로 보면 딸 같은 사이다. 그러니 그런 어린 아내한테 쥐어 살았다면 딸처럼 아껴주었다는 뜻으로 해석하는 것이 더 자연스러울 것이다. 더욱이 20세로 시집 와서 45세의 남편을 섬기고, 전처 소생 6남매와 자신의 소생 5남매를 합하여 11명의 자녀를 키워야 하는 어미로서의 고충이 얼마나 컸을가를 생각한다면 그런 아내에게 한효순이 고마움과 미안함 없이 위압적으로 아내를 대했다면 오히려 매정한 남편으로 지탄 받아야 할 일이 아니겠는가? 아마도 강씨 부인은 11명 자녀의 앞날과 오라비의 앞날을 생각하여 늙고 병든 남편이 지나치게 모나게 살기보다는 현실과 어느 정도 타협하기를 바랐을 것이다. 그것이 어미와 아내의 도리로서는 지탄 받을 일이 아니겠지만, 정치적으로 해석할 때에는 사나운 부인으로 비쳐졌을지도 모른다.

다음에 "처남 강수(姜𤠾)의 협박을 받아 눈물을 흘리면서 따랐다."는 대목은 반은 진실이고 반은 진실이 아니다. 강수는 언관인 사헌부 장령(掌令; 정4품)을 오래 하면서 당시의 시론(時論)인 폐모론을 주장했기 때문이다. 당시 젊은 관료들은 자발적으로 폐모론을 주장한 경우가 매우 많았는데, 강수는 그 가운데의 한 사람이었을 뿐이었다. 그런 오빠의 앞날을 생각할 때 강씨 부인이 오빠의 편을 들어 남편을 압박했다면 그 또한 인지상정(人之常情)이 아니겠는가?

이렇게 본다면 한효순과 처남 사이가 매우 불편했던 것은 사실이나 그렇다고 한효순이 처남의 협박이 두려워 정청에 참여한 것은 아니었다. 이미 살펴보았듯이 그가 정청에 나간 것은 대비와 조카 한준겸과 사류들을 보호할 수 있다면 자신이 악명을 쓰고라도 나서겠다고 말한 일이 있고, 또 실제로 정청에 나가서는 '폐'(廢)라는 글자는 입 밖에도 내지 말라고 하면서 옷소매를 휘젓고 다녔다고 하지 않았던가? 또 '서궁 폄손절목'을 만들 때에도 대비를 서인(庶人)으로 격하시키는 것은 기어코 막고 후궁(後宮)으로 대접하는 것에 그치게 한 것도 대비에게 최선의 선택은 아니지만 차선의 선택으로서 잘한 일이었다.

그런데도 언관들이 한효순과 민몽룡을 함께 묶어 백관을 창도(唱導)했다고 쓴 것은 한효순의 처지에서는 억울한 일이다. 만약 당시 한효순이 죽지 않고 살아 있었다면, 당연히 이를 해명했을 것이고, 아마도 인조반정을 거부하지도 않았을 것이다. 한효순과 친밀하게 지냈던 인사들이 대부분 인조 대에 계속 벼슬하고 있었던 점을 고려할 때 더욱 그런 가정(假定)을 지울 수 없다. 그의 후손들이 두고두고 아쉽게 여기면서 신원 상소를 줄기차게 올려 관작의 회복을 요청한 것도 이유가 있다.

인조반정 뒤의 불행은 한효순에게만 내려진 것이 아니었다. 대사헌 김상헌(金尙憲; 1570~1652)이 상소하기를, "한효순은 대신으로서 백료(百僚)들을 거느리고 들어가 아들[광해군]에게 어머니를 폐하라고 권했으니, 그 죄는 머리 카락을 다 뽑아 세더라도 이루 다 헤아릴 수 없습니다. 지금 비록 이미 죽었다고는 하지만 그 아들이라도 죄 주어야만 합니다."고 건의하여 임금이 이를 따라 그의 세 아들을 중도부처(中途付處)하는 벌을 내렸다.[70]

김상헌은 인조반정의 주역의 하나인 김상용(金尙容)의 아우로서 강직한 인물로 알려진 서인 계열의 선비지만, 한효순에 대한 지식은 사실과 다르게 알고 있으면서 죄 없는 그 자식을 대신 벌주자고 주장했으니, 이는 그의 명성에 어울리지 않는 행위였다.

그래도 임금은 유배 가운데에서는 가장 가벼운 중도부처를 내렸는데, 이것은 가족과 더불어 본인이 살고 싶은 곳에서 살되, 그 고장을 떠나지 못하게 하는 벌이었다. 그리하여 전 현감인 제5남 한윤겸(韓允謙; 1588~1637)[71]은 강원도 홍천(洪川)으로, 전 정랑(正郎)인 제6남 한극겸(韓克謙; 15689~?)은 충청도 태안(泰安)으로, 전 세마(洗馬)인 제7남 한호겸(韓好謙; 1596~1672)은 충청도 해미(海美)로 각각 부처되었다.[72] 이들은 특별한 죄도 없이 유배를 당하여 그 후손들이 울분 속에 살면서 점차로 몰락의 길을 걸어갔으며, 한효순의 삭탈 관직을 회복해 달라는 청원 운동을 적극적으로 펴나갔으나 1908년에 이르기까지 끝내 뜻을 이루지 못했다.[73] 한효순과 그

---

70) 김상헌의 《청음집》
71) 제5남 한윤겸은 음보로 감역관(監役官)을 지내다가 광해군 8년(1616)에 29세로 별시문과에 급제하여 벼슬이 경기도 도사(都事; 종5품)에 이르렀다. 세상을 떠난 뒤에 경기도 광주(廣州)에 안장되었으며, 그 후손들은 도사공파(都事公派)를 형성하여 주로 경기 북부 지역에 많이 살았다.
72) 제6남 한극겸은 음보로 찰방(察訪; 종6품)을 지내다가 광해군 10년(1618)에 30세로 증광 별시에 급제하여 벼슬이 예조 정랑(正郎; 정5품)에 이르렀다. 제7남인 한호겸은 음보로 세자 익위사 세마(洗馬; 정9품)를 거쳐 의금부 도사(都事)에 이르렀고, 죽은 뒤에 이조참의(吏曹參議; 정3품)를 추증받았다. 한극겸은 부처 지역으로 충청도 태안(泰安)을 선택하고, 한호겸은 충청도 해미(海美)를 선택한 것은 어머니 강씨의 고향이자 아버지 한효순의 농사(農舍)가 있던 지역으로 돌아가 살기를 원했던 것으로 보인다. 이 지역에는 한극겸 후손들이 정랑공파(正郎公派)를 형성하고, 한호겸 후손들이 세마공파(洗馬公派) 또는 참의공파(參議公派)를 형성하여 집성촌을 형성하면서 300년 동안 살아왔다. 제3남 한치겸의 후손인 단천공파(端川公派)도 서산 지역으로 이주하여 합류했다. 그래서 서산과 태안 지역에는 지금도 한씨 성을 가진 주민들이 많으며, 나도 한극겸의 후손으로서 해미의 집성촌에서 태어났다.

후손들이야말로 당쟁의 희생물이 된 가문의 하나라고 할 수 있다.

한편, 한효순의 제1남인 인천현감 한유겸(韓有謙; 1567~1619)[74]은 광해군 11년에 세상을 떠나고, 제2남으로 서능군(西陵君)과 이조판서에 올랐던 한수겸(韓守謙; 1570~1622)[75]도 광해군 14년에 세상을 떠나고, 제3남으로 단천군수를 지냈던 한치겸(韓致謙; 1574~1608)[76]은 광해군 즉위년에 세상을 떠나고, 제4남으로 인목대비의 분승지(分承旨)를 지냈던 한이겸(韓履謙; 1581~?)[77]도 인조반정 이전에 세상을 떠난 것으로 보인다. 이렇게 사형제가 모두 인조반정 이전에 세상을 떠났기에 유배를 면했지만 관직이 삭탈당했다.

서인 언관들의 경직된 태도와는 달리 한효순을 좀더 너그럽게 보아주자는 의견도 있었다. 인조 즉위년(1623) 7월 5일의 경연(經筵)에서 경연관 상촌(象村) 신흠(申欽; 1566~1628)이 임금에게 말하기를, "정청(庭請)에 참여한 여러 신하들(약 780여명)은 폐조(廢朝)가

---

73) 한효순의 후손 가운데 수십 명의 문과급제자가 배출되었으나 청요직에 나간 이는 극소수이고 대부분 하급 벼슬에 머물렀다.

74) 제1남 한유겸은 음보로 벼슬이 인천현감(仁川縣監; 종6품)에 이르렀고, 세상을 떠난 뒤에 강원도 원주(原州)에 안장되었고, 그 후손들은 인천공파(仁川公派)를 형성하여 강원도 지역에 많이 살았다.

75) 제2남 한수겸은 음보로 벼슬이 광흥창수(廣興倉守)를 거쳐 왜란 때 세자 광해군을 호종한 공으로 서능군(西陵君) 겸 이조판서에 올랐다. 세상을 떠난 뒤에 경기도 교하(交河)에 안장되었으며, 그 후손들은 서능군파(西陵君派)를 형성하여 경기 북부 지역에 많이 살았다.

76) 제3남 한치겸은 왜란 중에 별천무과(別薦武科)로 벼슬이 단천군수(종4품)에 이르렀고, 세상을 떠난 뒤에 경기도 광주(廣州)에 안장되었으며, 그 후손들은 단천공파(端川公派)를 형성했는데, 뒤에는 서산 지역으로 이주했다.

77) 제4남 한이겸은 음보로 덕산현감을 지내다가 광해군 8년(1616)에 증광시에 급제하여 광해군 13년(1621)에 인목대비(서궁)의 분승지(分承旨; 정3품)에 이르렀다. 그의 후손들은 승지공파(承旨公派)를 형성하여 경기도 여주 일대에 낙향하여 살았다.

군림했을 때 떠나지 못했기에 부득이 남을 따라 참여하는 결과를 면하지 못했습니다. 법을 집행하는 관원의 처지에서는 일단 규정(糾正)하는 것이 당연합니다만, 임금의 포용하는 도리로 본다면 장점과 단점을 헤아려 등용하는 것도 한 가지 방법이라 하겠습니다."고 말한 것은 참으로 정확하고 공정한 판단이라 할 수 있다.

한효순은 당연히 이런 범주에 들어가서 용서 받을 수 있는 처지에 있었지만, 반정(反正) 자체가 워낙 불법적인 폭력으로 정권을 탈취한 행위이므로 이를 정당화하기 위해서는 그럴 마음의 여유를 갖지 못했으며, 또 자기 당파는 모두 옳고 다른 당은 모두 나쁘다는 당동벌이(黨同伐異)의 독선적 습성이 포용력을 발휘하지 못했던 것이다.

그런데 10월 16일 경연에서는 사헌부가 경직되고 앞뒤가 맞지 않는 주장을 또 내세워 한효순을 공격하고 나섰다. 광해군 때 폐모론을 앞장서서 올린 유생들인 이장유(李長孺), 이극규(李克揆), 김서룡(金瑞龍), 윤로(尹魯) 등 네 명을 귀양 보내기를 청하면서, 이들이 흉소(凶疏)를 올려 "의논을 달리하는 사특한 무리들을 차례로 치죄(治罪)해야 한다. 의리로 처단하지 않고 일을 지연시킨 한효순(韓孝純)의 죄를 먼저 다스리고, 그 다음에 삼사(三司)가 효순을 두둔한 죄를 다스려야 한다."고 주장한 것을 들었다. 그러면서 사헌부는 말하기를, "한효순은 이이첨의 사주를 받아 폐모론을 주장하면서 못한 짓이 없었는데도 오히려 '곧장 의리로 처단하지 않았다'고 했으니, 그들〔유생〕의 흉악하고 참혹함이 그지없습니다."라고 주장했다.

위 사헌부의 말을 들어보면, 전혀 앞뒤가 맞지 않는 말을 하고 있다. 폐모론을 주장한 유생들은 한효순이 폐모론을 반대하여 의리(義理)를 저버리고 있으며, 일을 지연시키고 있다고 하면서 한효순의 목을 베어야 한다고 주장한 것이다. 그렇다면 유생들의 상소는 한효순이 폐모론을 반대하여 폐모론자의 미움을 받았다는 명백한 자료로 삼아야 할 것이다. 그런데 사헌부는 도리어 한효순이 폐모론을 주도하면서 못한 짓이 없다고 주장하고 있으니, 앞뒤가 맞지 않는다. 사헌부의 주장대로, 한효순이 만약 이이첨의 사주를 받아 못한 짓이 없었다면, 어찌 한효순의 목을 베라는 폐모론자의 상소가 그토록 줄기차게 올라올 수가 있었단 말인가?

인조 즉위 초의 서인계 언관들이 얼마나 이성을 잃고 있었는지를 여기서도 알 수 있는데, 그 주장의 밑바탕에는 앞서 소개한 김상헌의 강경한 상소가 큰 영향을 주었을 것으로 보인다.

4. 한효순에 대한 재평가

인조 즉위 초의 언론이 이렇듯 한효순을 일방적으로 왜곡하여 규탄하는 논조로 들끓었던 것과는 달리 시간이 흐르면서 조금씩 냉정을 되찾아가는 모습도 나타났다. 한효순이 폐모론자로부터 배척을 받았다는 사실은 인조 26년 12월 이조판서에 제수된 것을 사양하는 민형남(閔馨男)의 상소에서 밝혀졌다. 그의 상소의 요지는 이렇다.

흉당(凶黨) 여후망(呂後望), 곽유도(郭有道), 진호선(陳好善), 황정필(黃廷弼) 등이 잇따라 상소하면서 역적(逆賊; 폐모론 반대파)

의 당을 탄핵했는데, 그 가운데 기자헌(奇自獻), 한효순(韓孝純), 김세렴(金世濂), 이항복(李恒福), 정홍익(鄭弘翼), 그리고 신〔민형남〕이 함께 거론되면서 극률(極律)로 죄를 주라고 주장했습니다. 이런 일은 사람들이 모두 알고 있는 바이지만, 신이 정청(庭請)에 참여한 것은 비록 본심은 아니지만 화(禍)가 두려워서 나온 것입니다.

이 상소에 따르면, 폐모론자들은 한효순을 기자헌, 김세렴, 정홍익, 민형남 등과 동류로 취급하여 엄벌에 처하기를 요구했다고 하면서, 한효순이 폐모론자의 적(敵)이었음을 명백하게 밝히고 있다. 민형남은 한효순 뿐 아니라 자신도 정청에 참여했지만 화가 두려워서 부득이 참여했다고 토로하면서, 그래도 흉당들이 자신을 적으로 생각했다고 밝히고 있다. 그래서 인조는 민형남이 폐모론자의 적이었음을 고려하여 그에게 이조판서 직을 주었던 것이다.

만약 한효순이 인조 때 살아 있었다면 민형남과 똑같은 말을 했을 것이고, 또 용서받았을 것이 분명하다. 그러나 죽은 자는 말이 없었고, 말이 없는 자이기에 죽은 한효순에게 혹독한 벌을 내렸던 것이다.

한효순을 바라보는 눈이 폐모론에 머물지 않고 국방에 관한 그의 업적을 주목하는 논의도 나왔다. 인조 9년(1631) 윤달 11월 13일, 평안도 체찰사 김시양(金時讓)은 상소하여, 이 지역의 수령을 체찰사가 임명하라고 한 왕명이 잘못되었음을 지적하면서 이렇게 말했다. "서로(西路)의 수령을 체찰사로 하여금 헤아려 처리하라고 한 분부를 보고 놀라움과 황송함을 금할 수 없어 감히 옛 규정을 들어 아룁니다. 선조 조에 대신이 도체찰사로서 처음으로 체찰부(體察府)를 만들었는데, 수령을 천거한 일이 없었으며, 한효순(韓孝純)이 찬성(贊成)으로서 체찰사가 되어서는 수령을 임명할 때 더욱 감히 참여한 일이 없었습니다. 광해 무신년에 이항복(李恒福)이 도체찰사가 되었을 때도 이런 일이 없었습니다 (…)"라고 하니 임금이 그 말을 따랐다.

위 상소는 한효순이 선조 때 평안도 도체찰사로 있을 때의 예를 들어 수령을 체찰사가 임명할 수 없음을 지적한 것이다.

또 비록 인조 대에는 한효순의 벼슬을 삭탈했지만, 그 후손을 각별히 녹용(錄用)하라고 명했으며, 그 뒤로도 후손들의 벼슬길은 막지 않았고, 몰락하는 가운데서도 수십 명의 문과 급제자와 벼슬아치가 나왔다. 한효순의 아들들이 중도부처(中途付處)된 형벌도 인조 2년 3월 18일에 해제된 것으로 보이나, 확실하지 않다.[78]

그 뒤의 어떤 임금도 후손의 벼슬을 막은 일은 없었다. 다만 삼사(三司)와 같은 청요직에 나아가는 것이 때때로 저지당하는 일이 생겨났다. 그래서 후손들이 이를 문제 삼아 한효순의 관직과 명예를 회복시켜 달라는 상소 운동을 줄기차게 전개하는 원인이 되었다.

---

78) 《인조실록》 인조 2년 3월 18일조 기사를 보면, 의금부가 지난 해 죄를 받아 유배당한 사람들의 소방(疏放; 석방) 대상자를 임금에게 보고했는데, 위리안치된 자(58명), 먼 곳으로 귀양 간 자(124명), 중도부처된 자(67명), 전리(田里)로 방귀(放歸)된 자(2명), 문 외로 내쫓긴 자(18명) 가운데 강상(綱常)에 관계되거나 대역(大逆)에 연좌된 자는 제외하고 모두 풀어 주도록 하자고 건의하여 임금의 허락을 받았다. 따라서 중도부처 된 한효순의 아들들도 여기에 해당된다고 보이는데, 다만 석방된 사람들의 구체적인 명단이 수록되어 있지 않아 단정적으로 말하기는 어렵다.

5. 영조 때 한효순 후손들의 통청(通淸) 상소

　영조 32년(1756)에 충청도 서산(瑞山)에 살고 있던 한효순의 6
대손 한종찬(韓宗纘; 1731~?)이 26세로 식년 문과에 응시하여 장
원 급제했다. 한효순의 막내아들인 한호겸(韓好謙)의 5대손이다.79)
관례를 따르면, 문과 장원급제자는 사헌부, 사간원, 홍문관 등 이른바
청요직으로 불리는 삼사(三司)에 나가는 것이 하등 지장이 없었다.
그런데, 영조 41년(1765) 1월 23일, 이조에서 그를 대간(臺諫)으
로 추천하자, 영의정 홍봉한(洪鳳漢)이 경연 석상에서 문제를 제기
했다. 한종찬이 한효순의 6대손인데 대간에 추천된 것을 그냥 보고만
있을 수는 없다고 말하자 임금은 이조판서 서명응(徐命膺)을 파직시
켰다.

　이렇게 영조 41년에 한종찬의 대간 임명이 일단 좌절되었지만, 영
조 45년(1769) 2월 29일에 이르러 영의정 홍봉한이 한종찬 문제를
다시 꺼내, 한종찬의 청요직 임명이 옳은지 아닌지 여부를 여러 신하
들과 다시 논의하자고 임금에게 건의했다. 먼저 그의 말을 들어보자.

　계축년[무오년의 誤記]에 폐모(廢母)를 정청(庭請)했을 때 한효순

---

79) 《문과방목》을 보면 한종찬의 아버지는 한흥상(韓興相), 할아버지는 한윤명
(韓胤明), 증조는 한우일(韓佑一)이다. 그런데 《한씨족보》를 보면 한우일은 한
효순의 제7남 한호겸(韓好謙)의 아들이다.

이 수상(首相)으로서 비록 논의에 참여했지만, 연로하여 황겁한 소치에 지나지 않았습니다. 그 뒤 그 후손 한종찬이 과거에 급제하여 대간으로 추천되는 것을 막고 있으니, 이는 조정에서 한계를 지키고, 억울하게 침체되어 있는 것을 풀어주는 도리에 득(得)이 되는지 실(失)이 되는지 알지 못하겠습니다. 청컨대 여러 신하들에게 두루 물어서 처리하소서.

홍봉한의 말을 들은 영조는 여러 신하들에게 두루 물어보니, 모두 대답하기를,

한종찬은 한효순에 대하여 5~6대가 됩니다. 군자(君子)와 소인(小人)의 유택(遺澤)은 5세가 되면 끊어지는 것이니, 재주에 따라 소통시키는 것이 성스러운 시대에 사람을 등용하는 도리에 해롭지 않을 것입니다.

그러니까 여러 신하들의 의견은 연좌제 시효가 5대가 지나면 끊어지므로 한종찬을 청요직에 임명하는 것이 무방하다는데 동의했다. 그러자 임금은 구애됨이 없이 한종찬을 조용(調用)하라고 명했다. 그 뒤 한종찬은 53세가 되던 정조 7년(1783)에 봉상시정(奉常寺正; 정3품 당하관)에 임명되었다. 이 직책은 왕실의 제사와 시호(諡號)를 의논하여 정하는 관청으로서 요직에 속한다.

그런데 영조 45년 2월 29일에 있었던 논의의 기록이 《영조실록》에는 간단하게 소개되어 있지만, 《승정원일기》에는 그 내용이 매우 자세하다. 그 요지를 소개하면 다음과 같다.

영의정 홍봉한이 아뢰었다.

"통하고 막히는 것은 본인에게만 한정됩니다. 하물며 여러 대에 걸쳐 있는 사람은 더욱 신중해야 합니다. 옛날 무오년[광해군 10]에 정청(庭請)할 때 상신(相臣) 한효순의 이름을 초계(初啓)의 첫머리에 실었기 때문에 문자로 전해지는 것을 가지고 말하면 오로지 80세의 늙고 병든 사람이 황겁한 데 원인이 있었습니다. 또 재계(再啓)부터는 병을 칭하고 나가지 않아 흉도들의 탄핵을 받았습니다. 계해년[인조반정]에 죄 때문에 관직이 삭탈되었는데, 처음에 참계(參啓)한 것은 부득이한 일이었기에 뒤에 와서는 공의(公議)가 오히려 준엄하지 않았던 것을 알 수 있습니다. 그 후손 한명상(韓命相)80)은 숙종 때 등과하여 벼슬이 경주(慶州)와 동래(東萊)의 수령[부윤]이 되었고, 근래에는 한종찬이 역시 등과하여 대직(臺職)에 통망되었습니다.

신이 생각하기에, 무오년에 죄를 지은 사람들은 오랫동안 용서받지 못해 다른 직책에는 반드시 구애받지는 않았지만, 청현직(淸顯職)의 통망(通望)은 넓지 못했습니다. (…) 요즘 듣건대, 여러 의논들이 신의 의견이 잘못되었다고 하는데, 이번에 입시하는 원임 대신과 판부사 한익모(韓翼暮) 역시 이와 같다고 합니다. 신의 이전 의견이 반드시 옳다고 믿지는 않지만, 불쌍한 것은 한효순의 여러 자손들로서, 지금 있는 사람들이 100여 인이 넘고 한종찬(韓宗纘) 이외에도 한덕후(韓德厚; 1735~?)81) 같은 자는 모두 착한 사람들

---

80) 《국조문과방목》을 보면 한명상은 숙종 16년에 정시문과에 문과에 급제하여 벼슬이 부윤(府尹)에 이르렀는데, 아버지는 한경유(韓景愈), 할아버지는 한성일(韓誠一), 증조부는 한수겸(韓守謙)으로 한효순의 둘째 아들이다. 그러니까 한명상은 한효순의 5대손이다.

81) 《문과방목》을 보면 한덕후는 영조 43년에 정시문과에 급제했는데, 아버지는 한종호(韓宗浩), 할아버지는 한경상(韓慶相), 증조는 한복일(韓復一)인데, 한복일은 한효순의 제3남인 한치겸(韓致謙)의 아들이다. 그러므로 한덕후는 한효순의 6대손이다.

인데, 신의 말로 말미암아 한 번 막힘을 당한다면, 그 100여 인들은 장차 영구히 폐족(廢族)이 될 것입니다. 이는 우리 조정이 제방(堤防)을 지키면서 울체(鬱滯)된 것을 풀어주는 도리에 득실이 어떠한지를 모르겠습니다. (…) "

임금, "원임대신들의 의견은 어떤가?"

판부사 김치인(金致仁), "신의 생각은 영상(領相)의 처음 생각과는 조금 차이가 있었습니다. 반정 이후 제방이 엄했습니다만, 한효순의 자손들은 벼슬길을 막지 않았습니다. 이로써 본다면 공의(公議)가 한효순을 대하는 것은 박홍구(朴弘耈)의 경우와는 차이가 있었습니다. (…) 한종찬의 무리들은 한효순의 5~6대 후손들입니다. 그들의 재주에 따라 점차로 소통하는 것이 성세(聖世)의 용인(用人)하는 도리에 해가 되지 않을 것입니다. 아마 이런 생각은 신만의 생각이 아닐 것입니다. 원임과 여러 경상(卿相)들의 의견이 모두 이와 같습니다."

임금, "경의 상주(上奏)는 개인의 의견이 아니다. 원임의 의견이 옳다고 본다. 경의 의견은 100여 인의 환영을 받을 것이다. (…) 한종찬을 구애받지 말고 조용할 것을 이조(吏曹)에 분부하라"

영조 45년에 임금과 대신들은 이처럼 한효순의 5대손인 한종찬의 청현직 제수를 막지 않기로 완전 합의를 보았는데, 이는 영조가 추구한 탕평정치와도 맥이 닿아 있었다.

이보다 앞서 영조대 우의정을 지냈다가 영조 37년에 세상을 떠난 민백상(閔百祥; 1711~1761)은 말하기를, "고 좌의정 한효순의 관직을 삭탈한 것은 참으로 억울하다."고 하면서 그 내막을 임금에게 진달하기 위해 '홀기(笏記)'를 만들었으나, 갑자기 세상을 떠나 뜻을 이루지 못하고 말았다. 그 '홀기'의 내용은 대략 이러했다.

한효순은 (…) 폐론(廢論)이 처음 일어났을 때 흉당에게 배척당하
여 정청(庭請)이 바야흐로 펼쳐질 때 강사(江舍; 마포)에 엎드려 있
었다. 24번 째 계목(啓目)에 한번 나와서 자전(慈殿; 인목대비)의
지극한 화(禍)를 완화시켰는데, 그때 흉당 이구(李榘), 윤로(尹魯)
무리들이 잇따라 상소하여 기자헌과 한효순을 죽이라고 청하고, 삼
사가 교대로 멀리 유배 보내라고 청했다. 심지어 합계(合啓)가 나오
자 광해군은 비답하기를, "서금(犀金)을 허리에 띠고 있는 자로서
서궁(西宮)을 부호(扶護)한 자가 한효순 한 사람 뿐이 아니다."라고
했다. 성균관 유생들의 상소에 답하기를, "나랏일이 위급한 때를 당
하여 한효순은 병을 핑계하고 나오지 않으니, 대신이 나라를 위해
목숨을 바치는 의리가 없지만, 서궁의 일은 내가 차마 들을 수 없으
니, 번거롭게 논하지 말라. 한효순의 상직(相職)은 체차하라"고 했다.

흉도들이 공격하여 배척한 상소는 이루 다 거론할 수 없는데, 숙
종대 고(故) 판서 이돈(李墩)[82]은 한효순 묘지(韓孝純墓誌)의 서
문에서 말하기를, "비록 흉당의 방자함에도, 감히 '폐자'(廢字)를 쓰
지 못하게 한 것은 공(公)의 힘이다. 그가 한번 정청(庭請)에 나왔
을 때 흉당과 더불어 힘껏 싸우고 밤에 이르도록 서로 대치하여 끝
을 내지 못하고 파했다. 당시 사람들은 서로 말하기를, '그날 의정부
청사 위에 있는 먼지를 모두 한효순이 소매로 쓸어 버렸다'고 했다."

인조 때 민형남(閔馨男)이 이조판서를 사임하면서 올린 상소에도
또한 자신의 본심을 분명하게 말했으며, 완평부원군 이원익(李元翼)
이 쓴 만사(挽詞)에도 "일찌기 그[한효순]와 사귀면서 그의 마음을

___

82) 이돈은 한효순의 외현손(外玄孫)으로 숙종대 이조판서와 홍문관 제학 등을
역임했다. 그는 한효순의 묘지명을 썼다.

알게 되었고, 평생토록 그 마음을 함께 가지고 살았다."고 썼다
(…).

여기서 민백상(閔百祥)이야말로 한효순의 무죄를 정확하게 알고
있었는데, 그것은 그의 증조부 민유중(閔維重)의 외할아버지가 이광
정(李光庭)으로, 이광정은 바로 한효순의 만사(挽詞)를 써준 사람
가운데 하나이기도 했다. 또 한효순의 만사를 써준 민형남(閔馨男)
도 그의 먼 족친이므로 이래저래 한효순의 공적에 대하여 자세히 알
고 있었던 것이다. 만약 그가 조금만 더 살아서 영조에게 '홀기'를 가
지고 한효순에 대한 오해를 풀어 주었다면 삭탈된 관직이 회복되었을
지도 모른다.

하지만, 앞서 영조에게 한효순에 대하여 언급한 판부사 김치인(金
致仁)이 한효순에 대한 공의(公議)는 박홍구(朴弘耉)와는 다르다고
말한 것을 보면, 당시 위정자들 사이에서는 한효순이 억울한 누명을
썼다는 것을 다 알고 있는 듯하다. 그래서 그 후손들에게 관대하게 벼
슬길을 풀어줄 것을 주장했던 것이다.

6. 정조대 《신기비결》, 《진설》의 보관과
후손들의 신원운동

정조는 규장각을 세워 문치의 요람으로 삼고 왕조의 중흥을 이룩한
성군(聖君)이다. 규장각은 여러 전적(典籍)들을 수집 보관하기도 하

고 재발간하기도 하여 장서 수만 권을 갖게 되었는데,[83] 정조 15년
(1791)에는 그 장서 가운데 한효순이 지은《신기비결》과《진설》의
목판본을 각각 2권 씩 소장하고 있다는 기록이 규장각 일기인《내각
일력(內閣日曆)》에 보인다.

원래 이 두 책은 선조 때 이미 훈련도감에서 금속활자로 간행하여
장수들에게 훈련 교재로 사용한 일이 있었는데, 세월이 오래 되고, 또
많은 수요를 충당하기 위해 정조 대에 목판본으로 재간한 듯하다. 그
러나 목판본이 현재 남아있지 않아, 혹시 옛 활자본을 목판본으로 잘
못 기록했는지도 모른다.

이런 사실을 보면 정조는 이미 한효순이 왜란 때 공이 크고, 또 뛰
어난 군사 전문가라는 것을 알고 있었던 것 같다. 그러나 왜란 때의
공적과 인목대비의 폐모 문제는 별개로 인식한 듯하다. 그래서 한효
순의 후손에 대해서는 매우 너그러운 정책을 펴서 청요직 진출을 허
용하는 정책을 폈으나, 후손들이 줄기차게 벌인 관작 회복 운동에 대
해서는 끝내 의리를 내세워 거부했다. 그 자세한 내용을 알아보기로
한다.

앞서 영조 45년에 통망(通望) 문제로 논의가 되었던 한종찬(韓宗
纘)은 통청을 허락받아 정조 7년(1783) 1월 5일에 봉상시정(奉常
寺正; 정3품 당하관)에 의망되었다. 이 자리는 왕실의 제사를 주관하
는 중요한 직책이었다. 그를 이 자리에 천거한 것은 이조참판 정창순
(鄭昌順)이었다. 그런데 우의정 김익(金熤)이 다음날 정창순을 만나
"한종찬이 봉상시정에 의망된 것은 어쩐 일이냐?"고 물었다. 정창순

---

83) 정조와 규장각에 대해서는 한영우,《규장각-문화정치의 산실》, (지식산업
사, 2008) 참고.

은 답하기를, "오랫동안 침체되어 있어서 의망했습니다."라고 답했다. 김익은, "명분과 의리를 어찌 돌아보지 않는가?"라고 질책했다. 김익은 인목대비의 아버지 김제남(金悌男)의 5대손이었으므로 폐모 문제에 대하여 누구보다도 강경했다.

임금은 1월 7일, 한종찬의 의망을 개정하라고 명했으나, 정창순은 임금 앞에 나아가지 않고, 뒤에 상소하기를, "대신〔김익〕에게 배척당했습니다. (…) 사람들이 말하기를, 한종찬 선조의 누(累)가 이미 끊어졌다고도 하고, 또 어떤 사람은 오랫동안 폐고(廢錮)되어 불쌍하다고도 말합니다."라고 했다. 그러자 임금은 정창순을 임금의 명을 어긴 죄로 병조참판으로 체차시키고, 한종찬을 지방 수령으로 내보냈다.

그 뒤 1월 11일, 임금이 사도세자 사당인 경모궁(景慕宮)을 참배하고 궁으로 돌아오다가 서산(瑞山)에 사는 한효순의 후손 유학(幼學) 한석민(韓錫敏; 1748~?)[84]이 정조가 탄 수레 앞에 나아가 징을 치고 상언(上言)하여 한효순이 억울하게 누명을 쓴 사실을 고했다. 그 내용은 지금까지 앞에서 설명한대로 인목대비를 보호하기 위해 정청에 나갔다는 것, 인조의 장인 한준겸(韓浚謙)이 한효순의 조카라는 것, 왜란 때 혼신의 힘을 다하여 나라를 구한 공적이 크다는 것, 폐모론에 앞장 선 이이첨 일파로부터 반대당으로 지목되어 죽이라는 협박상소를 수없이 받았다는 것, 그리고 그의 행적에 대한 이원익(李元翼), 장만(張晚), 홍서봉(洪瑞鳳), 김류(金瑬), 신식(申湜), 유몽인(柳夢寅) 등 수많은 당대 명신(名臣)들의 호의적인 평

---

84) 한석민의 가계는 다음과 같다. 한효순 (…) 한치겸(韓致謙) (…) 한복일(韓復一) (…) 한진명(韓晋明) (…) 한경상(韓慶相) (…) 한종부(韓宗溥) (…) 한덕기(韓德箕) (…) 한석민(韓錫敏). 그는 정조 7년, 생원시에 급제했다.

가, 인조와 효종 때 후손들을 녹용하라는 명이 내려졌다는 것, 그리고 영조 때 후손들의 청현직 진출을 허용하는 명이 내려졌다는 것 등을 종합하여 아뢴 것이다.

임금은 한석민의 상언을 듣고 즉시 형조판서에게 사실을 조사하여 이뢰라고 명하자, 1월 13일, 임금은 즉시 처분을 내리면서 말했다. "옛 상신〔홍봉한과 김치인 등〕이 기축년〔영조 45년〕에 올린 연주(筵奏)는 아직도 기억하고 있을 뿐 아니라 그 일의 전말을 이미 들었다. 선조(先朝; 영조)의 하교가 이와 같으니, (…) 한종찬을 구애되지 말고 조용(調用)하라. 그리고 한석민도 잘 타일러서 돌려보내라"

정조는 세손 시절에 연석에서 한종찬에 관해 나눈 임금과 대신들의 이야기를 모두 기억하고 있을 뿐 아니라, 영조가 이미 한종찬을 청현직에 조용하라고 말씀하셨으니, 그대로 시행하라고 명한 것이다. 그리하여 그를 봉상시정에 임명했다.

정조가 이렇게 한종찬의 청요직 임명을 허락하고, 격쟁(擊錚)한 한석민에 대해서도 타일러 보내라고 명한 지 3일 뒤, 한종찬의 청요직 임명을 문제 삼았던 김익은 다시 임금에게 말하기를, "한효순이 폐모에 참여한 것은 사실이고, '폄손 절목'을 올렸으므로 죄를 지은 것은 사실이지만, 이이첨 일파와는 차이가 있다."고 하면서, 그 후손들이 모두 이미 낭서(郎署; 6조의 낭관)나 수령을 받았으니, 한종찬에게만 인색할 필요가 없다고 말했다. 다시 말해 임금의 처리에 동의를 한 것이다.

그런데 그해 3월 25일에 곤란한 일이 생겼다. 전 홍문관 교리 정재신(鄭在信)이 상소하여 소론 출신 대신이었던 윤선거(尹宣擧) 부자의 관작을 회복시켜 준 일이 놀랍다고 하면서, 남인 채제공(蔡濟恭)

이 남인이나 소론에 대하여 너그럽게 대하는 태도를 극렬하게 비난하고, 이어 오시수(吳始壽)와 한효순의 후손이 억울하다고 호소한 일에 대하여 이렇게 말했다.

한효순이 윤상(倫常)에 죄를 얻은 것과 오시수(吳始壽; 1632~1680)[85]가 막중한 죄를 지은 것이 국사(國史)나 야사(野史)에 남김없이 뚜렷하게 기록되어 있으니, 이는 당시의 죄인일 뿐 아니라 비록 10세가 지나더라도 그 죄악이 없어지지 않고 그 여파가 끊어지지 않을 것입니다. 그런데 듣건대 두 사람의 자손이 감히 억울하다고 호소하고자 위에다 아뢴 일까지 있었다고 하는데, 이 또한 하나의 큰 변괴입니다.

대체로 오시수와 같이 흉악하고, 한효순처럼 죄지은 사람을 그 자손들이 감히 억울하다고 호소하려는 뜻을 가졌으니, 조상을 위한다는 명목을 내세우고 억울함을 호소한다고 핑계 대는 난적(亂賊)의 잔당이 앞으로 또 뒤따라 일어날 것입니다. 이같이 한번 열리면 그 폐단이 말하기 어려울 정도로 많을 것입니다. 신은 한효순, 오시수의 일로 격쟁(擊錚)한 자들을 유사(有司; 해당 관청)로 하여금 멀리 귀양 보내어 끝없는 우환을 막게 하는 것이 옳다고 여깁니다.

정재신의 상소는 윤선거 부자와 오시수, 그리고 한효순 등 소론이나 남인 사람들을 역적으로 취급하려는 경직된 태도를 보이고 있으며, 심지어 억울하다고 호소하는 후손들마저 귀양 보내라고 주장하고 있으니, 그 도가 심하다고 하지 않을 수 없다.

---

85) 오시수는 숙종대 남인파 우의정으로 있다가 경신대출척으로 남인이 몰락하고 서인이 집권할 때 삭탈관직되고 유배당한 뒤 죽었는데, 정조 7년에 관직을 회복시켜 주었다.

임금은 정재신의 상소를 보고 비답하기를, "여러 조항에 논한 바가 지나쳤다. 그 가운데 중신(重臣; 채제공)에 관한 일은 더구나 논하지 말라는 금지령이 있지 않은가?"라고 나무랐다. 탕평책을 추구하고 있던 정조는 남인이나 소론도 포용하려는 뜻을 지니고 있었기에 노론의 편에서 상소한 정재신을 마땅치 않게 보았던 것이다.

정조는 재위 11년(1787) 12월에 한효순의 7대손으로서 영조 43년에 문과에 급제한 한덕후(韓德厚; 1735~?)[86]를 이조판서 이문원(李文源)이 청현직인 사헌부 지평(정5품)에 임명하여 한종찬과 마찬가지로 포용하는 정책을 계속 밀고 나갔다. 그런데 정조 12년(1788) 1월 7일에 판중추부사 김익이 또다시 이를 문제 삼아 이문원을 파직하고, 한덕후를 대간에 의망한 것을 취소하라고 요구하고 나섰다. 김익은 김제남의 후손으로 노론에 속하고, 이문원은 이정귀의 후손으로 소론에 속했는데, 당색에 따라 시각이 다른 것을 알 수 있다.

이에 임금이 대신들에게 의견을 물으니, 영의정 김치인(金致仁), 좌의정 이재협(李在協), 영돈녕부사 홍낙성(洪樂性), 판부사 서명선(徐命善) 등이 모두 대답하기를, "명분과 의리가 참으로 중요하긴 하나, 참(斬; 연좌제)은 5대면 끊어지는 것이니, 반드시 모두를 폐기할 것이 아닙니다."고 말하자, 임금이 말하기를, "김익의 말은 비록 명의(名義)를 중히 여기는 데서 나왔지만, 여러 대신들의 의견은 내 뜻에 딱 맞는다."고 하면서 이문원의 파직과 한덕후의 개정(改正)을 모두 허락하지 않았다.

---

86) 한덕후는 한효순의 셋째 아들인 한치겸(韓致謙)의 5대손으로 가계는 다음과 같다. 한효순 — 한치겸 — 한복일(韓復一) — 한진명(韓晋明) — 한경상(韓慶相) — 한종호(韓宗浩) — 한덕후. 그는 영조 43년(1767)에 33세로 문과에 급제하여 벼슬이 사헌부 지평(정6품)에 이르렀다.

김익에게 비판 받은 이문원은 "5세가 되면 끊어진다는 것은 우리 시대의 공의(公議)가 되어 있고, 그 후손이 이미 대직(臺職)에 들어 와 있으며, 또 그 후손들이 하소연하고, 또 임금님도 구애받지 말라는 전교를 내렸고, 동료들의 뜻도 모두 같아서 그렇게 한 것인데, 소신이 명의(名義)를 버리고 기탄없이 한 것은 아닙니다."라고 말했다. 그런 데 그는 술김에 화가 치밀어 관복을 벗어 던지고 궁궐을 나가 버린 죄 로 유배를 당했다가 뒤에 다시 돌아와서 병조판서에 올랐다.

정조 12년(1788) 10월 19일에는 이이첨 일파에 속하여 폐모론을 적극적으로 추진한 우의정 민몽룡(閔夢龍)의 후손인 민식(閔日＋式)에게 대직(臺職)을 줄 것인가를 놓고 대사헌 김재찬(金載瓚)이 강경하게 반대하고 나서자, 임금은 민식의 일이 한덕후와 같은가 다 른가를 대신들에게 물었다. 이에 대하여 우의정 채제공(蔡濟恭)은 민몽룡의 죄가 한효순과는 다르다고 하면서 이렇게 말했다.

　한효순의 죄가 민몽룡과 같다면 그 자손이 인조반정 뒤에 음사(蔭 仕)도 하고, 부윤(府尹)도 하고, 외손(外孫)이 정승이 되기도 했지 만, 구애받고 있다는 말을 듣지 못했습니다. 만약 민몽룡과 똑같이 취급한다면 한효순의 후손들이 억울해 할 것 같습니다.

채제공은 이렇게 한효순의 죄가 민몽룡과는 다르므로 그 후손도 똑 같이 대우할 수 없다고 하면서 민몽룡의 후손 민식은 대직에 임명할 수 없다고 말했다. 그런데 대사헌 김재찬(金載瓚)은 바로 김익의 아 들로서 김제남의 6대손이었으므로 폐모론에 대해서는 매우 강경했지 만, 임금은 채제공의 말을 따라 민식의 대직 임명을 취소했다. 채재공 은 남인이었으므로 노론과는 시각이 달랐다.

한효순과 그 후손들에 대한 정조와 대신들의 태도는 이처럼 한효순의 죄는 인정하되 그 정도가 이이첨 일파와는 다르므로 후손들의 청요직 임명을 터 주자는 것으로 정리되어 있었다. 하지만, 한효순의 죄를 씻어주고 삭탈된 관직을 회복시켜 주자는 데에는 이르지 못했다. 그래서 후손들은 줄기차게 임금에게 격쟁하면서 관직 회복을 요청했다.

　정조 14년(1790) 9월 19일에 임금이 탕춘대(蕩春臺)에 거둥하고 돌아올 때 한효순의 7대 후손으로 해미(海美)에 사는 생원 한석조(韓錫朝; 1743~?)[87]가 격쟁(擊錚)하고 상언하여 한효순이 원한을 품고 죽은 지 거의 200년이 되었으나 아직도 죄명이 씻어지지 않아 억울하다고 하면서 죄를 씻어주고 관직을 회복시켜 달라고 요청했다. 이번 두 번째 상언의 내용은 정조 7년 1월에 한석민(韓錫敏)이 올린 것과 같은 내용이었다. 9월 21일 형조판서 조정진(趙鼎鎭)이 상언의 내용을 임금에게 보고하자 임금은 한효순의 복관은 시행할 수 없다고 판하(判下)했다.

　그러나 한효순 후손들은 계속하여 격쟁 상언하면서 줄기차게 관직 회복을 호소했다. 그해 11월에는 정조가 영조의 생모 숙빈 최씨의 사당인 육상궁(毓祥宮)에 거둥할 때 세 번째로 상언했는데, 형조판서 김사목(金思穆)이 보고했으나 각하되었다.

　정조 15년(1791) 2월 16일, 앞서 격쟁했던 한석조(韓錫朝)는 다시 임금이 홍릉(弘陵)에 거둥하고 돌아올 때 네 번째로 상언하여 형조판서 권엄(權欀)이 보고했으나 기각되었다. 그러나 한석조의 상언

---

87) 한석조의 가계는 다음과 같다. 한효순 - 한극겸(韓克謙) - 한정일(韓挺一) - 한오명(韓悟明) - 한필상(韓弼相) - 한종희(韓宗禧) - 한덕형(韓德亨) - 한석조. 한석조는 순조 5년(1805)에 63세로 문과에 급제하여 벼슬이 부호군(副護軍; 종4품)에 이르렀다.

은 그 뒤에도 계속되어 정조 16년(1792) 1월 24일에 정조가 수원에 있는 사도세자 무덤 현륭원(顯隆園)에 거둥하고 1월 26일 돌아올 때 다섯 번째로 원정(原情)하여 형조판서 이곤(李坤)이 1월 29일 보고했으나 각하되었다.

정조 18년(1794) 7월 22일에는 이조판서 김재찬(金載瓚)이 성균관 전적(典籍: 정6품) 한석인(韓錫仁; 1758~1815)[88]을 두 번에 걸쳐 청요직인 사헌부 감찰(監察; 정6품)에 의망(擬望; 추천)했는데, 나중에 알고 보니 한효순의 후손이었다면서 잘못을 저지른 자신의 직책을 체차시켜 달라고 임금에게 요청했으나, 임금이 계속 일하라고 명했다. 김재찬은 앞서 말했듯이 김제남의 6대손이자 김익의 아들로서 대신들 가운데서 한효순에 대하여 가장 너그럽지 못한 인사였기에, 청요직에 구애되지 말라는 정조의 명을 어기고 감찰직 의망을 취소했던 것이다.

같은 해 9월 28일, 한석조(韓錫朝)의 여섯 번째 상언이 또 올라갔다. 정조가 숙종의 능인 명릉(明陵)에 거둥하고 돌아올 때 징을 치고 원정(原情)했는데, 형조판서 이재학(李在學)이 10월 1일에 보고했다.

2년이 지난 정조 20년(1796)에 올린 한석조의 격쟁에서는 금년이 7대 조께서 상신(相臣)에 오른 해라고 하면서 정조 14년 이래 지난 6년 동안 올린 격쟁이 다섯 번, 문서로 올린 상언(上言)이 다섯 번에 이른다고 회고하고, 앞서 올린 원정의 내용을 다시 자세히 설명

---

88) 한석인은 서산군(瑞山郡) 지곡면(地谷面) 사람으로 가계는 다음과 같다. 한효순 − 한치겸(韓致謙) − 한복일(韓復一) − 한진명(韓晋明) − 한준상(韓俊相) − 한종한(韓宗漢; 생부는 宗禧) − 한덕우(韓德雨) − 한석인. 그는 정조 13년(1789)에 32세로 문과에 급제하여 벼슬이 성균 전적을 거쳐 예조좌랑(정6품)에 이르렀다.

했다.

이듬해인 정조 21년(1797) 9월에도 한석조는 또 상언을 올렸다. 이때 승지 이기양(李基讓)이 9월 26일 한석조의 상언을 봉입하여 임금에게 올리자, 대간 윤장렬(尹長烈)이 이기양을 탄핵하고 나섰다. 그러자 이조판서 민종현(閔鍾顯)이 이기양을 승지 의망에서 빼버렸다. 그러자 임금은 다시 이기양을 승지의 의망에 집어넣고, 이조판서 민종현을 파직시켰다. 이기양이 자신의 허물을 자복하는 상소를 올려 죄를 달라고 요청하자, 임금이 비답을 내리기를, "명분과 의리는 지극히 엄한 것으로 도끼처럼 엄하게 해야 인륜이 퍼진다."고 하면서 제방(堤防; 둑)과 위단(威斷; 위엄과 결단)을 굳게 정해야 한다고 나무랐다.

여기서 정조가 민종현을 파직시킨 것은, 민종현이 단순히 이기양을 승지의 의망에서 빼버리고, 이 일을 불문에 붙인 것이 잘못이라는 것이다. 다시 말해 명분과 의리에 죄를 지은 한효순의 복권 문제를 후손들이 감히 임금의 행차 앞에서 호소한 것은 중한 법률로써 다스릴 일인데도 민종현이 불문에 그친 것이 잘못되었다는 것이다.

여기서 이기양과 민종현, 그리고 정조의 태도에 묘한 차이가 있음을 눈치 챌 필요가 있다. 한석조의 상언을 봉하여 임금에게 올린 이기양은 바로 이덕형(李德馨)의 7대손으로 남인(南人)에 속하는 인사였고, 이기양을 승지 의망에서 빼버린 이조판서 민종현은 민진후(閔鎭厚)의 증손으로 노론(老論)에 속했다. 남인이 한효순에게 우호적이고, 노론이 한효순에게 비우호적인 모습이 여기서도 드러났다.

하지만 당파를 초월한 탕평을 추구하던 정조도 한효순 후손들의 벼슬에는 포용성을 보였지만, 한효순의 복권만은 찬성하지 않았다. 명분과 의리가 무너지면 국가의 기강이 무너진다는 우려 때문이었다. 사실, 한효순의 복권은 누구보다도 명분과 의리를 존중하던 정조의 통치이념에 손상을 줄 우려도 있지만, 결과적으로 인조반정의 명분에 악영향을 줄 수 있기에 쉽게 결정할 일이 아니었다.

한석조의 상언이 올라간 이틀 뒤인 9월 28일 임금이 대신들을 만난 차대(次對)에서 정조는 우의정 이병모(李秉模)와 더불어 한효순 문제를 다시 토론했는데, 이병모가 민종현을 파직시킨 것은 중도(中道)에 지나친 것이 아니냐고 따지자, 임금은 민종현을 파직한 이유가 의리를 저버렸기 때문이라고 설명했다.

정조 21년의 상언에 대한 정조의 태도가 강경해지자 후손들의 상언은 뜸해졌다. 그러다가 정조가 세상을 떠나기 직전인 재위 24년(1800) 3월에 이르러 다시 5대 후손이 임금의 행차 도중에 격쟁했으나 효과를 거두지 못했다. 그리하여 정조 시대 후손들의 간절한 신원 운동은 모두 수포로 돌아가고 말았다. 정조는 그해 6월 세상을 떠났다.

7. 고종 대 관작 회복과 취소

후손들의 집요한 신원 운동은 철종 대에 또 일어났다. 철종 8년(1857)에 임금이 거둥할 때 격쟁하여 상언했는데, 이 때 원정한 사람이 누구인지는 알 수 없다.

한효순의 신원이 처음으로 이루어진 것은 고종 시대였다. 고종 원년(1864) 7월 10일 드디어 삭탈된 관작을 회복하는 교지가 내려졌다. 회복된 관작은 '대광보국 숭록대부 의정부 좌의정 겸 영경연사 감춘추관사'(大匡輔國崇祿大夫議政府左議政兼領經筵事監春秋館事)이었다. 그리고 장헌(莊獻)이라는 시호도 자동적으로 회복되었다. 한효순이 세상을 떠난 지 꼭 243년만이다. 이 날 한효순 뿐 아니라 관작이 회복되었거나 죄안이 씻어진 사람들의 명단은 다음과 같다.

1) 대신급 ― 한효순(韓孝純), 홍계희(洪啓禧), 김양택(金陽澤), 김종수(金鍾秀), 김종후(金鍾厚), 심환지(沈煥之), 김달순(金達淳), 김한록(金漢祿), 정일환(鄭日煥), 김관주(金觀柱) 등 10명

2) 박엽(朴燁; 대북파), 유효립(柳孝立; 대북파), 오정창(吳挺昌; 남인), 홍양해(洪量海; 노론), 이동형(李東馨; 의관), 신의학(愼宜學; 노론 벽파) 등 6인

3) 남인, 소론 ― 목내선(睦來善), 이봉징(李鳳徵), 서유기(徐有沂), 한후락(韓後樂) 등 4인

4) 송환정(宋煥程; 홍국영 파), 김일주(金日柱; 홍국영 파) 등 102인

5) 종친 ― 이균(李畇), 이득경(李得慶), 이상(李相), 이인환(李人煥), 이인혁(李人赫), 이집(李土+集), 이훈(李壎), 이경(李堈), 이소(李炤), 이인엽(李人燁), 이성(李木+聖), 이탄(李坦), 이정(李楨), 이남(李栯), 이해(李垓), 이기(李圻), 이항(李杭), 이하전(李夏銓) 등 18인

그런데 이번 조치는 당시의 실권자인 대원군 이하응과 수렴청정을

하고 있던 조대비(趙大妃; 익종의 왕비)의 합의 아래 조대비의 교지로 이루어진 것으로, 그 본뜻은 당쟁으로 말미암아 죄를 입은 사람들의 억울함을 풀어주어 사회를 통합하겠다는 의지를 보여준 것이기도 했다. 다시 말해 더 이상 당쟁을 용납하지 않겠다는 선언적 의미도 있었다. 이것은 대원군이 그 뒤에 당쟁의 소굴인 서원(書院)을 대대적으로 철폐하고, 친명 사대(親明事大)의 상징물인 만동묘(萬東廟)를 철폐한 것과도 맥이 닿아 있는 개혁 정치의 일환으로 이루어졌다.

그러나 이 교지가 내려진 직후부터 전, 현직 대신들과 사헌부, 사간원이 잇따라 교지를 거두라고 요청하는 상소를 올리기 시작했다. 민심에 맞지 않는다는 것이 그 이유였다. 하지만, 대신과 양사의 벼슬아치들이 실제로 일정한 당파의 후손들로서 오랜 기간 깊은 결속 관계와 원한관계를 맺어 왔기 때문에 이를 일조일석에 벗어나기 어려운 것도 사실이었다.

신원 교지에 대한 반발은 지방의 유생에게까지 번져 나갔다. 이들의 상소는 당파에 따라 그해 관계가 엇갈려 자기 당파 사람은 구해주고, 적대 당파 사람은 다시 죄를 주라는 내용을 담고 있었다. 그러나 고종은 이에 굴하지 않고, 이번 조치는 화기(和氣)와 상서(祥瑞)를 가져오기 위한 자전(慈殿; 임금의 어머니)의 결단이라고 설득했다.

그런데 고종 10년(1873)에 이르러 대원군이 권좌에서 물러나고 고종의 친정(親政)이 시작되면서 분위기가 바뀌었다. 10월에는 승지 최익현(崔益鉉)이 상소하여 윤리가 무너졌다고 개탄하면서 정부 관리들을 뭉뚱그려 비난하고, 이어 호조참판이 된 그는 11월 3일에 다시 상소하여 대원군이 철폐한 서원과 명나라 황제들을 제사 지내던 만동묘(萬東廟)를 복원할 것을 주장하고, 나아가 죄를 풀어 주어서는 안 되는 인물로 한효순, 이현일(李玄逸), 목래선(睦來善)을 들었다. 모두 남인에 속하는 사람들이다. 최익현은 노론에 속했기 때문에 남인에 대한 거부감이 누구보다도 컸다.

최익현의 상소를 접한 고종은 최익현의 주장이 옳다고 받아들여 세 사람의 관직을 추탈하라고 명했다. 다만 서원과 만동묘의 철폐는 이미 자전께서 하신 일이므로 복원할 수 없다고 거부하고, 자전(조대비)에 대한 죄를 지었다고 판단하여 최익현을 귀양 보냈다.

그런데 최익현의 상소가 올라온 그 다음 날 시임 대신과 원임 대신인 영돈녕 홍순목(洪淳穆),89) 좌의정 강로(姜㳣), 우의정 한계원(韓啓源) 등이 급히 임금을 만나, 만동묘 철폐를 가리켜 윤리와 의리를 파괴했다는 최익현의 주장은, 자전에 대한 큰 죄라고 하면서, 그의 죄는 귀양만으로는 안 되며 그를 잡아다가 국문을 해야 한다고 주장했다. 홍순목, 강로, 한계원 등은 대원군의 정책을 따르는 신하들이었기에 최익현의 주장에 동조하지 않은 것이다. 하지만 이들은 한효순, 이현일, 목래선의 죄를 인정하는 데는 최익현과 뜻을 같이 하여, 결국 한효순의 복관은 10년 만에 다시 추탈되고 말았다.

---

89) 홍순목은 동도서기 계열의 온건 개화파 인사였으나, 그의 아들 홍영식(洪英植)은 갑신정변을 일으킨 급진 개화파의 핵심 인물이었다.

8. 1908년의 관작 회복

보수적인 노론 유학자 최익현의 상소로 관작이 다시 삭탈된 한효순에 대하여 관작 회복이 이루어진 것은 35년이 지난 1908년에 이르러서였다. 1897년에 한반도에는 대한제국이 세워져서 근대적인 황제 국가로 발돋움하기 시작했으나, 1905년에 을사늑약으로 통감부(統監府)가 설치되어 국권의 절반이 일본의 손으로 넘어가고, 1907년에는 고종 황제가 강제로 퇴위당하고 순종이 즉위하면서 황제의 위상은 통감부의 꼭두각시로 전락했다.

일본은 형태만 남은 대한제국을 강점하고 민심을 달래고자 왕조 시대에 버림 받았던 당쟁의 희생자들을 적극적으로 회유 포섭하는 정책을 밀고 나갔다. 더욱이 노론의 장기 집권으로 소외된 소론, 남인, 북인의 후손들을 회유하는데 온 힘을 기울였다. 규장각의 관원을 수백 명으로 늘려 이미 세상을 떠난 조선 후기 실학자들에게 제학, 직제학, 부제학 등의 벼슬을 내리고,[90] 당쟁에 패배하여 청요직 벼슬길이 막힌 죄인들을 대거 신원시켜 주었다.

순종 즉위 년(1907) 11월 18일, 황제는 대사령(大赦令)을 내리고, 교화하는 조서를 내렸는데, 대사령에 대해서는 다음과 같이 말했다.

---

90) 한영우,《규장각-문화정치의 산실》, (지식산업사, 2008) 참고.

경사를 맞이하여 대사(大赦)를 내림은 나라의 통상적인 전례(典例)이다. 짐은 황제의 자리에 갓 올라 온갖 제도를 새롭게 하려 한다. 더구나 문명한 세상 기운이 크게 열리고, 풍기가 일변하는 오늘을 맞이하여 종전에 보기 드문 은택이 어찌 내리지 않겠는가? 나라를 개방한 이후로 이름이 죄인 대장(罪人臺帳)에 있는 자로서, 군사를 일으켜 위를 침범한 자와 강도를 제외한 그 밖의 모든 죄명은 모조리 벗겨 주고, 현재 귀양살이하거나 이미 판결되어 갇혀 있는 자들도 모두 풀어준다. 죽은 자에게는 밝게 해주는 남다른 은혜를 모두 입게 하고, 살아 있는 자에게는 석방하는 특전을 다 받게 하여 화기(和氣)를 맞이하고, 새롭게 하는 데 모두 참여하도록 속히 내각으로 하여금 모여서 의논하고 집행하여, 경사를 넓히는 뜻을 보이도록 하라.

위 조칙에서 반역자와 강도 등 죄인은 제외하고, 그 나머지 죄적(罪籍)에 올라 있는 사람들은 이미 죽은 사람이나 살아 있는 사람을 가리지 않고 모두 풀어주어 새로운 시대를 맞이하도록 하겠다는 것이다.

위 조칙(詔勅)에 따라 이듬해인 순종 원년(1908) 1월 30일 내각 총리대신 이완용(李完用)과 법부대신 조중응(趙重應)은, 이름이 죄적(罪籍)에 올라 있는 자들의 죄명을 씻어주고, 다시 작위와 시호를 회복시킬 것에 대한 안건을 내각 관제(官制) 제7조 제7항에 의거하여 논의를 거쳐 상주(上奏)하니, 제칙을 내리기를, '재가(裁可)한다'고 했다.

위 제칙에 따라 해미(海美)에 사는 한윤동(韓胤東)을 대표로 하는 한효순의 후손들이 내각 총리대신 앞으로 신원 복권(伸寃復權)을 위한 청원서를 제출하자,91) 내각에서는 2월에 제1차로 한효순을 비롯한 31명의 죄를 씻어 주었으며,92) 뒤이어 3월 21일에는 민암(閔黯), 신치운(申致雲) 등 39명을 추가로 선정하여 황제의 재가를 받았으며,93) 이어 3월 25일에는 이동양(李東讓), 이범제(李範濟) 등 153명의 죄를 씻어 주었다. 그리고 나서 4월 30일에는 앞서 선발한 사면자 가운데서 관작을 회복시켜 주어야 할 대상자 78명을 우선적으로 선발하여 재가를 받았다.

관작 회복 대상자 78명에는 한효순을 비롯하여 정인홍, 목내선, 이광좌, 조태구, 조태억 등 정승급 고관들이 많이 들어 있었지만, 현감이나 진사 등도 있어서 일정한 기준이 없어 보인다. 우선 벼슬이 확인되는 사람부터 선발한 듯하다. 그래도 여기에 선발된 78명이 가장 지위가 높은 인사들이다. 명단을 소개하면 다음과 같다.

서흥부원군 좌의정 한효순(韓孝純), 영의정 정인홍(鄭仁弘), 좌의정 목내선(睦來善), 이조판서 문경공 이현일(李玄逸), 영의정 문충

---

91) 1908년 1월의 청원서에 이름을 올린 청원인은 한윤동을 대표로 하여 한진승(韓鎭昇), 한숙동(韓俶東), 한봉우(韓鳳愚), 한형우(韓亨愚) 등 총 5명이었다. 그 뒤 5월에 후손들은 다시 구체적 관작의 호칭을 적어 청원했는데, 이때 청원인은 한윤동, 한진태(韓鎭台), 한진혁(韓鎭爀), 한복원(韓福源), 한숙동(韓淑東), 한익동(韓翼東) 등이었다. 이때 복권된 관작은 주사대장 겸 염철양향총관사 훈이등 효충장의적의협력 선무공신 서흥부원군 대광보국숭록대부 의정부 좌의정 겸 영경연사 감춘추관사 증시 장헌공(舟師大將兼鹽鐵糧餉摠管使勳二等效忠仗義迪義協力宣武功臣瑞興府院君大匡輔國崇祿大夫議政府左議正兼領經筵事兼春秋館事贈諡莊獻公)이었다.

92) 31명의 명단은 다음과 같다. 한효순, 정인홍, 목내선, 이현일, 이광좌, 조태구, 조태억, 최석항, 유봉휘, 김일경, 김도응, 김중기, 정후겸, 김하재, 안기영, 권정호, 조중호, 이연응, 이종해, 이병치, 이종학, 이두영, 강달선, 이철구, 정건섭, 채동술, 김익순, 이병훈, 홍재학, 백낙관, 이회화.

93) 39명의 명단은 다음과 같다. 민암, 신치운, 김홍진, 김건순, 이주회, 서종하, 이명의, 윤취상, 권익관, 이하징, 박찬신, 이명조, 김형집, 이의징, 이징옥, 권호선, 원용성, 이진유, 윤성시, 이사상, 이명언, 윤상백, 유수원, 이거원, 권형진, 윤휴, 한세량, 조택현, 장호익, 허욱, 정해, 박필몽, 윤연, 김중희, 윤지, 심악, 조동정, 오성모, 윤원형.

공 이광좌(李光佐), 영의정 문정공 조태구(趙泰耉), 좌의정 문충공
조태억(趙泰億), 좌의정 충간공 최석항(崔錫恒), 좌의정 충정공 유
봉휘(劉鳳輝), 대사헌 김일경(金一鏡), 회인현감 김도응(金道應),
병조참판 김중기(金重器), 예조참판 정후겸(鄭厚謙), 이조참판 김하
재(金夏材), 좌승지 안기영(安騎泳), 우부승지 권정호(權鼎鎬), 부
호군 조중호(趙重鎬), 선천부사 김익순(金益淳), 홍문관 시독 이희
화(李喜和), 우의정 민암(閔黯), 형조판서 이의징(李義徵), 대사헌
한세량(韓世良), 승지 신치운(申致雲), 절도사 이징옥(李澄玉), 사
옹원 판관 원용성(元用星), 감역 허욱(許煜), 군부협판 이주회(李周
會), 이조참판 이진유(李眞儒), 승지 정해(鄭楷), 예조참의 서종하
(徐宗廈), 이조참의 윤성시(尹聖時), 대사헌 박필몽(朴弼夢), 대사
간 이명의(李明誼), 형조판서 이사상(李師尙), 이조참의 윤연(尹
㛄), 훈련대장 윤취상(尹就商), 부제학 이명언(李明彦), 보덕 김중
희(金重熙), 감사 권익관(權益寬), 교리 윤상백(尹尙白), 지평 윤지
(尹志), 목사 이하징(李夏徵), 동부승지 유수원(柳壽垣), 대사헌 심
악(沈金+隺), 판윤 박찬신(朴讚新), 포도대장 조동정(趙東鼎), 교
리 이거원(李巨源), 정언 이명조(李明祚), 경무사 권형진(權瀅鎭),
이조판서 윤휴(尹鑴), 영의정 윤원형(尹元衡), 지평 이동양(李東
讓), 정언 이범제(李範濟), 현감 이공윤(李公胤), 승지 이중술(李重
述), 진사 이하택(李夏澤), 승지 이보욱(李普昱), 승지 김호(金浩),
현감 박필현(朴弼顯), 병사 박태신(朴泰新), 감역 정권(鄭權), 부솔
조현빈(趙顯彬), 부사 심유현(沈維賢), 관찰사 권첨(權詹), 이조참
판 이사로(李師魯), 밀풍군 이원(李坦), 승지 이재화(李在華), 정언
이우화(李宇和), 주서 권숭(權崇), 이초참판 김정관(金正觀), 동부
승지 김정리(金正履), 관찰사 정사효(鄭思孝), 정언 권집(權糸+
集), 부사 김주태(金柱泰), 통제사 김윤(金潤), 좌부승지 채동술(蔡

東述), 좌의정 박홍구(朴弘耈), 승지 박홍도(朴弘道).

위에 소개한 78명의 관작 회복자를 당파별로 보면 소론(少論)이 가장 많고, 그 다음에 남인(南人), 그리고 북인(北人) 계열 인사들이다. 다시 말해 조선 후기 당쟁에서 노론에게 패배한 당인(黨人)들이 대부분이다. 이들이 비록 78명에 지나지 않지만, 그들이 속한 가계(家系)는 대부분 당당한 갑족(甲族)이기에 아마도 그 효과는 적지 않았을 것이다.

하지만 나라가 이미 다 망한 시기에 이런 대사면이 갖는 의미는 실질적으로 그 후손들에게 주는 혜택이 없었다. 가장 큰 혜택은 청현직의 벼슬길을 열어주는 것인데 이미 나라가 거의 망한 시기에 벼슬길이 열린다는 것은 아무런 의미가 없었다. 다만 심리적으로 역적의 누명을 벗었다는 것뿐이었다. 순종 황제를 뒤에서 움직인 통감부가 노리는 것은 이들의 누명을 벗겨 주어 친일 세력으로 끌어 들이려는 간교한 술책에 지나지 않았다.

그러나 일제강점기 이후로 역적에서 풀려난 소론이나 남인, 북인들에 대한 학자들의 연구가 비로소 시작되었다는 것은 그나마 다행으로 볼 수 있다. 1908년에 연암 박지원(朴趾源)과 다산 정약용(丁若鏞)이 규장각 제학(提學)으로 추증되고, 1908년의 사면으로 유수원(柳壽垣)94)이 누명을 벗은 뒤로 이들 조선 후기 실학자(實學者)에 대한 연구가 촉진되기 시작한 것이 그러한 예에 속한다.

한효순 후손의 처지에서 볼 때, 1908년에 통감부 회유 정책으로 대사면을 통해 누명이 벗겨진 것은 기쁨보다는 회한이 더 컸을 것이

---

94) 유수원의 실학 사상에 대해서는 한영우, 《꿈과 반역의 실학자, 유수원》(지식산업사, 2007) 참고.

다. 고종 즉위 초에 사면된 것을 10년 뒤에 취소시킨 최익현(崔益鉉)의 상소가 더욱 야속하게 보였을 것이다. 나라가 잘 되려면 명분과 의리도 중요하지만, 사회 통합도 매우 중요한 것이다. 명분과 의리의 저촉에도 강약의 차이가 있다면, 강도가 낮은 것은 포용하는 자세도 필요한 것이다. 한효순은 폐모론의 주동자가 아니라는 것이 명백함에도 300년 동안 용서 받지 못해 후손들의 가슴에 못이 박혔다.

한효순은 왕조 스스로의 용서를 받지 못하고 임진왜란의 원흉이자, 나라를 빼앗은 일본의 손아귀에서 용서를 받았으니 아마도 지하에서 또 한번 눈을 감지 못했을 것이다.

제7장
병법(兵法) 전문가 한효순;
《신기비결》과 《진설》

1. 한효순의 군사 행정 경험

한효순의 평생 업적 가운데 가장 빛나는 것은 군사행정 전문가로서의 업적이었다. 임진왜란 당시 그는 무장으로서 싸우지는 않았고, 또 의병 투쟁을 하지도 않았기에 오늘날 그의 이름은 망각 속에 묻혀 버렸지만, 실제로 군사 행정 전문가로서 그를 따를 사람이 없었다.

여기서 왜란 당시 한효순의 업적과 그 뒤 함경도 도순찰사로서 여진족을 방어한 업적에 대하여 다시 한번 정리해 보고, 그가 함경도 도순찰사 시절에 쓴 두 개의 병법서(兵法書)인 《신기비결(神器秘訣)》과 《진설(陣說)》에 대해 알아봄으로써 군사 전문가 한효순의 위상을 점검해 보자.

임진왜란 7년 동안 한효순은 피난하는 임금을 따라다닌 신하들과는 달리 7년 내내 격전지였던 경상, 전라, 충청도의 전쟁터에서 군사 행정을 맡아 보았다. 전쟁 발발 당시 부산에서 가까운 영해부(寧海府)의 부사(府使)를 지낸 것이 그의 운명을 결정지었다. 여기서부터 경상좌도 지역의 초토사(招討使)가 되어 2천여 명의 관병을 모집하여 싸우고, 그 뒤로 경상우도 관찰사로서 약 1만 명의 관병을 거느리고 싸웠으며, 그 뒤로 경상좌도와 경상우도를 모두 아우르는 경상도 관찰사, 또 그 뒤로 병조참판으로서 서울을 지키는 경성 순검사(京城巡檢使)와 수군을 관장하는 주사대장(舟師大將)을 겸하고, 또 그 뒤로 경상, 전라, 충청도 등 삼남 지역의 군사행정을 총괄하는 부체찰사(副體察使), 그 뒤로 충청도와 전라도를 아우르는 양호(兩湖) 지역의 염철(鹽鐵)과 군량(軍糧)을 총괄하는 총관사(摠管使)를 맡으면서, 하루도 쉬지 않고 분골쇄신하면서 뛰어다녔다.

이렇게 그는 삼남 지역의 싸움터에서만 살았기 때문에 현지 사정에 가장 밝은 최고의 정보통이었을 뿐 아니라, 더욱이 통제사 이순신 장군의 수군을 위해 전선(戰船), 격군(格軍), 식량(食糧)을 조달하는 최고 책임자이기도 했다. 그가 아니었으면 이순신의 승첩도 기대하기 어려웠을 것이다. 왜란 당시 중앙 정부의 군사 정책은 대부분 한효순의 전황 보고와 그가 올린 건의에 따라 결정되었다.

왜란이 끝난 뒤에도 전라도 순찰사(全羅道巡察使)로서 이 지역의 수군 재건사업을 책임지고, 다시 4도 부체찰사(四道副體察使)로서 체찰사 이원익과 함께 경상도에 내려가 연해 지방의 국방 재건사업을 지휘했으며, 선조 34년(1601)부터는 누르하치 세력을 막기 위해 함경도도순찰사(咸鏡道都巡察使)에 임명되고, 뒤이어 선조 38년(1605)에는 평안도 관찰사와 북방 지역의 4도 체찰사(四道體察使)에 임명되어 여진족에 대한 국방 정책을 총괄했다. 북방 4도의 관찰사와 병마사가 모두 그의 휘하에 들어갔으니, 이런 직책은 일찍이 없던 일이었다. 한효순에 대한 선조의 신뢰가 어느 정도인지를 알 수 있다.

그 사이에 잠깐 이조판서, 호조판서, 병조판서, 공조판서, 형조판서, 중추부사, 우찬성 등의 중앙 벼슬을 하여 서울에 머물기도 하고, 피곤을 풀기 위해 은퇴처로 마련한 충청도 서산(瑞山)의 농가에도 잠시 다녀왔지만, 그 기간은 길지 않았다. 그는 중앙의 높은 벼슬은 극구 사양하는 대신 변방에 관한 일로 임금이 부르면 노구(老軀)의 아픈 몸을 이끌고라도 조정에 나왔다.

그가 어느 정도의 국방 행정 최고 전문가였으며, 그에 대한 임금의 신뢰가 얼마나 컸던가를 실감 나게 보여주는 좋은 사건이 있었다.

의정부 우찬성(右贊成; 종1품)으로 4도 체찰사를 겸했던 시절인 선조 38년(1605) 9월 28일, 임금은 그를 단독으로 불러 북로남왜에 대한 국방 대책 전반에 관해 폭넓게 논의했는데, 거의 한나절이 걸렸다. 《선조실록》에는 그 대화가 고스란히 실려 있다. 그 내용은 북로남왜에 대한 군사적 대응 뿐 아니라 외교적으로 어떻게 그들을 대해야 할 것인가도 포함되었다.

한효순이 건의한 군사적 대응은 북방 요해처에 대한 성곽 수축이나 군사의 정예화와 명나라에서 수입한 《기효신서(紀效新書)》와 우리나라의 전통적인 병법을 절충한 체계적인 군사훈련, 조총(鳥銃)을 비롯한 화약무기 개발, 군율(軍律)을 엄하게 하는 것 등을 강조하면서, 동시에 국경을 넘어 여진족의 소굴을 공격한다든가, 또는 명나라의 자문(咨文)을 저들에게 보여주면서 협박하는 등의 일은 역효과를 본다는 것을 지적하고, 우리나라의 독자적인 이해관계를 토대로 하여 실리적이고 평화적인 교린정책(交隣政策)을 써서 저들을 설득시키고, 또 저들이 필요로 하는 물품을 교역할 필요가 있다는 것을 주장했다.

이런 주체적이고 화전 양면을 배합한 국방 정책은 바로 광해군 정권의 중립적인 북방 정책의 토대가 되었다는 점을 주목할 필요가 있다. 또 광해군 대에 조총(鳥銃)과 대포(大砲) 등 화약무기를 대량 생산하기 위해 화기도감(火器都監)을 만든 것도 그 발상은 한효순에게서 나온 것이다. 한편, 일본에 대한 정책도 국방 강화와 동시에 평화적인 교린 정책을 병행할 것을 그는 평소 임금에게 누차 진언했다.

이렇게 한효순이 당대 최고의 군사, 외교 전문가로서 성장한 것은 전쟁의 현장에서 쌓은 무수한 체험이 누구보다도 많은 데서 나타난 결과였으며, 그 경험을 바탕으로 독자적으로 지은 병법서(兵法書)가 바로 함경도 순찰사 시절인 선조 36년(1603) 여름에 편찬한 《신기비결(神器秘訣)》과 이 해 가을에 편찬한 《진설(陣說)》이다. 그는 이 책들을 실제 군사 훈련용으로 사용하여 북방 군사를 정예화시켰고, 여기서 더 나아가 전국적으로 군사 정예화에 이 책이 활용되기를 기대했던 것이다.

2. 《신기비결(神器秘訣)》의 간행과 보급

《신기비결》과 《진설》은 현재 서울대학교 규장각 한국학연구원에서 소장하고 있는데, 훈련도감자(訓鍊都監字)로 인쇄되어 있어서 저술 당시에 훈련도감에서 금속활자로 인쇄하여 여러 장수들에게 보급했음을 짐작케 한다. 훈련도감 활자본에는 대한제국의 제실도서인(帝室圖書印)이 찍혀 있어서 황실 도서로 소장되어 있었음을 알 수 있고. 일제강점기에는 제실 도서가 조선총독부 학무국으로 넘어가면서 소장처의 도서인(圖書印)이 조선총독부로 바뀌었다. 8.15 광복 뒤 이 도서들이 서울대학교로 이관되면서 지금은 서울대학교 규장각 도서로 소장되어 있는 것이다.

선조 때 훈련도감에서 간행한 이 책들은 정조 때 목판본으로 재간

행되었다. 정조 15년(1791) 6월 29일자《내각일력(內閣日曆》(규
장각일기)을 보면,《신기비결》과《진설》이 각각 2건씩 창덕궁 규장
각에 소장되어 있는데, 목판본으로 되어 있다고 기록되어 있다. 하지
만 현재 목판본이 전해지지 않은 것을 보면, 혹시 활자본을 목판본으
로 잘못 기록했는지도 모른다.

위 두 책이 이미 간행된 지 오래고, 또 초간본은 금속활자로 찍었기
때문에 대량으로 발간하지는 못했을 것이다. 그런데《내각일력》을 보
면 같은 날짜에《기효신서》와《무경총요(武經叢要)》도 각 2건씩 목
판본을 보관하고 있다고 되어 있어서 한효순의 두 책과 아울러 중요
한 병서(兵書)로 간주하여 규장각에 보관하고 있었음을 알 수 있다.

이렇게 활자본으로 간행된 책은 주로 장수들에게 보급되었을 것으
로 짐작되지만, 민간인에게도 알려졌을 가능성이 크다. 그 증거가 있
다. 이 책에 대해 가장 먼저 평가한 사람은 영조~정조시대 소론파 실
학자로서 민족주의적 성향이 강한 역사학자이기도 한 수산(修山) 이
종휘(李種徽; 1731~1797)이다. 이 책에 대한 그의 평가는 다음과
같다.

《신기비결》은 근세의 병가(兵家)가 화기(火器)를 논한 것인데, 그
아래에는 여러 병서(兵書)를 자세하게 인용하여 자못 오늘날에도 비
익(裨益)되는 바가 많다. 그 책의 권말을 보니 혼조[광해군] 때의
정승 한효순(韓孝純)이 지은 것이다. 한효순은 평범하고 꼼꼼한 사
람으로서 능히 이런 책을 지었으니, 우리의 선배가 [국방에] 게으르
지 않았음이 이와 같았다.95)

---

95)《수산집》권 14 만필(漫筆)

이종휘가 어떤 경로로 이 책을 보게 되었는지 알 수 없으나, 그는 이 책을 보고 한효순이 국방을 게을리 하지 않은 것을 칭찬하면서 국방에 비익되는 바가 많다고 격찬하고 있는 것이다. 그는 한말~일제 시대 민족주의 역사가인 단재(丹齋) 신채호(申采浩)에게 가장 큰 영향을 준 조선 후기 실학자로서 무엇보다 문무일치(文武一致)와 국방 강화를 강력하게 주장하고, 잃어버린 만주 땅을 되찾아 고토(故土)를 수복할 것을 주장했다. 그리고 이런 시각에서 《동사(東史)》라는 역사 책을 써서, 단군 조선의 문화가 중국과 대등했을 뿐 아니라, 그 후예 들이 부여, 옥저, 예맥, 고구려, 백제, 발해 등을 세워 만주와 한반도 를 지배했다고 썼다. 이종휘는 단군 후예들이 세운 나라 가운데 특히 고구려의 강성함과 고구려의 민족 종교인 제천(祭天) 의식을 높이 평가하여 이를 단군시대부터 내려온 민족 신앙으로 보아 신교(神敎)로 부르기도 했다.96)

이렇게 국방을 중요시하고 민족주의적 역사의식을 가진 이종휘가 한효순의 《신기비결》을 보고 격찬한 것은 우연한 일이 아닐 것이다. 이종휘는 자신이 쓴 만필(漫筆)에서 수십 명에 달하는 조선 시대 위인들의 학문을 평하고 있는데, 그 가운데 한효순을 두 번째로 언급한 것은 의미심장하다. 더구나 한효순은 관작을 삭탈당한 인물인데도 그가 지은 병서(兵書)에 대해서 이렇게 긍정적으로 평가하기는 쉬운 일이 아니었을 것이다. 아마도 《신기비결》은 이종휘 뿐 아니라 조선 후기 실학자들 사이에 적지 아니 보급되었을 것으로 보이는데, 앞으로 더 많은 조사가 필요하다.

---

96) 이종휘의 사상과 역사 서술에 대해서는 한영우, 〈18세기 중엽 소론 이종휘 의 역사의식〉, 《조선후기사학사연구》(일지사, 1989)를 참고할 것.

《신기비결》이 이렇게 국가 차원에서 보급된 책임에도 불구하고 이종휘 이외의 후대 학자들이 언급한 것이 발견되고 있지 않는 것은 그가 인조반정 이후 관작이 삭탈당한 데에 원인이 있는 듯하다. 그러므로 1908년에 그의 관작이 회복된 이후로 한효순에 대한 연구도 비로소 자유스러워졌다고 할 수 있다.

8.15광복 후 우리나라 군제사(軍制史)와 화기 발달사(火器發達史)를 연구하는 학자들은 거의 대부분 이 책을 주목하고 있는데, 주요한 것만 소개하면 다음과 같다.

《신기비결》에 대한 최초의 연구는 육군사관학교 교수였던 허선도(許善道)에 의해 이루어졌는데, 〈신기비결(상,하) - 한국 화약병기의 장방법(裝放法)을 중심으로〉, 《한국학논총》 5,6집(국민대학교, 1983,1984)에 수록되었다. 그 뒤 이 논문은 《조선시대 화약병기사연구》, (일조각, 1994)에 재수록되었다.

1995년에는 당시 규장각 관장으로 있던 필자가 주선하여 《신기비결, 진설, 당초기(當初記)》를 함께 묶어 일조각에서 자료집으로 간행했는데, 여기에는 한명기(韓明基) 교수의 '한효순의 생애와 저술에 대하여'라는 논문이 실려 있다. 이는 한효순에 대한 최초의 논문이라고 할 수 있는데, 여기서도 《신기비결》과 《진설》에 대한 내용이 소개되어 있다.

2002년에는 서울대학교 국사학과 대학원생 노영구(盧永九)가 박사학위 논문으로 《조선후기 병서(兵書)와 전법(戰法)의 연구》를 발표했는데,97) 여기서는 《신기비결》과 아울러 《진설》의 내용이 다른

---

97) 노영구의 박사논문은 그뒤 내용이 보완되어 2016년 2월에 《조선후기의 전술 - 《병학통》연구를 중심으로》(그물, 2016)으로 재간행되었다.

병서들과 비교되면서 큰 비중으로 다루어지고 있다. 척계광의 《기효신서》의 병법이 왜란 뒤 도입되면서 우리 현실에 맞지 않는 부분이 생기자 이를 우리 현실에 맞게 수정하고 보완하여 토착화시키는 과정에서 한효순의 저술이 나타났다고 해석했다.

한편, 국방부 군사편찬위원회에서는 2011년에 《신기비결》을 국문으로 번역하여 '군사문헌집' 22호로 발간했다. 다만 해설이 없는 점이 아쉽다.

이상이 지금까지 한효순과 그의 저서에 대한 연구의 전부인데, 아직은 자료집조차 제대로 보급되지 않은 초보적인 단계에 머물러 있다고 하겠다. 앞으로 더 본격적인 연구가 필요하다.

3. 《신기비결》의 내용

(1) 《신기비결》의 발문

《신기비결》은 한효순이 함경도 순찰사 시절에 함경도 감영이 있는 함흥(咸興)의 무학당(武學堂)에서 편찬한 것임을 스스로 발문에서 밝히고 있다. 지금 서울대학교 규장각에 소장되어 있는 훈련도감 활자본 《신기비결》을 보면 모두 한 책으로, 크게 4부로 구성되어 있다. 제1부는 권두, 제2부는 본문, 제3부는 제가(諸家)의 병법. 그리고 제4부는 저자의 발문(跋文)이다.

먼저, 발문(跋文)을 보면, 이 책을 쓰게 된 동기와 내용을 다음과 같이 적고 있다.

삼강군(三江郡; 평안도 삼등과 강동)에서 가정(嘉靖) 44년[명종 20년; 1565]에 인간(印刊)한 《총통식(銃筒式)》 1편이 있다. 누가 편찬했는지 알 수 없는데, 그 해설이 너무 간략하고, 그 해설된 기술(技術)이 너무 조잡하다. 더욱이 각종 화기(火器)에 사용된 화약(火藥)의 분량이나 탄자(彈子)의 많고 적음, 총창(銃金＋倉; 火器)을 장치하고 발사하는 방법, 군졸들이 익히고 훈련하는 방법이 모두 자세하지 않다. 그러니 병졸들이 어떻게 그 규식(規式)을 알아서 그 묘한 이치를 터득할 수가 있겠는가?

그래서 내가 그 《총통식》에다가 약간 보태기도 하고 빼기도 하고, 아울러 《기효신서》에 실려 있는 화기(火器)에 관한 내용을 덧붙여서 한 책을 만들어 《신기비결》이라고 이름 붙였다.

하지만 장수가 병법을 모르고, 병사들이 전투를 모른다면 비록 화기가 있더라도 승패에 아무런 도움이 되지 않을 것이다. 그래서 황태공(黃太公)의 병법 21장과, 손자(孫子)의 병법 13장과, 《위료자(尉繚子)》의 병법 7장, 척계광(戚繼光)의 병법 52장을 그 아래에 덧붙여서, 여러 북방 진보(鎭堡; 북방변경의 진)의 장수들에게 보여 줌으로써 사람들이 모두 이를 알아 이렇게 공격과 타격을 준비하고, 이렇게 대오(隊伍)를 엄하게 하고, 이렇게 연형(連刑)을 준엄하게 하고, 이렇게 기병(奇兵)과 정병(正兵)을 만들도록 해야 한다. 그리하여 깊고 오묘한 모략(謀略)이 모두 갖추어져서 열을 가르쳐 백을 만들면 외침과 내란을 막는데 적지 않은 도움을 주게 될 것이다.

위 발문을 보면, 두 가지 목표가 제시되어 있다. 하나는 1565년에 인간된 《총통식》이라는 책이 너무 간략하여 군사에 도움이 되지 않기 때문에, 이 책의 내용을 빼기도 하고 보태기도 했으며, 여기에 척계광의 《기효신서》에 보이는 화약 무기를 첨가하여 만들었다는 것과, 둘째로 화약 무기가 있더라도 병법을 모르면 무용지물이 되므로 황태공, 손자, 위료자, 그리고 척계광 등 중국 역대 병가(兵家)들의 병법을 모아서 수록했다는 것이다.

다만, 병법 문제는 이렇게 간단하게 설명하기 어려운 점이 있기 때문에 한효순은 바로 병법만을 전문적으로 다룬 《진설》을 따로 편찬하여 《신기비결》과 자매편이 되도록 한 것이다. 《진설》은 뒤에 다시 설명할 것이다.

《신기비결》은 《기효신서》를 가장 많이 참고하여 만들었지만, 그렇다고 그 책을 단순히 줄이고 요약한 것이 아니라, 그 책의 부족한 부분을 다른 병서를 통해 보완하고, 현실적인 경험을 통해 얻은 개량 방법을 제시하고 있음이 주목된다. 더욱이 《기효신서》에는 조총에 관한 지식이 아직 부족했던 16세기 중엽에 만든 책이기에, 조총 부분을 크게 보완했다.

병법에 관한 내용은 뒤에서 소개하기로 하고, 이 책의 앞부분에 실린 화기(火器)에 대한 내용을 먼저 소개하면 다음과 같다.

(2) 제1부 권두

한효순은 신기(神器; 신비로운 무기) 가운데 대표적인 무기를 대형 화기인 대포(大砲)와 소형 화기인 조총(鳥銃)으로 보고, 이것을 만드는데 필요한 도구와 재료를 설명하고 있다. 한효순은 우리나라에서 조선 초기부터 발전시킨 대포는 성능이 우수하기 때문에 이를 계승해야 한다고 보면서, 동시에 왜란 때 새로 들어온 신식 무기인 조총을 보완하여 대포와 조총을 무기의 핵심으로 삼아야 한다고 생각했다.

① 대포 1문

대포 1문을 만들고 사용하는 데 필요한 재료들은 다음과 같다.

철곽(鐵钁; 구덩이 파는 쇠괭이) 1자루, 철추(鐵錘; 격목 다지는 쇠몽둥이) 1자루, 전자(剪子; 약선 베는 가위) 1자루, 철추(鐵鎚; 약혈 비비는 송곳) 1자루, 약승(藥升; 화약 담는 됫박) 1개, 송자(送子; 화약 다지는 총 구경에 맞는 나무) 1켤레, 목랑두(木榔頭; 나무메) 1개, 피대(皮袋; 가죽 주머니) 1개, 목마(木馬; 격목) 10개, 대연자(大鉛子; 큰 납탄알) 10개, 중연자(中鉛子; 중간 크기 납탄알) 적당량, 약선(藥線; 화약심지) 적당량, 화승(火繩; 불심지) 적당량, 화약(火藥) 적당량.

〔천자총(天字銃), 지자총(地字銃), 호준포(虎蹲砲)[98], 불랑기(佛狼機)도 이 법과 같다〕

② 조총(鳥銃)[99] 1문

조총 1문을 만들고 사용하는 데 필요한 재료는 다음과 같다.

삭장(槊杖; 화약 다지는 조총 구멍에 맞는 나무) 1켤레, 석별(錫鼈; 화약통) 1개, 약관(藥管; 화약 넣는 통) 20개, 피대(皮袋; 가죽

---

98) 호준포는 척계광이 발명한 대포로 앞 부분의 다리 두 개에 포신(砲身)이 끼어 있는 모습이 호랑이를 닮았다. 1회 포격으로 조총 100발의 분량을 발사할 수 있고, 사거리가 2km에 이른다. 명나라 군대의 주요 무기다.
99) 황윤길이 선조 22년(1589)에 일본에 통신사로 갔다 오면서 대마도주로부터 받아온 것이 처음이다. 왜란 이후 대량으로 생산하여 보급했다.

주머니) 1개, 총투(銃套; 조총집) 1벌, 소연자(小鉛子; 작은 납 탄알) 적당량, 약선(藥線; 화약심지) 적당량, 화승(火繩; 불심지) 적당량, 화약(火藥) 적당량.

〔쌍안총(雙眼銃),100) 백자총(百字銃), 크고 작은 승자총통(勝字銃筒)101) 이하 모든 총도 이와 같음〕

(3) 제2부 본문

여기서는 각종 총기를 소개하면서, 그 총기를 한번 사용하는데 필요한 재료와 발사하는 방법을 자세히 설명하고 있다. 총기의 종류는 천자총(天字銃)에서 시작하여 지자총(地字銃), 현자총(玄字銃), 황자총(黃字銃), 불랑기(佛狼機),102) 조총(鳥銃), 쌍안총(雙眼銃), 백자총(百字銃), 대승총(大勝銃), 차승총(次勝銃), 소승총(小勝銃), 우자총(宇字銃), 주자총(宙字銃), 홍자총(洪字銃), 황자총(荒字銃), 일자총(日字銃), 영자총(盈字銃), 측자총(昃字銃)의 순으로 각 화기(火器)마다 1회당 발사에 소용되는 화약, 화약선, 탄자(彈子; 탄알)를 소개하고, 이어 총가(銃歌)라는 제목 아래 장전에서 발사에 이르는 과정을 몇 단계로 나누어 일일이 설명하고 있다. 여기서 보이는 총가(銃歌)는 다른 책에서는 볼 수 없는 이 책의 특징인데,

---

100) 쌍안총은 승자총통 두 자루를 나란히 붙여놓은 것과 같은 모습으로 두 총신에 각각 3개씩의 화약선 구멍이 있어 탄환 2개씩을 3개 층으로 장전하고 1회의 장전으로 6발을 연속 사격할 수 있다.
101) 승자총통은 선조 초 전라좌도 수군절도사 김지(金遲)가 개발한 총. 총의 부리를 길게 하여 사정거리와 명중률을 높였다.
102) 불랑기는 왜란 때 명군을 통해 들어온 서양식 대포이다. 불랑기는 Frank에서 유래했다고 한다. 불랑기는 모포(母砲)와 자포(子砲)가 분리되어, 모포는 본체를 말하고, 자포는 포탄을 장전하는 부속품을 말한다.

병사들이 장전하고 발사하는 과정을 노래처럼 외우도록 한 것이다.

총기에 화약을 장전하고 발사하는 방법을 이렇게 세밀하게 기록한 것은 이 책이 처음이다.

우리나라의 전통 총통은 비록 정교함은 조총(鳥銃)에는 미치지 못 하지만 오랜 전통을 가진 화기이므로 버릴 필요가 없다고 주장한다.

① 천자총103)

매 1위(位)마다 화약 30냥

화약심지 5치104)

중간 크기 납 탄알 100알.

총가(銃歌)는 다음과 같다.

㉮ 총 닦고

㉯ 약선(화약심지) 넣고

㉰ 화약 내리고

㉱ 복지(覆紙; 덮개 종이) 내리고

㉲ 송자(送子; 화약 다지는 나무쪽) 가벼운 것 내리고

㉳ 목마(격목) 내리고

㉴ 송자 내려 힘껏 다져 화약 앞까지 밀고

㉵ 납 탄알 1겹 내리고, 흙 내리고, 송자 내리고

㉶ 납탄알 1겹 내리고, 흙 내리고, 송자 내리고

㉷ 총구에 맞는 큰 납 탄알[무쇠, 또는 돌] 1벌 내리고, 송자 내려 힘껏 총구에 다져 넣고, 총을 수평으로 하고, 명을 기다려 불 붙이고

---

103) 천자총통은 가장 구경이 큰 화포로 포탄은 무게가 30킬로그램이고, 사거 리는 약 960미터이다.
104) 5치는 한 자의 10분의 1로 약 3.03cm 정도이다.

발사.

② 지자총

매 1위마다 화약 20냥, 화약심지 5치, 중간 크기 납 탄알 60알
총가는 다음과 같다.

㉮ 총 닦고

㉯ 약선 넣고

㉰ 화약 내리고

㉱ 복지 내리고

㉲ 송자 가벼운 것 내리고

㉳ 목마 내리고

㉴ 송자 내려 힘껏 다져 화약 앞까지 밀고

㉵~㉺ 납 탄알 1겹 내리고, 흙 내리고, 송자 내리고

㉻ 총구에 맞는 큰 납 탄알〔또는 무쇠 탄알〕 1벌 내리고, 송자 내려
힘껏 총구에 다져 넣고, 총을 수평으로 하고, 명을 기다려 불붙여 발
사

㉼ 납 탄알 1겹을 넣고, 흙을 넣고, 송자를 넣는다.

그 뒤에 있는 '현자총' 이하의 여러 총들도 비슷한데 자세한 소개는
생략하고, 휴대용 소형 화기인 조총(鳥銃)만 소개하면 다음과 같다.

③ 조총(鳥銃)

매 1문마다 화약 2~3돈 2~3푼, 작은 크기 납 탄알 1알

조총의 '총가'

㉮ 총 닦고

ⓝ 화약 내리고

ⓓ 삭장으로 화약 넣어 채우고

ⓡ 납 탄알 내리고

ⓜ 삭장으로 납 탄알 누르고

ⓑ 복지 내리고

ⓢ 복지 누르고

ⓐ 화기 아가리 열고

ⓧ 화약심지 내리고

ⓒ 화기 아가리 흔들어 아가리 화약이 내려가 몸통 화약과 섞이도록 하고

ⓚ 곧바로 화포 아가리 닫고

ⓣ 용두(龍頭; 갈고리쇠)로 화승 누르고

ⓟ 명에 따라 화포 아가리 열고

ⓗ 적을 조준하여 발사

④ 대포, 불랑기, 조총의 연습 방법

앞에서 각종 화기에 쓰이는 재료와 도구 그리고 장전에서 발사에 이르는 순서를 노래로 만들어 설명했는데, 여기에 이어 각종 대포와 불랑기, 그리고 조총을 잘 관리하는 방법을 설명하고 있다. 요즘 말로 하면 총기 관리법이라고 할 수 있다. 그 가운데 가장 설명이 자세한 것은 소형 휴대 무기인 조총이다. 그래서 조총 관리법만 여기서 소개하기로 한다.

총구(銃口)에 쓸 수 있는 납 탄알은 몇 전(錢)이며, 화약은 몇 전인가, 대나무를 잘라서 통을 만들되 화약의 양을 생각하여 길고 짧은

것을 먼저 비교하고 시험하여 정한다. 20개의 관(管)에 채워서 가죽 자루 안에 넣어 허리에 묶어 두고 화약심지와 화약을 사용한다. 화약을 급히 쓸 때에는 화약통 안에 넣어서 노끈으로 묶어 납 탄알 주머니와 함께 허리에 묶되, 납 탄알은 미리 만들어 광택이 나고 둥글게 한다음, 다시 총구에 맞게 다듬는다. 탄알을 총구의 중간쯤에 걸치고 약한 힘으로 내부에 밀어 넣으면 새어 나오지 않는다.

총가(銃歌)에 따라 장전하되, 먼저 입으로 불어서 총의 중심 안쪽을 깨끗이 하고, 한 통의 화약을 총 안에 넣고 삭장을 써서 힘껏 다져서 납 탄알 한 개를 내려보낸다. 다시 삭장을 아래로 내려 보내 화약 부분에 이르렀을 때 종이 한 조각으로 둥글게 덩어리를 만들어 들여 보내 납탄을 막아 멈추게 한다.

그런 다음 화기의 아가리를 열고 따로 간직한 화약통 안의 고운 화약을 아가리 안에 기울여 부어 넣고 위를 향하여 화약의 심지가 들어가는 입구를 흔들어준다. 아가리를 닫고 불심지를 갈고리쇠 앞에 집어넣어서 손으로 총가(銃架)의 가운데 허리 부분에 기댄 뒤에 손으로 아가리를 열고 총가의 꼬리를 잡는다. 얼굴을 총가 꼬리의 위에 대고 한쪽 눈으로 뒷 가늠자와 앞 가늠자를 수평으로 본 다음 사격할 사람[목표물]에 맞추어 오른손 집게손가락을 써서 굴대를 튕긴다. 그런 다음 뒷 굴대를 향하여 용두를 넣어 용두가 아가리에 떨어지면 약에 불이 당겨져 발사가 된다.

한효순은 이어 질문 응답하는 식으로, 여러 화기들이 지닌 단점을 극복하는 방법을 자상하게 일러주고 있다. 사실, 《기효신서》에는 장전하는 방법이 자세하지 못하여 불편한 점이 많은데, 한효순이 이를 발전시켜 개량된 방법을 가르쳐주고 있다.

⑤신기(神器)와 조총(鳥銃)에 대한 해설

무릇 무기는 5가지 종류가 있는데, 활, 화살, 창, 칼, 화포가 그것
이다. 이를 5병(五兵)으로 부른다. 그 가운데 화포(火砲)가 가장 강
한 무기이지만, 진흙 밭이 많고 수렁이 많은 남방지역에서는 무거운
화포는 끌고 가기 어렵다. 그래서 휴대하기 간편한 조총이 으뜸이고,
화전(火箭; 불화살)이 그 다음으로 중요하다. 궁시(弓矢; 활)는 조
총을 따르지 못한다.

그러나 조총이 아무리 좋아도 제대로 훈련 받지 않으면 쓸모가 없
다. 우리나라는 평상시 훈련할 때 탄알을 쓰지 않고 하늘을 향해 조총
을 쏘고, 왜적과 싸울 때에도 탄약과 화약 없이 발사하고 도망가기에
바빴다. 그래서 평상시 훈련을 실전처럼 해야 한다.

조총을 만드는 데 가장 중요한 것은 두 개의 통을 정교하게 단련된
쇠로 만드는 일과 총구멍을 정교하게 뚫어 탄알이 빠져나가지 않게
하는 일이다. 그리고 화약은 납알의 크기에 따라 조절해야 한다고 강
조했다.

정교한 조총은 명중률이 높고 관통력이 크기 때문에 나는 새도 떨
어뜨릴 수 있다고 하면서 다른 화포나 궁시보다는 10배 또는 5배 이
상의 명중율을 보이고 있다고 했다.

⑥ 짧은 무기[조총]를 길게 사용하는 법

여기서는 전투 현장에서 벌어지는 우리나라 병사들의 문제점을 지
적하고 있다. 그 내용의 핵심은 이렇다.

우리나라는 10개의 총 가운데 겨우 6~7개의 총이 발사되고, 6~7개의 총 가운데 겨우 2~3개의 총이 명중할 뿐이니, 이는 여러 차례의 전투에서 직접 보고 익숙히 시험하고서 안 것이다. 그러니 참으로 어려운 일이다. 이는 장수된 자가 그 폐해를 반성하여 교육 훈련을 엄히 하여 그러지 못하게 바꾸는 데에 달려 있을 뿐이다.

이렇게 우리 병사들의 전투력이 엉망이 된 것은 조총을 비롯한 화기를 다루는 기술이 부족하여 탄알이 빠지고, 불심지가 땅에 떨어져 습기에 젖어 못쓰게 되고, 화약심지가 다 타버릴 때까지 발사도 하지 않고, 조준도 하지 않고 하늘에 대고 발사하기도 하여 나타난 일들이다. 또 전투에 임해서는 도망갈 길만 찾고 싸우려는 의지가 없기 때문이다. 그러므로 이를 시정하는 방법은 군사 훈련을 엄하게 하는 방법 밖에 없다.

⑦ 화기[조총]를 점검하는 법

여기서는 화기[조총]를 점검하는 방법을 설명하고 있다. 조총수(鳥銃手)는 5명으로 조를 짜서 대(臺) 위에 올라가서 나란히 서게 한 다음, 총구가 서로 같은 것끼리 조를 짰는지를 살피고, 다음에는 탄알이 총구에 맞게 만들었는지를 조사한다. 다음에는 불심지가 바짝 말랐는지를 알아보고, 화약이 건조하고 가늘고 긴 지를 알아본다. 그밖에 부속품을 일일이 검사한 다음에 100보 거리에 표적을 두고 발사 훈련을 한다.

총을 쏠 때는 반드시 두 가늠자를 눈으로 보아야 하고, 손을 움직이거나 머리를 돌리면 안 된다. 이런 여러 가지 규칙을 훈련할 때나 전장에서 지키지 않는 자는 대장에 보고하여 목을 베어 여러 사람에게 보여야 한다.

한효순은 군율(軍律)이 엄하지 않으면 절대로 정예병이 될 수 없다는 것을 평상시에도 늘 강조해 왔는데 여기서도 그 점을 다시 강조하고 있다.

⑧ 화기[조총]를 수납하고 관리하는 법

여기서는 사격이 끝난 뒤에 조총을 관리하는 방법을 설명하고 있다. 우선 총을 말리는 것이 중요하다. 만일 비가 계속 내리면 비가 개는 날 한 차례 씻어서 말려야 한다. 말린 총은 총가(銃架; 총을 두는 시렁)에 수납해야 하는데, 법을 어긴 자는 군율로 다스리고 대장에게 배상시킨다. 전장에서 이를 어긴 자는 참형에 처한다.

⑨ 총기 유실, 손실품, 폐품에 대한 감독, 조사

총기에 소요되는 도구와 물품이 파손되었거나, 휴대하지 않고 올 경우에는 즉시 대장(隊長)을 처벌하고, 본인은 가중 처벌한다.

⑩ 병기(兵器) 검사와 화기 지급 요청

모든 군영이 설치되면 먼저 병기의 손상과 유실 여부를 조사하여 상부에 보고하고, 즉시 수리하며 이를 장부에 기록해야 한다.

부족한 화기는 출정(出征)하기 3일 전에 지급을 요청하여 완비하고, 급히 떠날 경우에도 하루 전에 지급을 요청해야 하며, 없으면서 있는 것처럼 하는 것도 불허한다. 적발되면 모두 적을 두려워하여 도망간 죄로 다스린다.

⑪ 총포수(銃砲手)에 대한 경계와 공포 발사에 대한 징계

총수가 싸움에 임하여 고의로 법식대로 사격하지 않고 위에다 쏘거

나, 아래에다 쏘거나, 엉뚱한 곳에 쏘거나, 무서워 벌벌 떠는 자는 대총(隊摠)이 먼저 그의 귀를 잘라 오고, 회군한 뒤에 목을 벤다. 모든 싸움에서 얻은 적의 수급[머리]은 10개 가운데 2개를 조총수나 창과 칼을 휴대하지 않은 자에게 주어 들고 오게 한다.

총수와 포수들은 적이 사격권 안에 들어오기 전에 미리 공포를 쏘아 탄알과 화약을 이미 다 써 버리면 막상 접전할 때 속수무책이 된다. 총기의 발사는 반드시 중군(中軍)의 신호를 듣고 천아성 나팔을 불 때 발사해야 한다. 총수들은 몇 개의 반을 나누어 순번대로 발사하고, 적이 만약 흩어져 들어올 때에는 하나의 적을 골라 사격해야 한다. 설사 신호 이전에 발사하여 적을 2명이나 죽였다 하더라도 군법으로 목을 벤다. 평시에 무기를 수리하지 않아 고장이 나서 발사하지 못하는 자도 목을 벤다.

(4) 제가(諸家)의 병법

제3부에 해당하는 제가의 병법은 분량으로 보면 이 책 전체의 3분의 2 정도를 차지한다. 그런데 '제가의 병법'은 다시 두 부분으로 나뉜다. 전반부의 52개 항은 척계광(戚繼光)의 《기효신서》에서 발췌한 것으로, 실무적인 전투 기술을 설명한 것이고, 후반부는 척계광 이전의 중국 역대의 병법가(兵法家)인 태공(太公)의 병법에서 21개 항, 손자(孫子)의 병법에서 17개 항, 위료자(尉繚子)의 병법에서 17개 항을 발췌하여 소개한 것으로 장수들이 알아야 할 포괄적인 전략과 전술에 관한 내용을 담고 있다.

척계광은 바로 명나라 시대의 인물로서 당시의 무기를 가지고 중국의 절강지방(浙江地方)에서 왜적(倭賊)과 싸운 경험을 바탕으로 만든 병법이기 때문에 우리나라 현실에도 맞는 점이 가장 많다고 본 것이다. 하지만, 한효순은 단순히 《기효신서》를 기계적으로 받아들인 것이 아니라 자신이 7년 동안의 왜란을 직접 경험하면서 현장에서 느낀 문제점을 바탕으로 하여 우리나라 군대의 체질을 개선하려는데 목표를 두고 있기 때문에 매우 실사구시적(實事求是的)인 창의력을 보여주고 있는 것이 특징이다.

먼저, 《기효신서》를 바탕으로 한 52개 항의 내용을 요약 정리하여 소개하면 다음과 같다.

① 대오(隊伍) 편성 방법

여기서는 속오군(束伍軍)105)의 제도를 따라 대오를 편성할 것을 설명하고 있다. 즉 파(把; 把摠) (…) 초(哨; 哨官) (…) 기(旗; 旗摠) (…) 대(隊; 隊摠) (…) 병(兵)과 사(使)를 가려서 뽑아야 한다고 주장한다. 이 속오법은 《기효신서》에서 배운 것으로 왜란 중에 처음으로 편성되었는데, 한효순은 각 단위의 책임자를 스스로 뽑아야만 나중에 지휘관을 원망하지 않게 된다는 점을 강조하고 있다.

② 명활법(明活法); 운용하는 방법

1오(伍)는 5명으로 구성되는데, 2개의 오(伍)를 1대(隊)로 하고, 대에는 대장(隊長; 隊摠) 1인과 화병(火兵) 1인이 있으므로, 1대의

---

105) 속오군제는 영(營; 營長)을 최상의 단위로 조직하는데, 영에는 5개의 사(司)를 두고, 각 사마다 5개의 초(哨)를 두며, 1초는 3개의 기(旗), 1기는 3개의 대(隊), 1대는 2개의 오(伍), 1오는 5명으로 구성되어 있는데, 1대는 화병(火兵) 1명과 합쳐 11명의 병사로 구성된다. 따라서 1개의 영에는 영장(營長) 1명, 파총(把摠) 5명, 초관(哨官) 25명, 기총(旗摠) 75명, 대총(隊摠) 225명, 그리고 2,475명의 병사(兵士)로 구성되어 있다.

숫자는 대장과 화병을 포함하여 12명을 단위로 행군하도록 한다. 하지만 모든 대(隊), 기(旗), 초(哨)는 일정한 숫자에 구애받을 필요가 없다. 바로 이 점은 속오법을 융통성 있게 운영하자는 말이다.

③ 실복험(實復驗); 지휘 체계의 충실화

영문(營門)의 폐쇄, 병력 선발, 내보내고 다시 소집하는 일, 장수가 허리에 차는 패(牌)는 전과 같다. 폐단을 일으키는 자는 엄중한 법으로 연좌제를 시행하고, 1~2대(隊)가 첫 통신망을 세우고, 이때 두 번째 통신망을 설치하면, 그 다음부터는 마치 양떼를 모는 것처럼 쉽게 지휘하여, 오직 우리의 호령만을 듣게 된다. 이렇게 하면 훈련이 된 것이고, 이로써 연병(練兵)은 이미 절반을 공부한 셈이다.

④ 깃발과 북의 신호 체계

관병(官兵)은 귀로는 징과 북소리만 듣고, 눈으로는 오방색기(五方色旗)106)만을 본다. 그밖에 다른 사람의 말을 들어서는 안된다. 북소리가 그치지 않으면 물불을 가리지 않고 뛰어가야 하며, 징이 울리면 멈춰 서야 한다. 명령을 전달할 때는 반드시 영기(令旗), 영전(令箭), 영표(令票) 가운데 한 가지가 있어야 그 명령을 듣는다.

⑤ 깃발 훈련

병사들은 대장(隊長)이 잡고 있는 기(旗)를 보고 응하고, 대장은 기총(旗摠)의 기를 보고 응하고, 기총은 초관(哨官)의 인기(認旗)를 보고 응하고, 초관은 파총(把摠)의 오방색기를 보고 움직인다. 기가

---

106) 오방색기는 동쪽은 청색, 서쪽은 백색, 북쪽은 흑색, 남쪽은 적색, 그리고 중앙은 황색으로 깃발을 만들어 방위를 표시한다.

눕혀져 있으면 절대로 움직이지 않는다. 밤에는 횃불과 북소리를 듣고 행동한다.

⑥~⑦ 대장기(大將旗)와 금고(金鼓), 소란 행위 금지

대장(大將)이 하는 일은 오직 깃발과 북으로 명령을 내리는 것 뿐이고, 병사들은 오직 깃발과 북소리만 듣고 행렬을 이루어 가야 한다. 대장은 용맹을 믿고 창을 들고 말을 달리는 자가 아니다. 병사들이 북소리와 깃발을 보고도 따르지 않는다면 그것은 대장의 책임이다. 부대의 행렬에는 12진(辰), 9군(軍), 8진(陣), 5행(行), 4문(門) 등과 같이 다양한 모습이 있음을 알아야 한다. 군대는 떠들거나 소란스러우면 안 된다. 그런 행동을 하는 자들은 엄중히 다스려야 한다.

⑧~⑨ 병기 지급, 무예 비교

무기에는 단거리 무기와 장거리 무기가 있는데, 장거리 무기가 너무 많으면 근접전에서 패하고, 단거리 무기가 너무 많으면 싸우기도 전에 예기가 꺾인다. 그러므로 두 종류의 무기를 잘 배합하여 지급해야 한다. 총포와 궁시는 장거리 무기이고, 방패, 쇠도리깨, 창, 삼지창, 장검, 표창, 도끼 등은 단거리 무기이다.

병사(兵士)는 무예를 배우지 않고, 기계를 닦지 않고, 갑옷을 착용하지 않고, 적을 보면 달아나니, 이는 기율이 없기 때문이다. 이 모든 것을 법식을 세워서 훈련시키고 어기는 자는 엄중히 다스려야 한다.

⑩ 비밀을 유지하는 법

소수의 적이 다가올 때에는 깃발을 눕히고, 북소리를 멈추고, 병기를 숨기고, 정숙을 유지하여 적이 10여 보 앞으로 다가올 때까지 기

다렸다가 공격하면 이긴다. 적이 만약 큰 병력으로 다가올 때에는 포수가 영에 따라 교대로 사격을 가하고, 다시 장전했다가 발사한다. 또 좌와 우로 날개를 펴서 복병했다가 기병(奇兵)이 갑자기 뛰어나가 적의 허점을 찔러야 한다. 이것이 뛰어난 장수의 안목이다.

⑪ 인원출입을 엄중히 관리할 것

각 영(營)에서 사람을 들여보내고 내보낼 때는 반드시 문을 거치게 하고, 영두(纓頭; 장식용 끈), 의복, 요패(허리에 찬 패) 등을 분별하여 통과시켜야 한다. 만약 다른 영의 사람이 통과하면 법을 어겼으므로 군법으로 다스린다.

⑫ 복병(伏兵)

왜적은 소수인을 뽑아 보내 우리의 배후를 습격하는 데 능하다. 비록 저들이 대패하더라도 달아나면서 복병을 남겨 두어 우리를 속인다. 1561년에 명나라가 왜적을 소탕할 때는 이런 전술을 썼다. 적이 패하여 달아나면 이를 추격하다가 숲이나 민가, 개울, 꼬부라진 길 등을 만나면 반드시 적들이 나올 입구를 1대(隊)나 1초(哨)가 지키게 하고, 다른 병력은 추격을 계속했다. 이렇게 적의 복병이 있을 만한 곳에는 소수의 병력을 남겨두고 전진하는 방법을 택했기 때문이었다.

⑬~⑭ 복병 대비훈련과 경계

복병에 대한 대비 훈련은 이렇게 한다. 나무로 된 패(牌)에다 보리밭, 시골집 등을 써서 훈련장에다 꽂아 놓고, 잿가루로 구불구불한 길을 그려놓는다. 이렇게 한 다음 북을 치며 전진하다가 나무패가 있는 곳에서는 수색과 방비를 하도록 한다. 훈련장에서 훈련이 끝나면 교외의 들판과 촌락으로 나가서 실제 상황처럼 훈련한다.

적을 만났을 때 꼼짝도 하지 않거나 미리 움직이는 자는 목을 벤다. 기병(奇兵)과 복병(伏兵)이 일어난 것을 보고서도 정병(正兵)이 즉시 돌아와 싸우지 않는 자도 목을 벤다.

⑮ 정예병을 선발하는 일

초(哨)와 대(隊)에서 정예병을 뽑는 것을 선봉(選鋒)이라 하는데, 유사시 장수의 위태로움을 대신할 수 있다. 그런데 지금은 병사의 강약을 구분하지 않고 소속 관직 이름만 써서 조발(調發)하고 있어서 정예병을 따로 훈련시키지 않는다. 따라서 유사시 갑자기 정예병을 선발할 것이 아니라 평시에 정예병을 따로 뽑아 훈련시켜 놓는 것이 필요하다. 하지만 약한 자도 쓸모가 없는 것은 아니므로 전부 정예병으로 조발하면 병사들의 뜻을 단련시키고 마음을 하나로 만들어 가지런히 용기를 발휘할 수 있다.

⑯~⑰ 명령과 지시를 전달하는 일, 행군 대열의 정리 정돈

1영이 행군을 하면 거리가 10여 리에 달하여 북소리가 들리지 않는다. 이런 경우에는 말로 전달할 수밖에 없다. 이 경우 기총(旗摠)이 다음 기총으로 전달하는 방식을 쓰고, 만일 순서를 건너 뛰어 전달받지 못한 경우에는 전달하지 않은 자를 처벌한다. 유사시에는 군법으로 처단한다.

행군 대열이 가지런하지 않고 멋대로 흩어지거나 끊어지거나, 멈춰야 할 때 멈추지 않거나, 시끄럽게 떠들거나 하는 일이 일어나면, 그런 자들을 군법으로 다스리고, 전시 중에는 목을 벤다.

⑱~⑲ 행군 중 장수의 책임, 행군 중 삼림을 만났을 때

행군할 때 장수는 진영을 떠나면 안된다. 진영의 후미에서 행군하되, 경계 상황이 생기면 즉시 앞으로 나아간다. 적과 대치할 때에도 진영에서 전황을 듣는다. 각 대장(隊長)은 선봉에 위치하여 대를 거느리고, 기총(旗摠)은 뒤에 위치하여 대를 감독한다.

행군 도중 산림이나 습지, 또는 큰 산을 만났을 때는 그 형세에 따라 한편으로는 수색을 하고, 다른 한편으로는 그 보고를 듣고 명령을 들은 다음에 행군을 재개한다.

⑳ 행군 중 갑작스런 일을 만났을 때 대처법

우리나라 남방의 지형은 숲이 우거지고 얽히고 설켜서 지형에 진(陣)을 설치하고, 적정(賊情)에 따라 대응을 달리해야 하므로 일정한 법식이 있는 것은 아니다. 행군 도중 느닷없는 변고가 일어나 적들이 행군의 중간으로 뛰어들면, 중군(中軍)의 호령이나 당보(塘報; 척후)의 보고를 듣고 행동할 수가 없다. 이럴 때는 파총과 초관이 임기응변으로 통솔을 주관해야 한다.

㉑~㉓ 초계 근무, 휴대품, 말리고 볶은 식량

행영(行營)할 때 적의 잘못된 정보를 보고하여 그르친 경우에는 목을 벤다. 행군할 때에는 갑옷을 입고, 투구를 쓰고, 병기를 휴대하는 만큼 훈련이 필요하지만, 만약 적과 대치했을 때나 길이 멀고 무더울 때는 간편하게 할 수도 있다.

병사 1인당 쌀 2되를 휴대하는데, 볶은 쌀 1되, 미숫가루 1되이다. 보리 국수 1되 5홉을 따로 휴대하는데, 5홉은 향유를 넣어 떡을 만들

고, 5홉은 소주에 담갔다가 말린다. 밀가루 5홉을 따로 싸는데, 소금과 초에 담갔다가 말려 가루로 만든다. 다만 포위당했거나 곤궁한 상황에서만 먹는다.

㉔~㉖ 군령엄수, 야간순찰, 야간군령

행군할 때 대오를 이탈하거나 서로 싸우거나, 거짓말을 하거나, 부녀자를 간음하거나 하면 모두 군법으로 처치한다. 적정을 거짓으로 보고하거나, 백성의 재물을 약탈한 자는 목을 벤다. 전진할 때 물러나는 자, 함부로 사람을 죽이는 자, 전공의 등급을 허위로 보고하는 자도 목을 벤다. 포로가 된 자녀를 죽이거나 숨기는 자, 적의 수급을 가지고 다투는 자도 목을 벤다. 행군하다가 숙영(宿營)하는 경우에는 매 사(司)마다 군사 1기(旗)를 교대로 운영하되, 초관 1명이 순찰한다. 화재가 일어나거나 간첩 소동이 있으면 순찰자 모두에게 죄가 연좌된다.

적과 대진할 때 교대의 시기를 잃거나, 밤에 암호를 잃거나, 실화(失火)하거나 까닭 없이 소리 지르는 자는 목을 벤다.

㉗ 연좌제도

전진할 때 헛되이 앞으로 나가서 죽거나, 뒤로 물러나서 살아남을 경우, 진상을 알 수 없어 상을 주거나 벌을 줄 근거가 없다. 이렇게 되면 모두 도망쳐도 좋다는 뜻이 된다. 그러므로 만약 1사(司)의 군사가 모두 후퇴하면, 그 책임을 물어 파총을 죽인다. 그러면 파총은 그 관하 군사가 후퇴하는 것을 보고서도 물러나지 않다가 적에게 죽임을 당할 것이다. 그렇게 되면 초관(哨官)들을 죽여 파총의 목숨을 보상하게 한다. 그래야 초관이 파총을 지키기 위해 싸운다. 이런 식으로 대총(隊摠), 기총(旗摠) 들을 모두 연쇄적으로 연좌제를 만들면 도망가는 것이 없어질 것이다.

㉘ 전투의 원칙[전구(戰縠)]을 분명히 하다

적을 맞아 진영(陣營)을 만들 때는 신속하게 해야 하며, 화기를 앞에 놓고 나아가는데, 적이 50보 이내로 올 때까지 기다린다. 먼저 화기(火器)를 발사하여 불이 일어나는 것을 본 다음에 화전(火箭)과 궁전(弓箭)을 쏘면서 앞으로 나아간다. 불꽃과 연기가 피어오르면 벌이나 개미처럼 일제히 달려가고, 멈칫거려서는 안 된다. 그렇게 하면 반드시 이긴다.

우리가 막 진을 만들고 있을 때 적이 선제공격을 해오면 우리가 패전할 가능성이 매우 크다. 적은 비록 조총(鳥銃)이 있으나 오직 하나의 포(砲)를 앞에 내세워 한두 발을 발포하는 데 지나지 않는다. 몸 가까이에 이르러 단거리 무기를 가지고 접전하면 조총은 소용이 없다. 만약 적과 맞서 대진(對陣)하면 부상자가 많아지고 예기가 꺾여 다시 전진할 수 없다.

㉙~㉚ 구원, 부상자 문제

일대(一隊)나 일기(一旗), 일초(一哨)가 포위당했을 때, 이를 구원하지 않아 함락 당하게 한 자는 군법으로 다스린다. 그 책임자인 대장, 기총, 초관, 파총은 목을 벤다.

적에게 죽임을 당한 자의 등 뒤에 상처가 있을 경우에는 도망간 자로 간주하여 구호대책을 베풀지 않는다.

㉛~㉜ 사심(士心)을 정제시키고, 적의 재물을 공유함

영(令)을 내리기도 전에 혼자서 앞장서서 적의 목을 베거나 적의 말을 빼앗아 오면 군법으로 다스린다. 전투 중에 적이 금은, 보물, 포백, 무기 등을 버리고 간 것은 우리를 유도하려는 계략인데도 그 술책에 빠지는 경우가 많다. 만약 적이 버린 재물이 발견되면 공병(工兵)이 이를 수습하여 뒤에 장수와 병사들에게 골고루 나누어준다. 이를 개인적으로 소유한 자는 군법으로 다스린다.

㉝~㉞ 군법을 명확히 하고, 고의로 회피함을 처벌함

전장에서 도망간 자는 대장(隊長)이 병사의 귀를 자르고, 기총(旗摠)은 대장의 귀를 자르고, 초관이 기총의 귀를 자르며, 초관이 즉시 대병(隊兵)을 참수하고, 파총은 즉시 초관을 참수한다. 병이 들었다고 사칭하거나, 고의로 무기와 마필을 파손하는 자들은 목을 베어 여러 사람에게 보인다.

㉟~㊱ 산골짜기를 지나고, 추격병을 정비함

산골짜기에서 적과 싸울 때는 반드시 복병을 배치하고 거짓 병력으로 적을 유인하여 복병이 있는 곳으로 끌어들여 공격한다. 승전에서 적을 추격할 때는 약 1리를 가서 자바라(타악기) 소리를 듣고 군사를 거두어 대오를 정비한다. 그런 다음에 다시 북을 치고 추격한다. 적이 패배를 위장하고 숲속이나 산꼭대기에 매복하고 있는 경우가 있으므로 기병(騎兵)을 나누어 보내 수색해야 한다. 북로(北虜)와 남왜(南倭)가 이런 전술을 잘 쓴다.

㊲~㊳ 명령의 하달, 훈련은 실전처럼

대장(大將)의 명령은 편장(偏將) 또는 비장(裨將)에게 전달되고,

편장은 중군(中軍)의 파총(把摠)에게만 전달한다. 파총은 초관에게, 초관은 기총에게, 기총은 대장(隊長)에게만 전달한다. 의문을 물을 때에는 역순으로 전달한다. 이를 어기는 자는 군법으로 다스린다.

평상시 훈련할 때 쓰는 무기와 실전할 때 쓰는 무기가 다르면 전쟁할 때 당황하여 실수한다. 그러므로 훈련할 때 반드시 실전과 같게 해야 한다. 실전에 소용되지 않는 훈련은 할 필요가 없다.

㊴~㊵ 책임 분담, 병자와 부상자 구휼

대총과 기총은 부하 병사들이 도주하거나 도둑질하거나 하면 상부에 보고하지 않고도 자율적으로 벌을 주어도 무방하다. 죄를 더 가중하고자 할 때에는 파총이 주관한다.

병든 병사에 대해서는 대총은 날마다, 기총은 이틀에 한번, 초관은 사흘에 한번, 파총은 닷새마다 한번씩 살펴본다. 영장은 10일에 한번, 대장(大將)은 병이 중한 자만을 살펴보는데 약을 준비했다가 직접 만나서 준다.

㊶~㊷ 성 안에 중군 설치, 수비 병력 분배

성(城) 안에다 중군(中軍)을 설치할 때는 높은 곳에 긴 장대를 세우고 흰색의 깃발을 걸고, 대포 1위, 나팔수와 고수(북치는 사람) 1조를 배치하여 이곳에서 명령과 지휘를 전담한다.

성을 지키는 싸움을 할 때에는 병사와 민간인을 화살받이터〔垜〕마다 몇 명씩 배치하는데, 타마다 타부(垜夫)와 타장(垜長)의 이름을 쓴다. 25타마다 성장(城長) 1인을 세우고, 50타마다 치총(雉摠) 1인을 세우고 하급 장교가 맡는다.

적이 성 가까이 오면, 성문 가까운 길거리로 통하는 곳이나 통로에는 수십 명의 병사를 배치하고, 집마다 문을 잠그고, 한 사람씩 앉아서 세작(細作; 간첩)의 침투를 막는다.

⑬~⑭ 수성(守城) 호령, 수성 훈련

적이 20리 거리 안에 들어오면 성주(城主)는 높은 곳에 가서 화포(火砲) 3개를 발포하고, 중군을 설치하고, 군민이 타구(垜口)를 지키게 한다. 싸움이 시작되면 중군이 대포를 발사하고, 종을 쳐서 모두 전투에 대비하게 한다. 종을 치는 횟수는 북쪽이 1회, 남쪽이 2회, 동쪽이 3회, 서쪽이 4회이며, 3, 4면에 동시 적이 오면 종을 멈추지 않는다.

수성 훈련은, 먼저 복병을 내보내 적이 20리 밖까지 오면 종을 치고, 50보 이내로 접근하면 궁시를 발사하고, 중군은 포를 발사한다. 그러면 막사 안의 모든 사람이 나와 타구를 향해 나가고, 힘센 호한(好漢)들이 성 위에 올라가 응원한다.

⑮~⑯ 야간 수비, 수성의 군법

막사의 사람들은 두어 시간마다 교대하며 잠자게 하지만, 옷을 벗지는 않는다. 그러나 제집으로 가서 쉬는 것은 안된다. 한 사람이라도 보이지 않으면 잡아서 곤장을 치고, 같은 타(垜)나 막사의 사람들을 연좌로 처벌한다. 도망가는 자는 귀를 자르고, 소리지르고 도망가는 자는 군법으로 처리하고, 동료도 연좌 처벌한다.

복병(伏兵)이 일을 그르쳐 적병이 닥치게 하면 군법으로 처단하고, 복병이 교대 시간을 어기거나, 교대하지 않고 성으로 들어온 자는 묶어 놓고 곤장을 때린다.

㊼~㊽ 해자(垓字), 성 밖의 환경

성 밖에 파는 해자[참호]는 세 길 다섯 자 이상이어야 하며, 깊이는 한 길 다섯 자 이상이어야 한다. 물이 있으면 더욱 좋다. 바닥에 진흙, 가시, 쇠꼬챙이가 있으면 더욱 좋다. 성 밖에 있는 큰 나무는 베어야 하고, 세 길 이내에 있는 민가는 철거한다. 성 안에는 말이 다닐 수 있는 길이 있어야 한다.

㊾~㊿ 상관과 하사, 병사들 상호간의 삽혈 동맹 서약

파총(把摠)은 부하인 초관(哨官) 5명과 상하 관계를 맺을 때 다음과 같은 서약서를 만든다. "파총 아무개는 부하인 초관 5명을 맺어서 얻음에 내가 스스로 추첨 선발하여 지금 천지신명(天地神明) 앞에 삽혈동맹(歃血同盟)107)을 하여 만약에 군사를 구조하지 아니하거나 전장에 임하여 뒤로 물러나 움츠러들면 군법에 연좌됨을 달게 받겠노라"라고 쓰고 읽는다. 초관, 기총(旗摠), 대총(隊摠)도 부하와 상하 관계를 맺을 때 똑같은 서약서를 쓰고 삽혈 동맹한다. 한편, 대오(隊伍)에 속한 일반 병사들도 동료 11명과 삽혈 동맹을 하고, 군법을 지키지 않고, 훈련을 잘하지 않고, 도망가고, 백성을 괴롭힐 경우 군법에 연좌됨을 맹서한다.

전쟁터에 나갈 때도 삽혈 동맹을 한 후 출정하는데, 주장(主將), 파총, 초관, 기총, 대총, 그리고 대원들도 마찬가지로 서약한다. 주장은 피가 담긴 잔을 들고 이렇게 서약한다. "공(功)과 상(賞)이 공정하지 못하고, 깃발과 북이 엄정하지 못하고, 사사로운 재물을 함부로 해

---

107) 삽혈 동맹은 짐승의 피를 서로 마시거나 입가에 바르면서 생사를 맹세하는 의식을 말한다.

치고, 좋아하는 것이 한 쪽에 치우치고, 고락을 함께하지 아니하고, 나라에 충성을 바치지 않는, 이런 일이 있으면 피를 마시리로다."

파총도 피가 든 잔을 들고 이렇게 맹서한다. "만약 내 몸이 사졸보다 앞서지 않고, 공과 죄가 진실 되지 못하고, 적을 향하여 나갈 때 상관을 구하지 아니하고, 재물을 약탈하고, 공로의 등급을 다투고, 함부로 백성을 죽이고, 고의로 적을 풀어주어 적이 달아나게 하는 이런 일들이 있으면 피를 마시리로다."

그 다음 초관, 기총, 대총도 위와 같이 맹서하고, 1기(旗)의 대원 33명도 똑같이 삽혈 동맹한다. "사람들 마음이 한결같지 아니하고, 적을 보면 목숨을 바쳐 싸우지 아니하고, 재물을 약탈하고, 공의 등급을 다투고, 백성을 함부로 죽여 재앙을 끼치고, 뒤로 물러나 적을 놓아주고, 상관을 구원하지 아니하고, 이런 일들이 있으면 피를 마시리로다."

㉑ 서로 구원하여 목숨을 보상하는 서약

출전할 때 상관과 부대원들이 서로 상급 부대를 보위하여 적과 대적하면서 뒤로 물러나려는 마음을 가지거나 서로 구원하지 않거나, 명령을 위반하거나, 소속부대를 잃으면 달게 죽음을 받아 목숨으로 대신할 것을 신 앞에 맹서하는데, 파총, 초관, 기총, 대총, 그리고 대원들이 차례로 서약한다.

㉒ 화약 혼합 제조법

화약을 제조하는 방법은 염초(焰硝) 1근, 석유황(石硫黃) 1냥, 유회(柳灰) 5냥을 각각 갈아서 가루로 만들어 수량에 맞추어 볶아서 한꺼번에 혼합하고, 물 한 대접을 부어서 나무절구에 넣고 나무 절구공

이로 찧는다. 돌절구를 쓰면 불이 날 염려가 있다. 한 절구마다 만 번의 절구질을 하여 마르면 물 한 대접을 더 붓고 다시 가늘게 빻아서 반쯤 마를 정도가 되면 꺼내어 햇볕에 말린 다음 부셔서 콩알만 한 크기의 덩어리로 만든다. 화약 제조의 묘미는 수만 번의 절구질에 달려 있다. 손바닥에 화약 한 전을 놓고 태우는데, 손바닥이 뜨겁지 않으면 총에 넣고 불을 댕긴다. 거기에는 검은 알갱이와 흰점이 있다. 〔이상은 척계광의 병법(兵法)이다〕

지금까지 소개한 것은 《신기비결》에 실린 병법의 전반부로서, 척계광의 병법을 참고하고, 자신의 경험을 보충하여 지은 것이다. 여기서 가장 강조되고 있는 것은 크게 두 가지로 볼 수 있다. 하나는 신무기인 조총(鳥銃)에 대한 제작과 훈련이 자세하게 다루어지고 있다는 점과 또 하나는 엄격한 군율이다. 바로 이 두 가지는 한효순이 7년 동안 왜란을 현장에서 경험하면서 뼈저리게 느낀 병법이기에 그의 독창적이고 실사구시적인 정신이 잘 드러나고 있다.

그러나 《신기비결》 병법 후반부는 중국 역대 병법가(兵法家)의 이론을 소개한 것으로, 문왕(文王) 병법 1항, 태공(太公) 병법 21항, 손자(孫子) 병법 17항, 위료자(尉繚子) 병법 17항, 모두 합하여 56항이다. 여기에 소개된 병법은 주로 최고 지휘관인 장수가 알아야 할 전략과 전술로서 한효순의 해박한 지식이 잘 드러나고 있다.

하지만 이 병서들은 모두가 주나라, 춘추시대, 전국 시대에 살았던 사람들의 병서로서 전략에 대한 지혜는 매우 높지만, 무기 체계가 달라진 16~17세기 전투에서는 한계가 있다. 한효순이 이 병서들을 병법의 마지막 참고 자료로 넣은 이유도 여기에 있다. 그러므로 이들 병서에 대한 소개는 생략하기로 한다.

4. 《진설》(陣說)의 내용

《진설》은 한효순이 《신기비결》을 지은 지 한 계절이 지난 선조 36 년(1603) 가을에 지은 책이다. 이 책도 역시 《신기비결》과 마찬가지로 함경도 도순찰사 시절에 그 지역 병사들의 훈련 교재이자 지침서로 편찬한 것이다. 이 책도 《신기비결》과 마찬가지로 금속활자로 간행되었다. 또 서울대학교 규장각에 소장되어 있는 이 책을 보면, 대한제국 제실도서(帝室圖書) 소장인과 조선총독부 소장인이 찍혀 있어 일찍부터 규장각도서로 들어온 것을 알 수 있다.

이 책에는 앞부분에 서문이 있고, 마지막에 발문이 있다. 서문을 보면 다음과 같다.

《진법》에서 말하기를, 근래 여러 장수들은 모두 말하기를, '싸울 수 있으면 싸우는 것이지, 어찌 진(陣)이라는 것이 별것인가?'라고 한다. 그래서 진(陣)을 쓸 줄 모르고, 속오(束伍)를 가지고 한 떼의 무리를 만들어 한번 써서 부리는데, 용맹한 자는 홀로 나아갈 줄을 모르고, 겁많은 자들은 홀로 후퇴할 줄을 모르면서 완전하다는 뜻을 구하고 있다. 만약 진법을 모르면, 무리가 한 떼거리가 되어, 좌우가 서로 상응하지 못하고, 머리와 꼬리가 서로 구원하지 못하니 어찌 패전하지 않을 수가 있겠는가? 그러므로 진형(陣形)을 없애고 병사

를 부리는 자는 패장(敗將)이고, 진형(陣形)을 가지고 승리를 얻고
자 하는 자는 우장(愚將)이다.

한효순은 이렇게 진(陣)의 중요성을 강조하면서 현재의 장수들은
속오군의 부대를 그대로 한 떼거리로 묶어 싸우면서 매양 전쟁에서
지고 있는 현실을 개탄하고 있다. 그러면서 그는 척계광(戚繼光)이
《기효신서》에서 한 말을 다시 인용하고 있다.

다음에 한효순의 발문을 보면 다음과 같다.

> 지금 시대의 무사들은 오로지 활과 말[馬]만을 숭상하고, 병서(兵
> 書)는 여사(餘事)로 여긴다. 전법(戰法)을 아는 자는 적고, 진법(陣
> 法)을 아는 자는 더욱 들을 수가 없다. 그래서 나는 옛날과 지금의
> 여러 책 가운데 포진(布陣)과 행군(行軍)에 관해 언급한 것을 모아
> 하나의 책을 만들어 《진설》이라고 이름 붙였다. 또한 여러 전문가의
> 병법에 관해 논한 것을 그 아래에 덧붙였다. 처음 배우는 무사들은
> 여기서부터 일을 좇아서, 이것을 마당에서 시험해 보고, 실제의 현
> 장에서 익힌다면 재학(才學)이 이로 말미암아 날로 진보하고, 술법
> (術法)이 이로 말미암아 날로 높아질 것이다. 그것은 또한 낮은 데
> 서 깊은 데로 나아가고, 아래를 배워 위에 이르는 데 일조가 될 뿐
> 이다.

여기서도 한효순은 포진(布陣)과 행군(行軍)의 중요성을 다시 한
번 강조하면서 요즘 무사들은 활 쏘고 말 달리는 것만 알고, 병서(兵
書)와 진법(陣法)을 아는 자가 거의 없다고 개탄하고 있다.

이 책에서 소개한 진법은 팔진(八陣),108) 육화진(六花陣),109)

---

108) 팔진은 《師律提綱》에서 인용했다.

원앙진(鴛鴦陣),110) 매화진(梅花陣),111) 삼재진(三才陣),112) 그 밖에 장사진(長蛇陣), 학익진(鶴翼陣), 언월진(偃月陣), 각월진(却月陣), 어린진(魚鱗陣), 조운진(鳥雲陣), 방진(方陣), 직진(直陣), 원진(圓陣), 예진(銳陣), 곡.진(曲陣) 등이 소개되고 있는데, 이는 모두 그 모양새를 본따서 지은 이름이다. 이런 다양한 진의 모습은 현장의 지형이나 군대의 형세 등에 따라 선택된다고 한다.

다음에는 각 진의 형태에 따른 습전법(習戰法)을 소개하고, 이어서 진을 치거나 행군할 때 필요한 깃발과 음악, 명령 체계, 계행(啓行; 행군의 시작), 숙영(宿營), 습전(習戰; 전투 훈련), 기병(奇兵; 기습하는 병사)과 정병(正兵), 복병(伏兵; 매복 병사)의 용도에 대하여 설명했다.

진법과 행군에 이어 중국 역대의 병법 전문가와 유학자의 병법을 소개하고 있는데, 명나라 장수 척계광(戚繼光)을 비롯하여 후한 사람 화웅(華雄), 당나라 장수 이정(李靖), 이광필(李光弼), 이고(李暠), 이묘(李苗), 당태종(唐太宗), 고려(高閭), 송나라 유학자 구양수(歐陽脩), 유자휘(劉子翬), 주자(朱子), 진서산(眞西山), 호안국(胡安國), 소식(蘇軾), 소순(蘇洵), 범중엄(范仲淹), 송나라 장수 악비(岳飛), 송나라 재상 구준(寇準), 황리(黃履), 진(晉)나라 사람 두예(杜預), 장방(張方), 위(魏)나라 사람 조조(曹操), 동소(董昭), 위문제(魏文帝), 양호(羊祜), 오기(吳起), 제(齊)나라 사람 누경(婁敬), 명나라 사마 유공(柳珙), 욱리자(郁離子), 노자(老子). 회남자

---

109) 육화진(六花陣)은 이정(李靖)에서 인용했다.
110) 원앙진은 《기효신서》에서 인용했다.
111) 매화진은 《기효신서》에서 인용했다.
112) 삼재진은 《기효신서》에서 인용했다.

(淮南子) 등 수십 명에 이른다. 이 사람들은 《신기비결》에서 보이지
않는 사람들이다.

《진설》의 마지막 부분에서는 북로(北虜; 여진족)를 막는 어로법
(禦虜法)과 남왜(南倭; 일본)를 막는 '어왜법'을 따로 소개하고 있다.

먼저 북로는 기마병들이기 때문에 재빠르게 달려들어 충돌하는 것
을 좋아하는데, 들판에서 싸우는 야전(野戰)에서는 전차(戰車)를 쓰
지 않으면 막기가 어렵다. 그래서 예부터 중국인들은 모두 전차를 사
용하여 싸움에서 이겼다.

그런데 전차는 무겁고 커서 이동하기가 어려운 단점이 있어서 최근
에는 많이 사용하지 않는다. 하지만, 전차는 중국인의 장기(長技)인
데도 제대로 사용하지 못하고 있을 뿐이다. 곧 민간에서 사용하는 쌍
륜차(雙輪車)나 외바퀴 차(車)들은 가볍고 작아서 이동하는데 편리
하여 위나라와 송나라서는 전차(戰車), 노차(弩車), 포차(砲車) 등
을 만들어 승리를 거두기도 했다.

이런 소형 차들과 함께 보병(步兵)과 기병(騎兵), 기병(奇兵)과
정병(正兵)을 활용하고, 여기에 약노(藥弩; 화약으로 쏘는 화살), 상
자노(床子弩), 호준포(虎蹲砲), 삼안총(三眼銃), 일안총(一眼銃),
조자총(鳥嘴銃), 신화창(神火金＋倉) 등의 무기를 병용하면 승리에
만전을 기할 수 있을 것이다.

다음에 남왜(南倭)를 막는 '어왜법'에 대한 설명은 이렇다.

왜적을 막는 첫째 방법은 바다에서 막는 것이다. 만약 바다에서 막
지 못하면 저들이 연안에 상륙하여 불태우고 약탈해도 막을 방법이
어렵다. 해전(海戰)에서는 당연히 배를 가지고 싸워야 하고, 반드시
화공(火攻)을 해야 한다. 명나라 척계광(戚繼光)과 유대유(兪大猷)

가 이런 방법으로 승리를 거두었다.

지금 만약 왜적이 근해의 섬에 정박하면 반드시 속히 바다를 열어 이들의 전진을 막아야 한다. 적들이 만약 항구에 접근하면 수군과 육군이 합세하여 이들의 전진을 막고, 중요한 나루터를 엄히 지켜서 저들의 힘을 빼야 한다. 이것이 왜적을 막는 방책이다.

그런데 해전에서는 병선(兵船)이 가장 중요하다. 중국의 병선에는 크게 네 종류가 있다. 복선(福船), 창선(蒼船), 응선(鷹船), 사선(沙船)이 그것이다. 복선은 성(城)처럼 높고 크다. 사람의 힘으로는 움직일 수가 없고 오로지 바람에 의지하여 움직인다. 왜적의 배가 왔을 때 작기가 우리의 작은 창선(蒼船)과 같았는데, 아래로 내려다보면 마치 큰 마차 바퀴 앞에 있는 사마귀 벌레와 같았다. 그래서 배만 힘껏 싸우고 사람의 힘으로 싸우지 않았으며, 싸울 때마다 승리를 거두었다.

다만, 복선은 물에 잠기는 깊이가 사람의 키로 한 길하고도 1~2자가 되어, 대양(大洋)에서는 이롭지만 대양이 아니면 낮은 곳에 붙어 버리고, 바람이 없으면 사용할 수가 없다. 그래서 왜적의 배가 연안의 낮은 바다로 다니면 복주가 무용지물이 된다.

다음에 창선(蒼船)은 배가 아주 작아 옛날에는 태평현 지방에서 물고기 잡는 어부들이 이를 많이 사용했는데, 바다에서 적을 만나면 싸움에서 이겨 그 이름이 유명해졌다. 그러나 창선은 물 위로 올라오는 높이가 다섯 자[약 1.6미터] 정도에 지나지 않아, 여기에다 붕가(棚架: 나무골조)를 덧붙였는데, 역시 다섯 자 정도 밖에 되지 않아 왜적의 배와 높이가 서로 비슷했다. 칼이나 창 등 짧은 무기로 싸우면 아군의 피해가 컸다. 다만 왜적의 배는 매우 작기 때문에 연해를 따라

들어오면 복선이 싸울 수 없어서 반드시 창선을 사용하여 추격했다. 이 배가 물속에 잠기는 깊이는 6~7자에 달하여 왜적의 배와 비슷하다. 하지만 노로 적의 머리를 취하고, 바닷물이 들어오고 나갈 때에도 빠르게 달릴 수가 있다.

마지막으로 응선(鷹船)은 배의 머리와 꼬리가 모두 뾰족하여 앞뒤를 분간하기 어렵고, 전진하고 후퇴하는 것이 나는 듯이 빠르다. 뱃전에는 모두 대나무 판과 쇠못을 박아 마치 그 모습이 복선(福船)의 옆판처럼 보인다. 대나무판 사이에는 창(窓)을 만들어 활과 총을 쏠 수 있다. 창안과 배 밖에는 숨어 있는 사람이 먼저 손으로 노를 저어 배를 움직이고, 적과 충돌하여 적의 무리 가운데로 들어가면 적이 물리치지 못한다. 그 다음에 바닥이 평탄하고 납작한 사선(沙船)이 뒤를 따라 가서 짧은 무기로 접전하면 승리하지 않음이 없다. 그러므로 응선과 사선은 서로 필요로 하는 무기이다.

사선은 접전에 좋지만, 다만 배 위에 방어막이 없어서 화기(火器)나 화살 또는 돌을 막을 수가 없는 것이 단점이다.

위에 소개한 병선들은 모두 중국의 병선을 말한다. 조선의 병선에 대해서는 언급이 없다. 하지만 굳이 비교한다면 복선(福船)은 우리의 판옥선(板屋船)과 비슷하지만 복선은 바람으로 달리고 판옥선은 노를 저어 달리는 것이 다르다. 창선(蒼船)은 우리의 비거도선(鼻居刀船)과 비슷하다. 다음에 응선(鷹船)은 뱃전에다 대나무 판이나 쇠못을 박아 방어막을 만들고, 그 사이에 총 구멍과 활 구멍을 만든 것이 거북선과 비슷하다. 하지만 거북선은 배 위를 모두 덮고 그 위에 쇠못을 박은 것이 다르다.

한편 한효순과 함께 왜란 때 병선을 건조했던 군관 나대용(羅大

用)이 거북선도 아니고 판옥선도 아닌 그 중간 형태의 창선(槍船)을 만들었다고 주장했는데, 그 배가 나는 듯이 빨랐다고 한다. 그것이 사실이라면 우리의 창선(槍船)은 중국의 웅선과 아주 유사했을 것으로 보인다. 끝으로 〈어왜법〉에 이어서 〈일본고략〉(日本考略)을 실었다. 말하자면, 일본 역사의 큰 줄거리를 적은 것이다. 그 내용은 다음과 같다.

일본은 옛날 왜노국(倭奴國)으로 불렸다. 당나라 고종 함형(咸亨; 670~673) 초에 일본이라고 호칭을 바꾸었다. 명 태조 4년(1371)에 사신을 보내 조공(朝貢)을 했는데, 명 성조 영락(永樂; 1403~1424) 이후로 국왕이 바뀔 때마다 책봉(冊封)을 받았다. 그 땅은 5기 7도(五畿七道)로 이루어졌는데, 주(州)가 군(郡)을 통솔했으며 부용(附庸)한 나라가 100여 국이었다. 처음에는 10년에 한번씩 조공을 허락했는데, 절강(浙江)과 영파(寧波)를 거쳐 경사(京師)에 도착했다.

그 나라 사람들은 음흉하고 교활하며 신의를 지키지 않는다. 명 태조 때 자주 연안 지역을 침범하여 연해에 방비를 설치하고 왜인을 접대했다. 명나라 세종 가정(嘉靖; 1522~1566) 초에 송소경(宋素卿)의 난이 일어난 이후로 32년 동안 공로(貢路)가 끊어지자 분을 품고 깊이 기전(畿甸) 지역으로 쳐들어와서 지나는 곳마다 불태우고 겁탈했다. 조정의 100만 금을 소비하여 이들을 섬멸했다.

명 신종 만력(萬曆) 20년(1592)에 관백(關白; 풍신수길)은, 화인(華人)이 산성군(山城君)을 찬탈했다는 이유로 해외 66주를 합병하고, 대거 쳐들어와서 조선을 공격하여 파괴하고, 간교한 말로 중국의 봉공(封貢)을 요구했다. 그러나 진실은 요동과 천진(天津) 지역을 엿보기 위함이었다.

명 태조 무렵에도 왜구는 일찍이 남방을 노리고 또 요동을 탐내는 마음이 있었다. 요동 사람들은 북적(北狄)을 막는 방법으로 왜구를 막아 모두 참멸시키자 왜구의 기세가 꺾였다. 유강(劉江)과 김선도(金線島)의 승리가 그것이다. 그로부터 이미 200여 년이 지났으나 변방의 방비는 여전하다. 다만 만력 20년에 왜구가 조선을 무너뜨리고 요동과 천진을 엿보고 있었으니, 꾀하는 바가 다시 반역으로 돌아간 것이다.

위 글을 보면 한효순이 《진설》을 지은 것은 여진족의 방어만을 의식하고 쓴 책이 아니라는 것이 분명해진다. 임진왜란이 비록 끝났지만 왜적은 중국에 대해서도 배신을 반복하고 있었으니 언제 다시 우리나라와 중국에 쳐들어올지 모른다는 우려가 깊이 배어 있다.

요컨대 《진설》은 앞서 지은 《신기비결》에서 미처 다하지 못한 포진(布陣)과 행군(行軍)에 대한 내용을 보완한 것으로, 임진왜란 때 비록 형식상으로는 척계광의 《기효신서》를 본받아 속오군을 편제하고, 조총을 제작하여 삼수병(三手兵)을 새로이 구성해 놓았지만, 그것은 껍데기에 지나지 않고, 군대를 정예병으로 키우기 위한 구체적인 대책을 마련하기 위해 최초로 개인적 저술로서 병서(兵書)를 쓴 것이다. 18세 후반기 소론(少論) 실학자 이종휘(李種徽)가 《신기비결》을 읽고, "우리의 선배가 국방을 위해 게을리 하지 않은 것이 이와 같다."고 평가한 이유가 여기에 있다.

나가면서; 한효순과 근경 남인 실학의 관계

지금까지 한효순이 평생 걸어 온 정치 행보와 그의 학문 그리고 병법서에 대해 알아보았다. 그의 정치 행보는 선조 시대와 광해군 시대로 구분된다. 선조 시대에는 임진왜란 직후부터 경상도 관찰사로 이 지역의 관군(官軍)을 부활시켜 왜적이 장악한 큰 길을 수복하고, 전쟁 후반기에는 전라도 관찰사, 삼도(三道) 부체찰사, 호서와 호남 지역의 염철(鹽鐵)과 양향(糧餉)을 총괄하는 책임을 연이어 맡아 이순신 장군에게 병선(兵船), 군량(軍糧), 수군(水軍) 등을 적극 지원하여 이순신의 빛나는 승첩에 힘을 실어주었다.

　온몸을 던져 분골쇄신하던 그의 호국 행적은 임금과 신하들은 물론 일반 백성까지도 감동하여 이구동성으로 "나라에 사람이 있구나."라고 칭송했고, 《선조실록》의 곳곳에 "한효순은 도량이 넓고 나라를 위해서는 몸을 돌보지 않은 성실한 사람"이라는 평을 실었다.

　그러나 광해군 시대에는 벼슬이 높아져 우의정과 좌의정을 맡으면서 인목대비의 폐모론에 휘말려 13년 동안 시달림을 당하다가 79세로 생애를 마감했다. 그가 세상을 떠난 지 2년 뒤에 인조반정이 일어나자 세상은 그가 폐모론에 관여한 사실만을 기억하여 관직을 삭탈하고, 그 뒤로 그의 후손들은 청요직 진출이 수시로 억제당하면서 나라가 망할 때까지 거의 300년 동안 울분을 품고 살아왔다. 그가 이룩한 임진왜란 때의 업적이나 북방 여진족 방비에 기여한 공헌, 국방 강화를 위해 지은 병서(兵書)의 가치, 그리고 그의 학문적 위상 등은 거의 망각되었다.

　한효순이 세상을 떠난 뒤에 부정적인 인물로 기억되어 온 이유는 한 마디로 당쟁(黨爭) 때문이었다. 스스로 붕당을 싫어했던 그는 뚜렷하게 어느 당파에 속하지 않았지만, 선조 때에는 주변에서 그를 동인(東人)으로 지목하고, 광해군 때에는 폐모론에 협조하지 않는다는 이유로 이이첨과 정인홍이 이끄는 대북파(大北派)로부터 미움을 받아 "남인의 괴수"로 지목당하며 목을 베라는 위협을 받고 살았다.

그러다가 인조반정 뒤에는 서인(西人)으로부터 폐모론의 주모자라는 누명을 입어, 이미 세상을 떠난 그의 관직이 삭탈당하고, 그 후손들은 300년 동안 죄인의 후손이라는 상처를 가슴에 안고 살았다.

그가 만약 폐모론의 주모자였다면, 어찌 폐모론의 실질적인 주모자인 대북파들이 그의 목을 베라고 했겠는가? 대북파의 겁박에 못 이겨 마지막 단계에서 폐모론에 참여한 것은 사실이지만, 그는 대비를 평민으로 만들어 서궁에서 내쫓은 다음 목숨을 거두려 했던 대북파의 음모를 막고, 인목대비의 권력을 후궁(後宮)으로 축소시키는 수준에서 목숨을 살려내고, 사류(士類)들을 크게 해치려 했던 사화(士禍)를 막았다. 인목대비가 끝까지 목숨을 보전하고 서궁에서 살다가 인조반정을 맞이하여 복권된 것은 바로 당시 우의정과 좌의정으로 있던 한효순의 힘이었다.

폐모 논의는 도덕으로만 보면 '모자의리(母子義理)'를 무너뜨리는 행위였지만, 권력구조로 보면 대비의 권력을 축소시키는 것은 불가피한 일이었다. 이미 영창(永昌)이 태어나면서부터 혈통의 정통성을 지닌 영창과 실정법(實定法)의 정통성을 지닌 광해군 사이에는 서로 양보할 수 없는 권력이 맞서고 있었다. 실제로 대비(大妃)는 임금의 권력을 상당 부분 나누어 가지는 것이 제도적으로 보장되어 있었다. 그래서 대비를 왕궁의 동쪽에 있는 조정이라는 뜻으로 '동조(東朝)'로 불렀다. 휘하에 일정한 문무신하를 거느리고, 신하들의 아침 인사를 받았으며, 신하들에게 명령을 내릴 수 있어서 '분조(分朝)'라고도 불렸다.

　임금 다음의 권력을 쥐고 있는 대비의 처지에서 보면, 아들 영창이
임금이 될 수 있는 8세 정도의 나이가 되면 광해군을 내쫓고 영창을
임금으로 만드는 것은 어려운 일이 아니었다. 광해가 처음 즉위할 당
시에는 영창이 세 살 밖에 되지 않아 임금에 오를 시기가 아니었기에
선조 임금의 유언(遺言)을 만들어 영향력이 큰 일곱 대신에게 보내
주어 영창을 보호하도록 멍에를 걸었다. 그러다가 영창이 임금에 오
를 수 있는 8세가 되자, 대비파와 광해군파 사이에는 생사를 건 치열
한 권력투쟁이 시작되었다. 광해군 5년(1613)에 계축옥사(癸丑獄
事)를 일으켜 영창과 대비의 아비를 죽인 이유가 여기에 있었다.

　그러나 영창의 죽음으로 대비의 권력투쟁이 끝난 것은 아니었다.
다른 후궁 왕자를 내세워 임금을 만들고 대비가 섭정함으로써 광해에
게 복수하는 길이 남았다. 그래서 이제는 대비가 화(禍)의 근원으로
지목되어 대비를 제거하기 위한 권력투쟁으로 바뀌었다. 양측이 모두
자신을 지킬 만한 유교적 명분을 확보하고 있어서 어느 편이 전적으
로 옳다고 말하기도 힘든 상황이 되었다. '모자의리'와 '군신의리(君
臣義理)'가 모두 《춘추》 정신에 맞았기 때문이다.

　두 개의 명분 가운데 하나를 지킨다면, 한쪽은 살고 다른 한쪽은
죽을 수밖에 없었다. 대북파는 '군신의리'를 내세워 대비와는 같은 하
늘 아래서 살 수 없다고 하면서 화(禍)의 근원을 깨끗이 제거해야 한
다고 주장했다. 그리고 이 일을 수행할 책임을 실질적인 수상(首相)
인 한효순에게 떠넘겼다. 그러나 한효순은 이를 따르지 않고, '모자의
리'와 '군신의리'를 모두 살려 임금도 살리고 대비도 살리는 제3의 길
을 찾은 것이다. 그 길이 바로 대비를 서궁(西宮)으로 불러 권력을

약화시키고, 서궁〔경운궁〕에 그대로 살게 하면서 후궁(後宮)에 준하는 대우를 하자는 것이다. 그러니까 폐비를 평민으로 만들어 제거하는 길을 막고, 광해군의 왕권도 지켰다는 점에서 보면 합리적인 길을 찾았다고 볼 수 있다.

하지만, 두 가지 명분 가운데 하나를 택해야 한다고 믿는 극단적인 시각에서 보면, 한효순의 선택은 역적에 해당한다. 이것이 그가 합리적인 길을 선택하고서도 양측으로부터 '역적'의 누명을 쓰게 된 이유다.

하지만, 300년 동안 역적의 누명을 쓰고 살아가는 후손들의 처지에서 보면 선조(先祖)의 일생이 그렇게 평가되는 것을 가만히 바라보고만 살 수는 없었을 것이다. 역적의 누명도 억울하지만, 국난을 이겨낸 크나큰 공적이 전혀 평가되지 않는 것은 더욱 억울했을 것이다. 그래서 그의 후손들은 수십 차례 신원 상소(伸寃上疏)를 올리면서 관직 회복을 통해 명예를 회복시켜 주기를 간청했으나, 모두 수포로 돌아갔다. 인조반정 이후 정권을 잡은 서인과 노론은 자신들이 집권한 명분이 흐려질 것을 우려하여 끝까지 관직 회복을 거부했다.

당쟁을 없애고 사회통합을 추구했던 대원군(大院君)이 처음으로 한효순을 비롯한 수십 명에 달하는 당쟁 패배자들의 명예를 회복시켜 주었으나, 보수 유생의 반발로 10년 만에 취소되고 말았다. 그리하여 최종적으로 명예를 회복시켜 준 것은 어이없게도 통감부가 지배하던 1908년이었다. 당쟁에서 패배한 남인, 소론, 북인, 그 밖에 권력 투쟁에서 밀려나 역적의 누명을 썼던 수백 명의 쟁쟁한 인사들이 멍에를 벗고 밝은 태양을 보는 듯했으나, 그 태양은 바로 한국을 강점하려는 일본의 시커먼 태양이었다. 당쟁으로 빚어진 한국 사회의 약점을 교묘한 침략의 수단으로 악용한 것이다.

당쟁은 선과 악의 두 얼굴을 지니고 있었다. 도덕적 명분을 굳건히 세우고, 당파간의 경쟁과 견제를 통해 정치를 활성화시키고 부정을 막아준 것은 긍정적인 측면이다. 그 힘으로 300년을 버텨내는 힘이 생겼다. 그러나 내 당은 모두 옳고, 다른 당은 전적으로 나쁘다는 당동벌이(黨同伐異)의 독선적 행태가 지나쳐 사회 통합을 저해한 것은 당쟁의 부정적 얼굴이다. 상대 당에도 옳은 것이 있고, 내 당에도 옳지 않은 것이 있다는 것을 인정하여 서로 보합관계를 이루었다면, 우리나라는 세계에서 가장 우수한 정당정치를 운영한 선진국이 되었을 것이며, 일본에 국권을 빼앗기지도 않았을 것이다.

나는 한효순의 12대 후손으로 이 책을 썼지만, 어느 한 당파의 시각에서 바라보지 않으려고 애썼다. 그동안 역사학자로서 서인, 노론, 소론, 남인을 가리지 않고 위대한 인물에 대해서는 아낌없는 존경과 평가를 내려 왔다. 내가 쓴 평전만 보더라도 정도전(鄭道傳), 양성지(梁誠之), 이이(李珥; 서인), 성혼(成渾; 서인), 이수광(李睟光; 남인), 유수원(柳壽垣; 소론), 명성황후(明成皇后; 노론) 등 7명에 이르고 있으며, 그밖에 조선후기 노론, 소론, 남인, 북인 출신의 수많은 실학자들에 관한 논문을 썼다. 어느 당파가 전적으로 옳고 어느 당파가 전적으로 그르다고 여겼다면 이런 작업을 하지 않았을 것이다.

할아버지 이야기를 쓰면서 나는 조선 후기 실학(實學)의 발생에 대하여 새로운 것을 발견했다. 조선 후기 실학의 선구자로 17세기 초의 한백겸(韓百謙)과 이수광(李睟光) 등 근경남인을 지목하는 것이 학계의 정설이다. 그런데 나는, 두 사람 뿐 아니라 당시 '침류대 학사(枕流臺學士)' 또는 '성시산림(城市山林)'으로 불렸던 수십 명의 서울 학인(學人)들을 실학의 선구자로 보아야 한다는 주장을 발표한 바 있다.113) 이들은 바로 창덕궁 바로 왼편 계곡에 있던 침류대라는 곳에 모여 시문을 교류하던 서울 학인들이 스스로 붙인 이름이다. 서울의 무릉도원(武陵桃源)으로 알려진 이곳은 서얼 출신 학자 촌은 유희경(村隱 劉希慶; 1545~1636)이 은거하고 살던 곳으로 그가 주인이 되어 장안의 쟁쟁한 문객들이 모여들었는데, 한백겸과 이수광도 바로 그 부류에 속해 있었다.

그러나 그 밖에도 한백겸의 동생 한준겸(韓浚謙), 유몽인(柳夢寅), 허균(許筠), 차천로(車天輅), 심희수(沈喜壽), 이상의(李尙毅), 신흠(申欽), 신익성(申翊聖), 김현성(金玄成), 임숙영(任叔英), 이식(李植), 정구(鄭逑), 이호민(李好閔), 홍서봉(洪瑞鳳), 이정귀(李廷龜), 장유(張維), 이달(李達) 등 60여 명이 이 부류에 속해 있었다.

그런데 침류대의 주인공인 유희경은 바로 서경덕(徐敬德)의 문인으로 양명학(陽明學)에 젖어 있던 이요(李瑤)와 남언경(南彦經)의 제자였다. 그는 예학자(禮學者)로 이름을 떨쳤지만, 서경덕, 이요, 남언경의 영향을 많이 받아 양명학이나 서경덕의 상수역학(象數易學)에도 관심이 있었고, 또 '풍월향도(風月香徒)'라는 별도의 시(詩) 모임을 만들어 백광훈(白光勳), 이달(李達), 최경창(崔慶昌) 등 서얼 출신 삼당시인(三唐詩人)들과 가깝게 교유했다.

'침류대 학사'들의 학풍은 개인에 따라 차이가 있었고, 당색으로 보더라도 허균, 유몽인, 이상의 같은 북인, 한백겸, 한준겸, 이수광 같은 남인, 월상계택(月象溪澤)으로 불리는 월사 이정귀, 상촌 신흠,

---

113) 침류대 학사에 관해서는 한영우, 《실학의 선구자 이수광》, (경세원, 2007) 참고.

계곡 장유, 택당 이식 같은 서인 등이 모두 포함되어 있으며, 차천로, 김현성 같은 개성 출신 학인, 삼당시인(三唐詩人)과 같은 서얼 출신 시인들도 눈에 띠고 있다.

이렇게 이들의 성향이 조금씩 다르지만, 크게 보면 정통적인 주자학적 성리학과는 다른 모습을 지니고 있었다. 유몽인(柳夢寅; 1559~1623)은 《고문역학(古文易學)》에 밝고, 상업과 화폐경제를 추구한 점이 이색적이고, 장유는 양명학자이고, 이식(李植; 1584~1647)은 《해동전도록(海東傳道錄)》을 세상에 퍼뜨릴 만큼 한국 전통 도교(道敎)에 관심이 많았으며, 신흠(申欽; 1566~1628)도 서경덕의 상수역학을 계승한 《고문역학》의 대가로 불리고 있었으며, 상수학에 심취하여 《선천규관(先天窺管)》을 지었다고 한다.114)

차천로, 김현성, 이호민, 임숙영 등은 문장가로 이름을 떨쳤지만 정통적인 성리학자는 아니고, 서경덕의 영향을 크게 받아 고문대가(古文大家)로 불리는 문장가들이었다.115) 더욱이 임숙영은 명목도수학(名目度數學)에 밝고, 항상 실용(實用)의 학을 강조했다. 허균(許筠; 1569~1618)은 정치적 행보는 매우 복잡한 인물이었지만 학문적으로 보면, 그 아버지 허엽(許曄)은 서경덕의 영향을 크게 받은 사람이고, 허균 자신은 법가(法家)인 상앙(商鞅)을 좋아했던 인물이었다. 삼당시인(三唐詩人)은 규범에 얽매인 성리학의 시문을 거부하는 뜻에서 낭만적인 당시(唐詩)를 선호했음은 잘 알려진 사실이다.

유명한 《지봉유설(芝峯類說)》의 저자인 이수광(李睟光; 1563~

---

114) 유몽인과 신흠,
115) 차천로, 신흠, 유몽인, 신익성, 한백겸 등의 학문에 대해서는 한영우 위 책 참고.

1628)은 유교 경전 가운데 고문6경(古文六經)을 가장 중요하게 여겼다. 고문 6경이란 주자가 해석한 6경이 아니라, 그 이전의 시경(詩經), 서경(書經), 주역(周易), 예기(禮記), 춘추(春秋), 주례(周禮)를 말한다. 주자학자들이 중요하게 여기지 않는《주례》가 들어간 것도 특이하지만, 그 나머지 경전들도 해석이 다르다. 예컨대《주역》은 주자가 해석하기 이전의《고경주역(古經周易)》을 말하는데, 그것이 바로 중국에서는 소옹(邵雍; 康節), 우리나라에서는 서경덕(徐敬德)이 주장한 상수역학(象數易學) 또는 도수역학(度數易學)이다.《시경》이나《서경》도 주자가 해석하기 이전의 고경(古經)을 말하는 것으로, 정치도덕서로 해석하려는 주자학자와 달리 사서(史書)로 바라보는 것이 다르다. 다시 말해《시경》과《서경》에는 상고 시대의 역사가 담겨 있다고 보는 것인데, 이렇게 볼 경우에는 그 속에 담긴 화하족(華夏族)과 동이족(東夷族)의 역사가 함께 드러나고, 동이족 문화가 우리 민족의 문화와 연결된다는 암시를 받게 된다.

이수광은 성리학을 정학(正學)으로 해석했지만, 그밖에 불교, 도교, 양명학 등 주자학자들이 이단으로 취급하던 사상도 마음을 닦는 수기(修己)에 도움이 된다고 보아 포용할 것을 주장했다. 이런 열린 시각에서 한국의 전통 문화를 넓게 정리하고, 국가를 운영하는 데 필요한 우리나라와 외국의 지리(地理)와 역사(歷史), 문화를 폭넓게 정리하여 백과사전에 가까운 지식 체계를 세워 놓은 것이 바로《지봉유설》이다.116)

이수광이 내세운《고문역경》은 바로 서경덕이 주장한 상수역학(象數易學)과 통한다. 서경덕은 우주자연의 이치를 도덕적인 이(理)를

116) 한영우, 위 책 참고.

중심으로 해석하지 않고, 눈에 보이는 가시적인 현상인 상(象)과 수(數)를 가지고 해석한다는 점에서 자연과학적 우주관과 비슷하다. 그리고 상과 수를 보여주는 실체를 기(氣)로 해석했다. 여기서 우주 자연을 형상과 수치로 바라본다는 것은 인간 생활에서는 물질을 중심에 두는 실용(實用)의 존중을 의미한다. 그래서 상수역학은 곧 실용학으로 연결된다.

이러한 서경덕의 기철학(氣哲學)은 개성(開城)에서 발생하여 임진강을 건너 파주를 거쳐 서울로 입성하면서 서울의 학풍에 중대한 변화가 일어났다. 16세기 중엽 파주의 율곡 이이(李珥)가 주자(朱子)나 이황(李滉)이 이(理)를 중심으로 우주관을 제시한 것과 달리 기발이승(氣發理乘)을 내세워 기(氣) 속에 이(理)가 들어 있다고 말한 것이나, 물질생활의 개선을 강조한 것은 서경덕의 영향이다.117)

율곡에 뒤이어 17세기 초에 서울과 그 근교 지역에서 서경덕의 학풍을 수용한 학자들이 남언경(南彦經), 이요(李瑤), 한윤명(韓胤明), 박순(朴淳), 민순(閔純), 박민헌(朴民獻), 유희경(劉希慶) 등인데, 이들의 영향을 받아 침류대 학사들이 형성된 것이다.

그런데 여기서 주목되는 것은 침류대 학사 가운데 한효순의 조카인 한백겸(韓百謙; 1552~1615), 한준겸(韓浚謙) 형제가 들어 있다는 사실이다. 그 가운데 한백겸의 학문에 대해서는 택당 이식(李植; 1584~1647)이 이렇게 평했다. "한백겸의 학문은 이기성정(理氣性情)에 관한 견해가 모두 주자(朱子)의 종지(宗旨)를 천명하면서도 여러 사람의 중언(衆言)을 절충했고 (…) 상수(象數)의 변화와 제도(制度)의 마땅함을 깊이 연구하여 옛 학설에 빠져 있지 않았다. 비록

---

117) 한영우,《율곡 평전》, (민음사, 2013)

정주(程朱)의 적전(嫡傳)이긴 해도 서로 같은 것도 있고 다른 것도 있다."고 했다. 다시 말하면, 한백겸의 학문은 정주학을 따르면서도 그와 다른 점이 있고, 특히 서경덕이 제시한 상수역학(象數易學)을 계승하여 이물관물(以物觀物)의 객관적 진실, 곧 우주자연의 객관적 운행법칙인 운수(運數)와 도수(度數; 외형적 조건)를 중요시했다는 것이다.

한백겸이 우리나라 역사를 도덕적 관점에 평가하던 시각을 벗어나 강역, 수도의 위치, 제도, 산성(山城), 요해처(要害處) 등 관방(關防), 형세(形勢) 등과 같은 국가를 구성하고 있는 상수적 요소, 곧 유형적 요소들을 중심에 놓고 《동국지리지》를 편찬한 이유가 바로 상수역학의 세계관 때문이었다. 그는 또 유교 경전(經傳) 가운데 4서 5경(四書五經)보다도 6경 고학(六經古學)을 가장 존중했는데, 이 점은 이수광의 학문과 거의 비슷하다.[118] 그런데 두 사람의 관계를 보면 한백겸이 이수광보다 11년 선배로서, 이수광이 중국에 사신으로 갈 때 6경 고학을 배워 오라고 부탁하기도 한 것을 보면, 이수광은 한백겸의 영향을 받았음을 알 수 있다.

그런데 여기서 간과해서 안될 것은 한백겸 학문의 뿌리는 아버지 한효윤(1536~1580)과 숙부인 한효순(1543~1621)이라는 점이다. 한백겸이 비록 서경덕의 제자인 민순(閔純; 1519~1591)에게서 학문을 배웠지만, 그보다 앞서 그의 아버지와 숙부가 서경덕 제자들과 학우를 맺고 있었기에 서경덕 학풍은 이미 한씨 집안의 가학(家學)으로 굳어져 있었다. 다시 말해, 한효윤은 서경덕의 제자인 양명

---

118) 한백겸의 학문에 대해서는 한영우 《실학의 선구자 이수광》(경세원, 2007) 72~74쪽 참고.

학자 남언경(南彦經; 1546~?) 및 그의 매부인 한윤명(韓胤明; 1537~1567)과 절친한 사이였다. 한효순도 한윤명을 통해 서경덕의 학문을 배워 뒷날 상수역학의 전문가의 하나로 지목되어 국가의 《주역》 교정(校正) 사업에 한백겸 등과 함께 참여했고, 선조 임금이 경연에서 《주역》을 자주 강론할 때 한효순과 토론하기도 했다.

선조 임금은 양명학자인 남언경과 이요(李瑤)에 대하여 관심을 가지고 경연에서 신하들과 대화를 나눈 일이 있으며, 유교 경전 가운데 《주역》을 가장 좋아하여 경연에서 가장 많이 읽은 책이 바로 《주역》이었다. 그래서 《주역》을 바르게 이해하고자 한효순, 한백겸, 이수광, 신흠 등에게 《고경주역(古經周易)》을 만들게 하고, 《교정언해주역(校正諺解周易)》을 편찬하기도 했던 것이다.

선조 28년 1월 8일, 경연에서 《주역》을 강론할 때, 임금은 한효순에게 "경은 《주역》에 정통(精通)한데, 왜 말이 없는가?"고 질문하자, 한효순은, "지금 세상 사람은 단지 《주역》의 조박(糟粕; 찌꺼기)만 이해하지, 변화무궁한 묘리는 아는 자가 없습니다 (…) "고 대답했다. 그러자 임금은 "그 말이 맞다."고 맞장구를 쳤다. 그가 이렇게 《주역》에 대한 새로운 해석을 강조한 것은 바로 주자의 의리 역학(義理易學)을 비판하고, 서경덕류의 상수역학의 중요성을 강조한 것으로 보인다.

한효순은 평생 벼슬살이를 했기 때문에 자신의 생각을 글로 남긴 것은 《신기비결》과 《진설》 뿐이어서, 그의 학문과 사상을 깊이 있게 설명할 자료가 없다. 하지만 그가 임금과 나눈 짧은 대화나 그의 사승관계(師承關係), 그리고 형님과 조카 등 가족관계를 종합하여 추정해 보면, 서경덕 학풍의 계승자임을 부인할 수 없다.

한효순의 학문이 상수역학(象數易學)이라는 전제 아래에서, 그가 쓴《신기비결》과《진설》은 어떤 관계가 있을까? 이것은 언뜻 관련이 없어 보이지만, 그렇지 않다. 국방 및 군사와 관련된 일이야말로 참혹한 전쟁을 경험한 당시로서는 상수 가운데서 가장 긴급한 상수이고, 실용 가운데 가장 시급한 실용이라고 보아야 할 것이다. 국방 재건 없이 국가 재건이 어떻게 가능한가? 이렇게 가장 시급한 실용적 과제를 해결하려고 지은 책이《신기비결》(1603)과《진설》(1603)이라고 본다면, 한효순이야말로 국방 실학(實學)의 선구자로 불러도 좋을 것이다. 그리고 한백겸의《동국지리지》(1615 경)는 국방 지리의 변천을 역사적으로 탐구한 실학의 선구자이니, 실학은 바로 한씨 가문의 가학(家學)으로 자리잡았다고 할 수 있다.

　　한 가지 첨부할 것은, 한백겸의 아우 한준겸은 비록 실용적 저서가 없었지만, 그의 7대손인 한치윤(韓致奫; 1765~1814)과 8대손인 한진서(韓鎭書)가 합작하여 편찬한《해동역사(海東繹史)》는 19세기 초를 대표하는 수준 높은 실학의 역사책으로, 더욱이 이 책은 '지리지' 부분에서 높은 평가를 받고 있다.[119] 그런 점에서 이 책은 한백겸의 역사 지리학을 계승하여 발전시킨 저서로 볼 수 있다. 한치윤은, 한백겸의 7대손 족형(族兄)이던 한치응(韓致應; 1760~1824)을 따라 청나라에 다녀와서 북학파가 되었으니, 가학의 전통이 끊어지지 않고 이어지는 모습이 흥미롭다.

　　마지막으로, 한효순이 대북파로부터 '남인(南人)의 괴수'로 지목받은 뜻을 음미해 보면, 그가 스스로 남인으로 부르지는 않았더라도 주

---

119) 한영우, '19세기 초《해동역사》의 역사서술'《조선후기 사학사연구》, (일지사, 1989) 참고

변에서는 그를 따르던 한 무리를 남인으로 불렀다는 것은 엄연한 사실이었다. 흔히 광해군 시대의 남인은 퇴계 이황의 문인이던 유성룡(柳成龍)과 김성일(金誠一)을 따르던 영남 출신 학인들을 가리키는 것으로 알려지고 있으나, 한효순을 영수로 하는 또 다른 남인을 기억하는 사람들은 드물다. 이들은 영남 남인과 출신 지역과 학통을 달리하므로 근경 남인(近京南人)으로 부를 수 있다.

조선 후기 실학은 근경 남인이 발전시켰다는 것이 통설인데, 이는 17세기 후반기 학자인 반계 유형원(磻溪 柳馨遠; 1622~1673)이나 18세기 후반기의 성호 이익(星湖 李瀷; 1681~1763), 그리고 19세기 초의 다산 정약용(茶山 丁若鏞; 1762~1836) 같은 실학자를 염두에 두고 하는 말이다. 하지만, 이미 17세기 초에 남인으로 불려지고, 실학서를 편찬한 한효순 집안을 고려하면 근경 남인 실학의 뿌리를 소급할 필요가 있을 것이다. 하기야 이수광의 후손도 뒤에 남인으로 불렸으니, 이수광도 17세기초 근경 남인 실학자의 하나로 넣어야 할 것이다. 그리고 근경 남인 실학의 뿌리는 화담 서경덕에서 찾아야 할 것이다.

그동안 나는 한효순을 대북파로 오해했으나, 이 책을 계기로 바로 잡는다.

찾아보기

부록

1. 월탄 한효순 연보

* 중종 38(1543) ; 1세
  7월 11일 ─ 한여필(韓汝弼; 1505~1571)과 어머니 유씨(柳氏; 사도시정 유엄 柳渰의 딸)의 차남으로 출생. 자(字)는 면숙(勉叔), 호는 월탄(月灘), 형은 한효 윤(韓孝胤; 1536~1580; 판관).
  9월 ─ 아버지 한여필(39세)이 평안도 용강현령(龍岡縣令; 종5품)으로 부임할 때 따라가다.

* 명종 2년(1547) ; 5세
  용강현 징심당(澄心堂)에서 놀다.

* 명종 3년(1548) ; 6세
  아버지를 따라 서울로 돌아오다.

* 명종 4년(1549) ; 7세
  아버지가 전라도 김제군수(金堤郡守; 종4품)로 부임하자 따라가다.

* 명종 6년(1552) ; 9세
  12월 ─ 서울로 돌아오다.

* 명종 7년(1552) ; 10세
  겨울 ─ 역질로 큰 병을 앓고 소생하다.

* 명종 9년(1554) ; 12세
  7월 ─ 아버지가 경기도 양근군수(楊根郡守; 종4품)로 부임하자 따라가다.

* 명종 11년(1556) ; 14세
  10월 ─ 서울로 돌아오다.

* 명종 12년(1557) ; 15세
  서울 남소문동(南小門洞)에 사는 동몽훈도(童蒙訓導) 이응창(李應昌)에게 글을
  배우다.

* 명종 13년(1558) ; 16세
  7월 - 서울 주자동(鑄字洞)에 사는 성균관 전적(典籍; 정6품) 안정(安珽)의 딸
  순홍 안씨(1540~1585)와 혼인하다. (4남 2녀 출산)

* 명종 14년(1559) ; 17세
  9월 - 아버지가 함경도 문천군수(文川郡守; 종4품)에 부임하자, 형 한효윤과 함
  께 따라가다.

* 명종 15년(1560) ; 18세
  4월 - 교리(校理) 윤구(尹衢)의 아들 윤홍중(尹弘中)이 함경도 고원군수를 하고
  있었는데, 창려문(昌黎文)에 밝아 땔감을 지고 가서 배우다.
  11월 - 아버지가 농작물이 피해를 입은 일로 파직되어 서울로 돌아와 원주(原州)
  노수촌(魯藪村)에 은퇴하니, 아버지를 따라 원주로 가다.

* 명종 16년(1561) ; 19세
  9월 - 김안국(金安國)의 아들 김여부(金汝孚; 성균 전적)가 파직되어 여주(驪
  州)로 오자 그가 사학(史學)에 정통한 것을 알고 찾아가《자치통감》을 배우고, 이
  어 원주 노수촌에 가서 아버지를 모시다.

* 명종 17년(1562) ; 20세
  7월 - 선조대왕의 스승이었고, 서울의 명유(名儒)로 알려진 한윤명(韓胤明;
  1537~1567)이 고양군(高陽郡) 내산촌(柰山村)에서 조상 무덤을 지키고 살았
  는데, 땔감을 지고 가서《소학》(小學)과《근사록》(近思錄) 등을 배우다.

* 명종 20년(1565) ; 23세
  봄 - 서얼 출신 척암(惕菴) 김근공(金謹恭; 1526~1568)을 찾아가서《대학》을
  배우다. 그는 이중호(李仲虎)와 성수침(成守琛)에게서 학문을 배웠으나, 매부인
  남언경(南彦經)이 서경덕의 상수역학(象數易學)을 배우고 최초로 양명학자가 된
  인물이었고, 그 매부의 영향을 받기도 했다. 김근공은 동몽훈도가 되어 많은 제자
  들을 길러냈는데 한효순도 제자의 한 사람이다.

* 명종 21년(1566) ; 24세
  봄 - 성균관 감시(監試)에 응시하여 생원과 진사에 모두 급제했으나 취소되다.

* 선조 원년(1568) ; 26세
  여름 - 생원시 3등 13인으로 급제하다.

* 선조 3년(1570) ; 28세
  성균관에 입학하다.
  형 한효윤이 문과에 급제하다.

* 선조 4년(1571) ; 29세
  4월 - 아버지 한여필이 67세로 원주에서 세상을 떠나자 형 한효윤과 함께 원주
  가마도(佳麻島)에 있는 묘소를 지키다. (오늘날 여주시 강천면 부평리 가마도)

* 선조 6년(1573) ; 31세
  6월 - 3년상을 마치고 서울로 돌아오다.

* 선조 7년(1574) ; 32세
  4월 - 서책과 식량 등을 가지고 양평 용문산(龍門山)에 들어가 용문사 백련대(白
  蓮臺)에서 공부하다.

* 선조 9년(1576) ; 34세
  3월 - 식년 문과에 응시하여 병과(丙科)에 급제하다.
  승문원 권지120) 부정자(權知 副正字; 종9품)에 제수되다.

* 선조 11년(1578) ; 36세
  6월 - 외교문서를 관장하는 승문원(承文院) 부정자(副正字; 종9품에 승진하다.

* 선조 12년(1579) ; 37세
  봄 - 승문원 정자(正子; 정9품)에 승진하다.
  여름 - 승문원 저작(著作; 정8품)에 승진하다.
  겨울 - 승문원 박사(博士; 정7품)에 승진하다.

* 선조 13년(1580) ; 38세
  6월 - 성균관 전적(典籍; 정6품)에 승진, 공조좌랑(工曹佐郞; 정6품)에 제수되

---

120) 과거 합격자로서 임용 대기 중인 견습 관원.

다.

7월 − 사간원 정언(正言; 정6품)에 제수되고, 17명의 홍문록(弘文錄)에 들어가
다. 이조좌랑(정6품)에 제수되다.

8월 − 사간원 정언에 다시 제수되다.

* 선조 14년(1581) ; 39세

2월 − 청직인 홍문관 부수찬(副修撰; 종6품)에 제수되다.

5월 − 이조좌랑(정6품)에 제수되다. 당시 이조판서는 이산해(李山海)와 이이(李
珥)였다.

* 선조 17년(1584) ; 42세

정월 − 어머니 유씨가 세상을 떠나자 원주 가마도에서 시묘살이를 하다.

11월 1일 − 우의정 정유길(鄭惟吉)이 한효순 등을 추천하다.

* 선조 18년(1585) ; 43세

10월 − 부인 안씨가 세상을 떠나다.(향년 46세)

* 선조 19년(1586) ; 44세

3월 − 어머니 3년상을 마치고 서울로 돌아오다.

임금이 유신(儒臣)에게 명하여 〈사서삼경〉(四書三經)을 음(音)으로 분석하고 교
정하여 간행하기 위해 교정청(校正廳)을 설치했는데, 예조정랑(정5품)으로서 참
여하다.

* 선조 20년(1587) ; 45세

4월 − 부인 안씨의 3년상을 마치고 충청도 서산(瑞山) 사람 강효윤(姜孝胤; 현
감)의 딸(1568~?)을 두 번째 부인으로 맞이하다. (3남 2녀 출산)

5월 − 교정청의 일이 끝나자 임금이 태평관(太平館)에서 연회를 베풀다.

7월 − 의정부 검상(檢詳; 정5품)을 거쳐 의정부 사인(舍人; 정4품)으로 승진.
사인으로 있을 때 잠시 처가가 있는 서산에 거주하다.

* 선조 21년(1588) ; 46세

2월 − 일본 사신의 선위사(宣慰使)를 맡다.

3월 − 일본 사신 귤강광(橘康廣) 등을 맞이하다.

4월 10일 − 일본 사신이 문경지방의 큰 다리를 지나갈 때 다리가 무너져 사신은
물에 떨어져 겨우 죽음을 모면하고, 역자(驛子)는 죽었다고 보고하다.

4월 22일 － 일본 사신을 호송하여 성주 팔거현에 당도하다.

5월 － 서울로 돌아오다. 임금이 왜국(倭國)의 정세와 형편을 묻자, "나라 가운데 66도가 있으며, 도감사(都監司; 풍신수길)라는 자가 있는데 지략이 뛰어나서 전국이 떨고 있으며, 지금 자신들이 온 것도 통신사를 청하기 위함"이라 보고하다.

윤달 6월 － 홍문관 부응교(副應敎; 종4품)에 제수되다.

6월 8일 － 임금이 석강(夕講)에서 《통감강목》을 강했는데, 한효순이 아뢰기를, "제갈량이 손수 부서(簿書)를 다루자, 양옹(楊顒)이 간(諫)했는데, 옛 사람이 말하기를, '제갈공명이 사체를 모르는 바 아니었으나 부득이 손수 다룬 것인데, 양옹이 공명의 뜻을 알지 못하고 말한 것이다.'"라고 말하다.

7월 5일 － 한효순 등을 어사(御史)로 치장하여 지방에 보내다.

8월 5일 － 함경도 재상어사(災傷御史)로서 밀지를 받들고 떠났는데, 아버지가 군수로 있었던 문천에 이르러 그 읍의 품관, 아전, 관속들을 만나 옛정을 풀다.

* 선조 22년(1589) ; 47세

2월 － 사헌부 집의(執義; 종3품)에 제수되다.

10월 － 성균관 사성(司成; 종3품)에 제수되다.

10월 － 정여립(鄭汝立) 모반사건이 터지다.

12월 － 사은사(謝恩使) 정탁(鄭琢)의 서장관(書狀官)으로 북경에 가다.

* 선조 23년(1590) ; 48세

6월 － 명나라에서 돌아오는 도중 정여립과 가까운 사이라는 이유로 황해도 봉산(鳳山)에서 파직되었다는 소식을 듣다.

8월 － 파직되자 필마로 처가가 있는 서산(瑞山)으로 내려가 해미(海美) 양림리(良林里)에 14칸의 농가를 짓고 오래 살 계획을 세우다.

12월 － 예빈시정(禮賓寺正; 정3품 당하관)에 추천되었으나 이조에서 정여립과 가깝다는 이유로 거부하자 경상도 영해부사(寧海府使; 종3품)로 좌천되다.

* 선조 24년(1591) ; 49세

정월 － 영해부사로 부임할 때 원주에 가서 부모 무덤을 청소하다.

2월 2일 － 영해부에 도착.

* 선조 25년(1592) ; 50세

4월 14일 － 왜적이 부산에 상륙하여 임진왜란이 발발하다. 주력 부대는 서울로 북진하고, 경상도 경주(慶州), 영천(永川), 청도(淸道), 인동(仁同), 당교(唐橋) 등지에 작은 부대를 주둔시켜 놓다.

5월 - 영해부사 한효순이 영덕현령, 청하현감, 평해군수, 축산포 만호 등을 모아 놓고 말하기를, "지금 왜구들이 곳곳마다 가득 찼는데, 경상도 감사, 병사, 수사가 모두 거처를 알 수 없어, 병무(兵務)의 호령을 주고받지 못하고 있다. 우리들은 하나같이 적들과 싸우는 것이 어떤가."하니 모두들 "좋다"고 말하다.

이에 울진, 평해, 영해, 영덕, 청하, 홍해, 연일, 장기를 좌상(左床)으로 삼고, 풍기, 영천(榮川), 안동, 봉화, 예안, 진보, 청송, 의성, 의흥, 비안, 인동을 우상(右床)으로 삼아 각기 그 소관 군병, 기계, 식량을 소속시켰다. 우상은 안동부사가 맡고, 좌상은 영해부사가 대장을 맡기로 하다. 평양의 임금 행재소에 이 사실을 알리는 장계를 올리다.

왜란이 발발한 지 50여 일이 지났으나 소식이 끊어져 영남이 모두 몰락한 것으로 생각하고 있던 평양의 임금과 대신들은 이 장계를 보고 크게 기뻐하면서 "나라에 사람이 있구나"라고 찬탄하다.

7월 - 영해부사로서 초토사를 겸하여, 근방의 수령과 군병들을 거느리고 병사 박진(朴晉)과 더불어 왜적을 토벌하다.

8월 7일 - 경상우도 관찰사로 있다가 뒤에 김성일(金誠一)을 대신하여 경상좌도 관찰사로 바꾸다.

* 선조 26년(1593) ; 51세

1월 11일 - 각도의 병마 숫자가 17만 명에 이르렀는데, 그 가운데 안동에 주둔한 한효순의 군대는 1만 명에 이르다.

2월 18일 - 왜적이 진주를 공격하고, 바닷가에 성을 쌓으려고 준비하고 있다고 보고하다.

4월 17일 - 왜적이 부산과 동래 사이에 많은 숫자의 적선(敵船)이 정박하고 있어 군대를 증가하는 형세가 현저하다고 보고하다.

4월 18일 - 임금이 식량조달을 위해 공명첩(空名帖)을 김성일과 한효순이 있는 곳으로 보내라고 명하다.

4월 20일 - 도체찰사 유성룡, 도원수 김명원이 한효순의 첩보를 임금에게 보고하고 대비책을 논하다.

5월 22일 - 경상도 왜적의 동향과 이여송 부대의 충주 도착을 보고하다.

6월 6일 - 동래부 지방에 복병을 배치하여 왜적의 머리 68과를 베어오다.

6월 15일 - 관찰사 한효순이 문경, 상주, 선산, 인동, 대구, 청도, 밀양, 양산 등지의 왜적들이 거의 다 바다를 건너갔다고 보고하다.

7월 11일 - 경주 이남의 도로가 점차 개통되어 군사가 통행할 수 있다고 보고하다.

7월 15일 - 경상좌도 관찰사로서 포로가 되었다가 돌아온 황정욱의 단자를 임금에게 보고하다.

7월 16일 - 6월 29일 진주성 싸움의 자세한 경과를 보고하다.

7월 21일 - 경주 집경전에 봉안했던 어용(御容; 초상화)을 예안(禮安) 청량산으로 옮겼는데, 안전하지 않아 한효순이 관원 두 사람을 그곳으로 보내다.

7월 29일 - 경상좌도 순찰사로서 왜적이 진주를 무찌른 뒤 한 갈래는 부산으로 향하고, 한 갈래는 초계로 향했는데, 모두 본토로 돌아갈 것이라고 보고하다.

8월 13일 - 울산, 언양, 양산 등지에 왜적이 산야에 가득하니 위급한 형세를 구원하게 해달라고 요청하다.

* 선조 27년(1594) ; 52세

1월~2월 - 명나라 장수 이여송이 대병을 이끌고 내려오니 한효순이 조령에서 맞이하다. 가선대부(종2품)로 승진, 경상좌우도를 통합하는 관찰사에 제수되다.

9월 - 병조참판(종2품)이 되어 서울로 올라오다. 오는 도중 원주에 이르렀는데, 그 당시 조카 한준겸이 원주목의 낭관으로 있었다.

겨울 - 서울 장의동에 우거, 병조참판으로서 군공청(軍功廳) 당상과 비변사 당상을 겸하다.

* 선조 28년(1595) ; 53세

병조참판을 사직, 대사간과 대사헌(종2품)에 임명되었으나 사양하고, 다시 병조참판으로서 경성순검사(京城巡檢使)와 주사대장(舟師大將)을 겸하다.

* 선조 29년(1596) ; 54세

8월 20일 - 삼남도체찰사 이원익(李元翼)의 부체찰사에 임명되다. 임금이 만나보고 특명으로 궁전(弓箭), 궁대(弓袋), 통개(筒介), 어른 말 1필을 하사하다.

윤달 8월 3일 - 진주에 이르렀다. 이날 이원익과 상의하여 호남을 지휘본부로 만들자고 합의하고, 그 뜻을 도원수 권율, 찬획사 이시발, 통제사 이순신에게 알려주다.

10월 - 성주에 이르러 본영(本營)을 체찰하다. 자헌대부(정2품)로 승진되다.

11월 - 한산도 해영(海營)으로 가니 통제사 이순신이 판옥선에 군관과 수졸을 거느리고 소비포에서 맞이하다. 한산에서 6~7일간 유숙하면서 수군재건 문제를 논의하고 성주로 돌아오다.

11월 20일 - 이원익이 성주로 돌아오다. 한효순이 한산도에 가서 통제사 이순신을 만나 격졸(格卒; 노젓는 군졸), 양향(식량), 기계(器械)를 상의하고 처리하고 왔다고 말하니, 이원익이, "내가 이곳에 도착하여 의논하려던 주사(舟師)의 일을 이미 영공(令公)께서 다 요리했으니, 앞으로 주사에 관한 일을 모두 영공께 맡깁니다. 충청, 전라 및 경상우도의 주사 일은 영공이 혼자서 맡으십시오."라고 말하다. 한효순은 충청, 전라를 맡고, 경상 우도는 이원익이 맡기로 합의하고, 다음날 한효순은 말을 타고 남원에 도착하여 전라도 주사(舟師; 수군)의 일을 약속하다. 이어 공주로 달려가서 충청감사를 만나고, 해변을 따라 내려와서 순천부에 도착하다. 이로부터 하루도 쉬지 않고 호서와 호남의 해변을 왕래하면서 주사 재건에 필요한 물자를 공급하다.

* 선조 30년(1587) : 55세

봄 - 통제사 이순신과 더불어 전라좌수영에서 다시 만나 주사의 일을 의논하다. 수개월 만에 전선 23척을 여러 섬에서 특별히 건조하여 한산도에 보내다.

7월 - 원균 부대가 패전하여 전선이 한 척도 남아 있지 않자 임금이 급히 30척을 건조하라고 명하다. 한효순은 주야를 가리지 않고 울면서 처리하고 배를 만들었다. 그 결과 변산(邊山)의 배가 태반이나 손에 들어왔다. 임피(臨陂)로부터 한산(韓山)에 가서 강변 촌사에 유숙하면서 충청도 내포지역의 왜적의 정보를 탐지하여 보고하고, 남쪽으로 내려오는 피난민들의 배 값을 올리는 자들을 엄벌로 다스려 많은 사람들을 살리다.

11월 15일 - 충청도 결성(結城; 홍주)에 있을 때, 명나라 양경리(楊經理)가 군량미 문제로 만나자고 하니 속히 올라오라는 명을 받다. 바로 말을 타고 홍주(洪州), 예산(禮山), 아산(牙山)에 와서 바다를 건너 설창(雪倉)에 밤 3경에 도착하다. 이때, "이여송 부대가 이미 배를 타고 강화도에서 출발했으니 즉시 돌아가서 맞이하라"는 명이 내려오다. 그래서 다시 아산 공세진(貢稅津)을 돌아서 면천(沔川)을 거쳐 태안(泰安) 소근포(所斤浦)에 도착하여 300여 척의 이여송 함대를 만나다. 이여송의 부하가 식량을 준비했느냐고 묻자 한효순은 "방금 도착했으므로 아직 준비하지 못했다"고 하자 명나라 장수가 노하여 중국 배에 강제로 태우고 안면도 대포(大浦)에 가서 정박하다. 한효순은 이 지역에 200여 석의 식량이 있으니 싣고 가자 하니, 명나라 장수는 바쁘다고 하면서 다시 항해를 시작했는데, 밤에 태풍이 불어 표류하다가 2일 뒤 구사일생으로 남포(藍浦)에 상륙하다. 뒤에 아들 한윤겸이 이 사실을 기록한 것이 《표해록》(漂海錄)이다.

* 선조 31년(1598) ; 56세
봄 - 부체찰사의 직을 그만두고 호남 호서 염철 양향 총관사(湖南湖西鹽鐵糧餉擻管使)의 직을 받다. 충청도와 전라도 지역의 소금과 무기, 그리고 식량을 총괄하는 책임을 맡은 것이다.
7월 8일 - 물자를 보내준 것에 대하여 이순신이 감사의 편지를 보내다.
겨울 - 임진왜란 종결.

* 선조 32년(1599) ; 57세
1월 - 전라도 도순찰사에 제수되다.

* 선조 33년(1600) ; 58세
여름 - 전라도 도순찰사를 사직하고, 충청도 결성(結城) 수룡곶(水龍串)에 있는 별장으로 내려가다.
가을 - 도체찰사 이원익의 부체찰사로 영남에 내려가 여러 지역을 순행하면서 검칙하다.
겨울 - 부체찰사를 그만두고 서산(瑞山)으로 낙향하다.

* 선조 34년(1601) ; 59세
1월 - 병조판서에 제수되었으나 받지 않다. 다시 형조판서에 제수되었으나 역시 사양하다. 그동안 피로가 쌓인 것을 풀어 조섭하기 위함이었다.
겨울 - 함경도 도순찰사의 직임을 맡다.

* 선조 35년(1602) ; 60세
함경도 도순찰사로서 함흥에 있으면서 풍패관(豊沛館)을 짓고, 동남문루를 세우다.

* 선조 36년(1603) ; 61세
여름 - 함흥 무학당(武學堂)에서 《신기비결》(神器秘訣)을 저술하다.
가을 - 함흥에서 《진설》(陣說)을 저술하다

겨울 - 함경도 도순찰사를 마치다.

* 선조 37년(1604) ; 62세
2월 - 이조판서(정2품)에 제수되다.
4월 - 지중추부사(정2품), 지의금부사(정2품)가 되다.
4월 - 효충 장의 적의 협력 선무공신(效忠仗義迪毅協力宣武功臣) 2등으로 책록
되고, 서흥 부원군(西興府院君)에 봉해지다.
11월 - 호조판서(정2품)에 제수되다.

* 선조 38년(1605) ; 63세
5월 - 평안도 관찰사(종2품)에 제수되다.
8월 - 사도 도체찰사(四道都體察使), 의정부 우찬성(종1품)에 제수되다.

* 선조 39년(1606) ; 64세
7월 - 병조판서(정2품), 지경연사(知經筵事; 정2품)에 제수되다. 임금과 장시간
국방대책을 논의하다.

* 선조 40년(1607) ; 65세
2월 - 이조판서(정2품)에 제수되다.
4월 - 판돈녕부사(종1품), 판의금부사(종1품)에 제수되다.

* 광해 즉위년(1608) ; 66세
4월 - 개성부 유수(留守; 정2품)에 제수되다.

* 광해 원년(1609) ; 67세
11월 - 개성부 유수를 사직하다.

* 광해 2년(1610) ; 68세
4월 - 덕산 온정(德山溫井)에 목욕하기 위해 휴가를 받다. 해미 양림(海美 良林)
농가로 낙향하다.

* 광해 4년(1612) ; 70세
봄 - 김직재(金直哉) 역변(逆變) 소식을 듣고 급히 상경하다. (영창대군파 제거
를 위한 무고사건)

10월 — 숭록대부(정2품)를 받다.

* 광해 5년(1613) ; 71세
3월 — 계축옥사(癸丑獄事)가 발발하다. 박응서 사건으로 영창대군 파가 숙청되다. 영창대군이 강화도에 유배되었다가 이듬해 살해되다. 유교칠신(遺敎七臣; 유영경, 한응인, 박동량, 서성, 신흠, 허성, 한준겸)이 귀양가다.
봄 — 70세가 넘자 상소하여 치사를 요청하다. 임금이 "경은 노성숙망(老成宿望; 경험과 명망이 높은 사람)으로서 은퇴하고자 하는 상소를 올리니 내 마음이 허전하다. 사양하지 말고 안심하고 조정에 있으라"고 만류하다.

* 광해 6년(1614) ; 72세
1월 — 보국숭록대부(정1품)로서 판중추부사(종1품)에 제수되다.

* 광해 7년(1615) ; 73세
5월 — 공조판서에 제수되다.
7월 — 이조판서에 제수되다.
큰 조카 한백겸(韓百謙)이 《동국지리지》(東國地理志)를 편찬하다.

* 광해 8년(1616) ; 74세
10월 — 의정부 우의정(정1품)에 제수되다.
12월 21일 — 진사 윤선도(尹善道)가 이이첨(李爾瞻)의 횡포를 비판하는 상소를 올리다.
한효순은 언로의 자유를 들어 윤선도를 옹호하자 이이첨 일파가 역적을 두둔한다고 성토하다.

* 광해 9년(1617) ; 75세
1월 4일 — 종친들이 윤선도를 옹호하고 이이첨의 횡포를 규탄하는 상소를 올리다.
1월 20일 — 허균(許筠)이 서궁(西宮)에 투서하여 인목대비가 기자헌, 유희분, 박승종 등과 손잡고 모역을 꾀하고 있다고 거짓 고발하여 인목대비 폐위운동을 본격화하다.
이이첨의 사주를 받은 유생들이 인목대비의 폐위를 청하는 잇단 상소를 올리면서, 여기에 협조하지 않는 한효순을 남인(南人)의 괴수라 지목하고 목을 베라고 주장하다.

1월 23일부터 11월에 이르기까지 한효순은 우의정을 사직하는 상소를 수십 차례 올리고 집에 칩거했으나 불허하다.

11월 25일 - 영의정 기자헌(奇自獻)이 700명의 백관회의를 소집하여 인목대비 폐비에 관한 찬반의견을 수렴하다. 한효순은 여기에 불참했으나, 이이첨 일파가 거짓으로 이름을 올리다.

11월 27일 - 폐모론에 반대한 영의정 기자헌을 성 밖으로 내쫓다.

* 광해 10년(1618) : 76세

1월 4일 - 이이첨 일파가 한효순의 이름을 빌어 소집한 정청(庭請)에 마지못해 참석하여 폐모론을 반대하여 새벽까지 결론을 내리지 못하다. 한효순이 옷소매를 휘저으면서 반대하여 묘당의 먼지를 모두 쓸어냈다고 함.

1월 18일 - 좌의정에 제수되다.

1월 30일 - '서궁폄손절목'(西宮貶損節目)을 정하다. 인목대비를 〈서궁〉(西宮)으로 부르고, 후궁에 해당하는 대우를 하기로 결정. 그러나 중국의 승인을 먼저 받아야 한다는 것과 후금관계 등이 복합적으로 얽혀 반포하지 못하다.

* 광해 11년(1619) : 77세

6월 2일 - 영중추부사(정1품) 제수되다. 중립적인 후금정책을 건의하다.

* 광해 13년(1621) : 79세

8월 24일 - 조카 한준겸(韓浚謙)이 귀양에서 풀려나 북방 지역을 방비하는 도원수(都元帥)에 임명되다.

11월 15일 - 서울 장흥동(長興洞; 청운동) 셋집에서 세상을 떠나다. 장헌(莊獻)이라는 시호를 받다.

12월 17일 - 광주 영장산(靈長山) 서록의 양부 한여번(韓汝藩) 묘소 아래에 안장하다. 현재 성남시 분당구 서현동.

장례식 때 이원익(李元翼), 심희수(沈喜壽), 이호민(李好閔), 윤휘(尹暉), 김류(金瑬), 유몽인(柳夢寅), 여우길(呂祐吉) 등 당대 명사들이 만사(挽辭)를 써 애도하고 덕업을 칭송하고, 문무를 겸비한 인물로 평가하다.

* 인조 즉위년(1623)

4월 - 폐모론의 핵심 인사인 이이첨과 정인홍이 체포되어 참형되다.

4월 - 한효순의 관직을 삭탈하고, 살아 있던 세 아들을 중도부처(中途付處)하여 서산, 횡성으로 낙향하다.

* 숙종 9년(1683)
증손 한후명(韓厚明; 都正)의 부탁을 받아 외현손 이돈(李墩; 홍문제학)이 묘비문을 짓고, 외현손 이징귀(李徵龜; 공조판서)가 글씨를 써서 묘비를 세웠는데, 여기에 한효순이 스스로 지은 비문의 음기(陰記)를 넣었다. 세상을 떠난 지 62년만에 묘비가 세워진 것이다.

* 영조 45년(1769)
임금이 5대손 한종찬(韓宗纘)의 청현직 임명을 허락하다.

* 정조대
정조 7년(1785) 1월 11일 - 서산(瑞山) 유생 7대손 한석민(韓錫敏)이 격쟁(擊錚)하여 한효순의 관작회복을 청원했으나 불허하다.
정조 11년(1787) 12월 - 7대손 한덕후(韓德厚)의 청현직 임명을 허락하다.
정조 14년(1790) 9월 19일 - 해미(海美) 유생 7대손 한석조(韓錫朝)가 격쟁하여 한효순의 관작회복을 청원했으나 불허하다.
정조 15년(1791) - 규장각에 《신기비결》과 《진설》을 보관하다.
정조 15년(1791) 2월 16일 - 한석조가 다시 격쟁 상언했으나 불허하다.
정조 18년(1794) 9월 28일 - 한석조가 다시 격쟁했으나 불허하다.
정조 20년(1796) - 정조 14년 이후로 한석조가 5차례 격쟁, 5차례 상소를 올렸으나 불허하다.
정조 21년(1797) 3월 - 한석조가 격쟁했으나 불허하다.

* 철종 8년(1857) - 신원을 위한 격쟁을 했으나 실패하다.

* 고종대
원년(1864) 7월 10일 - 조대비의 명으로 한효순을 포함한 수십 명의 관작을 회복시키다.
회복된 관작은 대광보국숭록대부 의정부좌의정 겸 영경연사 감춘추관사(大匡輔國崇祿大夫 議政府左議政 兼 領經筵事 監春秋館事)이다.
10년(1874) 10월 - 최익현(崔益鉉)의 상소로 회복된 관작을 추탈하다.
11년(1875) - 해미 유생 한회원(韓會源)이 신원상소를 준비했으나 실행하지 못하다.

* 1908년

1월 30일 - 해미 유생 한윤동(韓胤東) 등이 신원(伸寃)을 위한 청원서를 제출하다.
4월 30일 - 내각에서 한효순을 포함한 78명의 관작을 회복시키다.

∴한효순의 일곱 아들

1) 한유겸(韓有謙; 1567~1619); 안씨 소생, 음보로 인천현감(종6품). (인
   천공파)
2) 한수겸(韓守謙; 1570~1622); 안씨 소생, 음보로 출사, 왜란 때 세자를
   호종하여 서능군(西陵君)에 봉해지고, 이조판서(정2품) 역임. (서능군파)
3) 한치겸(韓致謙; 1574~1608); 안씨 소생, 무과를 거쳐 단천군수(端川郡
   守; 종4품)에 이름. (단천공파)
4) 한이겸(韓履謙; 1581~?); 안씨 소생, 문과를 거쳐 승지(承旨; 정3품)에
   이름. (승지공파)
5) 한윤겸(韓允謙; 1588~1637); 강씨 소생, 문과를 거쳐 도사(都事; 종5
   품)에 이름. (도사공파)
6) 한극겸(韓克謙; 1589~?); 강씨 소생, 문과를 거쳐 정랑(正郞; 정5품)에
   이름. (정랑공파)
7) 한호겸(韓好謙; 1596~1672); 강씨 소생, 음보로 세마(洗馬; 정9품)를
   거쳐 도사(都事; 종5품)에 이름. (세마공파)

2. 저자(한영우)의 약력

⑦ 주요 경력

1967-2003 서울대학교 문리과대학, 인문
대학
1983-1984 미국 하버드대 객원교수
1987-1991 서울대학교 한국문화연구소장
1989-2007 문광부 문화재위원회 사적분
과 위원, 사적분과위원장
1990-1991 한국사연구회장
1991-2000 국사편찬위원회 위원
1992-1996 서울대학교 규장각 관장
1998-2000 서울대학교 인문대학장
2003. 8월 서울대학교 정년퇴직, 서울대
학교 명예교수
2003-2008 한림대학교 한림과학원 특임
교수, 한국학연구소장
2008-2013 이화여자대학교 이화학술원
석좌교수, 이화학술원장
현재 서울대학교 명예교수

④ 주요 수상

1984 한국일보사 출판문화상 저작상
1986 치암학술상
1994 세종문화상 학술상(대통령)
2004 한국간행물윤리위원회 저술상
2005 대한민국 문화유산상 학술상(대통령)
2006 한국일보사 출판문화상 저작상
2007 수당학술상
2007 경암학술상
2012 민세안재홍상 학술상

⑤ 주요 저서

1. 1973 정도전사상의 연구(서울대출판부)
2. 1980 《율곡어록》역주(삼성예술문화재단)
3. 1981 조선전기 사학사연구(서울대출
판부)
4. 1983 조선전기 사회경제연구(을유문
화사)
5. 1983 조선전기 사회사상연구(지식산
업사)
6. 1983 개정판 정도전사상의 연구(서울
대출판부)
7. 1988 한국의 문화전통(을유문화사)
8. 1989 조선후기 사학사연구(일지사)
9. 1991 우리 역사와의 대화(을유문화사)
10. 1994 한국민족주의 역사학(일조각)
11. 1997 미래를 위한 역사의식(지식산
업사)
12. 1997,2004,2014 다시 찾는 우리역사
(경세원)
13. 1997 조선시대 신분사연구(집문당)
14. 1998 정조의 화성행차 그 8일(효형
출판)
15. 1999 왕조의 설계자 정도전(지식산
업사)
16. 2000 정조대왕 화성능행 반차도(효형
출판)
17. 2002 역사학의 역사(지식산업사)
18. 2003 창덕궁과 창경궁(효형,열화당)
19. 2005 역사를 아는 힘(경세원)
20. 2005 조선왕조 의궤(일지사)

21. 2006 명성황후, 제국을 일으키다(효형출판)
22. 2006 조선의 집 동궐에 들다(효형출판, 열화당)
23. 2007 실학의 선구자 이수광(경세원)
24. 2007 반차도로 따라가는 정조의 화성행차(효형출판)
25. 2007 동궐도(효형출판)
26. 2007 꿈과 반역의 실학자 유수원(지식산업사)
27. 2008 조선 수성기 제갈량 양성지(지식산업사)
28. 2008 규장각--문화정치의 산실(지식산업사)
29. 2010 한국선비지성사(지식산업사)
30. 2012 《조선경국전》 역주(올제클레식스)
31. 2011 간추린 한국사(일지사)
32. 2013 과거--출세의 사다리(1) 태조-선조대(지식산업사)
33. 2013 과거--출세의 사다리(2) 광해군-영조대(지식산업사)
34. 2013 과거--출세의 사다리(3) 정조-철종대(지식산업사)
35. 2014 과거--출세의 사다리(4) 고종대(지식산업사)
36. 2013 율곡 이이평전(민음사)
37. 2014 미래와 만나는 한국의 선비문화(세창출판사)
38. 2016 미래를 여는 우리 근현대사(경세원)
39. 2016 우계 성혼 평전(민음사)

㉣ 공저
1. 1990 한국사특강(서울대학교출판부)
2. 1994 한국의 역사가와 역사학(상),(하)창작과비평사)
3. 1997 시민을 위한 한국역사(창작과비평사)
4. 1997 한국인의 미래상(집문당)
5. 1999 우리 옛지도와 그 아름다움(효형출판)
6. 2002 행촌 이암의 생애와 사상(일지사)

7. 2005 21세기 한국학, 어떻게 할 것인가(푸른역사)
8. 2006 대한제국은 근대국가인가(푸른역사)
9. 2007 다시, 실학이란 무엇인가(푸른역사)
10. 2008 대한민국 60년, 그 성찰과 전망(지식산업사)

㉤ 외국어 번역본
1. 2003 韓國社會の 歷史(《다시찾는 우리역사》 일본어판; 吉田光男 역) (日本 明石書店)
2. 2008 The Artistry of Early Korean Cartography (《우리 옛지도와 그 아름다움》 영어판; 최병현 역) (미국 Tamal Vista Publications)
3. 2010 A Review of Korean History (《다시찾는 우리역사》 영어판; 함재봉 역) (경세원)
4. 2010 Korean History (《다시찾는 우리역사》 러시아판; Pak Mihail 외 역) (모스크바대학 한국학연구소)
5. 2012 朝鮮王朝儀軌(《조선왕조 의궤》 중국어판; 金宰民, 孟春玲 역) (中國 浙江大學出版社)
6. 2014 朝鮮王朝儀軌 (《조선왕조 의궤》 일본어판; 岩方久彦 역) (日本 明石書店)
7. 2014 An Intellectual History of Seonbi in Korea(《한국선비지성사》 영어판; 조윤정 역) (지식산업사)
8. 2016 Mit einem Bild auf Reisen gehen--Der achttagige Umzug nach Hwasong unter König Chongjo(1776-1800) (《반차도로 따라가는 정조의 화성행차》독일어판, Barbara Wall 역) (독일 Ostasien Verlag)
9. 2016 A Unique Banchado: the Documentary Painting with Commentary of King Jeongjo's Royal Procession to Hwaseong in 1795 (《반차도로 따라가는 정조의 화성행차》 영어판 정은선 역) (영국 Renaissance Publishing company)

神器秘訣 全

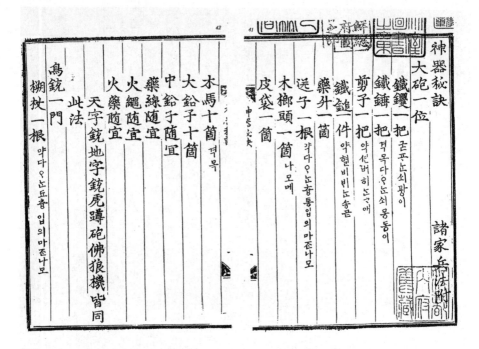

大砲一位

鐵鑽一把　곤프노쇠팡이
鐵鎚一把　격목다ㅇ노쇠몽동이
剪子一把　악인데히노무애
鐵鎚一件　약혈비비노숑곤
藥升一箇
送子一根　쌋다ㅇ노용통입의마존나모
木樔頭一箇　나모메
皮袋一箇

天字銃地字銃虎蹲砲佛狼機皆同
此法
水馬十箇　격목
大鉛子十箇
中鉛子隨宜
藥線隨宜
火繩隨宜
火藥隨宜
鳥銃一門
棚杖一根　쌋다ㅇ노뇨튱입의마존나모

天字銃

錫鼈一箇　귀약통
藥管二十箇　약변노통
皮袋一箇
銃套一件　됴흉집
小鉛子隨宜　됴흉입의마준털한
火繩隨宜
火藥隨宜
雙眼銃百字銃大小勝銃以下諸銃
皆同此法

天字銃

每一位火藥三十兩中藥線五寸中鉛子
一百枚
銃歌一洗銃二入藥線三下火藥四下覆
紙五下送子輕六下木馬七下送子用力
打至藥前八下鉛子一層下送子九
下鉛子一層下土下送子十
下土下送子十一下合口大鉛子生或鐵于口

地字銃

候合燃發
一枚下送子用力打入口平銃完
大或石合于口

申器秘訣

每一位火藥二十兩中藥線五寸中鉛子
六十枚
銃歇一洗銃二入藥線三下火藥四下覆
紙五下送子輕六下木馬七下送子用力
打至藥前八下鉛子一層下土下送子用力
下鉛子一層下土下送子十下合口大鉛
子一枚下送子用力打入

（小注）或合口大石杴子一枚下送子用力打入

口平銃完候令燃發

玄字銃
每一位火藥四兩中藥線五寸小鉛子三
十枚
銃歇一洗銃二入藥線三下火藥四下覆
紙五下送子輕六下鉛子七下土隔八下
送子用力築銃完候令燃發

黃字銃
每一位火藥三兩中藥線五寸小鉛子二
十枚
銃歇一洗銃二入藥線三下火藥四下覆
紙五下送子輕六下鉛子七下土隔八下
送子用力築銃完候令燃發

佛狼機
每一位子銃九門每子銃一門火藥二兩
中藥線四寸中鉛子二三枚○鉛子大小

（小注）多小及藥線大小寸數隨宜勿拘他倣此

裝法先取子銃一洗拭二入藥線三下火
藥四下覆紙五下送子輕六下鉛子七下
土用力築築以滿子銃口爲准

（小注）子銃九門法皆同

九子裝完將子銃一門入母銃腹內橫門

（小注）子銃九門皆同

使牢其子母銃牙肩相銜慶用濕布塗隙
以障火烟之比透又用手執銃尾柄用一

鳥銃
每一門火藥二錢或二錢二三分小鉛子
一枚
隻眼平視後照星對前照星前照星對賊
宗中燃發○機架之頭須凸圓使母銃
俟高俊下俟左右之際利便流動然後
乃得隨意指發○子銃第一門放訖
又放第二門至九門輪放不絕○一法子
銃內勿入子以其子藥簡裏紙先入母銃
口內塞駐次入子銃燃發

銃歌一洗銃二下火藥三以棚杖送藥實四下鉛子五以棚杖送鉛子六下紙七送紙八開火門九下線藥十搖火門使門藥下合於身藥十一仍閉火門十二龍頭安火繩十三聽令開火門十四准賊人舉發

雙眼銃

左右銃凡六層每層火藥二錢小鉛子一枚小藥線三寸

裝法一洗銃二入藥線三下火藥四下覆紙五下鉛子六下土隔用力築此為左銃

第三層裝又如前裝築此為右銃第三層裝又如前裝築此為左銃第二層裝又如前裝築此為右銃第二層裝又如前裝築此為左銃第一層裝又如前裝又如前裝銃第一層裝○放法先以火繩燃于左第一層藥線放出此為左銃又為右以火繩燃于右銃第一層放又如為右銃第一層放又如前燃發此為左二層放又如前燃發此為右銃第二層放又如前燃發此為左銃第三層放又如前

燃發此為右銃第三層放○曾於習放時見左銃第一層藥線燃發時火為風飄散著諸線或有二層並發者或有六層一時俱發者此不得其妙而然欲免此患則須以片紙各塗六穴藥線放時只開所放之穴則可無此患也

百子銃

每一門火藥一兩小藥線三寸小鉛子六七枚○此器大中小不等器小則藥減減則子亦減也做此

大勝銃

每一門火藥六錢小藥線三寸小鉛子三四枚

銃歌一洗銃二入藥線三下火藥四下覆紙五下鉛子六下土隔用力築餘同前法

銃歌一洗銃二入藥線三下火藥四下覆紙五下鉛子六下土隔七以棚杖用力築八把銃柄對眼九平視後照星對前照星前照星對賊人打發○藥線末半寸去火藥則燃遲燃遲則可以徐徐照對打發

次勝銃
每一門火藥四錢小藥線三寸小鈆子二
三枚
銃歌大勝銃同

小勝銃
每一門火藥二錢或二錢二三分小藥線
三寸小鈆子一枚
銃歌一洗銃二入藥線三下火藥四下
杖輕五下鈆子六下紙九七把銃柄對眼
入平視後照星對前照星前照
星對賊人

打發
宇字銃
每一門火藥二錢半小藥線二寸半小鉛
子二枚
銃歌一洗銃二入藥線三下火藥四下
紙五下鈆子六下土隔用力築餘同前法
宙字銃
每一門火藥二錢小藥線二寸小鉛子一
二枚
銃歌一洗銃二入藥線三下火藥四下鉛

子五下土隔或紙九七此棚拔用力築餘同
前法
洪字銃
荒字銃
日字銃
銃歌宙字銃同
二枚
每一門火藥二錢小藥線二寸小鉛子一
盈字銃
昃字銃
銃歌宙字銃同

大砲習法　天地玄黃等銃同
宇字下諳銃藥必堅以口虛短藥出無力故也
先用藥線縛之以布木馬以合口者為准
用土少許下鐵子一層子用合口大鉛子
一枚下口一半慢築八口平兩止後尾
捎用鑽去土三四寸不等相地方高低前
下二瓜釘後用雙瓜尖絆庶不退走此砲
可退敵則已倘此砲用盡則諸鎗砲可以
銃歌宙字同
子一枚
每一門火藥一錢五分小藥線二寸小鉛

併發而此砲又可取裝如前

佛狼機習法

每座子銃九門主將看母銃腹內是否光
圓勻净子銃口是否周圓牙肩是否齊整
子母二銃合入是否嚴謹鉛子是否合子
銃口機架俟高俟下俟左右是否活便人
裝一子念歌裝築如法

鳥銃習法

銃口可容鉛子糞錢用藥糞錢截竹為筒
只儘藥為長短預先較試停妥裝二十管

列在皮袋內繫于腰將線藥研細用更意
于銃藥者入錫鱉內繫以繩與鉛子袋附
腰內鉛子預製光圓再自修合口子閣銃
口上一半微微用力入腹則不致溜出照
歌裝先用口吹銃使腹內潔净取一筒藥
入銃內用欄杖用力送實方下鉛子一枚
又欄杖送下至藥際用紙一片成丸送入
塞住鉛子將火門取開用另藏錫鱉內細
火藥傾入火門內向上撅藥入線門將
火門閤之以火繩安入龍頭前手托銃架

中腰後手開火門即拿銃架後尾人面妥
架尾之上用一隻眼看後照星對前照星
前照星對𣆃射擊之入用右手大食指撥
軏向後軏入龍頭落在火門藥燃銃發
或云玄黃字銃當用木隔此我　國之
制也今易以土隔無乃不可乎余謂此
言亦是但裝以木隔則遲裝以土隔則
速呼吸之際放貴速而土隔之効不
下於木隔惟在將軍之臨時取捨如何
耳或曰我　國銅銃口大腹短銅身又

薄身薄而藥多則炸裂口大而藥少則
無力藥少而子重則子去不遠口大而
子小則子去不直比之於鳥銃之命中
不啻相萬其中盈字具字荒字其腹尤
短皆不可用改造他銃為當云余謂此
說不思之甚也銅銃雖不如鳥銃之妙
然　祖宗朝以來積年儲備之具豈可
皆棄而不用下藥之後或築土隔或下
紙丸而故之則其聲亦岁投丸於衆賊
之中則亦必有中之者或說誤失全宜

61

仍存多而不厭野戰固好守城之用尤
好諸將其思之○大小勝銃及宇宙字
以下諸銃所以不取於人者以其線燃
太疾未及照對故也然線末半寸扣去
火藥則火入不速火入不速則自可徐
徐照對而發矣以必用曲柄者柄直則
不便於照對愈曲愈好也○或問鳥銃
火門闊者何以為之乎曰先用藥線半
寸挿于火眼次以急藥傾入火門依規
燃發則不至於棄之矣況火門亦可改

造者乎○或問佛狼機鉛子入于子銃
之腹乎入于母銃之口乎何者為勝曰
另用紙包鉛子幾箇納于母銃口內塞
駐次入子銃燃發則其於擊打亦便○
或問大砲設于城上乎曰宜於各門外
及四城下賊必衝到之路埋設以待賊
至百步內投火燃發可也燃火者於城
上瞰以棚架用長竿下燃也○凡
城兩垜之間曰每一口弓夫次一口
劍戰次一口銃鎗次一口灰石四者相

間周一城皆然放銃之口則兩垜間塞
以防牌中開銃眼大如椀子大棒則逐
口而設棒即今之槍杖木也此守城之
法也

神器解

五兵之中惟火最烈古今水陸之戰以火
成功者甚多然有精器而無精兵以用之
是謂徒費有精兵而無精器以助之是謂
徒強南方田泥淖陷步兵輕捷重器難行
惟鳥銃第一火箭次之南方左弓夫而首

火器者以其命中洞物遠擊皆出弓夫
之上故火器足以代弓夫緣奸兵本無敵愾
常操不用鉛子向天擊打臨時心手俱顫
賊遠則聲發如雷子不及賊賊近却無子
藥可擊打只想先走甚將未盡藥子擲於
田中雙手塗黑滿面藥色高聲大叫子盡
藥絕賊聞之一擁殺入陣敗矣惟塲操時
照臨陣實演必中軍主令方寸放擊先者
有誅向天擊者有誅

鳥銃解

夫鳥銃之所貴在于造時練鐵熟兩筒相
包原孔甚小用鋼鑽鑽之一日鑽寸許至
底而止一月鑽光者為上腹内未曾用鋼
鑽鑽光以致鉛子不得到底出口不直厚
慶不容子入薄慶遇火爆裂甚至啞筒捲
成藥即炸損人手安敢托架于前官給鉛
子大小不一子大而銃口小則子入不深
出口便落子小而銃腹大火藥先鉛子而
泄則鉛子無力何以致遠或鉛子鎔液于
腹内則為虛發其法每銃口以可容三錢

鉛子為准下藥亦三錢子輕則藥減子重
則藥增藥數同子子重合口下口之半強
之入為得發若再加口大子必重子重藥
必多則手不能持定口小子小藥少則無
力而不能射遠此器中國原無傳自倭夷
始得之此與各色火器不同利能洞甲射
熊命中猶可中金錢眼不獨穿楊而已夫
透重鎧之利在腹長腹長則火氣不洩而
送出勢遠有力射熊命中在于出口直出
口直在于手托藥之前火藥不能牽所以

短器長用解
銃中鵠十倍于快鎗五倍于弓夫
馬上步下惟鳥銃之所以洞重鎧而無堅可禦
也此鳥銃之所以較中錐弓矢不如
利器也此鳥銃之所以為利器雖比于教埸為
林皆可射落因是得名此鳥銃之所以為
則不搖動故十發有八九中即瓢鳥之在
迸躍之勢自滅而弱後手不用棄把點火
傷手方敢加手于木銃身得木為托則其
手托腹前者以有木為托即有腹炸不能

凡兵平日在教埸操時似謂習之已精已
至吳臨敵之時著使仍是照前從容酬應
如教埸内比試一般不必十分武藝只學
得三分亦可無敵奈每見賊時死生呼吸
所繫面黃口乾手忙脚亂射法打法盡都
忘失手軟身顫舉刺不起只有互相亂打
平日工夫一毫無濟豈不徒然火器尤為
惧事或向天而打或手向前放銃而頭已
回顧走路或先將鉛子噸口中忙亂裝銃
忘子在口順氣嚥入腹中或忘入鉛子或

校火器
鳥銃手唱過名五人即到臺上子主將面
前齊立先看銃口大小平日各該管曾否
之而已

先下鉛子後入藥或子小口大照打時銃
口一低鉛子流出或裝畢而火繩落地為
濕氣所滅或持線自焚其藥十銃之中僅
有六七銃發出六七之中僅有二三中耳
此蓋百戰中面見熟試而知之也難矣求
是在為將者及其肄而嚴其教比以轉移

将銃通行選較以銃口相同者為一旗否
乃先看鉛子模範是否合銃口鉛子曾否
磨光逐箇秤驗是否正合庶打出有力而
稍溢用棚杖送下乃合式庶與銃口合直入
正棚杖要堅直妙在頂頭與銃口合直
到底即知腹圓直矢火門眼以小為式火
繩以乾為式火藥以燥細惹性為式火繩
看其精細長短務合前式藥管以銃之大
小裝藥與銃口鉛子分兩不多不少為式
什物藥線錫鱉鉛子袋逐一查驗合式每

藥令本人手掌內燃五分試其緩急何如
銃的必以百步為准每當堂念歌裝畢赴
射所鑼一聲一人舉週而復始每人以九
發為止鳥銃手須要眼看兩照星銃去不
動手不轉頭又中多為上打放如式而中
少者次之轉頭搖手雖中在下等鳥銃
本為利器擊賊第一倚賴者也夫何各軍
兵不思倚賴之重其在操內弁臨陣人象
齊燄烟火瘴蔽非一目可視一手可指俱
不平執銃身又不貼腮面又不對照星却

垂手低執一手執銃一手用繩點火所以
不用龍頭者何也只是生踈膽小慌忙不
及取出火繩入龍頭圖便速耳知此斷然
不中何貴于鳥銃求況名為鳥銃謂其能
擊飛鳥以其著准多中也如此打去勢不
由人不知呼向安得中賊況可中鳥乎凡
放鳥銃快鎗隊長即隨銃手監看若仍前
垂手放之不貼腮面不對照星或單手點
火或不點放或赶火門朝天放向地放者
許隊長平時或摘牌或取藥筒或取帽務

撲隨軍輕便什物一件為證操畢送各總
帶赴路將慶治如遇真操臨陣或割耳或
割鬚髮即送主將斬首示象該隊長免其
連坐如互相容隱閱操查出定將隊長一
體連坐臨陣隊長與兵同斬
軍法重慶旗隊連坐仍罰賠償
收火器
每放過即行洗晒陰雨後初晴之日亦即
洗晒一次平日收架務如法不許濕損如
妝架不如法不行晒晾致有失壞者本役

察遺失
凡火器竹筒火繩火線匙鎚刀剪油單火
藥一有不全入場忘記懸帶隨身及藥不
乾燥各不如法隊長同罰本犯加治
稽損廢
凡帶百操軍火器械隨製如力不能
私製者即稟明各總轉報造給
查軍器
凡下營記軍火器械各頭目即逐隊撿校
如破綻損壞即候戰完開報修葺磨礪如

有親失即報主將記簿唯法科決
請火器
凡缺欠軍火器械出征前三日請給完足
急行亦於前一日不許臨敵假稱放盡討
索又不許匿無為有以畏避論
戒銃手
夫銃手善能打賊使狂勢少挫臨時擊射
不如法故意高仰低向畏懼顫搖後
顧者斬交鋒時許發手隊總弁本管隊總
先截去一耳回兵查慶凡戰獲首級每十

題中以二給鳥銃射手無殺器者
懸虛銃
凡鎗銃等手遇賊在遠時因我膽怯每于
數百步外鉛子既不到慶大小銃砲只管
浪發或賊本必我銃盡發既打不到他又
可惜火藥鉛力及至賊近與擁衆衝來邦
稱火藥鉛子用盡束手送死而已令遇賊
來不論遠近只聽中軍蹲砲一舉吹天鵝
聲銃手放銃依令分為幾層輪班點放署
正平平對賊擊射署賊成宗來每入只指

77

定賊宗當中一賊打不聞中軍號砲響不
吹天鵝聲便賊進營裏來也不許發銃先
發者便一銃打死二賊亦不准功必以軍
法斬首平時火器收惜不如法臨陣致藥
濕綫濕或不及燃或終不餘燃或不舉發
者俱以軍法斬首把總以下知而不舉及
姑息不治者連坐此然而惧事者一體斬首
火器之論止此然將領而不知兵軍卒
而不知戰則雖習火器亦無益於勝敗
故又抬出古今兵家要語附于左

編伍解

凡選編必把選哨選旗旗選隊隊選兵
使等等自擇令自選干繫在選者著臨
時不堪上陣平時生事胡為原擇扯之人
何辭自諉庶行連坐亦不愆于上著官府
面前一時選驗不過年貌力氣而已全無
可憑

明活法

五人為伍二伍為隊隊有隊長一人火兵
一人凡隊旗哨司不必拘定數目要之不

出于用法而不泥于法是已自此為始凡
行動立止俱照鴛鴦隊次序恁是如何不
許時刻緵橫錯亂久則自熟且于虛胃不
復能容矣內惟十二名一隊仍分左右伍
不可易之法何也此中行軍法為便老于
兵中者方得此諜令難詳說

實復驗

閫營選完發放某日再集將腰牌如前對
讀過作弊者即以重法連坐施行一二隊
以立初信此時重信一立以後如驅羣羊

80

旗皷解

凡各官兵耳只聽金皷之聲目只看旌幟
方色不拘何項人負口來分付決不許聽
如皷聲不絕便前面是水火也須跳入如
鳴金該止就前面有財物可取亦不許動
凡差人傳令必令旗箭令票有一方惟
聽方惟出入若無此三物便主將自來亦

練旗

各營兵看本隊所執旗隊長看本旗總
所執旗旗總看本哨官之認旗哨官看本
把總旗色大將看旗或立或點或磨先營將
應之把總不許先應是營將旗先把總應
之把總不許先應是哨官旗旗總之隊
長不許先應是旗總旗隊長應之隨旗所
指而往隊長以下口傳身率不用旗皷彌
令凡旗伏而不起脚下即是信地雖天神

叫移動亦不許依從夜看火皷與畫一般
名將所先旗皷而已著旗無制法真兒戲
也或輕難視速或重難執馳方色混雜莫
辨而臨陣分合更與旗無干聽兵用手遍
唇為嘯聲至有大將名冑而亦鳥合縱橫
一聽兵士分沓一隊數色一陣數令以用
兵付之自然以勝頁付之無可奈何吁可
勝嘆哉
大將旗皷解
夫大將所司只此此一舉百萬眾聽麾莫

不同仇莫不用命故所賴於大將者重矣
我朝軍中惟金皷之說尚用于升場將陣
而耳教猶有十之五惟目教則盡廢之上
陣絕然不用其義亦鮮聞焉為大將者或
特勇當先或率家丁特為一隊弁旗皷不
知為何物平日不講臨時安措可勝嘆矣
即行列于途但見擺設繁華觀視耳亦
絕不知所列有定法有深意有關繫十二
辰九軍八陣五行四門等只此備足行有
條理用有分合一欲變何營何陣又掌立

成矣必使士卒視旗為命兵法麾之前指
莫不就死旗前則前旗左則左旗右則右
旗後則後寧以泥沙視五尺而斧鉞視旗
皷知畏將而不畏敵知秉旗皷而不知將
與身如此可以赴敵矣故大將雖不在於
操戈躍馬而旗皷二字却乃萬萬難捨若
皷之不進麾之不從見賊便思敗走大將
却借旗皷論之曰軍士自敗不聽旗皷于
所司之謂何安用大將誰人不可司也
禁喧嘩

85

凡欲動止進退自有旗幟金鼓第一件只
是不許喧嘩說話若無令許說話但開口
者都要著實重慶夜間應更加嚴禁

授器解

辛既選成隨授以營伍之制必給以器械
為爪牙大器有二不過遠近之分也遠多
近少者合刃則致敗近則多遠少者未接而
氣奮遠近不燕授則雖衆亦寡大器每一
兵必授以遠器禦敵于百步之外必授以
近器為角于手足所接銳鎗弓矢遠器也

藤牌狼筅長槍鏜鈀長劍鏢鎗大棒斧鐮
近器也長槍狼筅短中之長也或賊近身
則棄遠器而用近器此鍊兵大序也

比武藝解

凡兵士不學武藝不修器械不著重甲見
賊便走皆因自来臨陣素無紀律當先退
後功罪不明故人無戰心令連坐已定賊
令已明進前退後都有箇法子管著便是
十萬人臨陣設使有一箇當先一箇退縮
都查得爾出決照條内施行

圓機解

我兵所以屢敗者素未練成節制之法又
無營壁可恃人膽先怯卒皆野戰即便勝
之不足於敗終不勝賊亦無
所奔依每一此即長往不止所謂無制之
兵有能之將不可勝是也凡賊少来我兵
俱伏旗息鼓暗執器械蕭静不動待彼衝
到十數歩内亦不動賊必退去賊加衆則
砲手聽令更番射賊空者復裝飽者續放
放者方裝裝者又裝如此終日砲放不乏

88

慎啓放

必無放盡而無砲之失此節制正戰也戰
間翼擊以分其力遊伏以疑其專出奇以
乘其象更番妙慶俱在臨時製變將所目
出
各營放出放入各由本營門内其纓頭衣
眼腰牌件件可辨若別營之軍誤出營門
者故緤把門官軍俱軍法連坐如能拿来
犯者軍法施行官軍紀功一次

伏兵解

倭夷之性人自為戰善於抄出我後及雖
大敗隨奔隨伏甚至一二人經過尺木斗
藪亦藏之性往往隨伏其計中卒酉之役一月
十捷我兵損不及六七人議者謂非兵之
巧乃賊之拙此倭不如別倭之有伏也殊
不知將前法已曾教熟于平時故如花街
之捷戰追
我有搜守之法而伏無所用也其法如賊
一戰而敗賊逐奔北我兵追上凡遇林木
人家過溪轉角之處每量林木屋垣灣曲

大小即留一隊或一哨守其必出之口而
他兵一面徑向前追每遇一處即留一處
又或村落極大者即通行圍止聽人進搜
無賊高聲為號又復進追其麥田茂草之
地又皆可伏之所我兵每一哨內即留一
隊分投下路星散麥田草中搜打喊叫一
面正兵徑追

操伏解
以木牌上書麥田村屋分別大小等字凳
聽一人以便挿于教場以灰畫為委委曲

曲羊腸路一道擂鼓交鋒追賊既勝分往
下路于眅立木牌處搜防且操于塲既熟
仍出郊野村落地方隨村落實操臨時方
無差錯著操于塲不操于野終未見實境
臨時仍是不合教著不先操于塲輒操于
野則入無程式衆多惑亂亦不可得如意

防伏兵
遇賊不起及起早者頷伏哨隊長通斬各
兵扣工食給恤仍通細打如正兵見奇兵
伏兵已起不即回應者同例

選鋒解
平時操練既不惜光陰於無事耳所習非
所用倉皇于有事之際又復立名選鋒每
哨隊抽其強愿者湊合而歒盖知兵無選
鋒之應獨忌臨敵易將之危人心忽更所
屬行伍分離上下易置已難責成至於積
不能成則是授以籍口之柄此其所以積
兵徒乆而烏合如初也今當但遇調遣不
必分其強弱止將眅部官職名書牌調發
彼既任教練之責於平時而臨敵失律心

無詞以他諉既知其終於自任平時必然
彈心力於教練鼓舞矣況選鋒之說蓋選
於無警之日非選於對壘之秋一營之內
未嘗盡強而無弱兵家亦未嘗棄弱而不
用惟以全部調發則練兵志堅當兵心一
遇敵庶可以收齊勇之效

傳號令
正行之間一營行亦十餘里長金鼓且不
聞非接傳如何得到非回覆如何得真凡
有言語傳報不拘自何處起務要簡約一

二句俱旗總傳聲一旗挨一旗不許越過
或自前傳後或自中傳前後凡傳到之處
仍傳回云知道了挨傳原發處止如有失
接傳報者挨查到絕處上一旗總說傳過
某語下一旗總說不知者即係不傳之人
若因而悞事臨時軍法示象

清行伍
途間行營隊伍務要明白清肅但有行列
不齊攪前越後踈密不一斷絕不湊行走
錯亂擅離隊伍點鼓不行聞金不止按旗

不伏舉旗不興開旗不接令不傳傳令
不明道路攔擇言語喧嘩者俱治以軍法
臨敵悉斬之

禁將領
凡行營之時將官不許離營先行亦不許
在營尾後行遇警之時應進應止下營對
敵俱聽在營主將號令各軍務要湊合主
將方才下營如聞報而把總軍士自在尾
後輒便下營及將官輒帶家丁離營假稱
先鋒者弁將官一體俱以軍法從事各隊

長在前領隊各旗總在後押隊凡路上行
走有違軍律責成重在旗總

遇山林
臨賊遇阻澤深林大山不可擅過須擄形
勢一面搜索一面稟覆中軍聽令再行

遇卒警
南方山水林木翳薈紆只得因地形措
陣因敵情異用因兵情轉化無一定之習
安有一定之陣㪅況兵列既長卒然之變
出於意外豈能候中軍號令倘塘報失瞭

如賊自行營腰間或前後突出不及下營
者把總哨官皆得自主號令即用急營凡
同行營司俱聽遇賊把司之令即如中軍
號令一般就于所行之地設伏後營兵一
面在遠處據險阻安營壁營各火兵做飯

備守

嚴哨法

凡行營爪探不的風聞欺詐瞭報失真漏
遺伏賊因而悞事者登時斬傳調官軍遲
延後期者罪減一等亦處以死

練員重

凡啟行各須披甲戴盔執器械庶幾臨敵

備乾炒

體輕畧路遠天熱令方許更便

平時每一兵將米二升炒黃一升研為細
末一升另包麥麵一升五合以五合用香
油作餅蒸熟五合用好燒酒浸晒乾再浸
以不入為度研為麵另包五合用塩醋浸
晒亦以不入為度研為末另包行軍之際
非彼賊圍困至緊不許用出兵隨行忌帶

者如失軍器同

申軍令

凡師行動人一草一木擅離隊伍越行
次互相鬪歐恣行詐偽姦淫婦女俱以軍
法處治報賊情失實者斬搶掠民財者斬
違慢軍令者斬臨陣退縮者斬縱匿彼
者斬虜功者斬該管人負分別輕重連坐
互爭首功者斬
甚者與正犯同斬

撥夜巡

師行止宿處每司輪撥兵一旗哨官一

負各巡夜其本夜內驚恐火燭奸細之變
俱罪坐巡夜官兵其把總不時觀自密查

重夜令

與賊對壘之時更舖失候夜巡失踴止宿
他火者斬無故叫呼奔走妄言賊至及驚
營者斬即賊來攻將士輒呼動者斬

申連坐

緣臨陣庸不尚節制以故進前者徒死而無
賞雖欲賞之無處查考退後者俱生而無

罰雖欲罰之無處查考也今定有節制取
有甘結矣如此看之所殺不過三五人似
與爾衆人無干遣可退走也爾不曾細思
此法一行便是百萬兵一時進前退後都
有查考所殺幾箇人任爾若千萬人都退
不得且如一司人齊退必殺把總把總
見他一司人退時他決不退若是他不退但
一箇孤身能敵幾賊必被賊殺了將他管
下哨官都殺了償把總之命哨官見把總
不退就守著把總但見一哨人退時他決

不退若是他不退必被賊殺了只將他管
下旗總殺了償哨官之命旗總見哨官不
退怕殺了哨官但見一旗人退時他決不
退若是他不退必被賊殺了只將他管下
隊長都殺了償旗總之命隊長見旗總不
退恐怕賊殺了旗總但見一隊之人退時
他決不退若是他不退必被賊殺了只將
他管下一隊兵都殺却隊著千萬衆
都守著隊長一隊兵不敢退却若千萬象
個有干繫這把軍令刀到得個個人頭上

令陣亡者四人俱斬

那個人得以躲閃爾等臨一兩陣便自知
之每隊下一伍內一人當先四人不救致

申戰發

凡列陣須一息而定時勿使敵知尤妙
敵不知則用暗令列陣敵知則用明令列
陣列畢火器在先攙陣而前或寇來衝我
或列陣待我俟到五十步內火器聽令齊
發只有一次次看起火各射火箭弓箭且
行且射兵士乘火煙如雲一齊擁進須是

飛走世亂隊伍蜂叢蟻附如山崩如墻堵
不可豪髮遲疑無有不勝此非擊殺之力
乃火煙之勢遲進之雄奪其心目徑前交
鋒彼自靡矣兵法謂勢險節短始如處女
敵入開戶終如脫兔敵不及拒不其然乎
自來兵見賊列陣一完便如此飛跑向前
衝去口中喊聲不絕中途決不住脚詭是
何等強賊未有不敗者若賊見我兵方在
列陣一擁先來我兵未有不奪氣者凡趨
戰時正跑間間有跌倒一二或器械所累

或脚步遲緩或一時發妙昏暈或為矢石
鈐子所中未必喪命便是父子兄弟且不
必回顧健者只是跑向前發敗了賊回兵
從容收拾調理必可保全性命若不奮心
向前且顧跌倒的稍致遲延使賊又舉銃
一輪呀傷愈多被賊衝來大勢一敗不惟
畢竟救不出傷倒之兵且并健者亡之矣
此萬萬憂要一著盖賊雖亦有鳥銃惟一
跑向前不過一二發跑到身邊短器相接
銃無所用矣若與賊各立對定打傷多氣

奪再進不得也

責救應

凡當先者一隊彼圍本旗各隊不救一旗
彼圍別旗不救一哨彼圍別哨不救致令
陷失者俱以軍法照所失隊旗哨把斬其

不救隊旗哨把

乘背傷

若大陣敗走彼賊殺死官兵傷在背後者
還以敗事論弁不優恤

齊士心

殺賊只是萬人一心強者不得先進弱者
不得退後如臨陣敢有一人非令先進即
斬賊首得賊馬而還亦以違令軍法從事

公賊賞

戰間賊遺財寶金銀布帛器械之類此誘
我兵爭搶彼得乘機殺往往墮其套中誘
令後臨陣遇有財帛聽派定取功兵收拾
看守待戰勝收兵查明均賞兵士將領不
得輒取如有隱匿趂留及後進次到渾賴
者雖有功俱以軍法處若正戰時賊忽丢

棄財貨正是將敗之際或誘我貪取彼得
乘機逃走甚至乘得勝我即得勝我即
級誘我爭奮賊得乘機敗我亦是前計除
不取首級已有禁令若見財帛徑行埋棄
勝負只在毫髮間各兵務要加力百倍益
行奮勇前進務使賊敗盡滅他的頭也是
我紬中之物那一件賊物不是我的如違
令圖財爭級致兵陷沒或賊衝突得脫搶
財物之兵不分首從與總哨官俱以軍法
斬

原軍法

凡臨陣退縮許隊長割兵耳旗總割隊長
耳哨官割旗總耳哨官徑將隊兵斬首把
總徑將哨官斬首若各故縱明視退縮不
肯割斬者罪坐不肯割斬之人

罰故避

但有詐病故將軍器馬匹損壞及預先損
失而臨陣方興希圖免戰者斬首示衆仍
查治本管旗隊人役

經山谷

整追兵

凡戰勝追賊約一里遠則聽捶鈸收軍
整隊恐賊窮返鬪軍亂難整山令俱出于
同戰將領爲主者不必禀中軍以其去遠
不相聞也俟稍整又擂鼓遄逐一面分遣
騎兵各處山頭林木都要留人搜瞭恐賊
埋伏佯敗從來南倭此虜故智如此果係
大敗亦即長驅不許乘此縱賊得脫雖有

整追兵

凡有山谷處遇戰必先設伏佯誘之入
伏攻之

前功不叙

信口耳

發號施令預先決定不可臨時叉覆使三
軍疑惑損其膽氣故云大將無還令大將
一人耳官兵或數萬或十萬一句說話如
何傳得偏知凡出號令只傳偏裨偏裨只
傳中軍把總中軍把總只傳哨官哨官只
傳旗總旗總只傳隊長隊長授軍兵而止
須要傳說明白叮嚀熟記著一時聽記不
還挨次再問所傳之人若都問不明再問主

習正皷

只緣平時將場操視爲虛套號令金皷走
陣下營別是一操及至臨陣全然不同却
要真正搏擊如何得勝又如平日只用短
小竹箭臨時射大箭高下如何得中大砲
平日不演習臨時遠近如何着准求中若
是平日教場哨操練金皷號令行伍營陣
器技手藝一一都是臨陣相同件件都是

將不許攙越推挨若有不傳不遵傳說不明
或忘記不来再問以致悞事者軍法重治

對大敵實用之發便學一日有一日受用
學一件有一件助膽所謂藝高人膽大也
學則便熟不學便生學的便會殺賊保得
自己性命立得功不學的便彼教塲內行
知道這箇緣故豈肯不學令凡教塲內行
一令舉一號立一旗排一陣練一技學一
藝都是臨陣實用的實事臨陣用不得的
今便不操不是臨陣時用的器械不造與
你領不是臨陣實用的雖打之法不使你
學兩長相對惟有法者勝兩法相同惟有

三十七

膽者勝

詳責成

凡責成之例不拘平時對陣若逃走奸盜
等事不詰首疾病患難不報官專罪隊總
與同隊甲兵器械損壞不兎足專罪旗總
武藝不精習專罪百總令不明通專罪
把總所謂專者特于此等人加重也非是
只罪此項人負兩所犯者便不相干

臨病傷

凡病兵隊總則日日視旗總則兩日視百

總則三日視把總則五日視營將每十日
視主將大將惟視病重者先裹藥資面授
之

立中軍解

先於本城內高處可以四面瞭望之地立
栰杆一根白大布旗一面大砲一位吹皷
手一副專執此處號令

派守解

閫城並近城及入城避患者不拘大小士
夫軍民人等計城探若干每探可分幾人

書名于探每五探定探長一人旗一面書
五探夫姓名二十五探立城長一人旗一
面書探長姓名五十探立總一人以小
官當之旗一面書城長姓名每城一面城
將一人每近門通衢或每要口或一二十
名或三四十名隨人多少為
一簇選有名好漢當之各立頭目領之倘
閫城上有聚攻賊登城應援城內有奸細
就中防禦城內每人家門上夜燃燈一盞
每家大門俱關閉每門前以本家一人坐

守以防奸細此須賊來城外乃可行不然

守城號令
賊近二十里城主即于高處放砲三箇車
起白旗在城一應軍民人等盡照派過垜
口各執器械乘便在城上休息眠卧不許
差人查點擾耗精神以致賊至困倦卒然
起警中軍放大砲撞鐘如面數厰內人夫
盡出向垜口備攻打鐘數北一南二東三
西四如三四面皆賊則鐘聲不止

練守城解
備軍器派兵夫分數明矣不操習則終不
熟每年操一次先發伏路兵報賊在二十
里外撞鐘如該方數各派定守城人等盡
數執器上城坐立從便務要蕭靜不許亂
走喧嘩賊至五十步內弓矢齊發中軍舉
砲北一南二東三西四厰夫盡出向垜口
以備攻打賊憑則該面通衢要口簇聚好
漢登城廳援賊報已遠適鑼鼓俱止操一
面又操一面四面完報操畢中軍鳴鑼各

守夜解
每厰人輪支一更餘俱入厰安睡不許脫
衣九垜夫不令垜下立到天明者何也所
以休息人力務使精神有餘免致每到四
更人倦失更被賊掩襲但又不許乘機私
歸家內安睡既許在厰內輪睡仍不許說
話

守城軍法
在城面休息夜操俱如白晝操畢照令下
城

城河解
城者伏路入軍法示衆
厰圍林之內睡熟惧事致賊突入城下攻
法細打在外不截要口哨伏偷藏入家房
路人出伏遲期或不候交代輒入城者軍
之人懼事致賊捽至者皆以軍法示衆伏
所由同厰同垜本管者連坐伏路係瞭望
被傷高叫驚走者軍法從事夜驚者治其
垜同厰連坐回顧者割耳大言喧嘩者或
每兵夫一人不至或歸私家本犯細打同

闊必三丈五尺愈闊愈好深必一丈五尺
或二丈愈深愈好有水為第一無水者次
之求深況陷者更妙水淺況硬者次之臨
警水中加以刺紫竹籤鐵鋒皆妙

城忌解
城外有大樹宜伐之近城尤礙防禦城內
無馬路不可城外三丈內有房屋撤之
選兵時自行抽選甘結式
把總某結得部下哨官五貟條某自行抽
選全當天地神靈之前歃血同盟如不恤

軍士臨陣退縮一體甘坐軍法
哨官同上
旗總同上
隊總同上
其營某哨第幾旗第幾隊兵士某某等結
得同隊兵士十一人俱守法向上並無不
堪令當天地神靈之前歃血同盟如平時
不守軍法不聽操鍊臨陣退縮縱兵搔擾
地方妄發平民冒爭功級一體甘坐軍法
出戰時歃血同盟誓辭式

主將捧血觴誓曰功賞不公旗鼓不嚴妄
發私財偏于呀喜不同甘苦不以赤心報
國者有如此血逐飲
把總捧血觴誓曰若不身先士卒不公功
罪不實心向敵不救本管將領搶財爭級
妄發平人故縱賊逃有如此血逐飲
哨官同上
旗總同上
隊總同上
一旗三隊下三十三人為一起舉血觴誓

曰人衆不齊心見賊不用命搶財爭級安
發夾民退縮縱賊拋棄隊長頭目有如此
血逐飲
出戰時相救償命結狀式
把總某某等今當神前實保領過本管前
去上陣並不敢生心退縮不相救護違令
拋棄踈失本管各甘死償命
隊總同上
旗總同上
哨官同上
隊總同上

火藥合製式

某隊下兵某某等今當神前實保領過本
管隊總前去上陣並不敢生心退縮不相
救護達令拋棄踈失本管各甘死償命

焰硝一斤石硫燐一兩柳灰五兩各研為
末照煎合一慶用水一碗木臼木杵搗
之不用石椿者恐有火也每一臼椿可萬
杵著乾加水一碗又椿以細為度至半乾
取出日晒打碎成豆粒大塊此藥之妙只
多椿數萬杵也好清水椿換出硝中鹹氣

若添水椿至數十次將人手心擎藥一錢
燃之手心不熱即可入銃但燃過有黑星
白點與手心中燒熱者即不佳又當再水
椿之如式而止〇以上戚繼光兵法

賞罰

文王曰賞所以存勸罰所以示懲吾欲賞
一以勸百罰一以懲象〇太公曰凡用賞
者貴信用罰者貴必賞信罰必於耳目之
所聞見則所不聞見者莫不陰化矣夫誠
暢於天地通於神明而況於人手

兵道

太公曰兵勝之術密察敵人之機而速乘
其利復疾擊其不意

發啟

太公曰全勝不鬥大兵無創同病相救同
情相成同好相趨故無甲兵而勝無衝機
而攻無溝壍而守〇鷙鳥將擊卑飛歛翼
猛獸將搏弭耳俯伏聖人將動必有愚色

論將

太公曰夫將有勇而輕死者有急而心速

者有貪而好利者有仁而不忍人者有智
而心怯者有信而喜信人者有廉潔而不
愛人者有智而心緩者有剛毅而自用者
有懦而喜任人者

選將

太公曰有好謀而無決者有如果敢而不
能者有詭激而有功効者〇問之以言以觀其詳窮之以辭以觀
其變與之間諜以觀其誠使之以財以觀
其廉試之以色以觀其貞告之以難以觀

129

立將

其勇醉之以酒以觀其態則賢不肖別矣

太公曰君操斧持柄授將其刃曰從此
至淵者將軍制之〇見其虛則進見其實
則止勿以三軍為衆而輕敵勿以受命為
重而必死勿以身貴而賤人勿以獨見而
違衆〇士未坐勿坐士未食勿食寒暑必
同如此士衆必盡死力〇將受命曰國不
可從外治軍不可從中御〇軍中之事不
聞君命皆由將出臨敵決戰無有二心若

此則無天於上無地於下無敵於前無君
於後〇是故智者為之謀勇者為之鬬氣
厲青雲疾若馳騖兵不接刃而敵降服

將威

太公曰將以誅大為威以賞小為明以罰
審為禁止而令行〇故殺一人而三軍震
者殺之賞一人而萬人說者賞之殺貴大
賞貴小殺其當路貴重之人是刑上極也
賞及牛堅馬洗廄養之徒是賞下通也刑
上極賞下通是將威之所行也

勵軍

太公曰冬不服裘夏不操扇雨不張蓋以
知士卒之寒暑也出隘塞犯泥塗將必先
下步以知士卒之勞苦也軍皆定次將乃
就舍炊者皆熟將乃就食軍不舉火將亦
不舉以知士卒之飢飽也〇將與士卒共
寒暑勞苦飢飽故三軍之衆聞鼓聲則喜
聞金聲則怒高城深池矢石繁下士爭先
登白刃始合士爭先赴〇士非好死而樂
傷也為其將知寒暑飢飽之審也

132

陰符

太公曰若符事泄聞者告者皆誅之

軍勢

太公曰爭勝於白刃之前者非良將也設
備於已失之後者非上聖也智與衆同非
國師也技與衆同非國工也〇未見形而
戰雖衆必敗〇無恐懼無猶豫用兵之害
猶豫最大三軍之災莫過狐疑〇是以疾
雷不及掩耳迅電不及瞑目赴之若驚用
之若狂當之者破近之者亡熟能禦之

奇兵

太公曰古之善戰者非能戰於天上非能
戰於地下其成與敗皆由神勢○夫兩陣
之間出甲陳兵縱卒亂行者所以為變也
深草蓊翳者所以逃遁也溪谷險阻者所
以禦車騎也隘塞山林者所以少擊衆也
澤窈冥者所以匿其形也清明無隱者所
以戰勇力也疾如流矢擊如發機者所以
破精微也詭伏設奇遠張誑誘者所以破
軍擒將也因其驚駭者所以一擊十也因
其勞倦暮舍者所以十擊百也鼓行譁噪
者所以行奇謀也大風甚雨者所以搏前
擒後也戰必以衆勝敵也尊
爵重賞者所以勸用命也嚴刑重罰者所
以進罷怠者所以警守也保險
阻者所以為固也山林茂穢者所以黙往
來也深溝高壘積粮多者所以持久也一
喜一怒一與一奪一文一武○將不仁則
所以調和三軍制一臣下也○
三軍不親將不勇則三軍不銳將不智則
三軍大疑將不明則三軍大傾將不精微
則三軍失其機將不常戒則三軍失其備
將不強力則三軍失其職

兵徵

太公曰勝負之徵精神先見明將察之○
三軍說擇士卒畏法敬其將命相賢以威
武此強微也三軍數驚士卒不齊相恐以
敵強相語以不利耳目相屬妖言不止衆
口相惑不畏法令不重其將此弱徵也

必出

太公曰必出之道器械為寶勇鬪為首審
知敵人空虛之地燕人之處可以必出○
先燔吾輜重燒吾粮食明告吏士勇鬪則
生不勇則死

山兵

太公曰凡軍處山之高則為敵所樓處山
之下則為敵所囚○行列已定士卒已陳
法令已行奇正已設三軍疾戰敵人雖衆
其將可擒

澤兵

太公曰三軍無備牛馬無食士卒無糧如
此者索便詐敵而亟去之設伏兵於後

或鋒

太公曰人馬未食可擊天時不順可擊地
形未得可擊奔走可擊不戒可擊疲勞可
擊將離士卒可擊涉長路可擊濟水可擊
不暇可擊阻難狹路可擊亂行可擊心怖
可擊

練士

太公曰有勇力敢死者聚為一卒有銳氣

強暴者聚為一卒有輕卒善走者聚為一
卒有欲復見功者聚為一卒有欲為報仇
者聚為一卒有才技勇人者聚為一卒有
能負重致遠者聚為一卒此軍之練士也

教戰

太公曰凡領三軍必有金皷之節所以整
齊士衆者也將必先明告吏士申之以三
令以教操兵起居旌旗指麾之變法〇一
人學戰教成合之十人十人學戰教成合
之百人百人學戰教成合之千人千人學

戰教成合之萬人萬人學戰教成合之三
軍之衆

戰車

太公曰日夜霖雨旬日不止道路潰陷前
不能進後不能解者車之陷地也拙將之
所以見擒明將之所以能避也〇敵之行
陣未定即陷之旌旗擾亂人馬數動即陷
之士卒或前或後或左或右即陷之陣不
堅固士卒前後相顧即陷之前往住疑後
往而怯即陷之三軍卒驚皆薄而起即陷

之戰於易地暮不能解即陷之遠行而暮
舍三軍恐懼即陷之

戰騎

太公曰敵人奔走士卒散亂或翼其兩旁
或掩其前後其將可擒〇往而無以返入
而無以出此騎之死地也阡從人者隘所
從卒者遠彼可以少擊我強彼寡可以擊
我衆此騎之敗地也大澗深谷茂林木
此騎之竭地也敵人絕我糧道往而無以
還此騎之困地也汙下沮澤進退漸洳此

騎之患地也左有深溝右有坑阜此騎之
陷地也明將之所以遠避闇將之所以陷
敗也

戰步

太公曰步兵與騎戰者必依丘陵險阻長
兵強弩居前短兵弱弩居後更發更止堅
陣疾戰○以上太公兵法

始計

孫子曰兵者國之大事死生之地存亡之
道不可不察也○主執有道將執有能天

地執得法令孰行兵眾孰強士卒孰練賞
罰孰明吾以此知勝負矣○兵者詭道也
故能而示之不能用而示之不用近而示
之遠遠而示之近利而誘之亂而取之實
而備之強而避之怒而撓之卑而驕之佚
而勞之親而離之攻其無備出其不意此
兵家之勝不可先傳也

作戰

孫子曰其用戰也勝久則鈍兵挫銳攻城
則力屈久暴師則國用不足○兵聞拙速

未觀巧之久也夫兵久而國利者未之有
也○善用兵者役不再籍糧不三載取用
於國因糧於敵故軍食可足也○殺敵者
怒也取敵之貨者貨也○兵貴勝不貴久
故知兵之將民之司命國家安危之主也

謀攻

孫子曰用兵之法全國為上破國次之全
軍為上破軍次之全旅為上破旅次之全
卒為上破卒次之全伍為上破伍次之○
百戰百勝非善之善也不戰而屈人之兵

善之善者也○上兵伐謀其次伐交其次
伐兵其下攻城攻城之法為不得已○善
用兵者屈人之兵而非戰也拔人之城而
非攻也毀人之國而非久也必以全爭於
天下故兵不頓而利可全此謀攻之法也
○用兵之法十則圍之五則攻之倍則分
之敵則能戰之少則能守之不若則能避
之故小敵之堅大敵之擒也○知勝有五
可以與戰不可以與戰者勝識眾寡之用
者勝上下同欲者勝以虞待不虞者勝將

熊兩君不御者勝此五者知勝之道也○
知彼知已百戰不殆不知彼而知己一勝
一負不知彼不知己每戰必敗

軍形
孫子曰昔之善戰者先爲不可勝以待敵
之可勝不可勝在己可勝在敵故善戰者
能爲不可勝不能使敵之必可勝○不可
勝者守也可勝者攻也守則不足攻則有
餘善守者藏於九地之下善攻者動於九
天之上○善戰者立于不敗之地而不失

敵之敗也是故勝兵先勝而後求戰敗兵
先戰而後求勝○勝兵若以鎰稱銖敗兵
若以銖稱鎰稱勝者之戰若决積水於千仞
之谿者形也

兵勢
孫子曰治衆如治寡分數是也鬬衆如鬬
寡形名是也三軍之衆可使必受敵而無
敗者奇正是也兵之所加如以碬投卵者
虛實是也○凡戰者以正合以奇勝故善
出奇者無窮如天地不竭如江海○聲不

過五五聲之變不可勝聽也色不過五五
色之變不可勝觀也戰勢不過奇正奇正
之變不可勝窮也奇正相生如循環之無
端孰能窮之哉○激水之疾至於漂石者
勢也鷙鳥之疾至於毀折者節也故善戰
者其勢險其節短勢如彍弩節如發機○
紛紛紜紜鬬亂而不可亂渾渾沌沌形圓
而不可敗○善動敵者形之敵必從之予
之敵必取之以利動之以卒待之○善戰
者求之於勢不責之於人故能擇人而任

勢故善戰人之勢如轉圓石於千仞之山
者勢也

虛實
孫子曰凡先處戰地而待敵者佚後處戰
地而趨戰者勞故善戰者致人而不致於
人○能使敵人自至者利之也能使敵人
不得至者害之也○敵佚能勞之飽能饑
之安能動之○出其所不趨趨其所不意
行千里而不勞者行於無人之地也攻而
必取者攻其所不守也守而必固者守其

兩不攻也○善攻者敵不知其所守善守
者敵不知其所攻○進而不可禦者衝其
虛也退而不可追者速而不可及也○我
欲戰敵雖高壘深溝不得不與我戰者攻
其所必救也我不欲戰雖畫地而守之敵
不得與我戰者乖其所之也○形人而我
無形則我專而敵分我專為一敵分為十
是以十攻其一也○吾所與戰之地不可
知不可知則敵所備者多敵所備者多則
吾所與戰者寡矣故備前則後寡備後則

前寡備左則右寡備右則左寡無所不備
則無所不寡○策之而知得失之計作之
而知動靜之理形之而知死生之地角之
而知有餘不足之處○形兵之極至於無
形無形則深間不能窺智者不能謀人皆
知我所以勝之形而莫知吾所以制勝之
形○兵形象水水之形避高而趨下兵之
形避實而擊虛水因地而制流兵因敵而
制勝故兵無常勢水無常形能因敵變化
而取勝者謂之神

軍爭

孫子曰軍爭之難者以迂為直以患為利
故迂其途而誘之以利後人發先人至此
知迂直之計者也○軍無輜重則亡無糧
食則亡無委積則亡○不知山林險阻沮
澤之形者不能行軍不用鄉導者不能得
地利○兵以詐立以利動以分合為變者
也○軍政曰言不相聞故為之金鼓視不
相見故為之旌旗夫金鼓旌旗者所以一
人之耳目也人既專一則勇者不得獨進

怯者不得獨退此用衆之法也○朝氣銳
晝氣惰暮氣歸善用兵者避其銳氣擊其
惰歸此治氣者也以治待亂以靜待譁此
治心者也以近待遠以佚待勞以飽待饑
此治力者也無邀正正之旗無擊堂堂之
陣此治變者也

九變

孫子曰用兵之法高陵勿向背丘勿迎佯
北勿從銳卒勿攻餌兵勿食歸師勿遏圍
師必闕窮寇勿迫絕地無留此用兵之法

也○途有所不由軍有所不擊城有所不
攻地有所不爭君命有所不受○將有五
危必死可殺必生可虜忿速可侮廉潔可
辱愛民可煩凡此五者將之過也用兵之
災也

行軍

孫子曰凡軍好高而惡下貴陽而賤陰養
生處實軍無百疾是謂必勝丘陵隄防必
處其陽而右背之此兵之利地之助也○
凡賊近而靜者恃其險也遠而挑戰者欲

人之進也象草多障者疑也鳥起者伏也
獸駭者覆也塵高而銳者車来也卑而廣者
少而往来者營軍也辭卑而益備者進也辭強而
進驅者退也無約而請和者謀也奔走而
陳兵者期也半進半退者誘也
杖而立者
饑也汲而先飲者渴也見利而不進者
勞也鳥集者虛也夜呼者恐也軍擾者將
不重也旌旗動者亂也吏怒者倦也殺馬
肉食者軍無糧也懸甂不返舍者窮寇也
數賞者窘也數罰者困也来委謝者欲休也

155

息也○夫惟無慮而易敵者必擒於人○
卒未親附而罰之則不服不服則難用也
卒已親附而罰不行則不可用也令素行
以教其民則民服令不行以教其民則民
不服令素行者與衆相得也

地形

孫子曰夫勢均以一擊十曰走卒強而吏
弱曰弛吏強而卒弱曰陷大吏怒而不服
遇敵懟而自戰將不知其能曰崩將弱不
嚴教道不明吏卒無常陳兵縱橫曰亂將

不能料敵以少合衆以弱擊強兵無選鋒
曰北凡此六者敗之道也○地形者兵之
助也料敵制勝計險阨遠近上將之道也
知此而用戰者必勝不知此而用戰者必
敗○視卒如嬰兒故可與之赴深谿視卒
如愛子故可與之俱死愛而不能令厚而
不能使亂而不能治譬如驕子不可用也
○知吾卒之可以擊而不知敵之不可擊
勝之半也知敵之可擊而不知吾卒之不
可以擊勝之半也知敵之可擊知吾卒之

可以擊而不知地形之可以戰勝之半也

九地

孫子曰敢問敵衆整而將來待之若何曰
先奪其所愛則聽矣兵之情主速乘人之
不及由不虞之道攻其所不戒也○投之
然而往往死且不北兵士甚陷則不懼無所
往則固故其兵不修而戒不求而得不約
而親不令而信禁祥去疑至死無所之○
吾士卒無餘財非惡貨也無餘命非惡壽
也令發之日士卒者涕沾襟偃臥者涕交

頤投之無所往者諸劌之勇也
者譬如率然率然者常山之蛇也○善用兵
則尾至擊其尾則首至擊其中則首尾俱
至敢問可使如率然乎曰可夫吳人與越
人相惡也當其同舟濟而遇風其相救也
如左右手○能愚士卒之耳目使之無知
易其事革其謀使人無識易其居迂其途
使人不得應師與之期若登高而去其梯
若驅羣羊驅而往驅而来莫知所之聚三
軍之衆投之於險此將軍之事也○重地

吾將繼其食圍地吾將塞其闕死地吾將
示之以不活○施無法之賞懸無政之令
犯三軍之衆若使一人犯之以事勿告以
言犯之以利勿告以害○投之亡地然後
存陷之死地然後生○始如處女敵人開
戶後如脫兔敵不及拒

火攻

孫子曰凡火攻有五一曰火人二曰火積
三曰火輜四曰火庫五曰火隊○火發於
內即早應之於外○火發而其兵靜者待

而勿攻○極其火力可從而從之不可從
而止○火可發上風無攻下風○晝風久夜
風止

用間

孫子曰明君賢將所以動而勝人成功出
於衆者先知也先知者不可取於鬼神必
取於人知敵之情者也○用間有五有因
間有内間有反間有死間有生間五間俱
起莫知其道是謂神紀人君之寶也○因
間者因其鄉人而用之内間者因其官人入

兩用之災間者因其敵間而兩用之死間者
為誑事於外令吾間知之而傳於敵間也〇
生間者反報也〇三軍之事莫親於間賞
莫厚於間事莫密於間非聖智不能用間
非微妙不能得間之實微哉微哉無所不
用間也〇間事未發而先聞者間與所告
者皆死〇凡軍之所欲擊城之所欲攻人
之所欲殺必先知其守將左右謁者門人
舍人之姓名令吾間必索敵〇必索敵
間之來間我者因而利之導而舍之故反

間可得而用也因是而知之故鄉間內間
可得而使也因是而知之故死間為誑事
可使告敵因是而知之故生間可使如期
五間之事主必知之知之必在於反間故
反間不可不厚也〇以上孫子兵法

天官
尉繚曰城高池深兵器備具財穀多積豪
士一謀者不能取也若城下池淺守弱則
取之矣由是觀之天官時日不若人事也

兵談

尉繚曰不暴甲而勝者主勝也陳而勝者
將勝也兵起非可以忿也見勝則興不見
勝則止〇將者上不制於天下不制於地
中不制於人寬不可激而怒清不可事以
財〇兵之所及羊腸亦勝鋸齒亦勝緣山
亦勝入谷亦勝方亦勝圓亦勝

制談
尉繚曰殺人於百步之外者弓矢也殺人
於五十步之內者矛戟也將已鼓而士卒
相囂者內自敗也士失什伍奇兵捐將而

走大衆亦走〇夫將能禁此者則高山陵
之深水絶之堅陣犯之不能禁者猶亡舟
楫絶江河不可得也〇民非樂死而惡生
也號令明法制審故能使之前明賞於前
決罪於後是以發能中利動則有功〇一
夫仗劍擊於市萬人無不避之者非一人
之獨勇萬人皆不肖也必死與必生固不
侔也故便吾器用養吾武勇發之如鳥擊
如赴千仞之谿

戰威

尉繚曰將之所以戰者卒也卒之所以戰
者氣也氣實則鬪氣奪則走上無疑令
則衆不二聽動無疑事則衆不二志未得其
不信其心而餒得其力者也未有不得其
力而能致其死戰者也○使什伍如親戚
辛伯如朋友止如堵墻動如風雨車不結
轍士不旋踵此本戰之道也○委積不多
則士不集賞祿不厚則民不勸武士不選
則衆不強器用不備則力不壯刑賞不中
則衆不畏故曰興賢任能不時日而事利

明法審令不卜筮而獲吉貴功養勞不禱
祠而得福○夫勤勞之師將必先己暑不
張蓋寒不重衣險必下車軍井成而後飲
軍食熟而後飯軍壘成而後舍勞佚必以
身同之如此師雖久而不老不弊

攻權
尉繚曰夫率無兩畏也畏我侮敵畏敵侮
我見侮者敗立威者勝○凡將能其道者
吏畏其將也吏畏其將者卒畏其吏也

守權

尉繚曰夫池深而廣城堅而厚士民備薪
食給弩堅矢強矛戟稱之此守法也

武議
尉繚曰兵者凶器也爭者逆德也將者死
官也故不得已而用之無天於上無地於
下無主於後無敵於前○今以莫邪之利
犀兕之堅三軍之衆有所奇正則天下莫
當其戰矣○吳起與秦戰舍不平隴畝撤
稷蓋之以蔽霜露如何也不自高人故
也○故將受命之日忘其家張軍宿野忘

其親援抱而鼓忘其身○吳起臨戰左右
進劍起曰將事也專主旗鼓爾臨難決疑揮兵
指刃此將事也一劍之任非將事也○起
戰未合一夫不勝其勇前獲雙首而還吳
起立斬之軍吏諫曰此材士也不可斬起
曰材士則是也非吾令也斬之

重刑令
尉繚曰夫有戰而北守而降離地逃命曰
軍賊身死家殘男女公於官使民內畏重
刑則外輕敵○故先王明制度於前重威

刑於後刑重則內畏內畏則外堅矣

伍制令

尉繚曰軍中之制五人為伍伍相保也十
人為什什相保也百人為閒閒相保也
千人犯禁者揭之免於罪知而不揭者全伍
全閒皆有誅○吏自什長至左右將
罪知而不揭者皆與同罪○夫什伍相結
上下相聯無有不得之姦無有不揭之罪
父不得以私其子兄不得以私其弟況
國

人聚舍同食烏能以干令相私者哉

分塞令

尉繚曰凡軍左右前後皆有地分方之以
行垣而無通其交○軍中縱橫之道立一
府柱柱道相望禁行清道非將吏之符節
不得通行踰分干地者誅之故內無干令
外無不獲之姦

束伍令

尉繚曰伍而得伍當之得伍而不亡有
賞亡伍不得伍身死家殘亡長得長當之

得長不亡有賞亡長不得長身死家殘○
戰誅之法曰什長得誅十人伯長得誅什
長千人之將得誅百人之長萬人之將得
誅千人之將大將無不得誅

勒卒令

尉繚曰鼓之則進重鼓則擊金之則止重
金則退麾之左則左麾之右則右鼓失次
者有誅諠譁者有誅不聽金鼓旗麾而動
者有誅○百人而教戰教成合之千人千
人教成合之萬人萬人教成合之於三軍

○方亦勝圓亦勝錯斜亦勝臨險亦勝敵
在山緣而從之敵在淵役而從之○暑計
不先定應不蚤決則進退不定疑生必敗
○故正兵貴先奇兵貴後或先或後制敵
者也故世將不知法者專命而行先擊而勇
無不敗者也

將令

尉繚曰君以斧鉞授將曰左右中軍皆有
分職若踰分而上請者死軍無二令二令
者誅留令者誅失令者誅○將軍告曰出

兵教上

國門之外期日中設營表置轅門期之如
過時則坐法○將軍入營則閉門清道有
敢行者誅有敢高言者誅有敢不從令者
誅

尉繚曰有非令而進退者加教之罪前
行者前行教之後行者後行教之左行者
左行教之右行者右行教之教舉五人其
甲首有賞不教如犯教之罪○凡伍某一
人有不進死於敵則教者如犯法者之罪

凡什若亡一人而九人不盡死於敵則教
者如犯法之罪自什以上至於裨將有不
若法者則皆如犯法者之罪凡明刑罰正
勸賞必在乎兵教之法○將異其旗卒異
其章左軍章左肩右軍章右肩中軍章胷
前書其章曰某甲某士○伍長教其四人
以板為鼓以瓦為金以竿為旗擊鼓而進
低旗而趨擊金而退麾而左之麾而右之
○伍長教成合之什長什長教成合之卒
長卒長教成合之伯長伯長教成合之兵

兵教下

尉兵尉教成合之裨將裨將教成合之大
將習戰以成其節為之賞罰○戰勝在乎
立威立威在乎正罰正罰者所以明賞也
令守者必固戰者必鬪姦謀不作令行乑
變令民從上令如四支應心也

尉繚曰曰連刑謂同罪保伍也曰地禁謂
禁止行道以網外姦也曰開塞謂分地以
限各死其職而堅守也曰死士謂衆軍之
中有材智者出奇制敵也○教成犯令不

兵令上

捨兵弱能強之主甲能尊之令槃能起之
民流能親之人衆能治之地大能守之○
百人被刃陷行亂陳千人被刃擒敵殺將
萬人被刃橫行天下○衆夜擊者驚也衆
避事者離也

尉繚曰陳以密則固鋒以疏則達卒長將
甚於敵者勝卒畏敵者敗○出卒陳兵有
陳兵有常令行伍疏數有常法前後不次
則失也亂先後則斬之○陳有內向有外

兵令下

尉繚曰卒後將吏而至一日父母妻子盡
同罪卒逃歸至家一日父母妻子不捕執
能禦此矣
存亡死生在抱之端雖天下有善兵者莫
陳之斧鉞飾之旗章有功必賞犯令必死
者正兵先合而後扼之此必勝之術也○
向所以備外也立陳所以行也坐陳所以
向有立陳有坐陳夫內向所以顧中也外
止也立坐之陳相參將在其中○善御敵

及不言亦同罪○諸戰而亡其將吏者及
將吏棄卒獨此者盡斬之前吏棄其卒而
北後吏能斬之而奪其卒者賞○三軍大
戰誅大將而從吏以上不能死敵者斬
大將左右近卒在陳中者皆斬餘士卒有
軍功者奪一級○今以法止逃歸禁亡軍
吳是兵之一勝也○令以法止逃歸禁亡軍
之二勝也將能威卒能節制號令明信
攻守皆得是兵之三勝也○古之善用兵
者能殺士卒之半其次殺其十三其下殺

神器秘訣終

三江郡有嘉靖四十四年所印銃筒式
一篇未知何人所爲其言太略其術太
陋加以藥數之分兩子數之多少銃鎗
者未之聞也○以上尉繚兵法
如四時令如斧鉞制如干將士卒不用命
衆不用命不如百人之奮也賞如日月信之
萬之衆不用命不如萬人之鬬也萬人之
力加諸侯殺十一者令行士卒○故曰百
其十一能殺其半者威加海內殺十三者

裝放之法軍卒習練之法皆不之詳爲
行伍之士何從而知其彀歷得其妙哉
余就其中稍加刪潤並添新書所載火
器之論名之曰神器秘訣然將領而不
知兵兵士而不知戰則雖有其器無益
於勝敗故又取太公兵法二十一章孫
子兵法十三章尉繚兵法十七章戚繼
光兵法五十二章附于其下示諸北路
鎮堡之將使人人知如此而備攻打如
此而嚴部伍如此而峻連刑如此而生

奇正深謀異略靡有不備其於數十成
百外捍內衛之策未必無少補云爾萬
曆癸卯夏咸鏡道都巡察使韓孝純書
于咸山武學堂

七十一

陣說

全

諸家兵法附

陣法曰通來諸將皆謂可戰則戰奚以
陣為殊不知用陣以束伍用衆如無陣法則衆為一簇
使其勇者不得獨進怯者不得獨退以
求萬全之義也如無陣法則衆為一簇
左右不能相應首尾不得相援豈得不
敗故廢陣形而用兵者敗將也執陣形
而求勝者愚將也
戚繼光曰若萬衆無行伍營陣可自何
處立一人入萬衆中何處容足即十人

某在前某在後某在左某在右若不素
定而預習之至入場之內張呼我隊在
何處李呼我隊在何處便是呼頭目之
名得其所而從之萬口喧嘩可謂軍紀
乎下營之時或分而合或合而分向何隊
鋒前後之事可邅立詢問我分向何隊
合向何隊乎殺人勾當勝負只此一番
是不學于對壘又不于場隸中習之
于何處習苟緩視營陣旗鼓號令毋論
臨敵即場內首先混亂世之庸將謂營

陣為虛具謂旗鼓號令為虛文此不知
兵者之言也

八陣

師律提綱曰諸葛公八陣以天地風雲為
四正以龍虎鳥蛇為四奇遊兵二十四陣
在六十四陣之後凡行軍結陣合戰設
補闕全在遊兵○每以二陣相從一陣之
中又有兩陣一戰一守中外有輕重之權
陰陽有剛柔之節彼此有虛實之地主客
有先後之勢所謂陣間容陣隊間容隊以

前為後以後為前進無速奔退無遽走擊
首則尾應擊尾則首應擊其中央則首尾
俱應此桓溫所謂常山蛇勢也○陣法曰
八陣之制初無定位皆臨時制宜隨地而
設故地有廣狹尖斜之形陣有方圓曲直
銳之勢

六花陣

李靖曰六花陣各占地四百步橫以五步
立一人縱以四步立一人分為東西兩廂
空地一千二百步為教戰之所常教士三

萬每陣五千人以其一為營法五為方圓
曲直銳之形

鴛鴦陣

戚繼光曰此乃殺賊必勝屢効者是要緊
束伍第一戰法二牌平列狼筅各覆一牌
長鎗每二枝各分管一牌一筅短兵防長
鎗進退即便殺上如巳聞鼓聲而遲疑不
進即以軍法斬首筅以用牌鎗以救筅短
兵救長鎗得法者如五行之相生不得法
者如五行之相剋

梅花陣

戚繼光曰立藍白大旗二面每鴛鴦隊分
為梅花陣一伍為一隊○其法一伍立於
左一伍立於右每藤牌居前狼筅立於其
傍長鎗二枝立于其後党鈀一枝又立于
其後筅以覆牌長鎗二枝各分管一牌一
筅党鈀救長鎗○擂鼓吹天鵝聲喇叭吶
喊交戰金響三聲摔鈸鳴收整隊伍如此
三次

三才陣

戚繼光曰立藍紅白大旗三面每鴛鴦隊
變為三才陣○其法一牌二長鎗立於左
一牌二長鎗立於中党
鈀二枝又立於其後鎗以救牌鈀以救筅
○擂鼓吹天鵝聲喇叭吶喊交戰金響三
聲摔鈸鳴收整隊伍如此三次

分數

五人為伍二伍為隊隊有隊長一人火兵
一人三隊為旗旗有旗總一人三旗為哨
哨有哨官一人五哨為司司有把總一人

五司為營營有營將一人軍少則二營為
軍軍多則四營至九營為軍○自隊旗以
上至營軍不必拘定數目隨平多少臨時
酌定○又有奇兵○又有左奇兵○又有左伏
兵右伏兵○又有先鋒○又有捍後○又
有塘報○又有候騎○又有督陣旗牌官
○又有藍旗巡視○又有旗手纛手鼓手
鑼手叢手鉦手鐃手摔鈸手哱囉手喇叭
手號笛手騙鏡手醫生書記木匠鐵匠火
藥匠厨役馬夫薪水家丁軍牢拒馬籤籬

輜重之人○又有掌謀斷寧間諜之士○又有掌管糧馬管之官○又有掌形名掌火器掌軍器掌營壘掌行軍掌拒馬掌蒺藜掌輜重掌奇兵掌伏兵掌先鋒掌捍後掌塘報掌候騎掌斬退掌援兵之官

腰旗腰牌
大將腰旗○中軍腰旗○營將腰旗○把總腰旗○哨官腰旗○旗總腰牌○兵士腰牌○隊長

章標

各營之兵皆帖章標於胷腹之間長六寸廣四寸各從其哨之色至於旗麾之上皆書其號並盡認獸

號衣小號衣
衣從司色巾則旗隊總黑巾有垂兵士赤巾牙兵兒童隊黃巾

認旗
大將認旗○各營將認旗○奇兵將認旗○伏兵將認旗○先鋒將認旗○捍後將認旗○各把總認旗○奇兵把總認旗

伏兵把總認旗○先鋒把總認旗○捍後把總認旗○哨官認旗○旗總槍旗○隊長槍旗

中軍旗幟
清道旗二面用以清道路○金鼓旗二面用以引金鼓○神旗五面兵之所視以為坐作進退左右前後周旋者也○高招旗五面此為于層之主奇兵及親兵牙兵皆其主也夜懸燈以應五方之用○門旗十面此立轅門攔營者○角旗八面此立為

四角之表○招搖旗一面用以召將也○大蛇旗一面用以令伏兵也○候騎旗五面用以報行路之變也○塘報旗無定數入執小黃旗一面凡行軍摇旗是有賊摩旗是賊象○令旗無定數○巡視旗無定數

令下旗麾
一旒麾○三旒麾○各營將令下麾○奇兵將令下麾○伏兵將令下麾○先鋒將令下麾○捍後將令下麾○各把總令下

麾○奇兵把總令下麾○伏兵把總令下
麾○先鋒把總令下麾○捍後把總令下
麾○此外又有大將直名各把總之旗
名各哨官之旗直名各旗總之旗直名各
隊長之旗此旗則皆有旒以別之

中軍金鼓

鼓大鼓也○鼙騎鼓也○鼗如鼓兩小旁
耳還自擊○鉦大金也○鐲小鉦也○摚
鈸即搖鈴也○哱囉即大角也○喇叭我
國以小角代之亦可○璅吶即大平簫也

○璅吶即喇叭也○立旗有建有應者
指有報有揮○麾有應有點有指有立有
揮有偃有舉○招搖旗有立有偃有
令有戰有促有報○鼓有行有戰有徐有
疾○金有退有止○鼗鼓譟大呼○鐲禁則
整不譁○至地曰指不至地曰點兵動則
旗建無事則麾招偃
凡旗麾金鼓之令自有本國陣書之法
若欲用唐制則又有紀効新書之規或
有主將一時隨意而爲之者故兹不具

結陣

錄要在軍中耳目明審不亂不混而已
有一哨結陣之法○有一司結陣之法○
有一營結陣之法○有大軍結陣之法○
俱見於兵書兹不錄
古者陣法或因兵勢或因地形變化不
常如長蛇鶴翼偃月却月魚鱗鳥雲方
陣直陣圓陣銳陣曲陣之類是也○縱
列爲長蛇陣横列爲鶴翼
列爲偃月陣前向而勾
列爲偃月陣背向而勾列爲却月陣衆

縫而列爲魚鱗陣各聚而陣爲鳥雲
陣
也

立表

先約兵幾司外壘著干隊每隊分地一
自中軍兩分各得若干步子壁同四方大
旗幟立門表四方高招立內表執旗立表
之人聽鳴金邊執五方旗先于中軍
心四直各數行炎數足立定爲四正之表
各四角表旗與五方旗同出自正門旗下
平行左右步數足立定爲四角之表俟兵

下營畢如有數步未合再為移置相合也
若自角排起多不得均必自正面當門中
左右分去方得均齊此要法也正中生奇
奇中有正莫妙于此

附表
凡司哨旗隊照各方旗色依本旗望表蟻
附下營每旗為一簇每旗橫看連人身留
空四丈五尺俟吹定長聲單擺開喇叭照
方營圖撒開依鴛鴦陣整立每隊橫看連
人身留空一丈五尺安拒馬者安拒馬下

蔟藝者下蔟藝

用兵
大將令營將營將令把總把總令哨官哨
官令旗總旗總令隊長隊長令二伍軍兵
○軍兵之耳目屬於隊長隊長之耳目屬
於旗總旗總之耳目屬於哨官哨官之耳
目屬於把總把總之耳目屬於營將營將
之耳目屬於大將是故百萬為兵盱不
過於八階級雖多所聽不過於一○有用
旗鼓令諸營變陣之法○有用旗鼓一時

名諸將之令○有用旗鼓只名一營將之
令○有用旗鼓只名一把總之令○有用
旗鼓只名一哨官之令○有用旗鼓只名
一旗總之令○有用旗鼓只名一隊長之
令○有用旗鼓一營將出戰之令○有用
旗鼓一把總出戰之令○有用旗鼓一哨
官出戰之令○有用旗鼓一旗總出戰之
令○有用旗鼓伏兵出戰之令○有用旗
先鋒出戰之令○有用旗鼓捍後出戰之
令○有右之分出戰之令○有左之令出
令○有左之分出戰之

蔟放
其大略餘不備錄
主將出至教場幕屬等官行禮見禮○中
軍稟掌號聚官旗聽發放官旗用手旗
之中宣拘於別人之節文度數故只揭
分出戰之令○此在一時大將變化鼓舞
戰之令○有前之分出戰之令○有後之

引于塲前轉身向上行挨次自隊長以上
皆赴若有緊急或衆至數萬只是旗總以
上赴隊長守伍俟到臺下立定鎦笛止

以甲而尊先隊長次旗總次把總俱跪次
營將于臺上跪〇主將以已意發放如申
餉軍中約束或什伍上下連坐之法或其
日指揮之事叉覆陳說每一項人負班
内一人先尊行後甲行高聲報曰叩頭命
起至盡而止次旗牌官立于前次巡視藍
旗跪于後發放日凡入操喧嘩不爾下營
行伍不齊行營擾前越後臨陣舉動違令
斬賊強奪首級戰軍妄殺降人種種作奸
犯科俱聽甬聱来慶治若故縱索治甬

之罪發放畢分付各官旗下地方大吹打
得勝鼓各回營〇營將把總哨官旗總各
次次發放又發放已意〇各營將把司等
不大鼓放有事當諭只差人調頭目到前

練傳令

凡發放過候大小將俱發放畢主將抽
隊下一軍向前問今日所發放何事著能
知其大略則已如全不知則取隊長問之
隊長能言之則治軍兵以不聽受之罪隊
長不能言則取本旗總問之旗總能言之

則治隊長之罪軍究是隊長傳不明也
如旗總不能言則取本哨官問之哨官能
言之則治旗總以罪哨官不能言則取本
營把總問之上至哨將下取一軍把總於
放過聽哨將於各把總下取一軍把總於
各哨官下取一軍哨官於各旗總下取於
軍問之不明者把總聽營將發落哨官以
下呀抽問者紀過一次仍於上一等頭目
再照發放之言挨次說論一遍畢赴臺
報云今日奉到蹄令審問各已知悉

練啓行

以上旗鼓蹄令但一行出決要儌將
在軍君命有所不受將無遐令將無二
令正謂此也如違承接號令而不惧
事止於細打著因而惧事者軍法從事
將領將自已及家丁與各兵行李什物軍
大器具時時備辦常如將行之狀聽承然
報警主將示以出征之期一面誓師旅擇
日出示至期集于教埸主將備白鷄酒品
誓文于臺上攂鼓祭畢用創子手割鷄將

血漬于酒瓶內先主將說誓次把總說誓
次哨官次旗總次隊長次軍兵說誓辭見
畢訣訖即將各保結照式每一起于說誓
畢即轉身遍上一旗內兵完又一旗通完
眾謝主將再曉諭一番曰爾各兵聽知此結
切詞語我已收在官出門臨陣決依此以行軍
狀不要毀怨再將欲到地方禁戢奸溪生
法不要貪財爭級賊情戰器用稱比等
事臨陣貪財爭級賊情戰器用稱比等
及練膽內摘要緊條欸犮覆陳說務各
知

詳啟行
至期主將轅門前掌頭踞喇叭各將門首
俱掌頭號各官軍做飯喫中軍官將塘報
預夜派定人持小黃旗一面各弓夫一副
腰刀一口于未掌踞之先預行喫飯收拾
停當俟掌頭首取齊起定
若干步為一塘聽金邊鳴自主將門取齊起
為一塘行足步數留二人為二塘挨次存
曉而止則各兵一時鼓奮恨不即刻見賊
此未出門而已有勝筭矣

留至塘報人盡為止各且坐息專候兵行
挨塘傳去俱行兵止挨塘傳去俱止乃自
主將面前為第一塘起若有樹木人家轉
曲不見賊將近前一塘必回見後一塘
兩旗相應訖方過平慶再相瞻應再均步
行哨見賊意將旗搖摩不用週身而不
止緩則只是點旗賊勢象大圍摩週身如
前無路可行水澤窄挾則口傳一層如此
各層照前一時俱如此傳賊來一層退至
一層如賊不來復又立定如賊再退一層

212

又退一層只是至營前止斷不許摩旗之
後不論賊之退不退來一齊擁眾徑回必
以軍法示眾掌二踞主將出至劄營盯在空地劄
營將完掌三踞各官軍劄在空地劄
馬為始分投委官于總路專聽後期者細
打一百截耳有故者令從征有功免期無功
仍補細打各偏裨俱聽主將認旗摩動俱
到主將前會約今日盯行向往賊情緩急
分路事宜畢打鑼坐地休息必頃掌一
通吹哱囉站起舉踞砲三聲吶喊三聲用

八方門角旗一副立四門于前從吉方點
鼓發行單日左伍執器右伍挑行李雙日
右伍執器左伍挑行李候育賊近行營或
首或尾或自中突出將行李棄于地下各
火兵看守即將對任代執之器取過手中
便導驕令對敵中軍若速不必候中軍驕
令照過卒警令行伏不可將兵器細速甚
至沿途拿人扛攛有被賊裝作土人將
器扛竄入窠而象兵盡為所戮者戰勝畢
即擇地下方營休息整伍焦再聽令

車砲

挾挨次每一營鴛鴦陣雙人行每十里舉
驕砲一聲即于腳下立定鳴鑼坐息一二
刻著賊在三十里外凡經險阻塘兵傳來
請兵過險報訖先菱中軍家丁精兵馳赴
險慶埋伏訖舉驕砲一聲點鼓兵士過險
凡行營中軍別委的當知發官一員與前
哨同行給五方旗一副招搖一副有事方
開阻搏木開青旗阻水澤開黑旗阻兵馬
開白旗阻山險開黃旗阻烟火開紅旗過
所見之物即捲凡招搖如道可一路行立

車砲　十五

一面二路平行立二面三路平行立三面
四路平行立四面攢營行立五面後隊遞
相口傳前路搏其色旗某色招
任宿解
所至地方如係安野營如當入人家每一
隊務在一處安歇時刻不許相離別生事
端互相覺察一隊完然後再安插一隊不
許攛越如不隨本隊住者隊長與各兵以
軍法治之一哨在一處本哨官隨之一司
在一處本營將

車砲

奇伏
凡奇兵或誘引或迎擊或襲擊或繞出賊
後或左右旁布以助聲勢〇凡伏兵或於

先尋討已定只是不入耳
坐將官先入者以違令論將歇慶一面
令兩先入歇慶者拿出細打同伍之人連
都到安歇大小將領方進宿慶若未奉軍
兵所歇信地適中地面露坐待各項官軍
相混本旗各隊不許相混大小將領于各
隨之本營各司不許相混本司各哨不許

歸路設伏或於林藪設伏或於阻澤設伏
見大蛇旗兩發○凡先鋒捍後在行軍時
則先鋒在前捍後在對敵時則或分
隱於四山之外以為疑兵或繞出賊後攻
賊之背或斷賊後援或奪賊輜重或絕賊
之餉道

大陣習戰法

當日曉頭初吹○各兵做飯將官亦做飯
○二吹○各兵喫飯○各兵收拾軍裝入
教塲列成行伍○成左右陣○前司左司

列於將臺下左邊向西右司後司列於將
臺下右邊向東中軍分列於將臺之左右
○只一司練則以哨代司只一哨練則以
旗代哨只一旗練則以隊代旗○大旗幟
三行列立○左行清道旗紅門旗南東角
旗藍門旗東南角旗黃門旗東方神
旗白門旗北東角旗黑門旗東北
旗金鼓旗○中行紅高招藍高招黃高招
白高招黑高招中央神旗○右行清道旗
紅門旗南西南角旗藍門旗西南角旗黃門

219

旗白門旗西北角旗黑門旗北西
方神旗西方神旗金鼓旗○三吹○大將
至教塲○巡視兩人迎叩頭○舉號砲
一聲吹天鵝聲○左右成列之軍點旗內
喊三次○大將由中行○鳴金一聲○大
吹打○各營將中軍把總官信地一步
許稍前跪迎○大將至將臺○鳴鑼
五色高招分列於左右○紅高招入於右
邊紅門旗下青高招入於左邊藍門旗下
黃高招入於左邊黃門旗下白高招入於

右邊白門旗下黑高招入於左邊黑門旗
下○大將下馬○鳴金三聲○吹打止○
中軍官稟放陞帳砲○舉號砲三聲鳴金
一下○大吹打○開轅門○鳴金三下○
○擂鼓○陞帳○鳴鑼三聲鳴金一聲
幕屬等官先行衆見回還○中軍官稟掌
號笛聚官旗聽發放○隊長以上依節目
赴將臺下○俟到臺下完立定號笛止○
中軍官傳云官旗過來各齊應一聲○鳴

鼓一聲○以甲而尊先隊長次旗次總次把
總俱跪次營將于臺上跪先起○發放大
將以已意發放○每一項入員班內一人
先尊行後甲行高聲報曰某官叩頭○
起至盡而止○旗牌官立于前巡視藍旗
命起○發放畢○分付各官旗下地方○
跪于後○叉放見上○叩頭應聲上同○
大吹打○各回營○清道旗回到臺下跪
告官旗下地方○中軍官傳云起去應聲
退立原地○鳴金三聲○吹打止○打鑼

○各兵坐息○臺上振鐸肅靜各陣中同
○中軍官稟開營起操○鳴金邊發塘報
或二三人為一塘或四五人為一塘以相
見為唯○設賊人定將領之○設伏兵奇
兵各二三處不等○設疑兵二三處不等
○舉號砲一聲掌號羅一通○各信地官
兵立○先前司次左司次中軍次右司次
後司○前司自臺前從東向西直行左司
中軍右司後司以次挨接而行以一週為
止○俟兵行開前司頭到于教場前當中

○舉號砲一聲鳴鑼○官兵俱坐息○塘
報舉旗○各兵傳言有警○舉號砲一聲
吹哱囉一通○各信地官兵立○舉號隊
吹喇叭○一字擺列○吹單擺開喇叭
伍喇叭○
各兵照鴛鴦隊二層列立○每隊為一聚
每旗相去除人身留空三丈每隊為一聚
丈每旗相去除人身留空三丈每層相去
二十步中軍居二層之間○前層鳥銃手
俱出兵前五步單列○金鳴○喇叭止
打鑼○各兵坐息○賊在百步○

旗○舉號砲一聲吹哱囉一通○各兵起
立○塘報趨入陣中○銃手一次盡舉○
前層射手到鳥銃手處平列各發九矢
○舉號砲一聲點鼓○弓手回原隊○後層
間隊兩出○擂鼓吹天鵝聲○吶喊整隊
飛趨作戰一次○點鼓緊行○擂鼓吹天
鵝聲○吶喊作戰一次○吶喊作戰○
鼓吹天鵝聲○吶喊作戰○各兵將鴛鴦
隊一擁向前摟摟密密鏖戰○賊敗○金
鳴○擂鼓止○摔鈸鳴一次○各整隊伍

225

○鳴金三聲○器械向前身首向後退回
○三退至鳥銃之前每退時作虎聲○鳴
金二下○各兵止立○又作賊追來之狀
○鳥銃手意出退回一次之前○又作賊
聲○銃手齊放一次○射手出與銃手一
齊發射照前銃先操令○金鳴○銃射止
舉號砲一聲點鼓○原一層未出兵出戰
○與先出第二層兵號令同收退亦同前
令○又作賊追來之狀○兩層俱出飛趨
令一擁追賊○左右奇伏兵一時飛趨左

右合戰○擂鼓不絕○吹天鵝聲不絕
○吶喊不絕○鏖戰○賊敗○金鳴○各兵
止○摔鈸鳴○各整隊伍○又一鳴○各兵
原隊○鳴金三聲○器械向前身首向後
退回○如前三退各到信地○舉號砲一
聲鳴鑼○坐地休息○中軍官稟稱賊已
敗適請下方營查功罪○舉號砲一聲喇叭
金邊○發立表旗○點鼓吹擺隊伍喇叭
○各兵照旗色地方搶成方營○舉號砲
一聲再鳴金邊○伏路遠哨塘報兵夫俱

赴中軍領字號令箭出門伏路○中軍差
官數出回報○舉號砲一聲鳴鑼○各兵
坐地休息○舉號砲一聲豎黃旗擺鼓○
發兵樵汲○差官數出○鳴金○仆旗
舉號砲一聲○發放○諸將各以已意發
放○大吹打○開營門收樵汲○差官數
人○鳴金二下○吹打止○舉號砲三聲
○大吹打○閉門○吹打止○舉號砲一
聲鳴鑼○各兵坐息○解甲○炊
飯○舉號砲一聲吹哱囉一通○各兵起

228

身○摔鈸鳴○收隊伍○每旗為一聚
○中軍原豎旗招俱回○舉號砲一聲吹哱
囉一通吹擺隊伍喇叭○立藍旗白旗二面
變方營為二疊陣依前令○立定○放
開營砲三舉吹天鵝聲喇叭○吶喊三次
○中軍大吹打○如天鵝聲代以
地○鳴金三聲○吹打止○各兵由左右路各回信
長聲小角亦可○大吹打者金者鼓者以
聲代號砲亦可○火藥難繼或以大角五
鼓角者號角笛者號笛凡大小有聲之器

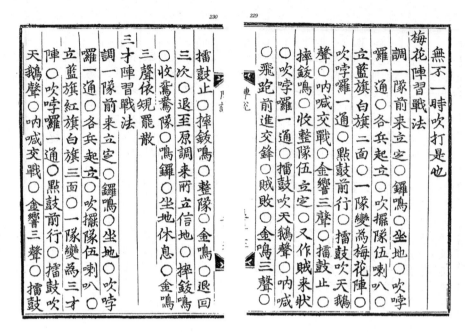

無不一時吹打是也
梅花陣習戰法
調一隊前来立定○鑼鳴○坐地○吹
羅一通○各兵起立○吹擺隊伍喇叭○
立藍旗白旗二面○一隊變為梅花陣
吹嗶囉一通○點鼓前行○擂鼓吹天鵝
聲○吶喊交戰○金響三聲○擂鼓止
捧鈸鳴○收整隊伍立定○又作賊来狀
○吹嗶囉一通
○飛跎前進交鋒○賊敗○金鳴三聲

擂鼓止○捧鈸鳴○整隊○金鳴○退回
三次○退至原調来阿立信地○捧鈸鳴
○收鴛鴦隊○鳴鑼○坐地休息○金鳴
三聲依規罷散
三才陣習戰法
調一隊前来立定○鑼鳴○坐地○吹嗶
囉一通○各兵起立三面○一隊變為三才
立藍旗紅旗白旗三面○吹擺隊伍喇叭
陣○吹嗶囉一通○點鼓前行○擂鼓吹
天鵝聲○吶喊交戰○金響三聲○擂鼓

止○捧鈸鳴○收整隊伍立定○又作賊
来狀○吹嗶囉一通○擂鼓吹天鵝聲
○吶喊○飛跎前進交鋒○賊敗○金鳴
三次○退至原調来阿立信地○金鳴○
○收鴛鴦隊○鳴鑼○坐地休息○金鳴
三聲依規罷散
鴛鴦陣習戰法
調一隊前来立定○鑼鳴○坐地○吹嗶
囉一通○各兵起立○立黃旗○吹嗶囉

一通○點鼓前行○擂鼓吹天鵝聲○吶
喊交戰○金響三聲○捧鈸鳴○
立定○又作賊来狀○吹嗶囉一通○擂鼓
吹天鵝聲○吶喊○飛跎前進交鋒○賊
敗○金鳴○擂鼓止○捧鈸鳴○收整隊伍
金鳴○退回三次○退至原調来阿立信
地○捧鈸鳴○收鴛鴦隊○鳴鑼○坐地
休息○金鳴三聲依規罷散
梅花陣以下皆是一隊練法○挨隊分
練自一隊起至三隊畢合一旗練自一

旗練至三旗畢合一哨練自一哨起至
三哨畢合一司練自一司練畢合四司
練畢合一營練自各營練畢合雞三人五
人十人亦可練亦用戰法亦有奇正即
射法雖五步之內必持滿而射故雖三
人五人必用法而操庶合象即熟且合
衆之操須刻完事目力不絀遍不如少
操為親切大端以奇正論不過一頭兩
翼中軍為心是謂握奇心運四肢當敵
者為頭以迎鋒尾即繼後而折至與頭

更番間出不窮兩翼隨之自遠而近迎
合于前但遇敵處即為頭為正兵但在
左右即為翼為奇兵但在後即為尾為
策應兵其金鼓令雞操五人十人由
一隊以至一營以至十萬皆同
其法○凡營畢大槩以二分為中軍如
一營五分為子壁其中為中軍如一哨
以鳥銃一哨為子壁四哨為外壁每面
一哨如二司以六哨為外壁以四哨為
子壁如三司以二司為外壁以一司為

子壁如四司各為一面各撥二司為子
壁如五司以四司為外壁以一司為子
壁各鳥銃一哨亦為子壁六司以四司為
外壁以二司為子壁由此而擴充之愈
多愈善惟鴛鴦陣必不可變耳○中哨
之兵多於諸哨中司之兵多於諸司中
營之兵多於諸營

行軍之法
警報至大將示以出戰之期○設祭誓師
旅其法見上○收結狀在案○至期○發

塘報○立四門從吉方點鼓發行○單日
左伍執器右伍挑行李雙日右伍執器左
伍挑行李○路狹則一鴛鴦陣行○縱以
四步立一人○先塘報○次候騎○次先
鋒○次前哨○次左哨○次中軍○次右
哨約行二十步鼓則點旗○每點緊鼓約
行一步○每十里舉號砲一聲○即于脚
下立定○鳴鑼○坐息○凡經險阻中軍
發家丁精兵馳赴險處埋伏然後大軍過

行〇凡行軍中軍別委的當知毅官一貟
與前哨同行或午炊下營之所或止宿之
所皆知毅官掌之〇各隊長在前領隊〇
各旗總在後押隊〇凡路上行走有違軍
律責成重在旗總〇凡有言語傳報不拘
自何處起俱舉一旗挨一旗〇凡
行途有解手官軍下道之時該管隊內即
以一人在傍守之俟畢追趕入原伍遞五
里不至者貫耳示象〇凡行軍先付軍修
理橋梁泥淖開拓窄路後付軍捍後收拾

闕遺量分其兵為護輜重軍又令輕騎分
行左右搜討幽隱凡營陣行伍形名分數
付軍布令之法已具於上此以下則又取
諸家論兵之語以附之
李靖曰夫兵却旗參差而不齊鼓大小而不
應令喧囂而不一此真敗者也非奇兵若
旗齊鼓應彌令如一紛紛紜紜雖退走非
敗也必有奇也
李靖曰善用兵者奇正而已

李靖曰奇或變而為正正或變而為奇或以
奇而生正或以正而生奇〇士卒未習吾
法偏裨未熟吾令則必為之教戰教閱既
成衆知吾法然後如驅羣羊由將所指〇
故素分者教閱也臨時制變者不可勝窮
也
李靖曰先出合戰為正後出為奇
李靖曰大衆所合為正將所自出為奇
曰吾之正使敵視以為奇吾之奇使敵視
以為正以奇為正者斯
也

所謂形人而我無形者歟
李靖曰善用兵者無不為正無不為奇使敵莫測
故正亦勝奇亦勝三軍之士止知其勝莫
知其所以勝非變而能通安能至是哉分
合所出唯孫武能之吳起而下莫可及焉
李靖曰前代戰鬬多以少術而勝以
善而勝無善
李靖曰正兵受之於君奇兵將所自出
李靖曰凡將正而無奇則守將也奇而無正
則鬬將也奇正皆得國之寶也

李靖曰凡戰一爲左角一爲右角一爲前拒

分爲三隊

李靖曰番而示之漢漢而示之番彼不知番

漢之別則莫能測我攻守之計矣善用兵

者先爲不可測則敵乖其所之也此所謂多

方以誤之之術也

李靖曰教道不明者言教閱無古法也吏卒

無常者言將臣擅任無久職也亂軍引勝

者言已自潰散非敵勝之也

李靖曰教得其道則士樂爲用教不得法雖

朝督暮責無益於事矣

李靖曰千章萬句不出乎致人而不致於人

而已

李靖曰善用兵者教正不教奇驅衆若

早與之進與之退不知所之也

李靖曰兵散則以合爲奇合則以散爲奇

李靖曰張良所學太公六韜三略是也韓信

所學穰苴孫武是也

李靖曰形之者以奇示敵非吾奇也此謂奇正相變兵伏

以正擊敵非吾奇也此謂奇正相變兵伏

者不止山谷草木伏藏所以爲伏也其正

如山其奇如雷敵雖對面莫測吾奇正所

在

李靖曰凡將有先有憂結於士然後可以嚴刑

也善愛未加而獨用峻法鮮克濟焉○若

威加於前愛救於後無益於事矣

李靖曰用衆在乎心一在乎禁祥去疑

儻主將有所疑忌則羣情搖羣情搖則敵

乘釁而至矣

李靖曰詭道可使由之不可使知之後世庸

將況於術數是也多敗

李靖曰含生稟血鼓作鬪爭雖死不省者氣

使然也故用兵之法必先察吾士衆激吾

勝氣乃可以擊敵焉

李靖曰兵者詭道也託之以陰陽術數則可

以使愚也

李靖曰不求大勝亦不求大敗

或大勝或大敗者幸而成功者也

唐太宗曰朕觀千章萬句不出乎多方以誤

之一句而已

李靖曰大勝亦不大敗者節制之兵也

太公曰分不分為縻軍聚不聚為孤旅
徒單鎰曰彼聚而行我散而守以聚攻散未
有不敗
高閭曰守孤城者少置兵則糧運難
置兵則雖有石城千仞湯地百步無粟不能
守也
歐陽脩曰兵以財用為強弱守非財用則不
攻非財用則不克
李神福曰彼利速戰宜屯擾險要堅壁清野

以老其師彼前不得戰退無資粮可擒也
李光弼曰賊兵氣銳者依險則可進可退若
陣平原戰而不利則盡矣
劉子翬曰因險為守則守易固因守為戰則
戰必克
寇準曰出奇以挽其謀堅守以老其師
郁離子曰善戰者省敵不善戰者益敵
老子曰善用人者為之下禍莫大於輕敵
淮南子曰良將之用兵也同其心一其力勇
者不得獨進怯者不得獨退止如丘山動

如一體夫五指之更彈不如拳手之一怪
萬人之更進不如百人之俱至也
李昌曰兵有不戰而敗敵者挫其銳也
岳飛曰騎兵利平廣步兵利險隘
杜預曰殿兵斷後兵家之最難我兵既敗敵
人來追我在後拒之非有勇者不能也
張方曰善用兵者因敗以為成
歐陽脩曰不慎驕令不明賞罰不貴功實此
三敗也
辛雄曰凡入阵以臨陣忘身觸白刃而不憚

者一求榮名二貪重賞三畏刑罰四避禍
難非此數者雖聖王不能使其臣慈父不
能屬其子矣明主深知其情故賞必行罰
必信使覘踈之列莫不奮激赴敵場豈厭父
見旌旗之列莫不奮激赴敵場豈厭父
生而樂速死我利害懸於前欲罷不能耳
魏文帝曰兵屯渚中至深也浮橋而濟至危也
董昭曰兵屯渚中至深也浮橋而濟至危也
此兵之忌也
一道而行至隘也三者兵家之所忌也

朱子曰古人屯營其中盡如弈形於卷道上
字慶置火候如有間諜一慶舉火則盡舉
更走不得

李苗曰食少兵精利速戰糧多士廣宜持久

太公曰三軍以戒為固以怠為敗

曾純曰懸軍深入難以持久若進不能克退
必喪威

太公曰慶山之左慶備山之右慶
備山之左

吳養心曰善用兵者有餘而示之不足敵莫

得以測其伏不足而示之有餘敵莫得以
攜其虛孫臏減竈示不足也道濟量沙示
有餘也

胡安國曰不知敵之強弱堅脆而輕用其武
一戰不克喪其威長竈

蘇東坡曰勾踐之取吳是驕之而已泰之取
諸侯是散其從而已漢之取項羽是間其
君臣而已

羊祐曰輕重不齊強弱異勢雖有險阻不
可保也

兵法曰凡布大陣常以十分之三為奇伏設
有萬人則一千五百為兩奇一千五百為
兩伏奇兵如手伏兵如足正陣如身三者
合為一體迭為敵援

妻敵曰兩國相持此宜詳辨今徒贏疾老羸
此必示弱伏奇以爭利也

吳起曰若法令不明賞罰不信金之不止鼓
之不進雖有百萬何益於用○前郤有節
左右應麾雖絕成陣雖散成行

黃礥翁曰非法足以束其心恩足以效其死

威足以制其死生之命則百萬熊羆安能
入吾彀中

呂曼卿曰夫不教之兵勇怯相雜若怯者見
敵而動則勇者亦牽而潰兵令也或不暇
救不若蓦其兵敢行者則人人皆勝兵

蘇老泉曰老弱之兵兵家不可無之無以
耗敵之強為將之道當先治心泰山崩於前

蘇老泉曰為將之道當先治心泰山崩於前
而色不變麋鹿興於左而目不瞬然後可
以制利害可以待敵

曹操曰將當以勇為本行之以智計若但任
勇一匹夫敵耳
宋義曰戰勝而將驕卒惰者敗之兆也
真西山曰今之用武者不急於治兵而急於
擇將將之勇怯兵實係焉故天下無必勝
之兵有不可敗之將
蘇老泉曰凡將欲智而嚴士欲愚智則不可
測嚴則不可犯愚則可以皆死
揚僴曰不黷文武不足以任大事
范仲淹曰將不擇人以官為叙敗之道也

魏元忠曰兵無強弱將有巧拙選將當以智
略為本勇力為末
劉玭曰平生不輕戰陣緩急恐難應敵少年
有口辯未必皆人才老將右微過未必皆
終棄
程復心曰治軍旅得人則緩急有備而敵國
不敢窺
郁離子曰夫將以一身統三軍三軍之耳目
齊於一人
尚書曰用命賞于祖不用命戮于社予則孥

戰波

漢書曰軍征士卒死亡舉其妻子而亡者猶不
息曹操欲更重其刑並及其父毋兄弟
禦虜法曰虜尚馳突平原野戰乘車攻不可
古將如衛青李陵哥舒翰馬隆馬燧輩皆
用之取勝今日邊地有制車重大舉移不
便廢而不興者愚意此乃中國長技人特
不善用耳使能斟酌民間雙輪及獨輪輕
便小車如宋魏勝法劍車弩車砲車之
類行之步騎相參奇正迭出補塞隙角拆

禦倭法曰禦倭當禦之於海
而使倭奴泊岸焚劫雖有善者無如跳梁
何矣海戰當用以舡舟戰當用火攻當
取勝萬全
戚繼光俞大猷皆特此取勝今如賊泊近
島宜速開洋以遏絕之賊近港口宜合水
陸以堵截之嚴其要津老其賊徒此禦倭
之長策
以為方陣而輔之以藥弩床子弩虎蹲砲
三眼銃一眼銳鳥嘴銃神火箭之類庶幾

福船說曰福船高大如城非人力可驅全仗
風勢倭舟自来矮小如我之小蒼船故福
船乗風下壓如車碾螳螂闘船力而不闘
人力是以毎毎取勝但吃水一丈一二尺
惟利大洋不然多膠於淺無風不可使是
以賊舟一人裹海沿淺而行則福舟為無
用矣
蒼船說曰蒼船最小舊時太平縣地方捕魚
者多用之海洋中遇賊戰勝逺以著名然
此船水面上高不過五尺就加以棚架亦

258

不過五尺賊舟與之相等以短兵闘力我
兵多見誤事但賊舟甚小一人裹海其我
福船不能人必用蒼船以追之此船寔水
六七尺與賊舟等耳其撈取首級水潮中
可以摇馳而快便
鷹船說曰鷹船兩頭俱尖不辮首尾進退如
飛其傍皆猫竹板密釘如福船旁板之狀
竹間設窓可出銃箭窓之内隐人
以盪槳先用此舟衝敵入賊隊中賊技不
能却沙船随後而進短兵相接戰無不勝

矣鷹船沙船乃相須之器也○沙船可以
接戰但上無蓬蔽火器夫石無以防之
日本考畧曰日本古倭奴國唐咸亨初更號
日本洪武四年遣使朝貢永樂以来國王
嗣立皆受冊封其地其五畿七道以州統
郡附庸之國百餘國初許十年一貢由浙
江寧波府達於京師其人兇狡無信洪武
中數為邊患沿海設備倭以待之嘉靖初
自宋素卿之亂始絶貢路三十二年挾忿
深入鐵匄所過焚刧費朝廷百萬殲之萬

曆二十年關白以華人慕奪山城君呑併
海外六十六島大舉入寇玫破朝鮮詭詞
以要中朝封貢其實寓窺伺遼左天津之
意○洪武間倭寇嘗以玩南方之心而玩
遼東遼東之人以禦北狄之法而禦倭寇
斬滅無遺海氛蕩熄劉江金線島之捷是
已二百餘年邊備如故獨萬曆二十年倭
破朝鮮覬覦遼左天津所謀更逆
陣說終
全世之武士專尚弓馬餘事兵書其知

戰法者盖必知陣法者尤無聞焉余故
取古今諸書中言及布陣行軍者聚為
一類名之曰陣說又以諸家論兵之語
附于其下初學之士從事於此而試之
于場肄之實境則才學因之而日進術
法因之而日高其亦由淺入深學下達
上之一助云甫萬曆癸卯秋咸鏡道都
巡察使韓孝純識